Henning Türk
Die Europapolitik
der Großen Koalition
1966–1969

Schriftenreihe der Vierteljahrshefte für Zeitgeschichte Band 93

Im Auftrag des
Instituts für Zeitgeschichte München – Berlin
herausgegeben von
Karl Dietrich Bracher Hans-Peter Schwarz
Horst Möller

Redaktion:
Johannes Hürter und Jürgen Zarusky

Die Europapolitik der Großen Koalition 1966–1969

Von
Henning Türk

R. Oldenbourg Verlag München 2006

Bibliografische Information Der Deutschen Nationalbibliothek

Die Deutsche Nationalbibliothek verzeichnet diese Publikation in der Deutschen Nationalbibliografie; detaillierte bibliografische Daten sind im Internet über <http://dnb.d-nb.de> abrufbar.

Rosenheimer Straße 145, D-81671 München
oldenbourg.de

Umschlaggestaltung:
Thomas Rein, München und Daniel von Johnson, Hamburg
Umschlagabbildung: Bundeskanzler Kurt Georg Kiesinger, der französische Staatspräsident Charles de Gaulle und Bundesaußenminister Willy Brandt (v. l. n. r.) auf der Terrasse des Elysée-Palastes am 13. Januar 1967; Presse- und Informationsamt der Bundesregierung

Gedruckt auf säurefreiem, alterungsbeständigem Papier (chlorfrei gebleicht).

Druck und Bindung: R. Oldenbourg, Graph. Betriebe Druckerei GmbH, 85551 Kirchheim b. München

ISBN-13: 978-3-486-58088-4
ISBN-10: 3-486-58088-4
ISSN 0506-9408

Inhalt

Vorwort 7

Einleitung 9

I. Voraussetzungen – Die Europapolitik in den Koalitionsverhandlungen und die Wiederbelebung der deutsch-französischen Beziehungen zu Beginn der Regierungszeit 17

II. Mit neuem Elan – Die Europapolitik der Großen Koalition von ihrem Regierungsantritt im Dezember 1966 bis Juni 1967 29

1. Die Aufgaben der Gemeinschaft aus deutscher Perspektive – Willy Brandt vor dem EWG-Ministerrat am 10. April 1967 29
2. Ein Auftakt zur Verschmelzung der Europäischen Gemeinschaften – Die Fusion der Gemeinschaftsexekutiven 33
3. Erfolgreicher Abschluss – Die Kennedy-Runde des GATT 45
4. Die Bundesregierung als „ehrlicher Makler" – Das britische Beitrittsgesuch zu den Europäischen Gemeinschaften 57
5. Ein schwacher Impuls für die europäische politische Einigung – Die Gipfelkonferenz in Rom am 29./30. Mai 1967 79
6. Zwischenbilanz 93

III. Die Desillusionierung – Die Europapolitik der Großen Koalition von der deutschen Ratspräsidentschaft im Juli 1967 bis zur Vollendung der Zollunion im Juli 1968 97

1. Das deutsche Programm für die Ratspräsidentschaft – Karl Schiller vor dem Ministerrat am 2. Oktober 1967 97
2. Scheitern auf der ganzen Linie – Die Verschmelzung der drei Europäischen Gemeinschaften 99
3. Die Quadratur des Kreises – Innen- und außenpolitische Entwicklungen in der Beitrittsfrage 111
   3.1 Die Entwicklung der Beitrittsfrage bis zur Ministerratssitzung am 18./19. Dezember 1967 111
   3.2 Die Entwicklung der Beitrittsfrage zwischen Januar und Juli 1968 . 130
4. Unter Druck – Das Erreichen der Zollunion zum 1. Juli 1968 und die Weiterentwicklung der Gemeinsamen Agrarpolitik 144
5. Nichts geht mehr – Stillstand in der politischen Einigung 153
6. Zwischenbilanz 160

IV. Stagnation und neue Impulse für die Zukunft Europas – Die Europapolitik der Großen Koalition von der Niederschlagung des „Prager Frühlings“ im August 1968 bis zum Rücktritt de Gaulles im April 1969 . . . . **163**

1. Eine neue deutsche Initiative – Willy Brandt vor dem Ministerrat am 27. September 1968 . . . . **163**
2. Die Politik der kleinen Schritte – Das Handelsarrangement zwischen den Beitrittsanwärtern und der EWG **168**
3. Umweg WEU – Ausbau der politischen Konsultationen mit Großbritannien **175**
4. Der Paukenschlag de Gaulles – Die „Soames-Affäre“ im Spannungsfeld der deutsch-britisch-französischen Beziehungen **188**
5. Neue Perspektiven für Europa? – Die deutsch-französischen Konsultationen im März 1969 und der Rücktritt de Gaulles **198**
6. Zwischenbilanz **205**

V. Europapolitische Profilierung im Bundestagswahlkampf und Vorbereitung auf die EWG-Verhandlungsrunde zum Jahresende – Die deutsche Europapolitik nach dem Rücktritt de Gaulles **209**

1. Verwässerung oder Stärkung der EWG? – Zum Verhältnis von Erweiterung und politischer Zusammenarbeit **209**
2. „Umfassende Darstellung der deutschen EWG-Politik unter besonderer Berücksichtigung der Agrarpolitik“ – Eine Kabinettsvorlage als europapolitisches Vermächtnis der Großen Koalition **222**
3. Zwischenbilanz **229**

Schlussbetrachtung **231**

Abkürzungsverzeichnis **241**
Quellen- und Literaturverzeichnis **243**
Personenregister **253**

Vorwort

Die vorliegende Studie ist die überarbeitete und leicht gekürzte Fassung meiner Dissertation, die im Sommersemester 2005 vom Fachbereich Geisteswissenschaften an der Universität Duisburg-Essen angenommen wurde.

Ohne die Mithilfe und die Unterstützung vieler Förderer, Freunde und Kollegen hätte die Arbeit in dieser Form kaum abgeschlossen werden können. Besonders danken möchte ich Prof. Dr. Wilfried Loth, der die Arbeit umsichtig betreut und mir neben den Aufgaben als wissenschaftliche Hilfskraft genügend Freiraum für die Recherche und das Schreiben gegeben hat. Danken möchte ich auch Hdoz. Dr. Ewald Frie, der freundlicherweise die Zweitkorrektur übernommen hat. Außerdem möchte ich Prof. Dr. Horst Gründer und Prof. Clemens A. Wurm dafür danken, einzelne Kapitel in ihren Kolloquien präsentieren zu können. Für das überaus gründliche Korrekturlesen danke ich Katharina Böhmer, Stephan Lamerz, Dr. Bernd Leupold, Adam Jakubowski und meiner Frau Corinna Cordes. Danken möchte ich zudem allen Freunden und Kollegen, die durch intensive Diskussionen und Hinweise zum Gelingen des Ganzen beigetragen haben. Dr. Rainer Barzel, Altbundeskanzler Helmut Schmidt und Dr. Fritz Hellwig danke ich für die Erlaubnis, ihre Deposita einzusehen. Wertvolle Hilfe leisteten die Mitarbeiter in den verschiedenen Archiven, die ich für diese Dissertation konsultiert habe und bei denen ich mich für ihre Mithilfe bedanken möchte. Dr. Johannes Hürter vom Institut für Zeitgeschichte danke ich für die konstruktive Lektüre meines Manuskripts und wichtige Verbesserungsvorschläge. Daniel Menning hat dankenswerterweise das Register erstellt. Großer Dank gebührt besonders meinen Eltern und meinem Onkel Hans-Ludwig Kranz, die mich über Jahre hinweg tatkräftig unterstützt haben.

Abschließend möchte ich meiner Frau und meinem Sohn Oskar dafür danken, dass sie mir über all die Jahre so viel Kraft für die Beschäftigung mit der Großen Koalition gegeben haben.

Essen, im Mai 2006 — Henning Türk

Vorwort

> [D]as Leben handelt im Persönlichen wie in den zwischenstaatlichen Beziehungen weder von den großen Erfolgen, den ganz großen Augenblicken, oder den großen Krächen, sondern von dem, was dazwischen liegt.
>
> Willy Brandt[1]

Einleitung

Eine historische Darstellung der Europapolitik aus nationaler Perspektive – schaut man auf die historischen Forschungen zur europäischen Integration der letzten Jahre, mag dieser Ansatz anachronistisch anmuten, denn dort hat sich ein multinationaler Ansatz entwickelt, der die nationale Beschränkung früherer Jahre überwunden hat. Die Vertreter des multinationalen Ansatzes untersuchen bestimmte Aspekte in der Geschichte der europäischen Integration mit Hilfe von Quellenmaterial aus verschiedenen Ländern, meist ergänzt durch Archivalien der Brüsseler Institutionen, um die Komplexität des europäischen Integrationsprozesses adäquat erfassen zu können.[2] Dagegen setzt diese Arbeit auf der Ebene der Europapolitik der Bundesrepublik Deutschland an, da bei näherer Betrachtung der aus nationaler Sicht geschriebenen Literatur zur Europapolitik der Bundesrepublik auffällt, dass sich diese Arbeiten fast ausschließlich auf die Regierungschefs beziehungsweise die Außenminister beschränken.[3] Diese auf einzelne Personen begrenzte Betrachtungsweise ist sicherlich vor allem für die Ära Adenauer sehr fruchtbar, hinterlässt aber eine Lücke zwischen der Europapolitik der dominierenden Politiker und den notwendigerweise stärker in die Breite gehenden multinationalen Studien – es fehlt die Rekonstruktion der nationalstaatlichen Europapolitik.

Europapolitik kann aufgrund ihres Querschnittscharakters nicht die Politik eines Einzelnen sein, sondern vollzieht und vollzog sich in einem komplizierten Aushandlungsprozess, an dem neben dem Bundeskanzleramt und dem Auswärtigen Amt auch zahlreiche weitere Ministerien, Verbände, das Parlament und die Regierungsparteien beteiligt sind. Gleichzeitig spielt natürlich auch die bi- und supranationale Ebene in den nationalen Entscheidungsprozess hinein. So finden Vorgespräche mit Kommissaren und Kommissionsbediensteten statt und werden Entscheidungen auf ihre Durchsetzbarkeit in Brüssel abgeklopft. Die in bilateralen Gesprächen und in den Brüsseler Institutionen gewonnenen Erfahrungen und Einblicke in die Positionen der anderen Regierungen fließen ebenso in den Entscheidungsprozess ein. Will man diese Aushandlungsprozesse nachvollziehen, ist ein enormes Aktenmaterial zu sichten, aufzubereiten und in einen sinnhaften Zusammen-

---

[1] Informationsgespräch von Bundeskanzler Kiesinger, Bundesminister Brandt und Bundesminister Schiller zu den deutsch-französischen Konsultationen, Paris, 14. 3. 1969, PAAA, B20, Bd. 1436.

[2] Stellvertretend seien hier genannt: Thiemeyer, Pool Vert; Kramer, Politische Union; Ludlow, Dealing with Britain. Wie eine multinationale Erforschung der europäischen Integration idealiter aussehen könnte, schildert Ludlow, Decision-Making.

[3] Siehe hierzu den Überblick von König/Schultz, Trends und Kontroversen.

hang zu bringen. Eine in die Tiefe gehende Analyse der nationalen Europapolitik ist daher Grundvoraussetzung für eine multinationale Untersuchung der europäischen Integration.[4] Diesen Beitrag möchte die hier vorliegende Arbeit für die Regierungszeit der Großen Koalition in der Bundesrepublik Deutschland leisten.

Um die nationale Europapolitik in ihrer Vielschichtigkeit greifbar zu machen, wird diese Studie einen zentralen Ausschnitt der Europapolitik besonders vertiefen – die Politik der Bundesregierung in der Europäischen Wirtschaftsgemeinschaft (EWG). Das bedeutet gleichzeitig eine Fokussierung auf Westeuropa, auch wenn aufgrund der engen Verzahnung der West- und Osteuropapolitik die Ostpolitik der Bundesregierung immer wieder in die Entscheidungen einfloss. Hier sollen also mit Blick auf die EWG zwei Bereiche miteinander in Beziehung gesetzt werden: zum einen die europapolitischen Determinanten im Binnenbereich und zum anderen die Verhandlungen in Brüssel. Leitfrage der Arbeit ist die Frage nach den Zielen der Bundesregierung in den Verhandlungen auf europäischer Ebene. Welche Ziele lassen sich identifizieren, wie waren sie untereinander gewichtet, und inwieweit spiegelten sich in den Positionen der Bundesregierung in Brüssel „nationale Interessen" wider? Wie verlief die Entscheidungsfindung innerhalb der Bundesregierung, und wer waren die einflussreichsten Akteure auf dem Gebiet der Europapolitik innerhalb der Großen Koalition? Lässt sich in der Entscheidungsfindung eventuell ein spezifisches Moment in der Europapolitik der Großen Koalition erkennen, oder reihte sich die Große Koalition unter diesem Aspekt in die Europapolitik der Vorgänger- und Nachfolgeregierungen ein? Spielten langfristige Europakonzeptionen eine Rolle, oder überwog der Pragmatismus? Wie verstand man das Verhältnis zwischen deutscher Wiedervereinigung und europäischer Integration? Mit Blick auf den Verhandlungsablauf in Brüssel lässt sich fragen, inwieweit sich die Positionen der Bundesregierung in den EWG-Gremien durchsetzen ließen. Welche Kompromisse musste man eingehen, und woran scheiterten bestimmte Vorhaben?

Diese Fragestellungen werden in fünf chronologischen Abschnitten untersucht. Nach einem Überblick über die Rolle der Europapolitik in den Koalitionsverhandlungen und die Bedeutung des deutsch-französischen Verhältnisses für die Europapolitik der Großen Koalition (I) folgen drei Abschnitte, die sich jeweils an den deutschen Initiativen im EWG-Ministerrat orientieren (II–IV). Die Gliederung soll daher die Möglichkeit bieten, zu prüfen, welche Ziele die Bundesregierung verfolgte und inwieweit sich die Vorschläge der Bundesregierung umsetzen ließen. Im letzten Abschnitt stehen der Bundestagswahlkampf und die Vorbereitung der Haager Gipfelkonferenz vom Dezember 1969 im Vordergrund (V).

Die Themenauswahl dieser Arbeit beschränkt sich auf zentrale Aspekte der europäischen Integration und orientiert sich an den von der Großen Koalition öffentlich proklamierten europapolitischen Zielen. So nimmt das britische Beitrittsgesuch zur EWG einen breiten Raum in dieser Arbeit ein, da dieses Thema die europäische Debatte zwischen 1966 und 1969 dominierte. Aber auch die für die Bundesregierung zentralen Themen:

---

[4] Immer noch aktuell ist in diesem Kontext der programmatische Aufsatz von Schwarz, Die europäische Integration. Darin setzt sich der Bonner Zeithistoriker für eine enge Verzahnung der supranationalen und nationalen Perspektiven ein. Auch Ludlow verweist darauf, dass nationale Studien zur Europapolitik für die Integrationshistoriker unverzichtbar seien, da sie wesentlich detaillierter die jeweilige Europapolitik untersuchen, als es für eine die zahlreichen nationalen und internationalen Akteure einbeziehende Integrationsgeschichtsschreibung möglich ist (Decision-Making, S. 132).

Kennedy-Runde des General Agreements on Tariffs and Trade (GATT), Vollendung der Zollunion zum 1. Juli 1968, Fusion der Gemeinschaftsexekutiven, Weiterentwicklung der Gemeinsamen Agrarpolitik (GAP) sowie die politische Zusammenarbeit sollen näher beleuchtet werden.

Für die Beantwortung der Fragestellungen steht ein breites Quellenmaterial zur Verfügung. Dabei konzentriert sich die getroffene Auswahl überwiegend auf Regierungsakten und Nachlässe. Zentrale Dokumente des Auswärtigen Amts sowie zahlreiche Protokolle der bi- und multilateralen Verhandlungen der Bundesregierung wurden bereits in der Edition „Akten zur Auswärtigen Politik der Bundesrepublik Deutschland" (AAPD) veröffentlicht. Die zentralen Bestände der für die Arbeit ausgewerteten unveröffentlichten Quellen finden sich im Politischen Archiv des Auswärtigen Amts in Berlin und im Bundesarchiv in Koblenz, wo die Akten des Wirtschaftsministeriums und des Bundeskanzleramts lagern. Da die Europapolitik der Bundesregierung in hohem Maße interministeriell abgestimmt werden musste, sind vor allem die zum Bestand des Wirtschaftsministeriums gehörenden Akten des höchsten europapolitischen Koordinationsgremiums der Bundesregierung, des Staatssekretärausschusses für Europafragen, von enormer Bedeutung für die Rekonstruktion der Europapolitik.[5]

Erweitert werden die Bestände staatlicher Behörden durch die Nachlässe der zentralen Akteure. So liefern die Nachlässe Kurt Georg Kiesingers und Willy Brandts unentbehrliche Details für die Thematik der Arbeit. Insbesondere die Hintergrundgespräche Kiesingers mit ausgewählten Pressevertretern verdeutlichen die europapolitischen Grundeinstellungen des damaligen Bundeskanzlers. Die Europapolitik des Bundeskanzleramts erfährt eine deutliche Konturierung durch den Nachlass des Parlamentarischen Staatssekretärs im Bundeskanzleramt Karl-Theodor Freiherr von und zu Guttenberg (CSU), dem „vertrauteste[n] außenpolitischen Mitarbeiter"[6] Kurt Georg Kiesingers, und durch den Nachlass des Chefs des Bundeskanzleramts Karl Carstens. Außerdem gewähren die Nachlässe der deutschen Botschafter in London und Paris, Herbert Blankenhorn und Sigismund Freiherr von Braun, vertiefende Einblicke in die Politik der Bundesregierung gegenüber diesen für die Europapolitik der Bundesregierung wichtigsten Partnern. Erkenntnisse über den europapolitischen Einfluss der Regierungsfraktionen auf die Bundesregierung und den Verlauf der Koalitionsverhandlungen liefern die Deposita der beiden Fraktionsvorsitzenden Rainer Barzel und Helmut Schmidt. Auch die Aufzeichnungen des bis Mitte 1967 amtierenden Kommissionspräsidenten Walter Hallstein sowie der beiden deutschen Kommissare Fritz Hellwig und Hans von der Groeben werden für diese Untersuchung herangezogen. Einen Blick hinter die Kulissen der deutschen Agrarpolitik in den 1960er Jahren liefert insbesondere der Nachlass des damaligen Staatssekretärs im Landwirtschaftsministerium Rudolf Hüttebräuker. Als wenig ergiebig erwies sich der Nachlass des für die EWG zuständigen Staatssekretärs des Auswärtigen Amts, Rolf Lahr.

In der Forschungsliteratur ist die Europapolitik der Großen Koalition bisher noch nicht umfassend untersucht worden. Als Teilbereich der Außenpolitik der Großen Koalition hat die Europapolitik jedoch frühzeitig Beachtung gefunden. So entstanden Anfang der

---

5 Zur Bedeutung dieses Staatssekretärausschusses für die Europapolitik der Bundesregierung in den 1960er Jahren siehe Germond/Türk, Staatssekretärausschuss.

6 Kurt Georg Kiesinger: So war es (Teil III), in: Bild am Sonntag vom 1. 12. 1974, S. 32.

1970er Jahre fünf Studien im Rahmen eines von Arnulf Baring initiierten Forschungsprojekts „Die Große Koalition 1966–1969. Grenzen und Möglichkeiten westdeutscher Außenpolitik"[7]. Alle Teilstudien tragen deutlich politikwissenschaftlichen Charakter und basieren überwiegend auf der Auswertung publizistischer Quellen. Die europapolitischen Konzeptionen der Regierungsparteien finden in diesen außenpolitischen Untersuchungen eine angemessene Berücksichtigung. Allerdings liegt der Schwerpunkt der Dissertationen auf den langfristigen Ideen und Zielen, die man verfolgte, und weniger auf der praktischen Umsetzung dieser Konzepte im politischen Alltagsgeschäft.

In den folgenden Jahren geriet die Große Koalition in der Forschung beinahe in Vergessenheit, so dass erst einige neuere Gesamtdarstellungen und in den letzten Jahren vermehrt auch Spezialstudien für einen genaueren Kenntnisstand der Regierungsarbeit in der Großen Koalition sorgten.

Mitte der 1980er Jahre legte Klaus Hildebrand in der Reihe „Geschichte der Bundesrepublik Deutschland" einen Band über die Regierung Erhard und die Große Koalition vor. In dem Versuch, „[d]as Anonyme der Supranationalität ebenso zu vermeiden wie einen Rückfall in den Nationalismus des 19. Jahrhunderts"[8], sah der Bonner Historiker recht allgemein das Gemeinsame der Europapolitik Kiesingers und Brandts. Im Hinblick auf die zähen Debatten über einen britischen Beitritt auf europäischer Ebene und den Versuchen der anderen EWG-Länder, eine europäische Einigung notfalls ohne den französischen Blockierer zu beginnen, betonte Hildebrand die Leistung der Großen Koalition, „Schlimmeres verhütet zu haben"[9].

Wenige Jahre später warteten die beiden ehemaligen Mitarbeiter Kurt Georg Kiesingers Reinhard Schmoeckel und Bruno Kaiser mit einem hagiographisch anmutenden Werk über die „vergessene Regierung"[10] der Großen Koalition auf. In der Europapolitik hoben sie die Rücksichtnahme der Bundesregierung auf den französischen Partner hervor und urteilten, dass die sozialliberale Koalition auf dem erfolgreichen Haager Gipfel im Dezember 1969 nur die europapolitischen Früchte der Großen Koalition geerntet habe.[11]

Dirk Kroegel untersucht in seiner Dissertation die Rolle Bundeskanzler Kiesingers in der Deutschland- und Außenpolitik der Bundesregierung. Obwohl der Titel des Buches eine Auseinandersetzung mit der gesamten Außenpolitik der Großen Koalition erwarten lässt, steht die Deutschland- und Ostpolitik der Großen Koalition und das Verhältnis Kiesingers zu Herbert Wehner eindeutig im Zentrum der Untersuchung. Die Europapolitik wird nur im Kontext der deutsch-französischen Beziehungen gestreift. Kroegel bemerkt hierzu, Kiesinger habe Altbundeskanzler Adenauer vorgetäuscht, gemeinsam mit dem französischen Staatspräsidenten Charles de Gaulle eine politische Union Europas aufbauen zu wollen. Tatsächlich sei er jedoch den Angeboten de Gaulles, die in diese Richtung zielten, ausgewichen, um eine Abhängigkeit der Bundesrepublik von Frankreich zu vermeiden.[12]

---

[7] Oetinger, Die Bedeutung des westlichen Systems; Bischoff, Die außenpolitische Konzeption der CSU; Storz, Außenpolitik als Gesellschaftspolitik; Braunmühl, Kalter Krieg und friedliche Koexistenz; Kodolitsch, Die Ostpolitik der Großen Koalition.

[8] Hildebrand, Große Koalition, S. 318.

[9] Ebd., S. 319.

[10] Schmoeckel/Kaiser, Vergessene Regierung.

[11] Ebd., S. 229 f.

[12] Kroegel, Anfang, S. 332 f.

Die Fraktionsarbeit der Regierungsparteien ist Gegenstand zweier Dissertationen. Andrea H. Schneider führt die Leistungen der Großen Koalition auf die gute Zusammenarbeit der beiden Fraktionsvorsitzenden Helmut Schmidt und Rainer Barzel zurück.[13] Diese monokausale These ist gerade für die Europapolitik, die in der Arbeit Schneiders kaum eine Rolle spielt, sicherlich nicht haltbar. Intensiver befasst sich Daniela Taschler mit der Europapolitik der CDU/CSU-Fraktion im außenpolitischen Gesamtzusammenhang. In ihrer Arbeit wird deutlich, dass der als Frankreich-hörig empfundene Kurs der Bundesregierung in der Fraktion zunehmend unter Druck geriet. Die gemäßigten Kräfte, die vor einem Bruch mit Frankreich warnten, konnten sich jedoch insgesamt durchsetzen.[14]

Über die Rolle der Fraktion hinausgehend, stellt Klaus Schönhoven die Politik der SPD in der Großen Koalition dar. Obwohl vor allem Brandt seinen Einsatz für den britischen Beitritt 1968 verstärkt habe, sei kein durchschlagender Erfolg möglich gewesen. Mit der Zeit hätten sich in der Koalition „Enttäuschung und Erbitterung“[15] über de Gaulles Europapolitik breit gemacht. Man habe zwar keinen Bruch mit Frankreich riskieren wollen, sei jedoch zunehmend ratloser geworden, wie man mit dem schwierigen deutsch-französischen Verhältnis umgehen sollte.

Das Verhältnis Deutschlands zu Frankreich von 1966 bis 1969, das sich entscheidend auf die Europapolitik der Großen Koalition auswirkte, ist bereits Gegenstand zahlreicher Untersuchungen. Einen grundlegenden Einblick aus deutscher Perspektive verschafft der Aufsatz von Klaus Hildebrand[16], dessen Schwerpunkt auf den deutsch-französischen Differenzen über den britischen EWG-Beitritt liegt. Auf die Auseinandersetzungen von CDU und SPD mit dem französischen Staatspräsidenten Charles de Gaulle geht Reiner Marcowitz[17] in seiner Studie ein. Nach einer „Aufbruchstimmung“[18] im Jahre 1967 habe sich das deutsch-französische Verhältnis wieder verschlechtert, verursacht durch die dilatorische Haltung Frankreichs gegenüber dem EWG-Beitrittsgesuch Großbritanniens.[19] Obwohl ein Bruch mit Frankreich habe vermieden werden können, überwiege am Ende der Regierungszeit der Großen Koalition doch die Resignation im deutsch-französischen Verhältnis.[20] Man habe sich letztendlich auf deutscher Seite dafür entschieden, de Gaulle „auszusitzen“[21]. Zu einem ähnlichen Urteil kommt Manfred Steinkühler, der in seinem Buch über den deutsch-französischen Vertrag gegenüber der 1980 erschienenen Dissertation von Johannes Bauer ansonsten nur wenig Neues zu bieten hat.[22] Der ehemalige Mitarbeiter des Auswärtigen Amts thematisiert stattdessen in extenso die nationalsozialistische Vergangenheit Bundeskanzler Kiesingers und einiger Mitarbeiter des Auswärtigen Amts, so dass sich hier eher der Eindruck einer persönlichen Abrechnung als einer fundierten Analyse der Wirkungen des deutsch-französischen Vertrags aufdrängt.

---

13 Schneider, Kunst des Kompromisses.
14 Taschler, Herausforderungen.
15 Schönhoven, Wendejahre, S. 416.
16 Hildebrand, Provisorischer Staat.
17 Marcowitz, Option.
18 Ebd., S. 268.
19 Ebd., S. 276.
20 Ebd., S. 287.
21 Ebd.
22 Steinkühler, Der deutsch-französische Vertrag; Bauer, Die deutsch-französischen Beziehungen.

Erst kürzlich hat Klaus Hildebrand dargelegt, wie viel Einfluss und Faszination die Europavorstellungen de Gaulles auf Willy Brandt ausübten. Beide seien sich vor allem über eine „Europäisierung" der deutschen Frage zur langfristigen Überwindung der Teilung Europas und Deutschlands einig gewesen.[23]

Die Rolle Willy Brandts in der Europapolitik der Großen Koalition steht auch im Mittelpunkt eines Aufsatzes von Andreas Wilkens. Die Versuche Brandts, gegen die starren Positionen Frankreichs und der anderen vier EWG-Länder eine Stagnation der europäischen Einigung zu verhindern und die britische Beitrittsfrage in Bewegung zu halten, seien in der Regierungszeit de Gaulles gescheitert. Nach dem Rücktritt de Gaulles sei Brandt klar gewesen, dass die neue französische Regierung einer Erweiterung zustimmen werde. Man habe der Regierung Pompidou jedoch die Zeit einräumen wollen, ihre Position neu zu bestimmen.[24]

Philipp Gassert legt in zwei Aufsätzen den Schwerpunkt auf die Europapolitik Kiesingers. Die Preisgabe Walter Hallsteins als zukünftigen Präsidenten einer fusionierten Kommission der drei Europäischen Gemeinschaften sieht Gassert durch die damit verbundene lange gewünschte Fusion der Exekutiven gerechtfertigt.[25] Die zunehmende Desillusionierung Kiesingers über die deutsch-französischen Beziehungen und ihre Bedeutung für Fortschritte in der europäischen Einigung wird in einem weiteren Aufsatz Gasserts deutlich.[26]

Die Haltung der Bundesregierung zum britischen Beitrittsgesuch ist mit einem Fokus auf den deutsch-britischen Beziehungen für die Jahre 1966/67 detailliert untersucht worden. Katharina Böhmer schildert das Dilemma der Bundesregierung, einerseits einen britischen Beitritt zu unterstützen, andererseits aber in ihrer außenpolitischen Konzeption auf gute Beziehungen zu Frankreich angewiesen zu sein. Die Bundesregierung sei nicht bereit gewesen, eine Krise der deutsch-französischen Beziehungen aufgrund des britischen Beitrittsgesuchs zu riskieren.[27] Zu einem ähnlichen Urteil kommt Hartmut Philippe, der aufzeigt, wie stark die Bundesregierung in der Beitrittsfrage unter britischem Druck stand.[28]

Die Europapolitik der Großen Koalition findet ihre entsprechende Berücksichtigung auch in der Gesamtdarstellung Herbert Müller-Roschachs, eines ehemaligen Mitarbeiters des Auswärtigen Amts, über die Europapolitik der Bundesregierungen zwischen 1949 und 1977.[29] Müller-Roschach hebt, in der Form stark deskriptiv, die großen Erfolge in der Europapolitik der Großen Koalition hervor: den Abschluss der Kennedy-Runde des GATT, die Fusion der Exekutiven der Gemeinschaften und den Beginn der Zollunion zum 1. Juli 1968. Den Schwerpunkt seiner Darstellung bildet das britische Beitrittsgesuch, das aus seiner Sicht von der Bundesregierung unter der gebotenen Rücksichtnahme auf Frankreich bedingungslos unterstützt wurde.

---

[23] Hildebrand, Willy Brandt, Charles de Gaulle und „la grande Europe"; eine verkürzte Version dieses Aufsatzes findet sich unter dem Titel: Willy Brandt, General de Gaulle und „la Grande Europe", in: Möller/Vaïsse (Hrsg.), Willy Brandt und Frankreich, S. 115–120.
[24] Wilkens, L'Europe.
[25] Gassert, Personalities.
[26] Gassert, Kiesinger, Frankreich und das Europäische Projekt.
[27] Böhmer, 'We too mean business'; dies., Bundesrepublik Deutschland.
[28] Philippe, 'The Germans hold the key'.
[29] Müller-Roschach, Die deutsche Europapolitik.

In einer weiteren Längsschnittdarstellung der bundesrepublikanischen Europapolitik hebt Corina Schukraft den europapolitischen Stillstand in der Regierungszeit der Großen Koalition hervor. Kiesinger habe in seiner Rolle als „ehrlicher Makler" zwischen Frankreich und Großbritannien nicht viel ausrichten können.[30]

Zu einem anderen Ergebnis kommt Werner Bührer, indem er den untersuchten Zeitraum der deutschen Europapolitik bis 1972 erweitert. Seiner Meinung nach agierte die Bundesrepublik in der Europapolitik zwischen 1958 und 1972 erfolgreich. Die handelspolitische Teilung Westeuropas in EWG und European Free Trade Association (EFTA) sei überwunden worden, der von der Bundesregierung aus wirtschaftlichem Interesse gewünschte Binnenmarkt habe sich deutlich weiterentwickelt und die Bundesrepublik sei „neben Frankreich zur ‚europäischen Macht' aufgestiegen"[31]. Damit sei jedoch eine Renationalisierung der offiziellen Europapolitik einhergegangen.

Wie dieser Forschungsüberblick verdeutlicht, sind die Ergebnisse zur Europapolitik der Großen Koalition noch sehr lückenhaft. Thematisch steht in den wenigen Aufsätzen und Monographien, die sich speziell mit der Europapolitik befassen, das britische Beitrittsgesuch eindeutig im Vordergrund. Da sich aber die Europapolitik der Großen Koalition nicht im Umgang mit dem britischen Beitrittsgesuch erschöpfte, ist es geboten, die Europapolitik endlich umfassender zu untersuchen und auch die anderen Aspekte der Europapolitik in den Blick zu nehmen. Auffallend ist außerdem, dass der bisherige Zugang in der Forschung hauptsächlich über Kiesinger beziehungsweise Brandt gewählt wurde oder die jeweiligen Parteien beziehungsweise ihre Bundestagsfraktionen im Vordergrund der Untersuchungen standen. Damit wurde bisher gerade das vernachlässigt, was eine Auseinandersetzung mit der Regierungszeit der Großen Koalition so reizvoll macht, denn die Große Koalition bietet eine einmalige Chance: Sie erlaubt eine parallele Untersuchung sowohl der CDU/CSU als auch der SPD in ihrer Regierungsarbeit. In diesem Kontext ist zu analysieren, inwieweit sich die europapolitischen Positionen der beiden großen Parteien und ihrer Protagonisten unterschieden und wie diese Standpunkte in die europapolitischen Entscheidungen der Bundesregierung Eingang fanden.

---

30 Schukraft, Die Anfänge westdeutscher Europapolitik.
31 Bührer, Abschied von der Supranationalität.

I. Voraussetzungen – Die Europapolitik in den Koalitionsverhandlungen und die Wiederbelebung der deutsch-französischen Beziehungen zu Beginn der Regierungszeit

Die Regierung der Großen Koalition trat am 1. Dezember 1966 ein schwieriges Erbe an. Das galt nicht nur für die Innenpolitik, in der die wirtschaftlichen Probleme dominierten, sondern auch für das gesamte Feld der Außenpolitik. In der Regierungszeit Bundeskanzler Ludwig Erhards von 1963 bis 1966 hatte die Außen- und Europapolitik der Bundesrepublik Deutschland vor allem unter der mangelhaften Fähigkeit der Bundesregierung gelitten, ihre bilateralen Beziehungen im Rahmen des allgemeinen internationalen Entspannungstrends sinnvoll zu ordnen.[1] So erreichten unter anderem die deutsch-französischen Beziehungen, die als Motor für alle europäischen Weiterentwicklungen wirkten, einen Tiefpunkt. Der noch unter Adenauer im Januar 1963 zustande gekommene deutsch-französische Freundschaftsvertrag, bereits entwertet durch die im Zuge des Ratifizierungsvorgangs vom deutschen Bundestag hinzugefügte, die atlantischen Bindungen der Bundesrepublik unterstreichende Präambel, konnte unter Erhard und dem anglophilen Außenminister Gerhard Schröder seine Wirkung zu keiner Zeit entfalten.[2] Durch die deutsch-französischen Dissonanzen scheiterte auch Erhards nach dem Prinzip des „do ut des"[3] konzipierte Europapolitik. De Gaulle akzeptierte zwar das deutsche Entgegenkommen bei der Ausgestaltung der gemeinsamen Agrarpolitik, zeigte der Bundesregierung in ihrem Werben um die Durchsetzung ihrer ambitionierten Europainitiative vom November 1964 jedoch die kalte Schulter.[4] Die europapolitischen Auseinandersetzungen zwischen der Bundesrepublik und Frankreich kulminierten im Sommer 1965 in der „Krise des leeren Stuhls", als de Gaulle für ein halbes Jahr die französischen Vertreter aus den wichtigsten Gemeinschaftsgremien abzog, um die vertraglich vorgesehene Einführung von Mehrheitsabstimmungen im Ministerrat zu verhindern. Die Bundesregierung stilisierte sich, trotz partieller inhaltlicher Übereinstimmung mit den Positionen de Gaulles, zum stärksten Kontrahenten der Franzosen.[5] Mit dem „Luxemburger Kompromiss" vom Januar 1966, der die Berücksichtigung des vitalen Interesses eines Landes bei Mehrheitsabstimmungen im Ministerrat zusicherte, kehrten die Franzosen wieder an den Gemeinschaftstisch zurück. Das Verhältnis zwischen der Bundesrepublik und Frankreich war jedoch

---

[1] Zur Europapolitik Erhards allgemein: Lappenküper, „Ich bin wirklich ein guter Europäer"; ders., Bau des „europäischen Hauses"; ders., „Ein Europa der Freien und Gleichen". Zur Außenpolitik Gerhard Schröders siehe Eibl, Politik der Bewegung; Oppelland, Schröder, S. 419–684.

[2] Vertrag zwischen der Bundesrepublik Deutschland und der Französischen Republik über die deutsch-französische Zusammenarbeit vom 22. 1. 1963, in: Außenpolitik der Bundesrepublik Deutschland, Dok. 64, S. 275 ff. Die Präambel des Bundestages findet sich ebd., Dok. 65, S. 279 f. Zum deutsch-französischen Vertrag unter Erhard vgl. die sehr oberflächliche Monographie von Steinkühler, Der deutsch-französische Vertrag, S. 83–125, sowie die wesentlich tiefer gehende Untersuchung von Koopmann, Das schwierige Bündnis. Die verschiedenen Bereiche des deutsch-französischen Vertrages werden untersucht in: Defrance/Pfeil (Hrsg.), Élysée-Vertrag.

[3] Lappenküper, Bau des „europäischen Hauses", S. 247.

[4] Zu der Europainitiative Erhards siehe Germond, Union politique; Clemens, „Zwischen allen Stühlen"; Schultz, Integration durch eine europäische Atomstreitmacht.

[5] Türk, "To face de Gaulle as a Community".

stark beschädigt. Enttäuscht von der Politik de Gaulles, wandte sich Erhard, ohnehin schon als „gemäßigter Atlantiker“[6] bekannt, noch stärker den USA zu. Dadurch geriet er aber zunehmend unter innenpolitischen Druck, denn die „Gaullisten“ innerhalb seiner Partei, allen voran der noch bis Anfang 1966 als CDU-Vorsitzender amtierende Adenauer und der CSU-Vorsitzende Franz Josef Strauß, befürchteten einen Bruch mit Frankreich und eine Entscheidung der Bundesregierung für eine alleinige Zusammenarbeit mit den Amerikanern und Briten. Als dem glücklosen „Volkskanzler“ Erhard dann auch noch der atlantische Pfeiler seiner Außenpolitik durch die deutsch-amerikanischen Streitigkeiten über den Devisenausgleich für die amerikanischen Truppen in der Bundesrepublik[7] wegbrach, stand er außenpolitisch mit leeren Händen da – ein Umstand, der nicht unwesentlich zu seinem Sturz Ende 1966 beitrug.[8]

Konkreter Anlass für Erhards Entmachtung war die Uneinigkeit der Koalition aus CDU/CSU und FDP, die sich nicht auf einen gemeinsamen Haushalt für das Jahr 1967 verständigen konnte. Daraufhin traten die FDP-Minister am 27. Oktober 1966 von ihren Ämtern zurück, und die hektische Suche der CDU nach einem neuen Kanzlerkandidaten begann.[9] Die Entscheidung fiel am 10. November, als in der CDU/CSU-Fraktionssitzung die Abstimmung über den Kanzlerkandidaten erfolgte. Nachdem Bundestagspräsident Eugen Gerstenmaier vor der Abstimmung seine Kandidatur bereits zurückgezogen hatte, blieben noch der Fraktionsvorsitzende Rainer Barzel, Außenminister Gerhard Schröder, der Ministerpräsident Baden-Württembergs Kurt Georg Kiesinger und der Präsident der EWG-Kommission Walter Hallstein als Bewerber übrig. Die Wahl, die so oft wiederholt werden musste, bis einer der Nominierten die absolute Mehrheit erreichte, wurde erst im vierten Wahlgang entschieden: Kiesinger setzte sich durch, am dichtesten gefolgt von Gerhard Schröder. Abgeschlagen belegten Barzel und Hallstein, der bereits nach dem zweiten Wahlgang aufgegeben hatte, die hinteren Plätze. Dieser Wahlausgang war ein Sieg der süddeutschen CDU-Landesverbände und der CSU über die nord- und westdeutschen Landesverbände, die überwiegend für Schröder und Barzel gestimmt hatten.[10] Entscheidendes Moment war hierbei die anti-französische und pro-amerikanische Außenpolitik Schröders, denn vor allem die südlichen Landesverbände forderten vehement die Verbesserung

---

[6] Die Gruppierung der „Atlantiker“ gab den Beziehungen der Bundesrepublik zu den USA Vorrang, wohingegen die „Gaullisten“ für eine enge Anlehnung an Frankreich plädierten. Den aktuellen Forschungsstand zu den Auseinandersetzungen zwischen „Atlantikern“ und „Gaullisten“ in den 1960er Jahren reflektiert Conze, Staatsräson. Kritisch beurteilt Reiner Marcowitz (Option, S. 184 ff.) die zeitgenössische und von der historischen Forschung übernommene Etikettierung führender CDU/CSU-Politiker als „Atlantiker“ und „Gaullisten“, da sie eine Ausschließlichkeit impliziere, die nicht Sache der so bezeichneten Politiker gewesen sei.

[7] Durch den Devisenausgleich versuchten die USA, einen Teil ihrer Kosten für die Truppenstationierung in der Bundesrepublik wieder zurückzuholen. Die Bundesrepublik verpflichtete sich dazu in den so genannten Offset-Abkommen, Rüstungsmaterial und Schatzpapiere der USA zu kaufen. Siehe zum Gesamtkontext Zimmermann, Money and Security; Schmidt, „The Embarrassment of Strength“, S. 165–181.

[8] Hildebrand, Große Koalition, S. 175.

[9] Da das Zustandekommen der Großen Koalition in der Literatur bereits ausführlich dargestellt wurde, möchte ich mich hier nur auf wichtige Stationen der Koalitionsverhandlungen mit dem Fokus auf die Europapolitik beschränken. Zu den Koalitionsverhandlungen allgemein siehe Schmoeckel/Kaiser, Vergessene Regierung, S. 41–56; Taschler, Herausforderungen, S. 60–72.; Kroegel, Anfang, S. 19–58; Schneider, Kunst des Kompromisses, S. 27–43; Schönhoven, Wendejahre, S. 51–78; Hildebrand, Große Koalition, S. 241–258.

[10] „Kanzler-Wahl. Vorsicht, Vorsicht“, in: Der Spiegel Nr. 47 vom 14. 11. 1966, S. 33.

der Beziehungen zu Paris – eine Aufgabe, die sie Kiesinger offensichtlich eher zutrauten. Noch am gleichen Tag übermittelte Kiesinger eine Einladung zu Koalitionsgesprächen an die SPD und die FDP.

Zur Vorbereitung der Verhandlungen auf außenpolitischem Gebiet sandte der Staatssekretär im Auswärtigen Amt Karl Carstens am 14. November dem designierten Bundeskanzler eine Aufzeichnung zur deutschen Außenpolitik zu, in der er die schwierige außenpolitische Lage der Bundesrepublik schonungslos offen legte.[11] Zur Entwicklung der Europäischen Gemeinschaften führte der Staatssekretär aus, dass der politische Grundgedanke der Gemeinschaften durch den französischen Widerstand zwar in den Hintergrund getreten sei, weswegen in den wirtschaftlichen Fragen jetzt härter gerungen werde, man jedoch 1966 Entscheidungen in der Agrar- und Handelspolitik getroffen habe, die zu den wichtigsten seit der Entstehung der Gemeinschaft gehörten. Vor allem in den Bereichen Energiepolitik, Verkehrspolitik, Handelspolitik (Kennedy-Runde) und Steuerpolitik sei eine Weiterentwicklung der Gemeinschaftspolitik zu erwarten. Außerdem solle man auch künftig die Fusion der Exekutiven der Gemeinschaften anstreben, die bisher am Widerstand Frankreichs gegen die Benennung Walter Hallsteins zum ersten Präsidenten der fusionierten Kommission gescheitert sei. Carstens empfahl ferner, dass sich die Bundesrepublik aufgrund ihrer wirtschaftlichen und politischen Interessenlage in der EWG für eine Politik der offenen Tür einsetzen solle, also den erfolgreichen Abschluss der Kennedy-Runde befördern und den Beitritt Großbritanniens und anderer Beitrittswilliger zu den Europäischen Gemeinschaften unterstützen solle. Ausführlich ging Carstens auch auf eine mögliche europäische politische Zusammenarbeit ein. Zunächst plädierte er für die Fortsetzung des politischen Meinungsaustauschs zwischen den sechs EWG-Staaten und Großbritannien in der Westeuropäischen Union (WEU). Die Etablierung einer politischen Union beurteilte er hingegen pessimistisch: Die niederländische Haltung beim Scheitern der Fouchet-Pläne[12] sei wahrscheinlich unverändert gültig, zumal Großbritannien soeben beschlossen habe, seine Kandidatur erneut zu betreiben, und Frankreich mittlerweile auf dem Standpunkt stehe, dass man sich erst auf eine gemeinsame Politik einigen müsse, bevor man neue Institutionen schaffe. Auch einer deutsch-französischen politischen Union erteilte Carstens eine Absage. Zurzeit sei keine Übereinstimmung in den wesentlichen Fragen mit Frankreich erkennbar. Außerdem würden die anderen Partner von einem solchen Alleingang vermutlich eher abgestoßen als angezogen. Mit den

---

[11] Hierzu und zu dem Folgenden: Aufzeichnung des Staatssekretärs Carstens, 14. 11. 1966, AAPD 1966, Dok. 367, S. 1502–1515. Vgl. Carstens, Erinnerungen, S. 314–316. Zur Rolle von Karl Carstens in der Außenpolitik der Bundesrepublik in den 1960er und 1970er Jahren siehe Szatkowski, Karl Carstens.

[12] Auf dem Gipfeltreffen der Staats- und Regierungschefs der EWG-Länder am 10./11. Februar 1961 in Paris war auf Anregung de Gaulles ein Studienausschuss unter dem französischen Diplomaten Christian Fouchet eingesetzt worden. Dieser Ausschuss sollte Vorschläge für eine europäische politische Organisation erarbeiten, die das wirtschaftliche Europa überwölben sollte. Fouchet legte dem Ausschuss zunächst einen moderaten Entwurf zur Schaffung einer Europäischen Politischen Union vor (Fouchet I). Dieser wurde jedoch wenig später von de Gaulle so modifiziert (Fouchet II), dass er für die Benelux-Staaten kaum noch akzeptabel war. Wie zu erwarten lehnten die Benelux-Länder den Entwurf im Ausschuss ab und kritisierten u. a., dass die europäische Sicherheitspolitik von der NATO in die Politische Union verlagert werde und die wirtschaftlichen Kompetenzen der supranationalen EWG auf die intergouvernemental organisierte Union übergehen würden. Zudem waren die Benelux-Länder nicht bereit, ein politisches Europa ohne Großbritannien zu organisieren. Siehe Kramer, Politische Union, S. 65–118; Knipping, Einigung Europas, S. 127–135; Brunn, Europäische Einigung S. 138–143.

deutsch-französischen Beziehungen setzte sich der Außenamtsstaatssekretär in einem eigenen Kapitel noch einmal gesondert auseinander. Er ging davon aus, dass eine neue deutsche Regierung die Möglichkeiten prüfen werde, das deutsch-französische Verhältnis wieder enger zu gestalten. Detailliert listete Carstens die Differenzen, aber auch die Kooperationsmöglichkeiten in der Ostpolitik und in der Verteidigungspolitik zwischen den beiden Nachbarländern auf. In der EWG sah Carstens eine Möglichkeit der Zusammenarbeit auf den Feldern der Energiepolitik, der Verkehrspolitik, der Politik der industriellen Kooperation sowie in Wissenschaft und Forschung. Dagegen bestünden in den Bereichen der Handelspolitik, der Agrarpolitik und der Erweiterung der EWG erhebliche Gegensätze. Mit der europäischen politischen Zusammenarbeit strebe Frankreich eine Führungsrolle in einem „europäischen Europa" an, das nur eine lose Verbindung zu den USA habe. Das widerspreche den politischen Grundsätzen der Bundesregierung.

Diese Aufzeichnung fasste Carstens in den nächsten Tagen zusammen und sandte diese Version an Theodor Blank, der Mitglied der erweiterten CDU/CSU-Verhandlungskommission war, mit der Bemerkung, dass sie allen Verhandlungspartnern in den Koalitionsverhandlungen zur Verfügung gestellt werden könne.[13]

Die SPD-Fraktion, eine Regierungsbeteiligung vor Augen, hatte bereits am 8. November 1966 im Bundestag in acht Punkten die Aufgaben einer neuen Bundesregierung formuliert. Dieses Acht-Punkte-Programm, ergänzt um eine Erläuterung der jeweiligen Schwerpunkte, wurde der CDU/CSU als Verhandlungsgrundlage für die am 15. November beginnenden Gespräche zwischen den beiden potenziellen Regierungspartnern übermittelt.[14] Die Sozialdemokraten forderten auf außenpolitischem Gebiet unter anderem, „das Verhältnis zu Washington und Paris in Ordnung [zu] bringen". Dazu solle der deutsch-französische Freundschaftsvertrag voll genutzt werden, wobei geprüft werden müsse, welche gemeinsamen Rüstungs- und Technologieprojekte man durchführen könne. Außerdem verlangte die SPD eine Überwindung der europäischen Stagnation und erhoffte sich hierbei Impulse von der Herstellung eines neuen deutsch-französischen Verhältnisses. Dadurch solle auch eine Fusion der Europäischen Gemeinschaften sowie der Abbau der Zollbarrieren zu den EFTA-Ländern eingeleitet werden. Eine zentrale Forderung war die Unterstützung der Bemühungen Großbritanniens und anderer EFTA-Länder um einen Beitritt zu den Europäischen Gemeinschaften durch die neue Bundesregierung.

Dieses SPD-Papier wurde im Auswärtigen Amt von den beiden Staatssekretären Carstens und Lahr kritisch begutachtet. Sie legten Außenminister Schröder am 17. November eine vertrauliche Stellungnahme vor.[15] Insgesamt bemängelten die beiden Staatssekretäre die allgemeine Formulierung vieler Punkte; die Schwierigkeiten begännen, sobald man diese Punkte konkretisiere. Zu der Forderung der SPD, „das Verhältnis sowohl zu den USA als auch zu Frankreich in Ordnung [zu] bringen", bemerkten sie, dass für die Bundesrepublik die Problematik darin liege, dass Frankreich in für die Bundesrepublik entscheidenden Fragen eine andere Politik betreibe als die USA. Daher könne diese Forderung, wenn über-

---

[13] Aufzeichnung „Die Außenpolitik einer neuen Bundesregierung", 17. 11. 1966, BaK, Nl Carstens, Bd. 640.

[14] Das SPD-Papier „Aufgaben einer neuen Bundesregierung" findet sich u. a. im BaK, Nl Guttenberg, Bd. 190. Daraus auch das Folgende. Vgl. „Die SPD legt ihr Programm vor. Volle Beziehungen zu den Staaten Osteuropas angestrebt", in: Die Welt vom 14. 11. 1966, S. 1.

[15] Hierzu und zu dem Folgenden: Stellungnahme der beiden Staatssekretäre des AA zu dem SPD-Papier „Aufgaben einer neuen Bundesregierung", 17. 11. 1966, BaK, Nl Carstens, Bd. 640.

haupt, nur in einem langen Entwicklungsprozess erfüllt werden. Wenn die Bundesregierung stärkeren Einfluss als bisher auf diese Entwicklung nehmen wolle, werde sich ihr Verhältnis zu einem der beiden Partner oder vielleicht sogar zu beiden vorübergehend verschlechtern. Das bedeute aber nicht, dass man einen derartigen Versuch unterlassen solle. Dem Verlangen nach einer Ausweitung der gemeinsamen deutsch-französischen Rüstungszusammenarbeit stünden nach ihrer Ansicht zwei entscheidende Faktoren im Wege: Zum einen sei die Erstausstattung der Bundeswehr weitgehend amerikanisches Material und zum anderen sei man durch die Offsetabkommen mit den USA und Großbritannien gezwungen, die Rüstungskäufe stärker auf diese Länder zu konzentrieren. Pessimistisch beurteilten sie auch eine Ausweitung der deutsch-französischen Zusammenarbeit im Technologiebereich, die nur auf Kosten einer Reduzierung gemeinsamer europäischer Projekte möglich sei, was eine Abkehr von der bisherigen Europapolitik der Bundesregierung bedeuten würde. Hinsichtlich der Europäischen Gemeinschaften bemerkten Carstens und Lahr, dass der Verschmelzung der Europäischen Gemeinschaften die Fusion der europäischen Exekutiven vorangehen müsse, damit die Mitwirkung der fusionierten Kommission an der Vorbereitung der Verschmelzung gewährleistet sei. Das setze voraus, dass Frankreich sich mit den fünf Partnern über die personelle Zusammensetzung der vereinigten Kommission einige. Einer Unterstützung etwaiger Beitrittsbemühungen und dem Abbau der Zollbarrieren zu den EFTA-Staaten stimmten die beiden Spitzenbeamten vorbehaltlos zu.

In der ersten Gesprächsrunde zwischen CDU/CSU und SPD, an der auf Unionsseite Kiesinger, der Fraktionsvorsitzende Barzel, der CSU-Vorsitzende Strauß sowie der stellvertretende Fraktionsvorsitzende Peter-Wilhelm Brand und der Fraktionsgeschäftsführer Will Rasner und von sozialdemokratischer Seite der Parteivorsitzende Brandt sowie die stellvertretenden Fraktionsvorsitzenden Wehner, Schmidt, Karl Schiller und Alex Möller teilnahmen, waren die Sozialdemokraten zunächst überrascht, dass die CDU/CSU-Seite kein eigenes Verhandlungspapier formuliert hatte, sondern eine Diskussion des sozialdemokratischen Acht-Punkte-Programms wünschte.[16] Bereits in seinen Einleitungsworten wies Kiesinger auf die schwierige außenpolitische Lage hin, die sich noch verschlimmern könne und vielleicht nur durch die beiden großen Parteien zu meistern sei. Der Kanzlerkandidat schlug daraufhin vor, zunächst über die Außen-, Deutschland- und Verteidigungspolitik zu verhandeln und am 18. November das Gespräch mit innenpolitischen Themen fortzusetzen. Nachdem man sich auf dieses Verfahren geeinigt hatte, stellte Kiesinger auf der Basis des SPD-Papiers zur Außenpolitik fest, dass man in den außenpolitischen Grundpositionen nicht sehr weit voneinander entfernt sei. Nach einem allgemeinen Überblick Kiesingers über die außenpolitische Situation der Bundesrepublik ging der SPD-Fraktionsvize Helmut Schmidt in die Offensive. Auf den CDU/CSU-internen Streit zwischen „Atlantikern“ und „Gaullisten“ anspielend, stellte er fest, dass es in der Vergangenheit schwere Gegensätze in der CDU/CSU über die Außenpolitik gegeben habe, und wollte wissen, wie es damit heute stehe. Strauß, einer der prononciertesten „Gaullisten“, führte daraufhin aus, dass eine europäische Politik ohne Frankreich nicht zu verwirklichen sei,

16 Hierzu und zu dem Folgenden: Aus CDU/CSU-Perspektive „Aktenvermerk über die Besprechung mit der SPD am 15. 11. 66“, BaK, Bestand Barzel, Bd. 354, S. 37–48, und aus SPD-Sicht „Aus den Notizen von den Diskussionen der Verhandlungskommission der SPD mit den Verhandlungskommissionen der CDU/CSU und FDP“, AdsD, Bestand Helmut Schmidt, Bd. 5077. Vgl. „Regierungskrise. Brot in der Röhre“, in: Der Spiegel Nr. 48 vom 21. 11. 1966, S. 34.

und plädierte für die Herstellung einer Aktionsgemeinschaft mit Paris.[17] Die Bedeutung der USA sei bekannt, doch müsse man mit Washington unter offener Darlegung der jeweiligen nationalen Interessen sprechen. Kiesinger fügte hinzu, dass er das Amt des Regierungschefs nicht annehmen würde, wenn seine außenpolitische Meinung nicht von der gesamten Fraktion akzeptiert werde. Damit spielte Kiesinger auf sein positives Verhältnis zu Frankreich an. Analog zu der Etikettierung Erhards als „gemäßigten Atlantiker" könnte man Kiesinger als „gemäßigten Gaullisten" bezeichnen.[18]

Auf die deutsch-französischen Beziehungen eingehend, stellte Wehner klar, dass aus der Sicht der Bundesrepublik Paris eine entscheidende Bedeutung zukomme. Vor allem im verteidigungspolitischen Bereich plädierte er für eine enge deutsch-französische Abstimmung: „Unser Schiff müsse einen speziellen Ausleger nach Paris schaffen."[19] Brandt ergänzte, dass zu wenig offen mit de Gaulle geredet worden sei: „Man habe die Chance versäumt für faire quelque chose à deux."[20] Schmidt insistierte hingegen noch einmal auf seinem vorherigen Einwand. Er fragte konkret nach, ob die CDU/CSU kein außenpolitisches Verhandlungspapier präsentiere, weil sie sich in der Frankreich-Politik nicht einig sei, und wie es angesichts der großen Anhängerschaft Schröders in der CDU/CSU-Fraktion mit einer gemeinsamen Außenpolitik in der zukünftigen Koalition aussehe. Strauß verwies darauf, dass das, was er vorher vertreten habe, in der Fraktion noch Zuzug bekommen habe. Deswegen sei auch Kiesinger nominiert worden. Diplomatischer stellte Kiesinger fest, dass er Schröder nicht kritisieren wolle. Was bisher auf außenpolitischem Gebiet gesagt worden sei, entspreche aber in beträchtlichem Umfang auch den CDU/CSU-Vorstellungen.

Auffallend ist in dieser Verhandlungsphase das starke Drängen der SPD auf eine Verbesserung der deutsch-französischen Beziehungen. Dies entbehrte nicht einer gewissen Ironie, war es doch 1963 die SPD-Fraktion gewesen, die sich neben den CDU-Atlantikern vehement für die Verabschiedung der pro-amerikanischen Präambel zum deutsch-französischen Vertrag durch den Deutschen Bundestag eingesetzt hatte. Offensichtlich hatten die Veränderungen der internationalen Politik und die gescheiterte Außenpolitik Erhards und Schröders einen Wandel in den außenpolitischen Einstellungen der SPD bewirkt.[21] Strauß konnte es sich aber nicht verkneifen, auf die frühere Rolle der SPD anzuspielen. Er erklärte, dass die Präambel die Bedeutung des Vertrags erheblich gesenkt habe. Wehner sprach sich daraufhin zaghaft dagegen aus, die Präambel so negativ zu bewerten.[22]

---

[17] Franz Josef Strauß hatte seine europapolitische Einstellung bereits kurz zuvor in seinem „Entwurf für Europa" veröffentlicht. Darin sprach sich Strauß für den Aufbau eines starken Europas mit einer gemeinsamen atomaren Verteidigung aus. Siehe Strauß, Entwurf für Europa. Vgl. Heuser, European Dream.

[18] Auch der Kiesinger-Biograph Philipp Gassert ordnet Kiesinger in das Lager der „Gaullisten" ein. Siehe Gassert, Kiesinger, Frankreich und das Europäische Projekt, S. 151. Kiesinger hatte sich bereits während seiner Amtszeit als baden-württembergischer Ministerpräsident in seiner Eigenschaft als „Bevollmächtigter der Bundesrepublik Deutschland für kulturelle Angelegenheiten im Rahmen des Vertrags über die deutsch-französische Zusammenarbeit vom 22. Januar 1963" für die deutsch-französische Verständigung eingesetzt. Siehe Baumann, Kiesinger.

[19] Aktenvermerk über die Besprechung mit der SPD am 15. 11. 1966, BaK, Bestand Barzel, Bd. 354, S. 41.

[20] Ebd.

[21] Zum Wandel der SPD auf dem Weg zur Regierungsverantwortung siehe Bouvier, Zwischen Godesberg und Großer Koalition.

[22] „Aus den Notizen von den Diskussionen der Verhandlungskommission der SPD mit den Verhandlungskommissionen der CDU/CSU und FDP", hier: Gespräch am 15. 11. 1966, S. 4 f., AdsD, Bestand Helmut Schmidt, Bd. 5077.

Anschließend schnitt Schiller die konkrete EWG-Politik an. Wie sehe man die Fortentwicklung der EWG, die Beschleunigung der Fusion der Gemeinschaften, das Verhältnis der EWG zur EFTA und das Verhältnis EWG/Großbritannien? Kiesinger sprach sich für eine Politik der offenen Tür in den Gemeinschaften aus, stellte aber fest, dass diese Dinge entscheidend von den Vorstellungen des französischen Partners abhingen. Das Verhältnis EWG/EFTA würde im Übrigen durch die erwarteten Zollsenkungen im Rahmen der Kennedy-Runde gemildert. Schiller warnte insgesamt vor zu großer Vorsicht gegenüber den Brüsseler Behörden. Brandt verwies hingegen auf den zu erwartenden Beitrittsantrag Großbritanniens, woraufhin Wehner die Frage aufwarf, ob der britische Beitritt zu den Europäischen Gemeinschaften bei einer notwendigen Vertiefung des deutsch-französischen Verhältnisses zu verkraften sei. Laut Protokoll beantwortete Wehner seine eigene Frage „mit einem eindeutigen Ja“[23]. Auch Strauß befürwortete einen britischen Beitritt: „Es muß das Ziel zusammen mit Paris sein, die Tore für andere de facto und nicht nur de verbo zu öffnen: aber eben mit Paris. Die EWG dürfe nicht völlig ihres auf die politische Einigung Europas abzielenden Charakters entkleidet werden.“[24]

Damit war das Kapitel „Europapolitik“ in den Koalitionsverhandlungen bereits abgeschlossen. Ohne in die Details gegangen zu sein, hatte man sich auf niedrigem Niveau in einigen Grundfragen geeinigt: Der Beitritt Großbritanniens sollte unterstützt werden, die Bedeutung des Zollabbaus durch die Kennedy-Runde des GATT war deutlich geworden, und eine Verbesserung der Beziehungen zu Frankreich, auch als Voraussetzung für einen Fortschritt bei der europäischen Einigung, wurde befürwortet. Anschließend verhandelten die beiden Delegationen noch die Komplexe Ostpolitik, Deutschlandpolitik und den Vertrag über die Nichtverbreitung von Atomwaffen und beschlossen, die Diskussion am 18. November über innenpolitische Themen fortzusetzen.

In der Zwischenzeit verhandelten beide Parteien auch mit der FDP, wobei vor allem zwischen SPD und FDP sowohl außen- als auch innenpolitisch ein hohes Maß an Übereinstimmung festgestellt wurde.[25] Da die beiden Parteien aber nur über eine hauchdünne Mehrheit im Bundestag verfügten, wäre eine sozialliberale Koalition ein sehr hohes Risiko gewesen. Brandt war bereit, dieses Risiko einzugehen, konnte sich damit aber nicht gegen den einflussreichen Wehner durchsetzen.[26] Die Verhandlungen der CDU/CSU mit der FDP erwiesen sich hingegen rasch als wenig aussichtsreich, da man sich vor allem in der Frage des Haushalts nicht einig war.[27] In den weiteren Verhandlungen zwischen Christ- und Sozialdemokraten, die am 18. November stattfanden, stand vor allem die Finanzpolitik im Vordergrund. Auch in der entscheidenden Verhandlungsrunde am 24. November, bei der Brandt erst verspätet eintraf und stattdessen Wehner zunächst die SPD-Delegation führte, stand die Innenpolitik im Vordergrund. Nachdem man sich über die Außen-, Wirtschafts-, Finanz- und Sozialpolitik geeinigt hatte, war der Grundstein für die Bildung der

[23] Aktenvermerk über die Besprechung mit der SPD am 15. 11. 1966, BaK, Bestand Barzel, Bd. 354, S. 43.
[24] Ebd.
[25] „Koalitionsverhandlungen. Brot in der Röhre“, in: Der Spiegel Nr. 48 vom 21. 11. 1966, S. 33 f.
[26] Schönhoven, Wendejahre, S. 63.
[27] Siehe hierzu u. a. die Verhandlungszusammenfassung Barzels „Unterlage für 21. und 22. 11. Zum Bericht“, BaK, Bestand Barzel, Bd. 354, S. 65–71, und die Notizen Barzels zu den Verhandlungen mit der FDP am 25. 11., ebd., S. 98.

Großen Koalition gelegt.[28] Aus den Notizen Barzels zu diesem letzten inhaltlichen Gespräch zwischen CDU/CSU und SPD geht allerdings hervor, dass sich Kiesinger und Wehner bereits vorher unter vier Augen auf eine große Koalition geeinigt hatten.[29]

In den nächsten Tagen stimmten die Parteigremien von CDU/CSU und SPD dem Verhandlungsergebnis zu und akzeptierten damit die Bildung einer Großen Koalition, so dass in den weiteren Verhandlungen die Besetzung der Kabinettsposten diskutiert werden konnte. Besondere Schwierigkeiten tauchten bei der Auswahl des Außenministers auf. Schröder, der in den Augen vieler als Außenminister versagt hatte, sollte nach den Wunschvorstellungen Kiesingers durch Eugen Gerstenmaier ersetzt werden.[30] Das hatte der Kanzlerkandidat bereits frühzeitig mit dem Bundestagspräsidenten vereinbart, der am 25. November in einem Schreiben an Kiesinger seine außenpolitischen Ziele formulierte.[31] Neben Fortschritten in der Ostpolitik visierte Gerstenmaier vor allem die Überwindung des unionsinternen Streits zwischen „Atlantikern" und „Gaullisten" an. Außerdem plädierte er für die Wiederherstellung harmonischer Beziehungen zu Frankreich und sprach sich für das supranationale Prinzip in der europäischen Einigung aus, wies allerdings darauf hin, dass man an de Gaulles Konzept eines „Europas der Vaterländer" nicht vorbeikomme.

Dass aus Gerstenmaiers Engagement für den Posten des Außenministers nichts wurde, lag an dem Anspruch der SPD auf dieses Amt.[32] Diese Forderung ging auf einen Beschluss des Partei- und Fraktionsvorstands vom 25. November zurück, der die Verhandlungsführung der Kommission zwar billigte, jedoch der Kommissionsempfehlung zur Bildung einer Großen Koalition nur mit der Auflage zustimmte, dass das Gewicht der SPD in der Regierung deutlich erkennbar sein und ein Sozialdemokrat Außenminister werden müsse.[33] Dieser plötzliche Vorstoß der SPD, die Brandt für den Posten des Außenministers vorschlug, kam für Kiesinger unerwartet, hatte sich der SPD-Vorsitzende bisher doch für das Wissenschaftsressort ausgesprochen, das er als weniger zeitintensiv ansah und deswegen hoffte, noch genügend Zeit für die Parteiarbeit aufbringen zu können.[34] Als Wehner am 27. November den Anspruch seiner Partei bei Kiesinger vortrug, gab dieser der SPD-Forderung nach und informierte noch am selben Tag Gerstenmaier über die Entscheidung.

Damit fielen zwei der für die Europapolitik wichtigen Ministerposten an die Sozialdemokraten: Neben Außenminister Willy Brandt übernahm der frühere Berliner Wirtschaftssenator Karl Schiller das Wirtschaftsministerium. Die beiden anderen europapolitisch zentralen Ressorts wurden von CSU-Ministern geleitet: Finanzminister wurde Strauß, Minister für Landwirtschaft und Ernährung blieb Hermann Höcherl.

---

28 Zum Gesprächsverlauf siehe „Aus den Notizen von den Diskussionen der Verhandlungskommission der SPD mit den Verhandlungskommissionen der CDU/CSU und FDP", AdsD, Bestand Helmut Schmidt, Bd. 5077.

29 Barzel notierte: „Vorher: K[urt] G[eorg] K[iesinger] mit H[erbert] W[ehner]: ok (nur für R[ainer] B[arzel])", BaK, Bestand Barzel, Bd. 354, S. 86.

30 Gerstenmaier, Streit, S. 538 f.; Gniss, Gerstenmaier, S. 413 f.

31 Hierzu und zu dem Folgenden: Gerstenmaier an Kiesinger, 25. 11. 1966, ACDP, Nl Kiesinger, Bd. A003. Zitiert nach Kroegel, Anfang, S. 55.

32 Gerstenmaier, Streit, S. 539.

33 Sitzung des Partei- und Fraktionsvorstands am 25. 11. 1966, AdsD, Bestand Helmut Schmidt, PV ab 12. 9. 1966 bis 1. 4. 1967, zitiert nach SPD-Fraktion im Deutschen Bundestag, S. 1030.

34 Brandt, Begegnungen, S. 175; Merseburger, Brandt, S. 488 f.; Schönhoven, Wendejahre, S. 74 f.

Auch über die Bildung eines Europaministeriums wurde spekuliert, dessen Errichtung von dem früheren Wirtschaftsminister Kurt Schmücker gefordert wurde und das er gerne selbst übernommen hätte.[35] Die SPD wollte diesem Ansinnen verständlicherweise nicht zustimmen, denn damit wäre der neue Außenminister sofort geschwächt worden. Die Bildung eines Europaministeriums wurde daher nicht weiter debattiert; Schmücker wurde stattdessen Schatzminister. Nachdem man sich somit in personalpolitischen Fragen einig geworden war, wurde Kurt Georg Kiesinger am 1. Dezember 1966 vom Bundestag zum neuen Bundeskanzler gewählt.

Anschließend widmete sich Kiesinger der mit Spannung erwarteten ersten Regierungserklärung der Großen Koalition, die er am 13. Dezember 1966 dem Bundestag präsentierte. Für die Formulierung des außenpolitischen Teils der Rede lagen ihm Entwürfe des Auswärtigen Amts vor, die er jedoch kaum berücksichtigte.[36] Das Kapitel zu den deutsch-französischen Beziehungen ließ er sich von seinem späteren Parlamentarischen Staatssekretär und langjährigen Propagandisten einer Großen Koalition Karl Theodor Freiherr von und zu Guttenberg (CSU) ausarbeiten und übernahm es fast wörtlich in seine Rede.[37] Nachdem der Entwurf am 12. Dezember im Kabinett mit einigen kleinen Korrekturen abgesegnet worden war,[38] konnte Kiesinger am folgenden Tag seine Regierungserklärung abgeben.

Im europapolitischen Teil seiner Regierungserklärung hob er nach einer allgemeinen Einführung zwei deutsche Grundanliegen hervor:[39] Die Europäischen Gemeinschaften sollten allen europäischen Ländern offen stehen, die sich zu ihren Zielen bekennen würden. Einen möglichen Beitritt Großbritanniens und weiterer EFTA-Länder werde man begrüßen. Parallel zu einem inneren Ausbau der Gemeinschaften werde sich die Bundesregierung für eine weltoffene Handelspolitik der EWG einsetzen. Deshalb werde man mit Nachdruck auf einen erfolgreichen Abschluss der Kennedy-Runde des GATT drängen. Entscheidend für die weitere Entwicklung Europas sei jedoch das deutsch-französische Verhältnis. Eine gefährliche Alternative zwischen Frankreich und den USA lasse man sich nicht aufreden; stattdessen strebe die Bundesregierung ein solides „Bündnis zwischen den freien, sich einigenden Nationen Europas und den Vereinigten Staaten von Amerika"[40] an. Die deutsch-französische Zusammenarbeit sei Kristallisationspunkt einer Politik, die sich die Einigung Europas zum Ziel gesetzt habe und Voraussetzung für ein Europa, das mit einer Stimme spreche. Europa könne nur mit Frankreich und Deutschland, nicht ohne oder gegen eines der beiden Länder gebaut werden. Dafür sei es wichtig, praktische Schritte auf dem Weg zur Einigung einzuleiten statt unnachgiebig Idealvorstellungen zu

---

35 Hierzu und zu dem Folgenden: Kroegel, Anfang, S. 57 f. Vgl. „Regierungsbildung. Kartell der Angst", in: Der Spiegel Nr. 50 vom 5. 12. 1966, S. 34.

36 Brief Brandts an Kiesinger mit dem Beitrag des AA zur Regierungserklärung, 6. 12. 1966, ACDP, Nl Kiesinger, Bd. A304. Siehe dazu auch die handschriftlichen Notizen Brandts vom 6. 12. 1966, in: Brandt, Ein Volk der guten Nachbarn, S. 104–107.

37 Ausarbeitung Guttenbergs zum Thema Deutschland-Frankreich für die Regierungserklärung (o. O., o. D.), BaK, Nl Guttenberg, Bd. 190, S. 190–194. Zu Guttenbergs Rolle beim Zustandekommen der Großen Koalition siehe Wirz, Guttenberg.

38 „Regierungserklärung. Mal abwarten", in: Der Spiegel Nr. 52 vom 19. 12. 1966, S. 29 f.

39 Hierzu und zu dem Folgenden: Regierungserklärung von Bundeskanzler Kurt Georg Kiesinger vor dem Deutschen Bundestag am 13. 12. 1966 (Auszug betr. Außenpolitik), in: EA 22 (1967), S. D15-D19.

40 Ebd., S. D17.

verfolgen. Die Bundesregierung wünsche, die Möglichkeiten des deutsch-französischen Vertrags vom 22. Januar 1963 so konkret wie möglich zu nutzen und werde dafür Vorschläge unterbreiten. Zusammenfassend stellte Kiesinger fest, dass immer wieder auftauchende Meinungsverschiedenheiten und Probleme im deutsch-französischen Verhältnis geringer wögen als die Notwendigkeit einer immer weitere Bereiche umfassenden wirtschaftlichen, technologischen, kulturellen, militärischen und politischen Zusammenarbeit.

Damit hatte der neue Bundeskanzler in allgemeiner Form die europapolitischen Grundeinstellungen seiner Regierung umrissen und die besondere Bedeutung des deutsch-französischen Verhältnisses herausgestellt. Als konkrete europapolitische Projekte hatte er eine Unterstützung der Erweiterung und einen erfolgreichen Abschluss der Kennedy-Runde hervorgehoben. Kiesinger hatte auch deutlich gemacht, dass er die europapolitischen Ziele der Großen Koalition auf absehbare Zeit nur durch eine Kooperation mit Frankreich für erreichbar hielt. Das hieß, die Bundesregierung musste zunächst als Voraussetzung für eine erfolgreiche Europapolitik das zerrüttete deutsch-französische Verhältnis wieder auf eine solide Grundlage stellen.

Die französischen Reaktionen auf den Regierungsantritt und die ersten öffentlichen Verlautbarungen machten deutlich, dass das Signal in Frankreich angekommen war und die französische Regierung hohe Erwartungen mit der Großen Koalition verband.[41] Vor allem die Regierungserklärung Kiesingers wurde von französischer Seite sehr gelobt.[42] Außenminister Brandt erfuhr zudem, dass die französische Seite gewillt sei, die deutschen Intentionen ernst zu nehmen, und sich um ein neues harmonisches Verhältnis bemühen werde.[43]

Die erste Möglichkeit zur direkten Kontaktaufnahme mit dem neuumworbenen Partner auf Ministerebene ergab sich, als Außenminister Brandt aus Anlass einer NATO-Ministerratstagung vom 13. bis 15. Dezember 1966 in Paris weilte. Brandt traf dort sowohl mit Außenminister Maurice Couve de Murville als auch mit Premierminister Georges Pompidou und Staatspräsident de Gaulle zusammen. Dem französischen Außenminister erläuterte Brandt, dass die Bundesregierung einen ernsten Versuch machen wolle, dem deutsch-französischen Vertrag neues Leben einzuhauchen.[44] In diesem Zusammenhang warb Brandt auch für eine französische Unterstützung bei der Neujustierung der Deutschland- und Ostpolitik durch die Große Koalition. Couve de Murville sagte zu, die Zusammenarbeit so gut und eng zu gestalten, wie es dem Geist des deutsch-französischen Vertrages entspreche. Auch die anderen Gespräche waren von einer positiven Atmosphäre geprägt.[45]

---

[41] Fernschreiben Nr. 2011 von Botschafter Klaiber an Bundesminister Brandt, 6. 12. 1966, PAAA, B150, Bd. 89, S. 7759 f. Couve de Murville, Außenpolitik, S. 226–228.

[42] Das berichtete Stephan G. Thomas, der Leiter der Abteilung Internationale Politik der SPD-nahen Friedrich-Ebert-Stiftung und Vertraute Willy Brandts, dem neuen deutschen Außenminister am 17. 12. nach einem Gespräch mit dem Vertreter des französischen Botschafters in Deutschland, Christian Comte d'Aumale. Siehe Stephan G. Thomas an Willy Brandt, 17. 12. 1966, AdsD, Willy-Brandt-Archiv (WBA), Bestand Außenminister, Mappe 10.

[43] Ebd.

[44] Hierzu und zu dem Folgenden: Gespräch des Bundesministers Brandt mit dem französischen Außenminister Couve de Murville in Paris, 13. 12. 1966, AAPD 1966, Dok. 396, S. 1626–1631.

[45] Gespräch des Bundesministers Brandt mit Ministerpräsident Pompidou in Paris, 13. 12. 1966, AAPD 1966, Dok. 397, S. 1631–1637; Gespräch des Bundesministers Brandt mit Staatspräsident de Gaulle in Paris, 15. 12. 1966, AAPD 1966, Dok. 398, S. 1637–1646.

Bei diesen deutsch-französischen Avancen konnte sich die Bundesregierung auf ein breites Material des Auswärtigen Amts stützen. Dort hatte man bereits seit Oktober eine Kursänderung in der Politik gegenüber Frankreich antizipiert und begonnen, in diversen Aufzeichnungen die deutsch-französischen Kooperationsmöglichkeiten auszuloten.[46] Auf der Basis der Vorarbeiten des Auswärtigen Amts gelang es auf dem deutsch-französischen Gipfeltreffen am 12./13. Januar 1967 in Paris, zahlreiche Kooperationen zu vereinbaren, wenn auch zum Teil nur „kommuniquéfüllend"[47]. So versprach Frankreich unter anderem, die Bundesrepublik im Falle einer Aufnahme diplomatischer Beziehungen zwischen der Bundesrepublik und den osteuropäischen Staaten in Osteuropa und der Dritten Welt zu unterstützen. Dazu sicherte die französische Regierung Demarchen in von der Bundesregierung benannten Hauptstädten zu.[48] Beide Regierungen versicherten außerdem, in gegenseitigem Kontakt den italienischen Vorschlag einer EWG-Gipfelkonferenz weiter zu prüfen. Im wirtschaftlichen Bereich wurde unter anderem eine Kooperation in Osteuropa und den Entwicklungsländern beschlossen. Außerdem wurde ein konzertiertes deutsch-französisches Vorgehen bei der Steuerharmonisierung, der Ausarbeitung einer gemeinsamen Energiepolitik und einer schnellen Beschlussfassung über die gemeinsame Verkehrspolitik in der EWG vereinbart. Gemeinsam wollte man sich auch um die Entwicklung einer europäischen Zusammenarbeit in der Technologie und der wissenschaftlichen Forschung auf Gemeinschaftsebene bemühen. Im sicherheitspolitischen Bereich beschlossen beide Regierungen, gemeinsam die langfristige weltpolitische Entwicklung durch die Außen- und Verteidigungsministerien zu prüfen und Studien über die Möglichkeiten der Sicherheit Europas in den 70er Jahren durchzuführen.

Nach diesen für beide Regierungen so positiv verlaufenen ersten Wochen musste sich erweisen, ob das deutsch-französische Verhältnis, dessen Entwicklung laut Kiesinger „[d]ie entscheidende Rolle für die Zukunft Europas"[49] zukam, bereits so weit wieder hergestellt war, dass man im Bereich der Europäischen Gemeinschaften substanzielle Fortschritte erreichen konnte. Hier musste sich zeigen, ob die atmosphärische Verbesserung der deutsch-französischen Beziehungen, die in der Ostpolitik bereits erste materielle Ergebnisse brachte, auch im westeuropäischen Bereich die Voraussetzungen schaffen konnte, um erste Resultate zu erzielen. Gleichzeitig musste die Bundesregierung darauf achten, dass Kiesingers Apotheose des deutsch-französischen Verhältnisses nicht die kleineren

---

[46] Aufzeichnung des Staatssekretärs Lahr, 7. 11. 1966, AAPD 1966, Dok. 362, S. 1485–1489; Aufzeichnung des Ministerialdirektors Meyer-Lindenberg betr. Möglichkeiten der deutsch-französischen Zusammenarbeit, 7. 11. 1966, PAAA, B150, Bd. 87, S. 7142–7150; Aufzeichnung des Ministerialdirektors Meyer-Lindenberg betr. Voraussetzungen und Möglichkeiten der deutsch-französischen Zusammenarbeit, 18. 11. 1966, PAAA, B150, Bd. 88, S. 7370–7374; Botschafter Klaiber, Paris, an das AA betr. Verstärkung der deutsch-französischen Zusammenarbeit – Möglichkeiten und Grenzen, 5. 12. 1966, PAAA, B150, Bd. 89, S. 7729–7737.

[47] So das Urteil Egon Bahrs über einige Vorschläge zur deutsch-französischen Zusammenarbeit in der Konferenzmappe für das Gipfeltreffen. Aufzeichnung Bahrs betr. Konsultation des Herrn Bundeskanzlers mit dem französischen Präsidenten am 13./14. 1. in Paris, 11. 1. 1967, PAAA, B150, Bd. 94, S. 285–290, hier S. 285.

[48] Hierzu und zu dem Folgenden: Aufzeichnung der Abteilung I betr. deutsch-französische Konsultationen der Staats-/Regierungschefs und der Außenminister am 13./14. 1. 1967 in Paris, 19. 1. 1967, PAAA, B150, Bd. 94, S. 492–496.

[49] Regierungserklärung von Bundeskanzler Kurt Georg Kiesinger vor dem Deutschen Bundestag am 13. 12. 1966 (Auszug betr. Außenpolitik), in: EA 22 (1967), S. D17.

EWG-Mitgliedsländer in ihrer Aversion gegen eine deutsch-französische Dominanz herausforderte. Zudem stand das frankophile Konzept der Bundesregierung innenpolitisch auf tönernen Füßen. Denn um den mühsam gekitteten Riss zwischen „Atlantikern" und „Gaullisten" nicht wieder aufbrechen zu lassen, musste die Politik des vorsichtigen Dialogs mit de Gaulle Erfolge bringen. Ausgerechnet in den beiden von der Bundesregierung als Hauptziele ihrer Politik in den Europäischen Gemeinschaften definierten Punkten, der Unterstützung eines britischen Beitritts und dem erfolgreichen Abschluss der Kennedy-Runde, nahm de Gaulle jedoch eine kritische, im Falle des Beitritts sogar ablehnende Haltung ein. Zieht man in Betracht, dass die Verbesserung der Beziehungen zu Frankreich als Schlüssel zur Herausführung der Bundesrepublik aus ihrer außenpolitischen Isolierung eine der Legitimationsgrundlagen für die Bildung der Regierung Kiesinger war, wird deutlich, dass gerade ein Aufbrechen der deutsch-französischen Differenzen im Bereich der europäischen Integration schwerwiegende Auswirkungen auf das innenpolitische Ansehen der Großen Koalition haben musste.

Trotz dieser unsicheren Zukunftsaussichten begann die Große Koalition ihre Politik in den Europäischen Gemeinschaften mit einer gehörigen Portion Optimismus, denn von einer Politik mit de Gaulle versprach man sich mehr Erfolge als von der gegenüber den französischen Wünschen intransigenten Politik der Vorgängerregierung.

II. Mit neuem Elan – Die Europapolitik der Großen Koalition von ihrem Regierungsantritt im Dezember 1966 bis Juni 1967

1. Die Aufgaben der Gemeinschaft aus deutscher Perspektive – Willy Brandt vor dem EWG-Ministerrat am 10. April 1967

Nach dem vollzogenen Regierungswechsel fühlte sich die neue Regierung verpflichtet, den europäischen Partnerregierungen ihre europapolitischen Grundanliegen auch offiziell und öffentlichkeitswirksam mitzuteilen. Geeignetes Gremium hierfür war der EWG-Ministerrat. Es erwies sich aber als schwierig, eine Ratstagung zu finden, an der auch alle Außenminister der anderen fünf EWG-Partner teilnehmen konnten, denn ein deutscher Außenminister konnte eine Art europapolitisches Regierungsprogramm der Bundesrepublik unmöglich einem Ministerrat präsentieren, der nur aus Staatssekretären zusammengesetzt war. Nachdem der ursprünglich anvisierte Termin dann aufgrund einer Erkrankung Willy Brandts noch einmal verschoben werden musste, dauerte es bis zum 10. April 1967, bis der deutsche Außenminister erstmals Gelegenheit hatte, in Brüssel seine Anliegen darzulegen.

Die Erklärung der Bundesregierung stand unter dem spröden Motto „Weiterentwicklung der Europäischen Gemeinschaften"[1]. Willy Brandt ordnete die zukünftige Entwicklung der EWG zunächst in den Prozess der gesamteuropäischen Einigung ein:

> „Je mehr die EWG sich stärkt und vollendet, umso mehr wird sie durch ihre Existenz und Dynamik auf die Einigungsbestrebungen in anderen Bereichen ausstrahlen. Wenn wir auf dem Wege zur Wirtschaftsunion zügig fortschreiten, wird uns das der Einigung Europas insgesamt näher bringen."[2]

Anschließend formulierte er das bereits von seinem Amtsvorgänger Schröder zum europapolitischen Mantra der Bundesregierung erhobene Postulat einer gleichgewichtigen Entwicklung der Gemeinschaft auf dem Weg zur Wirtschaftsunion.[3] Das hieß: Ein Vorpreschen in bestimmten Sektoren sollte vermieden werden, vor allem in dem bereits recht weit integrierten Agrarmarkt; stattdessen sollte die Entwicklung in allen Bereichen relativ gleichmäßig voranschreiten.

Nach dieser allgemeinen Einleitung präsentierte Brandt sein konkretes Programm: Zunächst sprach er sich für die Verschmelzung der drei Gemeinschaften zu einer einzigen europäischen Gemeinschaft aus. Die Fusion der Exekutiven der Gemeinschaften sei hierzu der Auftakt. Von der Vereinheitlichung der Verwaltung und der stärkeren räumlichen Konzentration erhoffte er sich einen Fortschritt auf dem Wege zur europäischen Eini-

---

[1] Erklärung des Bundesministers des Auswärtigen, Willy Brandt, im Ministerrat der EWG am 10. 4. 1967, in: Bulletin des Presse- und Informationsamts der Bundesregierung Nr. 37 vom 12. 4. 1967, S. 301 f.

[2] Ebd., S. 301.

[3] Nach dem Scheitern der EWG-Beitrittsverhandlungen Großbritanniens 1963 hatte Schröder die EWG-Krise durch ein „synchronisiertes Programm" zu lösen versucht. Darin propagierte er einen gleichgewichtigen Fortschritt in allen Bereichen. Siehe dazu die Rede des deutschen Außenministers Schröder vor dem EWG-Ministerrat am 2. 4. 1963, in: Dokumentation der Europäischen Integration 1961–1963, Dok. 231, S. 327–332; Müller-Roschach, Die deutsche Europapolitik, S. 135–137.

gung. Damit würden auch die Voraussetzungen für die Ausarbeitung einer gemeinschaftlichen Energiepolitik erfüllt werden, die zusammen mit der Harmonisierung des Steuerrechts und der Entwicklung einer gemeinsamen Verkehrspolitik unentbehrlich für die Bildung der Wirtschaftsunion sei.

Im Bereich der Außenbeziehungen unterstrich Brandt die Bedeutung der Kennedy-Runde des GATT. Ihr Ausgang sei für das Verhältnis der Gemeinschaft zum übrigen Westeuropa, zu den hoch industrialisierten Ländern in Übersee und zu den Entwicklungsländern von ausschlaggebender Bedeutung. Um die Kennedy-Runde zu einem erfolgreichen Abschluss bringen zu können, müsse die Kommission in die Lage versetzt werden, die nötigen Konzessionen zu machen, die wiederum zu Zugeständnissen der Handelspartner führen würden. Brandt betonte, dass man vor allem in der Bundesrepublik in den letzten Jahren die Entwicklung der Gemeinschaften immer in Verbindung mit der Entwicklung ihrer Außenbeziehungen, das heißt der Kennedy-Runde, gesehen habe. Auf die Agrarfinanzierung anspielend, hob Brandt hervor, dass die Bundesregierung erhebliche finanzielle Leistungen für interne Gemeinschaftsaufgaben in der Erwartung eines erfolgreichen Abschlusses der Kennedy-Runde auf sich genommen habe, von deren Ergebnis damit auch die weitere Leistungsfähigkeit der Bundesrepublik abhänge.

Nachdem Brandt hier auf ein vitales Interesse der Bundesrepublik aufmerksam gemacht hatte, kam er auf die noch zu entwickelnde gemeinsame Osthandelspolitik der Gemeinschaft zu sprechen. Die Osthandelspolitik sei eine der wichtigsten Möglichkeiten, wirksam zur Entspannung beizutragen. Dem müsse die Handelspolitik der Sechs Rechnung tragen.[4]

Danach ging Außenminister Brandt auf die Beitritte und Assoziierungen ein. Der EWG-Vertrag stehe allen europäischen Staaten zum Beitritt offen, die sich der gemeinsamen Grundauffassung der Sechs von der wirtschaftlichen und politischen Einigung Europas anschließen würden. Die mit einem Beitritt verbundenen sachlichen Probleme könnten politisch gelöst werden. Eine Erweiterung der Europäischen Gemeinschaften würde Europas Rolle in der Welt sowohl wirtschaftlich als auch technologisch und politisch stärken.

---

[4] Die Regierung der Großen Koalition maß zunächst der Osthandelspolitik große Bedeutung zu, denn laut § 113 EWG-V sollte mit dem Ende der Übergangszeit des Gemeinsamen Marktes zum 1. Januar 1970 die Kompetenz für den Abschluss von Handelsverträgen mit dem Osten an die EWG übergehen. Die Problematik für die Bundesregierung bestand darin, dass einerseits die EWG für die osteuropäischen Länder attraktiver werden sollte, um mit Hilfe der EWG eine engere wirtschaftliche und technologische Kooperation zwischen West- und Osteuropa zu ermöglichen, andererseits jedoch die Osthandelspolitik einen integralen Bestandteil der national konzipierten Ostpolitik der Bundesrepublik darstellte. Oftmals konnte die Bundesrepublik nur über Handelsvertragsverhandlungen Beziehungen zu Staaten aufnehmen, zu denen keine diplomatischen Kontakte bestanden. Außerdem konnte mit Hilfe einer liberalen Osthandelspolitik eine der Bundesrepublik entgegenkommende Politik der jeweiligen Länder belohnt werden. Die Bundesrepublik fürchtete daher, durch die Kompetenzverlagerung auf die EWG-Ebene ein wichtiges Mittel ihrer Ostpolitik zu verlieren. Die EWG-Osthandelspolitik war jedoch nicht so umstritten, wie es die Große Koalition angenommen hatte. Im Oktober 1969 einigten sich die EWG-Länder, zunächst für weitere drei Jahre die „treaty making power" bei den Nationalstaaten zu belassen, verpflichteten sich aber im Gegenzug zu einer engen Konsultation vor Vertragsabschluss. Zur Position der Bundesrepublik in dieser Frage siehe die diversen Aufzeichnungen und Protokolle der Sitzungen des Staatssekretärausschusses für Europafragen, BaK, B102 (BMWi), Bd. 61702–61710. Für die Beschlüsse auf EWG-Ebene siehe Kommission der EGKS, der EWG und der EURATOM (Hrsg.), Gesamtbericht 1969, S. 414 f. Zum Spannungsfeld zwischen nationalem Osthandel und EWG-Handelskompetenz siehe Wörmann, Osthandel; Hüners-Pohl, Handelspolitik; Kreile, Osthandel und Ostpolitik.

Außerdem würde der wirtschaftliche Graben zwischen den beiden europäischen Wirtschaftsgruppierungen EWG und EFTA auf diese Weise zugeschüttet.

Auch die Verhandlungen der Gemeinschaft mit anderen Staaten über Assoziierungen oder Sonderabmachungen müssten zügig fortgeführt und zu einem befriedigenden Abschluss gebracht werden. In diesem Kontext hob er vor allem die Beziehungen zum Mittelmeerraum, die Sondierungsgespräche mit Israel und die Gespräche mit Jugoslawien hervor. Die Verbreiterung des Gemeinsamen Marktes durch Beitritte und Assoziierungen bringe zwar für einzelne Länder in einigen Bereichen auch Nachteile, die aber sicherlich durch die insgesamt erfolgende Zunahme des innergemeinschaftlichen Warenverkehrs überkompensiert würden.

Alles in allem signalisierte diese Rede keine Aufbruchstimmung in europapolitischer Hinsicht, sondern war in gewissem Sinne ein Fortschreiben der Europapolitik der Vorgängerregierung. Diese programmatische Konstanz in den Zielen der EWG-Politik hob sich vom ungeduldigen Beginn in der Ostpolitik deutlich ab. Eine der Hauptursachen dieses Kontrasts dürfte in der personellen Besetzung der jeweiligen Schlüsselpositionen liegen. Im ostpolitischen Bereich hatte Willy Brandt seinen eigenen Ansatz. Hier wurde er von seinen alten Berliner Mitstreitern unterstützt, die er in unterschiedlichen Positionen ins Auswärtige Amt übernommen hatte (unter anderen Egon Bahr zunächst als Botschafter zur besonderen Verwendung und später als Chef des Planungsstabes[5] sowie Klaus Schütz als Staatssekretär). Im europapolitischen Bereich herrschte hingegen eine klare personelle Kontinuität. Der für die Europapolitik zuständige Staatssekretär Rolf Lahr blieb im Amt, ebenso wie die Abteilungs- und Unterabteilungsleiter sowie die europapolitischen Referenten.

Zudem hatte Willy Brandt in der Europapolitik das Problem, dass so gut wie alles, was er in diesem Bereich offiziell äußerte, erst durch die Mühlen des bürokratischen Abstimmungsprozesses mit den anderen europapolitisch relevanten Ressorts gemahlen wurde, so dass am Ende oft nicht mehr viel Substanz übrig blieb. So auch in diesem Fall: Seine Rede hatte bereits einen langen Weg hinter sich. Begonnen hatte alles im Staatssekretärausschuss für Europafragen. Dieser Ausschuss war auf Anregung Adenauers am 6. Februar 1963 vom Kabinett eingesetzt worden, um die europapolitischen Kompetenzstreitigkeiten zwischen den Ressorts zu beenden und die deutsche Position in Brüssel besser durchsetzen zu können.[6] Beteiligt waren die für die Europapolitik zuständigen Staatssekretäre des Auswärtigen Amts, des Bundeswirtschaftsministeriums, des Finanzministeriums und des Landwirtschaftsministeriums. Außerdem nahm ein Ministerialdirigent des Bundeskanzleramts sowie der deutsche Ständige Vertreter bei der EWG teil. Unter Bundeskanzler Erhard hatte der Staatssekretärausschuss seine Zuständigkeiten ausdehnen können, denn Erhard, der mit den Brüsseler Verhandlungen nicht viel anfangen konnte, war froh, den

[5] Egon Bahr konzentrierte sich im AA ganz auf die Ostpolitik. Mit der Westeuropapolitik hatte er nur wenig zu tun. In seinen Erinnerungen betont Bahr, dass er sich kaum um die EG gekümmert habe, da „in jeder der sechs Hauptstädte mindestens sechs Genies sich darum kümmerten, während ein solcher Andrang zugunsten des Ostens fehlte". Brandt habe ihm deswegen scherzhaft vorgeworfen, die EG „nicht ernst genug" zu nehmen. Siehe Bahr, Zu meiner Zeit, S. 176.

[6] Hierzu und zu dem Folgenden: Germond/Türk, Staatssekretärausschuss, S. 56–65. Zum Entscheidungsfindungsprozess der Bundesregierung im Bereich der europäischen Integration siehe auch Hiepel, Le ministère ouest-allemand des Affaires étrangères.

„Agrarquatsch"[7] vom Kabinett fern halten zu können. Der Staatssekretärausschuss fungierte damit als „Clearing-Stelle" der Ressortinteressen in allen Bereichen der EWG-Politik und erarbeitete die europapolitische Position der Bundesregierung für Brüssel. Erst wenn im Ausschuss keine Einigung gelang, wurde die Frage dem Kabinett vorgelegt.

In der Ausschusssitzung am 16. September 1966 einigten sich die Staatssekretäre darauf, einen „Katalog der für die Arbeit in Brüssel wesentlichen Themen"[8] zu erstellen, der als interne Orientierung dienen sollte. Gleichzeitig plante man, deutscherseits eine allgemeine politische Diskussion für den nächsten Ministerrat anzuregen, ohne ein konkretes Arbeitsprogramm vorzulegen. Wie bisher üblich, sollte der interne Katalog zunächst auf Referentenebene interministeriell ausgearbeitet werden. Um sich dieser Aufgabe widmen zu können, gingen die Referenten in Klausur – in das in der Vulkaneifel gelegene Kloster Maria Laach.[9] So konnte man bereits in der nächsten Ausschusssitzung am 10. Oktober zwei Referentenentwürfe begutachten. Zum einen lag ein Entwurf über einen „Katalog zur internen Orientierung über die künftigen Arbeiten in Brüssel"[10] vor, zum anderen ein „Entwurf für eine deutsche Erklärung über dringende Aufgaben in der EWG"[11]. Der Katalog listete zehn Schwerpunktthemen auf, die auch die Basis für den Entwurf der deutschen Erklärung bildeten: Harmonisierung der Umsatzsteuern, gemeinsame Energiepolitik, Konjunkturpolitik, Verkehrspolitik, Agrarpolitik, Europäische Atomgemeinschaft (EURATOM), Kennedy-Runde, Handelspolitik, Erweiterung und Erhöhung der Beteiligung der deutschen Wirtschaft an den Auftragsvergaben des Entwicklungsfonds. In einer internen Aufzeichnung für den Staatssekretär des Bundeswirtschaftsministeriums, Fritz Neef, benannte die Europaabteilung des Wirtschaftsministeriums gleich die Schwierigkeiten, die sie bei der Besprechung der beiden Ausarbeitungen im Ausschuss kommen sah: Die Staatssekretäre Lahr und Hüttebräuker (BML) würden sicherlich die Anzahl der angesprochenen Themen in dem „Entwurf für die deutsche Erklärung" kritisieren. Außerdem sei für Lahr die ganze Ausarbeitung wohl zu technisch, während Hüttebräuker auf Themen, bei denen ein Fortschritt schwer zu erreichen sei (Energiepolitik, Erweiterung), verzichten wolle. Demgegenüber müsse das Wirtschaftsministerium darauf bestehen, dass alle Punkte in einer Erklärung angesprochen werden.

Zu einer Verabschiedung der Papiere kam es durch den sich abzeichnenden Regierungswechsel nicht mehr. Nachdem die vier im Ausschuss vertretenen Staatssekretäre trotz des Regierungswechsels ihre Positionen behalten hatten, wurden die Arbeiten an einer deutschen Grundsatzerklärung auf der Ausschusssitzung am 20. Januar 1967 fortgesetzt. Das Auswärtige Amt erwies sich als Schrittmacher und präsentierte auf der Grundlage der Ausarbeitung vom September/Oktober 1966 und des zwischen den Ressorts ab-

[7] Deutsche Agrarpolitik in den Jahren 1962–1968, Heft 1: Streiflichter auf besondere Ereignisse, BaK, Kleine Erwerbung 927 (Hüttebräuker), Bd. 3.

[8] Niederschrift über die Sitzung des Staatssekretärausschusses für Europafragen vom 16. 9. 1966, 21. 9. 1966, BaK, B102 (BMWi), Bd. 61702.

[9] Da sich die zuständigen Referenten seit der Konzipierung der deutschen Europa-Initiative von 1964 regelmäßig nach Maria Laach zurückzogen, um Aufträge des Staatssekretärausschusses zu bearbeiten, firmierte die Referentenrunde rasch als „Maria Laacher Kreis" der Ressorts.

[10] Katalog zur internen Orientierung über die künftigen Aufgaben in Brüssel, 26. 9. 1966, BaK, B102 (BMWi), Bd. 61702.

[11] Entwurf für eine deutsche Erklärung über dringende Aufgaben in der EWG in der nächsten Ratstagung, 26. 9. 1966, BaK, B102 (BMWi), Bd. 61702.

gestimmten Entwurfs zur Beantwortung der Großen Anfrage der SPD zur Europapolitik[12] eine aktualisierte Fassung. Das Bundeswirtschaftsministerium und das Bundesfinanzministerium äußerten Bedenken gegen die Abgabe einer Erklärung. Die beiden Ministerien befürchteten, durch fruchtlose Debatten über das Arbeitsprogramm einen raschen Fortschritt bei den anstehenden Sachfragen, wie zum Beispiel der Kennedy-Runde, zu verhindern. Das Auswärtige Amt, das auch bereits im September die treibende Kraft gewesen war, konnte sich jedoch durchsetzen. Folgerichtig wurde auch beschlossen, dass Außenminister Brandt und nicht, wie vom Wirtschaftsministerium favorisiert, Minister Schiller die jetzt so genannte „politische Erklärung" abgeben sollte.[13] Zur Überarbeitung des Entwurfs des Auswärtigen Amts traten erneut die Referenten zu einer Klausurtagung in Maria Laach zusammen. Im Staatssekretärausschuss wurde die Ministerratsrede dann am 7. April 1967 zum letzten Mal besprochen, nachdem Außenminister Brandt den Entwurf noch einmal überarbeitet hatte.[14] Was Brandt also in Brüssel vortrug, hatte schon einen langen Weg hinter sich und war sorgfältig zwischen den Ressorts abgestimmt.

Die von Brandt proklamierte Kontinuität im multilateralen Bereich traf somit auf eine Neujustierung der bilateralen Beziehungen Bonns. Wie sich die dadurch veränderten Rahmenbedingungen auf die europapolitische Praxis auswirkten, wird in den folgenden Kapiteln untersucht.

2. Ein Auftakt zur Verschmelzung der Europäischen Gemeinschaften – Die Fusion der Gemeinschaftsexekutiven

Die Zusammenlegung der Kommissionen von EWG und EURATOM mit der Hohen Behörde der Europäischen Gemeinschaft für Kohle und Stahl (EGKS) sowie die Zusammenfassung der Ministerräte der Gemeinschaften standen bereits seit dem Ende der 1950er Jahre auf der europäischen Agenda.[15] Man erhoffte sich davon unter anderem eine Rationalisierung der Arbeitsabläufe und eine sinnvolle Koordinierung der Gemeinschaftsarbeiten. Gleichzeitig wurde die Fusion der Exekutiven als erste Maßnahme auf dem Weg zu einer Harmonisierung der drei Gemeinschaftsverträge angesehen, da die fusionierte Kommission mit der Ausarbeitung der Vorschläge für die Revision der Verträge betraut werden könne.[16]

Nach langwierigen Verhandlungen im Ministerrat konnte dann am 8. April 1965 der Vertrag über die Bildung einer gemeinsamen Kommission und eines gemeinsamen Minis-

---

[12] Diese Anfrage stammte noch aus Oppositionszeiten. Ihre Beantwortung durch Außenminister Brandt erfolgte am 22. 2. 1967. Siehe Verhandlungen des Deutschen Bundestages, 5. Wahlperiode, S. 4371–4410.

[13] Niederschrift über die Sitzung der Staatssekretäre für Europafragen am 20. 1. 1967 im AA, 6. 2. 1967, BaK, B102 (BMWi), Bd. 61702.

[14] Niederschrift über die Sitzung der Staatssekretäre für Europafragen am 7. 4. 1967 im BML, 10. 4. 1967, PAAA, B20, Bd. 1430. Zu den wenigen Änderungen Brandts siehe AdsD, WBA, Bestand Publizistische Äußerungen, Bd. 251 (April 1967).

[15] Zur Vorgeschichte der Fusion der Exekutiven siehe: Bitsch, La création de la commission unique; Stempel, Fusion.

[16] Siehe hierzu u. a. den Bericht im Namen des Ausschusses für politische Angelegenheiten und institutionelle Fragen über die Verschmelzung der Exekutiven der Europäischen Gemeinschaften von Maurice Faure, Dok. Nr. 84 der Sitzungsdokumente des EP vom 7. 11. 1960, Sitzungsperiode 1960–1961, BaK, B136 (Bundeskanzleramt), Bd. 8534.

terrats von den Regierungsvertretern in Brüssel unterzeichnet werden.[17] In der abschließenden offiziellen Mitteilung über den Abschluss des Vertrages machten die Regierungen deutlich, „daß diese Fusion im Hinblick auf die Fusion der drei Gemeinschaften selbst vorgenommen worden ist“[18].

Der gemeinsamen Kommission sollten zunächst 14 Mitglieder angehören, deren Zahl sich nach Inkrafttreten des Vertrages zur Gründung einer einzigen europäischen Gemeinschaft, spätestens jedoch drei Jahre nach Inkrafttreten des Vertrages über die Fusion der Exekutiven auf neun Mitglieder reduzieren sollte.[19] Insgesamt enthielt der Fusionsvertrag fast nur organisatorische Festlegungen, denn darüber hinausgehende Bestimmungen, wie zum Beispiel eine Stärkung der Parlamentsbefugnisse, wollte man im Rahmen der eigentlichen Fusion der Gemeinschaften fixieren. Damit der Vertrag vom 8. April 1965 in Kraft treten konnte, musste er noch von den Mitgliedstaaten ratifiziert und die Ratifikationsurkunden in Brüssel hinterlegt werden. Diese an sich einfache Prozedur sollte sich um einige Zeit verzögern, denn jetzt geriet die Fusion in die Auseinandersetzungen zwischen Frankreich auf der einen Seite und den fünf anderen Gemeinschaftsländern zusammen mit der Kommission auf der anderen, die als „Krise des leeren Stuhls“ in die Geschichte der Europäischen Gemeinschaften einging.[20]

Im Zuge dieses Konflikts wandelte sich jetzt die Debatte um die Fusion der Exekutiven. Hatten vorher die Sachfragen im Zentrum der Diskussionen gestanden, schob sich jetzt mehr und mehr die Personalfrage in den Vordergrund. Umstritten war vor allem, ob der bisherige EWG-Kommissionspräsident Walter Hallstein auch Präsident der fusionierten Kommission werden sollte – ein Ansinnen, das Frankreich strikt ablehnte. Dabei hatte Hallstein in den Anfangsjahren der EWG noch das Vertrauen de Gaulles genossen: Frankreich hatte regelmäßig die Wiederernennungen Hallsteins unterstützt. Im Laufe der Jahre war Hallsteins ambitionierte politische Auffassung seiner Präsidentschaft jedoch in einen Gegensatz zu de Gaulles Europavorstellungen geraten. Hallstein sah die Kommission vor allem als Motor für die Weiterentwicklung der Europäischen Gemeinschaften zu einem europäischen Bundesstaat mit stark supranationalen Zügen. De Gaulle war hingegen nach dem Scheitern der Fouchet-Pläne und den harten Auseinandersetzungen um einen britischen Beitritt klar geworden, dass in der momentanen Konstellation die Weiterentwicklung der EWG zu einer umfassenden Organisation eines „europäischen Europas“ nicht möglich war. Stattdessen diente ihm die EWG jetzt nur noch als Vehikel, um die französische Wirtschaft, das heißt vor allem den französischen Agrarmarkt, zu stabilisieren. In dieser Situation war de Gaulle auch nicht bereit, weitere Souveränitätsverzichte zugunsten der EWG und der Kommission zu leisten. Als daher die Kommission im März 1965 ihre

---

[17] Vertrag zur Einsetzung eines gemeinsamen Rats und einer gemeinsamen Kommission der Europäischen Gemeinschaften, Bundesgesetzblatt 1965, Teil II, S. 1453–1497.

[18] Mitteilung der Europäischen Gemeinschaften vom 8. 4. 1965 über den Abschluss des Vertrags über die Fusion der Gemeinschaftsorgane, in: EA 20 (1965), S. D304.

[19] Das entsprach einem Kompromissvorschlag Lahrs, der damit den niederländischen und belgischen Wünschen nach einer 14er-Kommission entgegenkam. Deutschland, Frankreich und Italien hatten von Anfang an für neun Kommissare gestimmt. Siehe dazu: Vermerk des Referats 6 des Bundeskanzleramts betr. Ergebnis der Ratstagung vom 25. 3. 1964, hier: Fusion der Exekutiven und Stärkung des Europäischen Parlaments, 2. 4. 1964, BaK, B136 (Bundeskanzleramt), Bd. 8534.

[20] Zur „Krise des leeren Stuhls“ siehe u. a. Ludlow, Eclipse of the Extremes, und die Beiträge in Wallace et al. (Eds.), Visions, Votes and Vetoes.

ambitionierten Vorschläge für die weitere Entwicklung der EWG vorlegte, versuchte de Gaulle diese Entwicklung durch den Rückzug des französischen Vertreters aus dem Ministerrat und den ihm zugeordneten Gremien aufzuhalten. Hinzu kam, dass im November 1965 Präsidentschaftswahlen in Frankreich anstanden und de Gaulle im Wahlkampf seine europäischen Ansichten stark polarisierend dem supranationalen Konzept Hallsteins gegenüberstellte. Zudem wurden Vorwürfe der französischen Regierung laut, ihr lägen Beweise dafür vor, dass Hallstein die Opposition in Frankreich gegen de Gaulle unterstütze.[21] Eine Fusion der Exekutiven schien von französischer Seite daher nur noch möglich, wenn Hallstein nicht als Präsident der fusionierten Kommission amtieren würde.[22]

In einem französischen Papier, das sämtliche Forderungen enthielt, von deren Erfüllung Frankreich seine Rückkehr an den Ratstisch abhängig machte, nahm die Fusionsfrage dementsprechend eine prominente Rolle ein.[23] Verbunden mit dem kurze Zeit später vorgelegten Zeitplan Frankreichs wurde deutlich, dass die französische Regierung einer Wiederaufnahme der regulären Ministerratssitzungen nur unter der Bedingung zustimmen würde, dass man vorher einen Termin für die Hinterlegung der Ratifikationsurkunden gefunden habe, was wiederum nur nach einer Einigung über die Zusammensetzung der neuen Kommission und über ein Rotationsprinzip bei der Auswahl des Kommissionspräsidenten möglich sei.

Für den deutschen Staatssekretär Rolf Lahr stellten die französischen Forderungen „einen konzentrischen Angriff auf die Europäische Kommission, sowohl auf ihre Rolle wie auf ihre personelle Zusammensetzung“[24] dar. Wie Lahr weiter vermerkte, weigere sich die Bundesregierung, den gesamten Fusionskomplex unter dem Druck des „leeren Stuhls“ weiterzuverhandeln. Das könne erst geschehen, wenn Frankreich wieder an den Ratstisch zurückgekehrt sei.[25]

Daher konnte sich Frankreich auf den außerordentlichen Ratstagungen in Luxemburg im Januar 1966 nur teilweise durchsetzen. Man einigte sich lediglich darauf, dass der Fusionsvertrag erst in Kraft treten solle, wenn man sich vorher über die Zusammensetzung der Kommission und ihres Präsidiums verständigt habe. Bis zur Bildung der vereinigten Kommission sollten die bisherigen Kommissionen, deren Amtszeiten zum Teil schon abgelaufen waren, ihre Arbeit wie bisher fortsetzen.[26]

Trotz der französischen Widerstände machte Lahr auf der Ministerratssitzung am 22. März 1966 den Vorschlag, Walter Hallstein zum Präsidenten der vereinigten Kommission zu ernennen. Begründet wurde dies mit den großen Erfahrungen des bisherigen EWG-Kommissionspräsidenten, die man sich bei der Vereinheitlichung der Verwaltungsapparate und bei der Verschmelzung der Verträge zu Nutze machen könne.[27] Die Nieder-

---

[21] Aufzeichnung des Staatssekretärs Lahr, 19. 1. 1966, AAPD 1966, Dok. 12, S. 37–44, hier S. 39, Anm. 14.

[22] Dass Hallstein für Frankreich nicht mehr länger als Kommissionspräsident tragbar war, vermerkte das Bundeswirtschaftsministerium nach einem Gespräch mit einem Mitarbeiter de Gaulles bereits am 12. August 1965 für das Kanzleramt. Vermerk des BMWi an das Bundeskanzleramt betr. Zusammensetzung der Kommission, Bonn, 12. 8. 1965, BaK, B136 (Bundeskanzleramt), Bd. 8535. Zum Verhältnis Hallsteins zu de Gaulle siehe auch Loth, Hallstein und de Gaulle.

[23] Bulletin der EWG 3/1966, S. 6 f.

[24] Aufzeichnung des Staatssekretärs Lahr, 19. 1. 1966, AAPD 1966, Dok. 12, S. 37–44, hier S. 39.

[25] Ebd., S. 42.

[26] Runderlass des Staatssekretärs Lahr, 31. 1. 1966, AAPD 1966, Dok. 25, S. 114–118, hier S. 116 f.

[27] Gespräch des Bundesministers Schröder mit dem belgischen Außenminister Harmel, 19. 4. 1966, AAPD 1966, Dok. 116, S. 510–516, hier S. 513, Anm. 13.

lande, Belgien und Italien signalisierten ihre Unterstützung für den deutschen Vorschlag. Frankreich hatte weiterhin starke Vorbehalte.[28] In der Ministerratssitzung am 5. April einigten sich die Mitgliedsländer zwar darauf, dass der Präsident und die drei Vizepräsidenten der zukünftigen Kommission nach einem zweijährigen Rotationssystem amtieren sollten. Die Personalfrage blieb aber weiterhin ungeklärt.[29]

Vor allem Außenminister Schröder setzte sich in den folgenden Monaten dafür ein, die Fusion zu verschieben. Die bisherige Kommission sollte seinem Vorschlag nach bestätigt werden und das umfangreiche politische Programm, insbesondere im Bereich der Agrarpolitik und der Kennedy-Runde, zunächst bis zum für das Jahr 1968 anvisierten Inkrafttreten der Zollunion weiterführen. Schröder machte deutlich, dass für die Bundesregierung die Fusion der Exekutiven nicht mehr so wichtig sei. Man habe die Fusion immer als ersten Schritt auf dem Weg zu einer Verschmelzung der Gemeinschaftsverträge betrachtet. Dieses Ziel sei jedoch in der momentanen Situation nicht mehr zu erreichen.[30]

Dieser Vorschlag fand jedoch nicht die Zustimmung der anderen Partner. Auch intern wurde Außenminister Schröder für sein Ansinnen scharf kritisiert. Wirtschaftsminister Schmücker schrieb an Schröder, dass er aus Zeitungsberichten von seinem Vorschlag erfahren habe, die Fusion der Europäischen Behörden um zwei Jahre hinauszuschieben. Dagegen habe er schwere Bedenken, da die Bundesrepublik bereits schon jetzt durch die Aufsplitterung der Zuständigkeiten im Montan-Bereich um jährlich 100 Mio. DM geschädigt werde.[31] Schröder antwortete, dass es gegenüber der „capitis diminutio eines hervorragend bewährten Deutschen“[32] das geringere Übel sei, die gegenwärtigen Kommissionen noch eine Zeit lang in ihren Ämtern zu belassen, möglichst aufgrund eines gemeinsamen Beschlusses, zur Not aber auch ohne diesen. In der Einschätzung Hallsteins stimmte Schmücker durchaus mit Schröder überein, schlug aber vor, aufgrund des Stillstands in der Personalfrage bereits die Verhandlungen über die spätere Fusion der Gemeinschaften mit Hinblick auf den Montan-Bereich vorzuziehen oder zumindest gemeinsame Ratstagungen unter Beteiligung der Kommission als ersten Schritt in diese Richtung durchzuführen.[33] Der Außenminister hielt diesen Vorschlag für prüfenswert, aufgrund der Regierungskrise kam eine Prüfung aber nicht mehr zustande.[34]

Diesen offenen Zustand der Fusionsfrage fand die Große Koalition bei ihrem Regierungsantritt am 1. Dezember 1966 vor. Im Laufe der Regierungskrise hatte es bereits einige Möglichkeiten gegeben, die Personalfrage bei der Besetzung des Präsidentenpostens

---

28 Ebd., S. 513 f.

29 Aufzeichnung des Staatssekretärs Lahr, 6. 4. 1966, AAPD 1966, Dok. 101, S. 446–448, hier S. 448, Anm. 12. Die Rotation sollte in einem Viererturnus zwischen der Bundesrepublik, Frankreich, Italien und den Benelux-Staaten durchgeführt werden, wobei keiner der Vizepräsidenten dieselbe Nationalität wie der Präsident haben durfte. Eine Wiederwahl war aber grundsätzlich möglich. Das System sollte nicht starr ohne die Möglichkeit einer Ausnahme gehandhabt werden.

30 Gespräch des Bundesministers Schröder mit dem belgischen Außenminister Harmel, 19. 4. 1966, AAPD 1966, Dok. 116, S. 510–516, hier S. 515; Gespräch des Bundeskanzlers Erhard mit Staatspräsident de Gaulle, 21. 7. 1966, AAPD 1966, Dok. 230, S. 966–973, hier S. 971 f.; Gespräch des Bundesministers Schröder mit dem belgischen Außenminister Harmel, 23. 7. 1966, AAPD 1966, Dok. 234, S. 982–991, hier S. 989 f.

31 Schmücker an Schröder, 28. 7. 1966, PAAA, B20, Bd. 1767.

32 Schröder an Schmücker, 28. 7. 1966, ebd.

33 Schmücker an Schröder, 26. 8. 1966, ebd.

34 Schröder an Schmücker, 8. 9. 1966, ebd.

zu lösen und damit den Weg für eine Fusion der Exekutiven frei zu machen. Walter Hallstein unterlag zunächst am 10. November bei der Wahl zum Kanzlerkandidaten in der CDU/CSU-Fraktion. Einen anderen Weg, den verdienten EWG-Kommissionspräsidenten in Ehren aus Brüssel zu verabschieden, schlug der amtierende zweite deutsche EWG-Kommissar Hans von der Groeben bereits am 15. November dem CDU/CSU-Kanzlerkandidaten Kiesinger vor. Zunächst diagnostizierte er zwei Problemkreise. Zum einen werde die Aufrechterhaltung des gegenwärtigen Zustandes einer nur geschäftsführenden Kommission bald zu einer Schwächung der Position der Kommission und ihrer Mitglieder führen, so dass so schnell wie möglich die Fusion der Exekutiven durchgeführt werden müsse. Zum anderen müssten die personellen und organisatorischen Voraussetzungen in der Bundesrepublik geschaffen werden, um eine formende, mitgestaltende Europapolitik eines deutschen Außen- oder Europaministers zu ermöglichen. Er frage sich nun, ob man nicht beide Probleme im Zusammenhang mit der Regierungsbildung lösen könne.[35]

Kiesinger konnte auf den verklausulierten Vorschlag, Hallstein als Außen- oder Europaminister nach Bonn zu holen, nicht eingehen. Der Außenministerposten ging an Willy Brandt, und Brandt war nicht gewillt, die Europakompetenzen an ein neues Ministerium abzugeben, dessen Einrichtung durchaus diskutiert wurde.[36] Unter den für die CDU/CSU ausgehandelten Ministerposten fand sich auch keine Möglichkeit mehr, den Außenseiter Hallstein unterzubringen, denn die Ämter wurden nach einem komplizierten Proporzsystem vergeben. Von der Groebens Vorschlag hatte auch deswegen keine Chance, weil Kiesingers außenpolitische Priorität eindeutig auf der Wiederherstellung eines intakten Verhältnisses zu Frankreich lag und ein von de Gaulle verachteter Außen- oder Europaminister Hallstein diesem Ziel sicherlich abträglich gewesen wäre.

Der Denkanstoß des deutschen EWG-Kommissars, altruistisch verpackt als im Interesse der Bundesrepublik stehend, enthielt aber auch noch eine andere Komponente. Im Zuge der Regierungsbildung war abzusehen, dass von der Groeben seinen Kommissionsposten aufgeben musste – vorausgesetzt Hallstein bliebe Präsident. Neben Hallstein war der deutsche Vertreter in der Hohen Behörde der EGKS Fritz Hellwig, CDU-Mitglied und Energieexperte, gesetzt. Da voraussichtlich auch die SPD auf einem Kommissionsmitglied bestehen würde, war abzusehen, dass der parteilose von der Groeben (er trat erst später der CDU bei[37]) nicht mehr nominiert würde. Diese Strategie bestätigte Willy Brandt in einer SPD-Ministerbesprechung am 10. Januar 1967. Danach sollte Hallstein Präsident der fusionierten Kommission bleiben, Hellwig bestätigt und von der Groeben durch ein SPD-Mitglied ersetzt werden.[38] Wäre von der Groebens Vorschlag übernommen worden und Hallstein in die neue Regierung eingetreten, wären auch von der Groebens Chancen auf einen Posten in der neuen Kommission wieder deutlich gestiegen. Da aber aus den genannten Gründen für Bundeskanzler Kiesinger und die neue Mannschaft eine solche Lösung nicht

---

[35] Von der Groeben an Ministerpräsident Kiesinger, 15. 11. 1966, ACDP, Nl Kiesinger, A303. Zu dem Verhältnis von der Groebens zu Kiesinger siehe auch Groeben, Deutschland und Europa, S. 314 f.

[36] Siehe Kap. I.

[37] Neuss, Europa, S. 273.

[38] Vermerk Jahns über die Ministerbesprechung am 10. 1. 1967, AdsD, Nl Jahn, Bd. 1246. Damit stimmt auch die Behauptung von Beate Neuss (Europa, S. 254) nicht, dass Hellwig und von der Groeben schon lange gesetzt gewesen seien, und die Bundesregierung, da die SPD am 3. März 1967 Wilhelm Haferkamp wegen eines Kommissionspostens angesprochen habe, seit diesem Zeitpunkt mit einem Verzicht Hallsteins gerechnet habe.

in Betracht kam, mussten andere Möglichkeiten gesucht werden, um eine Fusion der Exekutiven herbeizuführen.

Wesentlich optimistischer als sein Vorgänger Schröder beurteilte der neue Außenminister Willy Brandt die Chancen für das über die Fusion der Exekutiven hinausgehende Ziel einer Zusammenlegung der drei Gemeinschaftsverträge. Er machte gleich in seinen ersten Gesprächen mit dem französischen Botschafter François Seydoux und dem italienischen Außenminister Fanfani deutlich, wie wichtig ihm die Verschmelzung der Gemeinschaften sei.[39] Fanfani teilte er sogar mit, er glaube, dass de Gaulle nichts dagegen haben werde, wenn Hallstein für eine begrenzte Zeit erster Präsident der fusionierten Gemeinschaft werde.

Eine Fusion der Gemeinschaften, deren Voraussetzung das Einsetzen einer vereinigten Kommission war, erschien dem Auswärtigen Amt immer dringlicher, da sie eine Möglichkeit bot, die Energiepolitik der sechs Gemeinschaftsländer zu vereinheitlichen. Bereits am 12. Juli 1966 hatte die Hohe Behörde auf deutsche Initiative dem EGKS-Ministerrat vorgeschlagen, zur Verbesserung der Situation im Kohlebergbau eine Gemeinschaftslösung auf der Basis von Subventionen einzuführen. Dieser Vorschlag wurde von dem italienischen und französischen Vertreter abgelehnt.[40] Das Problem für die Bundesrepublik in diesem Bereich bestand in der Einfuhrpolitik der Gemeinschaftsländer, die mangels gemeinsamer Vorschriften in die Zuständigkeit der einzelnen Regierungen fiel. Die deutsche Steinkohle konnte jedoch mit den Preisen des Weltmarktes nicht mehr konkurrieren und wurde folglich auch von den anderen Ländern immer weniger importiert, die sich stattdessen billigerer Einfuhren aus Drittländern bedienten. Außerdem wurde die Kohle als Energieträger zunehmend vom preiswerteren Mineralöl verdrängt. Zusätzlich erschwert wurde eine Einigung im Energiebereich aber auch durch die Trennung der über das Vorschlagsrecht verfügenden Exekutiven, denn die EGKS war für Kohle und Stahl, EURATOM für die Atomenergie und die EWG für Öl und Gas zuständig.

Staatssekretär Lahr hatte bereits am 12. Oktober 1966 in Erwägung gezogen, die Vereinheitlichung der Verträge ohne die Fusion der Exekutiven zu beginnen, diesen Vorschlag aber unter der momentanen Konstellation als nicht besonders aussichtsreich eingeschätzt. Ein Argument des deutschen Mitglieds der Hohen Behörde der EGKS Fritz Hellwig übernehmend, stellte Lahr fest, dass eine Einigung immer dringender werde, da durch die fortschreitende Festlegung weiterer Teilbereiche des Gemeinsamen Marktes (zum Beispiel des Agrarmarktes) immer weniger Verhandlungsmasse für die Vereinheitlichung der Energiepolitik zur Verfügung stehe.[41]

Fritz Hellwig wies auch den designierten zweiten Staatssekretär im Auswärtigen Amt, Willy Brandts Vertrauten Klaus Schütz, auf die Probleme im Zusammenhang mit der Fusion der Exekutiven, der Fusion der Gemeinschaftsverträge und einer vereinheitlichten Energiepolitik hin und kam zu dem Fazit,

---

[39] Gespräch des Bundesministers Brandt mit dem französischen Botschafter Seydoux, 8. 12. 1966, AAPD 1966, Dok. 391, S. 1605–1609, hier S. 1606; Gespräch des Bundesministers Brandt mit dem italienischen Außenminister Fanfani, 20. 12. 1966, AAPD 1966, Dok. 405, S. 1675–1679, hier S. 1678.

[40] Deutsch-italienische Regierungsbesprechungen, 27./28. 6. 1966, AAPD 1966, Dok. 209, S. 871–880, hier S. 878, Anm. 36.

[41] Aufzeichnung des Staatssekretärs Lahr, 12. 10. 1966, AAPD 1966, Dok. 323, S. 1339–1441.

„daß gerade die Bundesregierung nicht darauf verzichten sollte, daß der mit der Fusion der Exekutiven beabsichtigte Prozeß der Verschmelzung der Gemeinschaften und der Verträge, d. h. konkret der Revision unhaltbar gewordener Bestimmungen des Montanvertrages in Gang gesetzt wird."[42]

Staatssekretär Lahr, an den Schütz den Brief Hellwigs weitergegeben hatte, versuchte denn auch mit neuem Elan, einen Kompromiss auszuhandeln. Am 22. Dezember schlug er bei einem vom niederländischen Außenminister Joseph Luns gegebenen Frühstück den Außenministern der fünf anderen Gemeinschaftsmitglieder und ihren Stellvertretern vor, dass man sich Anfang 1967 auf eine vereinigte Kommission unter Präsident Hallstein einigen und diese Kommission bis zum bereits ins Auge gefassten Termin des 1. Juli 1968 im Amt belassen solle. Das sei allerdings der Mindestzeitraum, den man für die volle Durchführung des Fusionsprozesses benötige. Die anderen Außenminister erklärten, dass sie sich den Vorschlag überlegen wollten und dass man anlässlich der Ministerratstagung am 11./12. Januar 1967 die Frage weiter beraten könne.[43]

Im Konsultationsgespräch mit seinem französischen Kollegen Jean-Pierre Brunet am 7. Januar 1967 versuchte Lahr, die Erfolgschancen für seinen Vorschlag auszuloten. Brunet, der über den Vorschlag jedoch nicht informiert zu sein schien, ließ Lahr nach seiner Abreise mitteilen, dass Außenminister Couve die Erörterung dieser Frage auf der Ministerratstagung nicht für opportun halte, diese Frage jedoch im Rahmen der Begegnung Kiesinger/de Gaulle am 13. Januar besprochen werden könne.[44] Dieser französische Wunsch erscheint wohl überlegt, denn der frankophile Kiesinger war für eine Lösung im französischen Sinne zugänglicher als die Außenminister im Ministerrat der EWG oder Staatssekretär Lahr.

Zudem erhielt Kiesinger am 9. Januar, kurz vor dem ersten deutsch-französischen Gipfeltreffen, einen Brief von Wirtschaftsminister Schiller. Dieser forderte aus wirtschaftspolitischen Erwägungen dringend, die Fusion der Exekutiven durchzuführen. Die jetzige Konstellation blockiere den Aufbau einer gemeinsamen Energiepolitik und bedrohe den bisherigen Integrationsstand im Stahlbereich.[45]

Bei dem Gespräch zwischen dem deutschen Bundeskanzler und de Gaulle im Rahmen des deutsch-französischen Gipfels am 13. Januar 1967, an dem auch Außenminister Brandt teilnahm, brachte Kiesinger die Sprache, wie von französischer Seite angeregt, auch auf die Fusionsfrage.[46] Zunächst stellte er fest, dass man, wenn die Frage der Präsidentschaft Hallsteins geklärt sei, auch die Fusion vollziehen könne. Hallstein solle noch einige Zeit nach der Fusion amtieren und anschließend die vereinbarte Rotation einsetzen. Auf die Nachfrage de Gaulles, was „einige Zeit" für Kiesinger bedeute, antwortete der Bundeskanzler, etwas weniger als ein Jahr. De Gaulle bestätigte diesen Vorschlag, indem er konstatierte, dass Hallstein ein ruhiges Weihnachtsfest in der Familie verbringen solle. Kiesinger machte deutlich, dass es ihm nicht auf einige Monate mehr oder weniger ankomme;

---

[42] Hellwig an Schütz, 7. 12. 1966, PAAA, B2, Bd. 130.

[43] Aufzeichnung des Staatssekretärs Lahr, 23. 12. 1966, AAPD 1966, Dok. 411, S. 1695 f.

[44] Aufzeichnung StS 65/67 betr. Konsultationsgespräch Staatssekretär Lahr/Generaldirektor Brunet am 7. 1. 1967 in Bonn, 9. 1. 1967, PAAA, B2, Bd. 130.

[45] Schiller an Kiesinger, Bonn, 9. 1. 1967, PAAA, B1, Bd. 331.

[46] Im Folgenden orientiere ich mich an dem französischen Protokoll: Französisches Protokoll des Gesprächs de Gaulle/Kiesinger vom 13. 1. 1967, PAAA, B20, Bd. 1768. Vgl. dazu das deutsche Protokoll: Deutsch-französische Regierungsbesprechung am 13. 1. 1967, AAPD 1967, Dok. 17, S. 94–102.

sobald die Fusion im Laufe des Jahres vollzogen sei, könne Hallstein zurücktreten. De Gaulle schlug vor, den Fusionsbeschluss auf der Gipfelkonferenz in Rom anlässlich der Zehnjahresfeier der Römischen Verträge zu verabschieden[47] und fasste die beiderseitigen Vorstellungen noch einmal zusammen: Man werde in Rom den sofortigen Vollzug der Fusion beschließen, und man einige sich auf die Zusammensetzung der fusionierten Kommission unter Präsident Hallstein, der sich am Ende des Jahres zurückziehen werde. Kiesinger hielt diese Vereinbarung persönlich für akzeptabel, stellte aber fest, dass er erst noch das Klima in Bonn für die Akzeptanz dieses Beschlusses schaffen müsse, da Hallstein dort großes Vertrauen genieße.[48] Mit dieser Vereinbarung schien zunächst ein Kompromiss gefunden.

Aufgrund der Verknüpfung des Fusionsbeginns mit dem noch vagen Termin für die römische Gipfelkonferenz herrschte innerhalb der Bundesregierung nach diesem Gespräch völlige Konfusion. Der Leiter der Politischen Abteilung im Auswärtigen Amt Hermann Meyer-Lindenberg hielt in einer Aufzeichnung vom 26. Januar 1967 fest, dass noch gewisse Unklarheiten über den Zeitpunkt des Inkrafttretens des Fusionsvertrages bestünden. Aus Sicht des Auswärtigen Amts hätte sich eine Regierungskonferenz anlässlich der Ratstagung am 8./9. Februar über die Zusammensetzung der neuen Kommission einigen können, so dass die vereinigte Exekutive am 1. März ihre Arbeit hätte aufnehmen können. Meyer-Lindenberg notierte weiter, dass nach französischer Auffassung aber erst auf der Gipfelkonferenz in Rom darüber entschieden werden und der Fusionsvertrag am 1. Juli 1967 in Kraft treten solle. Dieser Auffassung habe sich wohl auch der Bundeskanzler in seinem letzten Gespräch mit de Gaulle angeschlossen. Bei einer Amtszeit bis Ende des Jahres wäre Hallstein nur für sechs Monate Kommissionspräsident, von denen eineinhalb Monate Ferien seien und der Dezember mit Feierlichkeiten ausgefüllt sei. Außerdem habe die französische Regierung angedeutet, dass man bereits vor dem Ausscheiden Hallsteins eine Einigung über die Besetzung der neuen Kommission erzielen möchte, wodurch die Wirkungsweise Hallsteins weiter eingeschränkt würde. Mittlerweile wäre auch eine Unterrichtung der anderen Partner über die deutsch-französische Einigung in der Personalfrage dringend notwendig, um deren Misstrauen gegenüber Deutschland und Frankreich zu beseitigen.[49]

Diese Aufzeichnung lag Staatssekretär Lahr vor, als er noch am selben Tag für Brandt notierte, dass der Inhalt des Gesprächs zwischen de Gaulle und Kiesinger für ihn nicht klar erkennbar sei. Es stehe zwar fest, dass als Termin für die Beendigung der Amtszeit Hallsteins der 1. Januar 1968 vorgesehen sei, jedoch nicht, wann seine Amtszeit beginne. Aus der Darstellung des Außenministers habe sich ergeben, dass die Fusion so bald wie möglich herbeigeführt werden solle. Couve de Murville beharre jedoch darauf, dass eine Fusion der Exekutiven nach der Gipfelkonferenz in Rom zum 1. Juli 1967 vereinbart worden sei. Da mittlerweile einiges über die deutsch-französische Verständigung in der Hallstein-Frage durchgesickert sei, werde es aber höchste Zeit, die vier Partner davon zu unterrichten.[50]

---

[47] Laut deutschem Protokoll wurde als Datum für das Inkrafttreten der Fusion der 1. Juni genannt. Deutsch-französische Regierungsbesprechung in Paris, 13. 1. 1967, AAPD 1967, Dok. 17, S. 100.

[48] Im deutschen Protokoll wird nur davon gesprochen, dass Kiesinger die Formel in Bonn nachprüfen müsse. Ebd.

[49] Aufzeichnung des Ministerialdirektors Meyer-Lindenberg, 26. 1. 1967, AAPD 1967, Dok. 33, S. 184–186.

[50] Aufzeichnung StS 211/67 von Staatssekretär Lahr, 26. 1. 1967, PAAA, B2, Bd. 130.

Am 9. Februar hatte Lahr erneut Gelegenheit, die Angelegenheit mit Generaldirektor Brunet zu besprechen. Unter Berufung auf das Wortprotokoll legte Brunet ihm dar, dass auf der Rom-Konferenz die Fusion der Exekutiven beschlossen werden und Hallstein bis zum 31. Dezember 1967 amtieren solle. Lahr und Brunet waren sich einig, dass man die in Rom zu fassenden Beschlüsse möglichst schnell in die Tat umsetzen könne. Eine Hinterlegung der Ratifikationsurkunden könne sogar während der für April anvisierten Konferenz geschehen, so dass nach ausreichender Vorbereitung die neue Kommission am 1. Mai ihre Arbeit aufnehmen könne. Diesen Vorschlag legte Lahr seinem Minister am 10. Februar zur Billigung vor. Brandt notierte, dass der Bundeskanzler die französische Auffassung für zu eng halte, denn er sei bei dem von ihm genannten Datum des 31. Dezember davon ausgegangen, dass Hallstein noch mindestens ein Jahr im Amt bleibe. Kiesinger reagierte damit offensichtlich auch auf Druck aus den eigenen Reihen, denn in der CDU/CSU forderte man nach wie vor eine lange Amtszeit Hallsteins. Im Übrigen, notierte Brandt weiter für seinen Staatssekretär, sei der Bundeskanzler mit dem Vorschlag einverstanden.[51]

Staatssekretär Lahr unterrichtete am 14. Februar Brunet telefonisch, dass der Bundeskanzler mit ihrem gemeinsamen Vorschlag eines Starttermins für die fusionierte Kommission zum 1. Mai 1967 einverstanden sei, die Frage des Endtermins der Amtszeit Hallsteins aber noch nicht als endgültig abgesprochen betrachte. Die Bundesregierung hielte es für besser, wenn die Amtszeit nicht schon am 31. Dezember 1967 enden würde, sondern ein Jahr dauern würde. Brunet versprach, seinen Außenminister zu unterrichten. Im Übrigen sei, laut Brunet, noch keine Entscheidung über den von ihnen erarbeiteten Vorschlag gefallen, da die französische Regierung noch nicht klar über Termin und Teilnehmerkreis der Rom-Konferenz sehe. Außerdem überlege man, ob dem Plan nicht noch hinzugefügt werden solle, dass bereits in Rom die Nachfolge für Hallstein geregelt werde. Lahr verhielt sich dazu rezeptiv, notierte aber für Brandt, dass dieser Vorschlag auf eine weitere Schwächung der Hallstein-Kommission hinauslaufe.[52] Anlässlich eines Konsultationsgesprächs in Paris erfuhr der Leiter der Politischen Abteilung Meyer-Lindenberg wenige Tage später, dass Couve de Murville mit einer baldigen Inkraftsetzung des Fusionsvertrages einverstanden sei, aber ganz entschieden an einem Ende der Präsidentschaft Hallsteins zum 31. Dezember 1967 festhalte.[53]

Mittlerweile wurde man in den anderen vier Gemeinschaftsländern unruhig, denn die Gerüchte über eine Einigung verbreiteten sich. Das zeigte sich in einem Gespräch Kiesingers mit dem belgischen Außenminister Pierre Harmel am 20. Februar. Harmel teilte Kiesinger mit, dass man in Erfahrung gebracht habe, dass eine Lösung des Fusionsproblems in Sicht sei. Belgischerseits halte man eine ausreichend lange, wenn auch nicht zu lange Übergangszeit bis zum Inkrafttreten des Rotationssystems für erforderlich. Wenn sich eine Lösung des Problems abzeichne, solle man diese Lösung sofort anwenden und „nicht bis Ostern oder bis zum Dreifaltigkeitstag“[54] warten. Sonst könne die Übergangszeit

---

[51] Aufzeichnung des Staatssekretärs Lahr betr. Fusion der Exekutiven der Europäischen Gemeinschaften mit Randbemerkungen Brandts, 10. 2. 1967, ebd.

[52] Aufzeichnung des Staatssekretärs Lahr betr. Fusion der Exekutiven der Europäischen Gemeinschaften, 14. 2. 1967, ebd.

[53] Aufzeichnung Meyer-Lindenbergs betr. Fusion der Exekutiven der Europäischen Gemeinschaften, 22. 2. 1967, PAAA, B150, Bd. 97, S. 1689 f.

[54] Gespräch zwischen Kiesinger und Harmel am 20. 2. 1967, AAPD 1967, Dok. 62, S. 305–309, hier S. 309.

zu kurz werden und Präsident Hallstein, der die Verantwortung für das Funktionieren der Gemeinschaft zu übernehmen habe, habe nicht ausreichend Zeit, „das Schiff auf neuen Kurs zu steuern“[55].

Auf eine weitere Schwierigkeit, welche die Beziehungen zwischen dem Auswärtigen Amt und dem Bundeskanzleramt in keinem guten Licht erscheinen lässt, machte Staatssekretär Klaus Schütz am 3. März aufmerksam. Eine Beurteilung der Situation werde erschwert, weil dem Auswärtigen Amt bisher nur die französische Version der Gespräche de Gaulle/Kiesinger vorläge. Schütz regte gleichzeitig bei seinem Minister an, über den gesamten Fusionskomplex noch einmal mit Bundeskanzler Kiesinger zu sprechen. Brandt telefonierte daraufhin mit Kiesinger, der ihm mitteilte, dass man nach den Wahlen in Frankreich vermutlich besser zu einer Klärung kommen werde.[56]

Um den Endpunkt 31. Dezember wieder aufzuweichen, entwarf Staatssekretär Lahr im Anschluss an ein Gespräch mit Brandt am 8. März einen Brief des Bundeskanzlers an de Gaulle, in dem dieser unter Hinweis auf seine damalige Bemerkung, dass er vor einer endgültigen Entscheidung noch mit Abgeordneten des Bundestages sprechen müsse, eine einjährige Amtszeit Hallsteins vorschlug. Wenn am 1. Mai, nach der Hinterlegung der Urkunden auf der Rom-Konferenz, die vereinigte Kommission ihre Arbeit aufnehme, sei eine Beendigung ihrer Arbeit am 30. April 1968 akzeptabel.[57] Der Brief wurde aber nicht abgeschickt.[58] Stattdessen einigte man sich, dass Außenminister Brandt seinen Kollegen Couve de Murville im Rahmen der deutsch-französischen Außenministerkonsultation am 27./28. April auf die Sache ansprechen solle. Als Anweisung für die Erstellung eines Sprechzettels notierte Staatssekretär Lahr, man solle festhalten, dass nunmehr aufgrund der mittlerweile erfolgten Verschiebung der Gipfelkonferenz die fusionierte Kommission erst am 1. Juli ihre Arbeit aufnehmen könne. Daher sei der Termin 31. Dezember nicht zu halten; allenfalls der 31. März sei akzeptabel.[59] Damit hatte sich die mögliche Amtszeit Hallsteins bereits wieder auf 9 Monate verkürzt.

Offensichtlich einigten sich die beiden Außenminister Brandt und Couve de Murville beim Abendessen unter vier Augen am 27. April darauf – das Gespräch wurde nicht protokolliert –, Hallstein den Rücktritt vom Präsidentenposten zum 31. Dezember nahe zu legen, und kehrten damit wieder zu dem bereits früher anvisierten Datum zurück.[60] Dieses Ergebnis präsentierte Brandt auf der Kabinettssitzung am 3. Mai. Laut Brandt sei Frankreich aber bereit, Hallstein anschließend als Vizepräsidenten zu akzeptieren – eine „Trostpille“, über die „Der Spiegel“ bereits Ende April berichtet hatte.[61]

---

[55] Ebd. Dem italienischen Botschafter Mario Luciolli hatte Kiesinger bereits am 20. Januar das Ergebnis seines Gesprächs mit de Gaulle knapp mitgeteilt. Danach habe man sich geeinigt, die Fusion in den Themenkatalog der Gipfelkonferenz aufzunehmen und Hallstein Ende 1967/Anfang 1968 abzulösen. Siehe ACDP, Nl Kiesinger, Bd. 287.

[56] Aufzeichnung StS 511/67 des Staatssekretärs Schütz, 3. 3. 1967, PAAA, B2, Bd. 130.

[57] Aufzeichnung StS 556/67 des Staatssekretärs Lahr mit Anlage, 8. 3. 1967, ebd.

[58] Aufzeichnung Lahrs betr. Fusion der Exekutiven, 3. 4. 1967, PAAA, B20, Bd. 1768.

[59] Aufzeichnung StS 827/67 des Staatssekretärs Lahr, 13. 4. 1967, ebd.

[60] Zu dem Vorschlag Brandts an Couve de Murville, bei einem Abendessen unter vier Augen die Sache zu regeln, siehe Brief Brandts an Couve de Murville, 21. 4. 1967, PAAA, B20, Bd. 1768.

[61] Notizen zur Kabinettssitzung am 3. 5. 1967, ohne Verfasser, BaK, Nl Guttenberg, Bd. 32, S. 72; „Hallstein. Verdiente Leute“, in: Der Spiegel Nr. 18 vom 24. 4. 1967, S. 126.

Hallstein, der über das Gefeilsche um seine Amtszeit durch Rolf Lahr bestens unterrichtet war, setzte noch am Tag der Kabinettssitzung ein Schreiben an Bundeskanzler Kiesinger auf, in dem er bat, von seiner Ernennung zum ersten Präsidenten der vereinigten Kommission abzusehen. Grundsätzliche politische und juristische Bedenken sprächen dagegen, die Amtszeit des Präsidenten durch ein persönliches Abkommen zwischen den sechs Regierungen und dem für die Präsidentschaft in Aussicht genommenen Kandidaten abzukürzen. Die verbindliche Festsetzung der Amtszeit des Kommissionspräsidenten im Fusionsvertrag gehöre zu den Garantien der Unabhängigkeit der Kommission. Eine Vernachlässigung dieser zwingenden Vorschrift könne einen gefährlichen Präzedenzfall schaffen. Hinzu komme, dass er seine Erfahrung aus den letzten neuneinhalb Jahren der Einheitskommission in dem vorgesehenen Zeitraum seiner Präsidentschaft kaum zur Verfügung stellen könne. Den Gedanken, der Einheitskommission als Mitglied oder Vizepräsident anzugehören, habe er niemals ins Auge gefasst. Wie Hohn muss es in Kiesingers Ohren geklungen haben, als Hallstein sich abschließend für die freundliche Gesinnung und das Vertrauen der deutschen Regierungen in dieser Angelegenheit bedankte.[62]

Mit dem Rückzug Hallsteins war das größte Hindernis für die Fusion der Exekutiven aus dem Weg geräumt. Die Einigung über die Fusion wurde dann als großes Ergebnis der Gipfelkonferenz in Rom Ende Mai gefeiert. Die Regierungen einigten sich rasch auf eine vereinigte 14er-Kommission unter Vorsitz des Belgiers Jean Rey, deren Amtsantritt am 1. Juli 1967 erfolgte.[63] Deutschland wurde von den Kommissaren Hans von der Groeben, Fritz Hellwig und dem auf dem SPD-Ticket fahrenden Gewerkschafter Wilhelm Haferkamp in der zukünftigen Kommission vertreten. Mit der Preisgabe Hallsteins hatte die Bundesregierung zwar einen Wunsch Frankreichs erfüllt, ihr Ansehen im Inland und bei den anderen vier EWG-Staaten hatte jedoch arg gelitten. Deren Misstrauen gegen die deutsch-französische Entente wurde bestätigt. So teilte etwa Botschafter Karl Hermann Knoke aus Den Haag mit, dass die niederländische Regierung die Haltung der Bundesregierung im Falle Hallsteins als sehr enttäuschend empfunden habe, zumal man sich noch nicht einmal eine Kompensation von Frankreich für das Fallenlassen des Präsidenten eingehandelt habe. Die Stellung de Gaulles werde von Bonn viel stärker angesehen, als sie in Wirklichkeit sei.[64]

Nach dieser Rekonstruktion zahlreicher Details lohnt es sich, den Blick entlang der Frage „Warum musste Hallstein gehen?“ wieder auf das Gesamtbild zu richten. Ein zentraler Aspekt in diesem Zusammenhang ist sicherlich die deutsch-französische Annäherung nach dem Regierungsantritt der Großen Koalition. Im Zuge dieses Rapprochements zeigte sich, dass die Erhard/Schröder-Regierung einige Hindernisse für ihre Nachfolgeregierung aufgebaut hatte. Dazu gehörte auch das Problem der Fusion der Exekutiven und hier vor allem das Personalproblem Hallstein. Dieser etwas spröde, aber in seiner Präsidentenrolle auch zu selbstherrlicher Attitüde neigende ehemalige Bonner Staatssekretär, der für ein supranationales, integriertes politisches Europa stand, war de Gaulle ein Dorn

---

62 Hallstein an Kiesinger, 3. 5. 1967, BaK, Nl Hallstein, Bd. 1126.

63 Zur Einigung über die Fusion der Exekutiven siehe Staatssekretär Lahr, z.Zt. Rom, an das AA, 31. 5. 1967, AAPD 1967, Dok. 197, S. 842–848, hier S. 846 f.; Drahtbericht Nr. 992 des Botschafters Sachs, Brüssel (EWG), an das AA betr. Regierungskonferenz am 5. 6., 5. 6. 1967, PAAA, B20, Bd. 1768. Ab dem Inkrafttreten des Fusionsvertrags wurden die drei Gemeinschaften zusammen als die Europäischen Gemeinschaften (EG) bezeichnet.

64 Botschafter Knoke, Den Haag, an das AA, 7. 6. 1967, AAPD 1967, Dok. 205, S. 867–870, hier S. 867 f.

im Auge, dessen Europavision zwar auch ein politisches Europa vorsah, aber die Nationalstaaten als zentrale Instanzen in den Vordergrund stellte. Bundeskanzler Kiesinger und sein Außenminister Willy Brandt waren bereit, Hallstein für eine deutsch-französische Kooperation aufzugeben.

In verschiedenen Bereichen begann sich die Zusammenarbeit beider Länder bereits fruchtbar auszuwirken. So unterstützte Frankreich in Osteuropa und den Ländern der Dritten Welt die neue deutsche Ostpolitik, die jetzt so viele Kontakte wie möglich, bis hin zur diplomatischen Anerkennung, nach Osteuropa aufbauen wollte – auch in der Ostpolitik gab es also einen Abschied von Hallsteinschen Grundsätzen.[65] War Hallstein demnach nur das Opfer auf dem Altar der deutsch-französischen Verständigung?[66] Diese Sichtweise greift sicherlich zu kurz. Weitere Aspekte sind wichtig, die erst zusammengenommen ein Gesamturteil erlauben. Vor allem im energiepolitischen Bereich wirkten die getrennten Zuständigkeiten der drei Kommissionen für die Bundesregierung hinderlich. Die Fusion konnte somit den Aufbau einer gemeinsamen Energiepolitik erleichtern.[67] Darüber hinaus erschien plötzlich die Möglichkeit, eine Zusammenlegung der drei Gemeinschaften zu erreichen, wieder viel wahrscheinlicher als noch unter Erhard und seinem intransigenten Außenminister Schröder. Frankreich, das wusste man, hatte sich schon früher immer für die Fusion der Gemeinschaften eingesetzt. Durch die Debatte um Hallstein und die deutsch-französischen Konfrontationen war dieses Ziel aber in weite Ferne gerückt, so dass Schröder zu dem Schluss gekommen war, in dieser Situation sei eine Zusammenlegung der Gemeinschaften nicht mehr möglich. Doch warum sollte nach der unter der Großen Koalition erfolgten Annäherung an Frankreich die Schaffung einer einzigen Europäischen Gemeinschaft nicht wieder in Angriff genommen werden können? Dann würde das leidige Problem der getrennten Zuständigkeiten der Gemeinschaften auf dem Sektor der Energiepolitik endgültig gelöst. Damit wäre auch der Weg frei für eine seit langem geforderte gemeinschaftliche Sanierung der deutschen Steinkohleproduktion. Die Fusion der Exekutiven erschien somit als erster Schritt auf dem Weg zur Verschmelzung der drei Gemeinschaften. Und bot die Fusion der Exekutiven nicht auch Vorteile für die Verhandlungen mit den potenziellen Beitrittskandidaten, allen voran England? Dann bräuchte England nur mit einer Kommission zu verhandeln und nicht mit drei verschiedenen Kommissionen.[68] Vielleicht konnte man ja bis zu einem Beitritt auch die Fusion der Gemeinschaften vollziehen und den Beitritt damit nochmals vereinfachen. Auch den Gemeinschaftsgedanken, den die Bundesregierung immer so gerne ins Spiel brachte, sollte man nicht vernachlässigen. Auf Dauer erschien es untragbar, die Kommissionen nur weiteramtieren zu lassen, ohne sie erneut zumindest zu bestätigen. Für die Autorität der Kommissionen war es nicht förderlich, wenn sie nur als Notlösung amtierten, aber deutlich war, dass ihnen die gemeinschaftliche Unterstützung der sechs Mitgliedstaaten fehlte. Darauf wurde die Bundesregierung von Seiten der deutschen Kommissionsmitglieder immer wieder hingewiesen.

---

[65] Zur „Erosion der Hallstein-Doktrin“ in der Regierungszeit der Großen Koalition siehe Booz, „Hallsteinzeit“, S. 97–134, und Bange, Kiesingers Ost- und Deutschlandpolitik.

[66] So das zeitgenössische Urteil laut Gassert, Personalities, S. 265 f.

[67] Ebd., S. 284.

[68] Aufzeichnung des Referats IA2 des AA betr. Entwicklungsstand der Fusion der europäischen Exekutiven, 16. 1. 1967, PAAA, B20, Bd. 1768.

Alle diese Aspekte vor dem Hintergrund der deutsch-französischen Annäherung führten in der Bundesregierung zu der Entscheidung, die Fusion der Exekutiven zügig durchzuführen und nicht weiter auf die lange Bank zu schieben. Kiesinger und Brandt dürften hier der Einsicht gefolgt sein, dass es sich nicht lohnen würde, an Hallstein festzuhalten, und dafür eine deutsch-französische Verstimmung zu provozieren, wo sich doch die Opferung Hallsteins vielleicht langfristig auszahlen konnte: durch ein Entgegenkommen de Gaulles in anderen Bereichen und eine Fusion der Gemeinschaften, bei der man die deutschen Interessen wieder einbringen konnte. Ob diese Rechnung allerdings aufgehen würde, mussten die nächsten Monate beziehungsweise Jahre zeigen. Konsequenterweise rückte das Ziel einer Fusion der Gemeinschaften nach der Zusammenlegung der Exekutiven in der bundesrepublikanischen Prioritätenskala ganz nach oben, neben die Erweiterung und den inneren Ausbau der Europäischen Gemeinschaften (EG).

3. Erfolgreicher Abschluss – Die Kennedy-Runde des GATT

Das am 1. Januar 1948 in Kraft getretene „General Agreement on Tariffs and Trade" (GATT) sollte den Welthandel regeln und ihn durch den Abbau von Handelshemmnissen fördern. Um dieses Ziel zu erreichen, fanden in den folgenden Jahren und Jahrzehnten zahlreiche Zollsenkungsrunden unter den GATT-Mitgliedstaaten statt. Ausgangspunkt der so genannten Kennedy-Runde des GATT war der Trade Expansion Act (TEA), den der amerikanische Kongress am 11. Oktober 1962 verabschiedete.[69] Dieses Gesetz bevollmächtigte Präsident John F. Kennedy, umfangreiche Zollsenkungen mit der EWG auszuhandeln. Der TEA war eine klare Reaktion auf die Entwicklung der EWG, deren protektionistische Ausrichtung in den USA Befürchtungen nährte, Marktanteile in Westeuropa, dem größten amerikanischen Exportmarkt, zu verlieren. Gleichzeitig stellte der TEA die „handelspolitische Variante"[70] in Kennedys „Grand Design" einer atlantischen Partnerschaft zwischen den USA und Westeuropa dar.[71] Der amerikanische Präsident wurde unter anderem ermächtigt, in Handelsvertragsverhandlungen nach dem Reziprozitätsprinzip die Zölle um bis zu 50% zu senken. Außerdem war es Kennedy möglich, bei so genannten „atlantischen Waren" (Waren, bei denen die USA und die EWG zusammengenommen mindestens 80% des Welthandels bestritten) die Zölle bis auf null zu senken. Auch die Zölle auf Agrarprodukte konnten in Verhandlungen mit der EWG auf null reduziert werden, ebenso wie die Zölle für tropische Produkte, auf deren Import die USA angewiesen waren, vorausgesetzt die EWG fand sich ebenfalls zu einem solchen Zugeständnis bereit. Der TEA befristete die Verhandlungen bis zum 1. Juli 1967.

Eine besondere Bedeutung erhielt die handelspolitische Initiative der USA durch das Veto de Gaulles gegen einen britischen EWG-Beitritt im Januar 1963. Damit war klar, dass zumindest in den nächsten Jahren keine vergrößerte Europäische Gemeinschaft entstehen

---

[69] Zur Vorgeschichte der Kennedy-Runde vgl. Welter, Kennedy-Runde, S. 406–411; „Die Kennedy-Runde vor dem Abschluß", in: NZZ vom 22. 4. 1967, zitiert nach BaK, Nl Blankenhorn, Bd. 210, S. 36 f.; „Geier überm Busch", in: Der Spiegel Nr. 22 vom 22. 5. 1967, S. 122–126.

[70] Welter, Kennedy-Runde, S. 408.

[71] Zur amerikanischen Europapolitik unter Kennedy siehe u. a. Conze, Hegemonie durch Integration?, S. 328 ff.

würde. Das hatte zwei Konsequenzen: Zum einen nahmen die Befürchtungen der USA vor einer weiteren Marktabschottung der EWG zu, denn man hatte sich von einem Beitritt Großbritanniens zur EWG eine Stärkung des Wirtschaftsliberalismus in der Gemeinschaft erhofft. Zum anderen musste man, um den innereuropäischen Zollgraben zwischen der EWG und der EFTA abzubauen, jetzt den Umweg über die Kennedy-Runde des GATT nehmen, da die Beitritte der EFTA-Staaten Großbritannien, Dänemark und Norwegen zunächst nicht mehr möglich waren. Gerade die Bundesrepublik, die einen Großteil ihrer Exportprodukte in den EFTA-Raum lieferte, maß diesem letzten Argument große Bedeutung bei. So war es denn auch dem damaligen Bundeswirtschaftsminister Erhard zu verdanken, dass die vom 16.–21. Mai 1963 stattfindende GATT-Ministerratssitzung, auf der die allgemeinen Regeln für die zukünftige Zollsenkungsrunde ausgehandelt wurden, mit einem Erfolg endete.[72] In seiner Gratulation an den deutschen Wirtschaftsminister nach dessen erfolgreicher Vermittlung zwischen den amerikanischen und den französischen Interessen sprach der amerikanische Botschafter George McGhee sogar von der „Erhard-Runde“[73].

Geeinigt hatte man sich unter anderem auf einen Beginn der Zollsenkungsrunde am 4. Mai 1964 in Genf. Grundlage der Verhandlungen sollten das Gegenseitigkeitsprinzip (Gleichwertigkeit der gegenseitigen Zugeständnisse) und das Meistbegünstigungsprinzip (handelspolitische Vergünstigungen, die einem Staat gewährt werden, sind auch den anderen Handelspartnern zu gewähren) sein. Außerdem sollten zum ersten Mal in der Geschichte des GATT 50%ige lineare Zollsenkungen mit möglichst wenig Ausnahmen ausgehandelt werden. Das wurde als ein großer Fortschritt gewertet, denn die bisherigen Zollsenkungsrunden mit ihren Verhandlungen über einzelne Produkte hatten sich als sehr mühsam und nicht besonders umfangreich erwiesen. Erstmalig sollten auch die Agrarprodukte und die nichttarifären Handelshemmnisse (mengenmäßige, technische und administrative Handelshemmnisse) in die Verhandlungen einbezogen werden. Bei großen Zolldisparitäten sollten besondere Regeln für die Zollsenkungen ausgearbeitet werden. Auch die Handelsinteressen der so genannten Entwicklungsländer sollten Berücksichtigung finden. Auf dieser Basis begannen die Verhandlungen der Kennedy-Runde am 4. Mai 1964 in Genf, an denen insgesamt 48 Länder teilnahmen.

Aus der Sicht der EWG war die Kennedy-Runde ein Prüfstein für ihr zukünftiges Auftreten in multilateralen Verhandlungen, denn die EWG-Mitgliedsländer verhandelten nicht einzeln, sondern wurden von einer Delegation der EWG-Kommission unter der Leitung des Kommissars Jean Rey vertreten. Grundlage dieser Regelung bildete der § 111, Ziffer 2 des EWG-Vertrags:

> „Die Kommission unterbreitet dem Rat Empfehlungen für Zollverhandlungen mit dritten Ländern über den Gemeinsamen Zolltarif.
> Der Rat ermächtigt die Kommission, die Verhandlungen einzuleiten.
> Die Kommission führt diese Verhandlungen im Benehmen mit einem zu ihrer Unterstützung vom Rat bestellten besonderen Ausschuß nach Maßgabe der Richtlinien, die ihr der Rat erteilen kann.“[74]

Das heißt, die Kommission wurde durch den Ministerrat mit bestimmten Verhandlungsmandaten versehen, die sie in die GATT-Verhandlungen einbringen konnte. Parallel zu

---

[72] Zur Rolle Erhards auf der GATT-Ministerkonferenz siehe Neebe, Globalisierung, S. 489–493.

[73] Zitiert nach Hildebrand, Große Koalition, S. 36.

[74] Vertrag zur Gründung der Europäischen Wirtschaftsgemeinschaft (EWG) vom 25. 3. 1957, in: Europagesetze I, S. 153.

den Verhandlungen musste sie den so genannten 111er-Ausschuss konsultieren, der ihr beratend zur Seite stand und in den die Mitgliedsländer ihre leitenden handelspolitischen Beamten entsandten.[75]

Im Laufe der Verhandlungen kristallisierten sich zahlreiche Problembereiche heraus. Zwischen den beiden Hauptkontrahenten, der EWG und den USA, waren vor allem zwei Punkte strittig: die Disparitätenfrage und das American Selling Price System (ASP). In der Disparitätenfrage stellte sich die EWG auf den Standpunkt, dass eine Halbierung eines hohen Zolltarifs, wie er für einige Produkte in den USA galt, in seiner ökonomischen Wirkung nicht äquivalent zu einer Halbierung eines niedrigen Tarifs sei. Daher behielt sich die EWG vor, in Fällen, in denen die amerikanischen oder britischen Zölle doppelt so hoch wie die eigenen waren, ihre Zölle um weniger als 50% zu senken – 25% im Durchschnitt wurde stattdessen angepeilt.[76] Diese Konstellation traf besonders auf den Chemiesektor zu. Die Problemlage wurde durch die Auseinandersetzungen zwischen der EWG und den USA um das so genannte ASP noch verschärft. Dieses in den USA nach dem Ersten Weltkrieg eingeführte System verlangte, dass als Grundlage für die Anwendung der Zollsätze im Chemiebereich nicht der Einkaufspreis des Importeurs zugrunde gelegt werden sollte, sondern der wesentlich höhere Verkaufspreis des amerikanischen Erzeugers. Die EWG forderte nun eine Abschaffung dieses protektionistischen Systems, stieß dabei aber auf eine zunächst unnachgiebige Verhandlungsführung der USA, die eine Einbeziehung des ASP in die Verhandlungen ablehnten, da der TEA der amerikanischen Regierung keine Verhandlungsvollmacht über dieses System einräumte.

Der größte Streitpunkt mit Großbritannien war die von der EWG geforderte Reduzierung der britischen Stahlzölle, wohingegen die Auseinandersetzungen mit den skandinavischen Staaten vor allem die Bereiche Aluminium, Zellstoff und Papier betrafen. Mit der Schweiz stritt man sich im Bereich der Uhren.

Daneben erwies sich eine Einigung im Landwirtschaftssektor zwischen allen Verhandlungsteilnehmern als problematisch. Das war nicht anders zu erwarten, denn der hochprotektionistische EWG-Agrarsektor – ein Hauptpfeiler der EWG-Konzeption – forderte durch seine Ausrichtung auf einen hohen Selbstversorgungsgrad der Gemeinschaft die Agrarexportstaaten heraus. Dabei konnten sich die USA mit ihrer Forderung nach einem gleichwertigen Abbau der Einfuhrhindernisse sowohl im industriellen als auch im agrarischen Bereich nicht durchsetzen. Alternativ einigte man sich zunächst auf die schwammige Formulierung, dass „mit Rücksicht auf die Bedeutung der Landwirtschaft im Welthandel die Handelsverhandlungen annehmbare Bedingungen für den Zugang landwirtschaftlicher Erzeugnisse zu den Weltmärkten“[77] vorsehen sollten. Die EWG forderte die Einführung internationaler Marktordnungen für landwirtschaftliche Schlüsselprodukte und die Einbeziehung aller Formen des Marktschutzes in die Verhandlungen. Aus Sicht der EWG sollte nämlich nicht nur über die EWG-Importrestriktionen verhandelt werden, sondern auch über die Exportsubventionen der Agrarexportländer. Als Entgegenkommen an die anderen Agrarexporteure bot die EWG ein dreijähriges Einfrieren des so genannten

---

[75] Eine frühe Darstellung der Kommissionsrolle in der Kennedy-Runde des GATT findet sich in Coombes, Politics and Bureaucracy, S. 166–216.

[76] Aufzeichnung des Ministerialdirektors Günter Keiser „Der Erfolg der Kennedy-Runde“ [o. O., o. D.], BaK, B102 (BMWi), Bd. 113935.

[77] Ebd.

„montant de soutien“ an, das heißt der Marge zwischen dem zu stabilisierenden Weltmarktpreis und dem subventionierten höheren Binnenpreis.[78] Dieser Verhandlungsweg erwies sich aber als kaum praktikabel, weil sich die verschiedenen Agrarsysteme der Hauptexport- und Importländer als so inkompatibel erwiesen, dass eine Vergleichbarkeit des Ausmaßes der Stützung und des Schutzes nicht hergestellt werden konnte.

Aufgrund dieser Problemfelder hatten die Verhandlungen bis zum Regierungsantritt der Großen Koalition im Dezember 1966 bereits einige Höhen und Tiefen durchlaufen.[79] Fristgerecht zum 16. November 1964 wurden die Negativlisten für Ausnahmen von der anvisierten linearen 50%igen Senkung für industrielle Produkte eingereicht. Diese Listen wurden anschließend bilateral diskutiert, ohne dass eine Rücknahme bestimmter Produkte von diesen Listen erreicht werden konnte. Nicht eingehalten werden konnte der Termin des 15. September 1965, bis zu dem die Teilnehmerstaaten eine Positivliste mit Angeboten zu Zollsenkungen für landwirtschaftliche Erzeugnisse der gemäßigten Zone und tropische Produkte abgeben sollten. Hierfür war die EWG verantwortlich, deren Handlungsfähigkeit durch die „Krise des leeren Stuhls“ stark beeinträchtigt war. Als die französischen Vertreter nach der Überwindung der Krise durch den „Luxemburger Kompromiss“ vom Januar 1966 ihre Arbeit im Ministerrat wieder aufnahmen, befürchtete die Bundesregierung eine französische Forcierung bei der Ausarbeitung der GAP und eine Verzögerung bei der Verabschiedung einer gemeinsamen Position für die Kennedy-Runde.[80] Die Regierung Erhard setzte daher alles daran, eine synchrone Aushandlung der Vereinbarungen in diesen beiden Bereichen durchzusetzen. Sie machte eine deutsche Zustimmung für die vor allem für Frankreich vorteilhafte EWG-Agrarfinanzierungsregelung von der Verabschiedung eines umfassenden Verhandlungsmandats für die Kennedy-Runde abhängig. Begründet wurde dieses Junktim mit der hohen finanziellen Belastung der Bundesregierung durch die Agrarfinanzierung, die nur mittels einer Ausweitung des Handels im Zuge einer erfolgreichen Kennedy-Runde gegenfinanziert werden könne. Auf dieser Basis gelang eine Einigung, die sich in zahlreichen zwischen Mai und Juni 1966 gefassten Beschlüssen niederschlug. Daraufhin legte die EWG im Juli 1966 endlich ihre Angebote im Agrarsektor für die Kennedy-Runde vor und konnte die von den anderen Verhandlungspartnern lange erwartete Position für Aluminium, Zellstoff, Papier und für den Chemiesektor präsentieren.[81] Um die Schlussverhandlungen zu erleichtern, forderte der GATT-Verhandlungsausschuss von den Teilnehmerländern bis zum 30. November 1966 noch einmal eine Zusammenfassung der jeweiligen Forderungen. Darin sollten auch „Warnlisten“ enthalten sein, mit denen deutlich gemacht werden sollte, welche Angebote zurückgenommen würden, wenn bestimmte Forderungen nicht erfüllt werden konnten. Da die EWG ihre Negativ- und Positivliste als endgültig bezeichnete, verzichtete sie auf die Abgabe einer „Warnliste“. Nachdem im Dezember 1966 alle Angebote und Verhandlungspositionen auf dem Tisch lagen, konnten die Abschlussverhandlungen endlich beginnen.

---

[78] Vgl. hierzu auch Predöhl, Probleme und Phasen der Kennedy-Runde, S. 38.

[79] Zum Verhandlungsverlauf siehe Welter, Kennedy-Runde, S. 412–417.

[80] Aufzeichnung des Staatssekretärs Lahr, 4. 2. 1966, AAPD 1966, Dok. 29, S. 127–129; Aufzeichnung des Leiters der Abteilung III des AA, Günther Harkort, betr. Kennedy-Runde, 21. 2. 1966, PAAA, B53-IIIA2, Bd. 188.

[81] Aufzeichnung des Leiters der Abteilung III, Günther Harkort, betr. zusammenfassende Darstellung der jüngsten EWG-Beschlüsse, 1. 8. 1966, PAAA, B53-IIIA2, Bd. 188.

Als die Regierung der Großen Koalition am 1. Dezember 1966 die Amtsgeschäfte übernahm, begann in Genf die „heiße Phase" der Verhandlungen. Der neue Außenminister Brandt wurde auch sofort auf die große Bedeutung der Kennedy-Runde für die Bundesrepublik und die prekäre Verhandlungssituation hingewiesen. So schlug Staatssekretär Lahr am 1. Dezember für ein Gespräch zwischen Schröder und Brandt vor, den neuen Außenminister auf die kritische Lage der GATT-Verhandlungen aufmerksam zu machen, die ein Zurückziehen der Angebote der anderen Partner befürchten lasse. Davon werde der deutsche Export besonders getroffen. Die Bundesregierung habe jedoch bei der Verabschiedung des Agrarpakets Mitte 1966 betont, dass sie nur durch einen erfolgreichen Abschluss der Kennedy-Runde im Stande sein könne, die Lasten der Agrarfinanzierung auf sich zu nehmen.[82]

In der Folgezeit beschränkten sich die Einflussnahmen Kiesingers und Brandts auf die GATT-Verhandlungen darauf, in diversen Gesprächen mit Vertretern anderer Regierungen und in zahlreichen Reden allgemein auf die Bedeutung einer erfolgreichen Kennedy-Runde für die Bundesrepublik hinzuweisen.[83] Ansonsten überließ man das Feld den Ministerialbeamten und Experten. Federführend für die GATT-Verhandlungen war das Wirtschaftsministerium und hier nicht, wie man vermuten könnte, die Europaabteilung, sondern die Abteilung V „Außenwirtschaft und Entwicklungshilfe" – ein Relikt aus alten Tagen, das die Zuständigkeit der EWG für GATT-Verhandlungen missachtete. Daneben waren die üblichen Ministerien beteiligt, also die entsprechenden Abteilungen des Auswärtigen Amts, des Finanz- und des Landwirtschaftsministeriums. In Ressortbesprechungen wurden die deutschen Verhandlungspositionen für den Ministerrat erarbeitet, nach dessen Richtlinien die Kommission verhandelte. Vertreter dieser Ministerien saßen auch im 111er-Ausschuss, dem die Kommission regelmäßig Bericht erstattete und mit dem sie die Verhandlungsergebnisse diskutierte. Zwischen den Ressorts umstrittene Fragen wurden unter den Staatssekretären und fundamentale Beschlüsse auf der Kabinettsebene geklärt.

Was waren die deutschen Verhandlungsziele? Allgemein strebte man eine möglichst umfangreiche Senkung der Zölle im industriellen Bereich unter den westlichen Industrienationen an. Davon versprach sich die Bundesregierung ein Ankurbeln des Welthandels und damit größere Absatzmöglichkeiten für die deutsche Exportindustrie, von der zahlreiche Arbeitsplätze in der Bundesrepublik abhingen. Insbesondere bot die Kennedy-Runde die Möglichkeit, die Erhöhung des bundesrepublikanischen Zolltarifs, die durch die Einführung des Gemeinsamen Zolltarifs (GZT) der EWG nötig war, wieder abzubauen. Da die Bundesrepublik als Niedrigzollland in die EWG eingetreten war und der Gemeinsame Zolltarif (GZT) als arithmetisches Mittel aus den Zöllen der sechs Mitgliedsländer gebildet wird (§ 19 EWG-V), bedeutete die Einführung des GZT für die Bundesrepublik eine Erhöhung ihrer Zölle. Hier verlief eine klare Konfliktlinie zu den Hochzollländern Frankreich und Italien. Für diese Länder bedeutete der GZT eine Reduzierung ihrer Zölle. Eine umfangreiche Zollsenkung durch die Kennedy-Runde würde diese Zölle noch weiter abbauen. Man befürchtete in Italien und Frankreich jedoch, die eigene Industrie

---

82 Aufzeichnung StS 2312/66 des Staatssekretärs Lahr, 1. 12. 1966, PAAA, B2, Bd. 130.

83 Siehe hierzu u. a. Gespräch des Bundesministers Brandt mit dem amerikanischen Botschafter McGhee, 8. 12. 1966, AAPD 1966, Dok. 390, S. 1596–1604, hier S. 1601; Gespräch des Bundesministers Brandt mit dem französischen Botschafter Seydoux, 8. 12. 1966, AAPD 1966, Dok. 391, S. 1608; Deutsch-französische Regierungsbesprechung in Paris, 14. 1. 1967, AAPD 1967, Dok. 19, S. 107.

noch nicht in aller Schärfe der Konkurrenz aus den Nicht-EWG-Staaten aussetzen zu können. Diese unterschiedlichen Interessen spiegelten sich auch in der Aushandlung der EWG-Positionen im Ministerrat wider. Daneben bestand für die Bundesrepublik das bereits oben erwähnte starke Interesse an einem Abbau der Zollschranken zwischen dem EWG- und dem EFTA-Raum, da die Handelsbeziehungen der Bundesrepublik mit dem EFTA-Raum besonders intensiv waren und durch die Zollsenkungen noch weiter ausgebaut werden sollten.[84] Durch die Kennedy-Runde bestand außerdem für die Bundesrepublik die Aussicht, ihre traditionellen Handelsbeziehungen, die durch den Ausbau der EWG im Handels- und Agrarbereich beeinträchtigt wurden, durch Vereinbarungen auf GATT-Ebene aufrechterhalten zu können. Das betraf vor allem den Handel mit Dänemark, das hauptsächlich Rinder in die Bundesrepublik exportierte, aber auch den Handel mit Südamerika. Vehement widersetzte sich die Bundesregierung der von den USA geforderten Nahrungsmittelhilfe im Rahmen eines weltweiten Getreideabkommens. Da die EWG-Getreideproduktion nur ca. 87% des gesamten EWG-Getreidebedarfs abdeckte, machte eine Nahrungsmittelhilfe für den Nettogetreideimporteur EWG wenig Sinn. Ein solches Hilfsprogramm würde eine Abgabe des eigenen Getreides bedeuten, was wiederum durch zusätzliche Importe kompensiert werden müsste – genau darauf zielte die Strategie des Getreideexporteurs USA auch ab. Die Bundesregierung befürchtete daher weitere hohe Zahlungen für die Bundesrepublik, die man sich in der prekären wirtschaftlichen Lage nicht zumuten wollte. Betont wurde von der Bundesregierung zwar auch immer die Bedeutung der Kennedy-Runde für die Entwicklungsländer, da die Auseinandersetzungen zwischen den Industrienationen jedoch bereits die zur Verfügung stehende Zeit in Anspruch nahmen, blieb für die angemessene Berücksichtigung der Interessen der Entwicklungsländer kein Raum mehr.

Die Bundesrepublik stand in ihrem Bemühen um einen Erfolg der Kennedy-Runde aber auch unter starkem Druck der USA. So hatten der amerikanische Senator und handelspolitische Sonderberater von Präsident Lyndon B. Johnson Christian A. Herter und Außenminister Dean Rusk in einem Gespräch mit Bundeskanzler Erhard und Außenminister Schröder am 27. September 1966 bereits auf die lauter werdende Forderung der amerikanischen Industrielobby hingewiesen, die Angebote in der Kennedy-Runde wieder zurückzunehmen.[85] Wenn in den nächsten Monaten keine Einigkeit in der Kennedy-Runde erzielt werde, müsse man damit rechnen, dass sich die „Guerillas"[86] zusammenschließen würden, um der US-Regierung eine innenpolitische Schlacht zu liefern. Das von den Amerikanern angedrohte Szenario musste für die Bundesregierung bedrohlich wirken, denn hier schwang eindeutig ein Verweis auf isolationistische Tendenzen innerhalb der USA mit, und ein Rückzug der USA aus ihren weltpolitischen Verpflichtungen war gerade für die sicherheitspolitisch stark von den USA abhängige Bundesrepublik ein Albtraum. Folglich musste die Bundesregierung auch aus diesem Grunde an einem positiven Verlauf der Abschlussverhandlungen interessiert sein.

Dem wachsenden Druck der USA versuchte sich die Bundesregierung zu entziehen, indem sie auf die starre Haltung einiger EWG-Partner hinwies, die eine flexible Verhand-

---

[84] Vgl. Welter, Kennedy-Runde, S. 411.

[85] Hierzu und zu dem Folgenden: Gespräch des Bundeskanzlers Erhard mit dem amerikanischen Außenminister Rusk in Washington, 27. 9. 1966, AAPD 1966, Dok. 300, S. 1255–1259, hier S. 1255–1257.

[86] Ebd., S. 1257.

lungsführung der Kommission verhinderten. Als der US-Verhandlungsführer W. Michael Blumenthal am 31. Oktober 1966 Staatssekretär Lahr Angebotsrücknahmen im industriellen Bereich androhte, wenn die EWG ihr Agrarangebot nicht nachbessere, forderte Lahr, dass die Angebotsrücknahmen die Exportinteressen derjenigen Länder treffen sollten, die eine Verbesserung des EWG-Angebots ablehnten.[87] Staatssekretär Lahr machte damit deutlich, dass die Bundesregierung nicht bereit war, Bestrafungen durch die USA hinzunehmen, da sich vor allem Frankreich und Italien gegen größere Zugeständnisse in den Verhandlungen sperrten.

Die klaren Zielvorstellungen der Bundesregierung für die Kennedy-Runde verlangten eine Strategie, mit der man diese Ziele zunächst in Brüssel und dann über die EWG-Kommission in Genf durchsetzen wollte. Diese Strategie lässt sich anhand zweier Beispiele illustrieren: den Verhandlungen zwischen der EWG und den USA um die Abschaffung des ASP und um den Abschluss eines Weltgetreideabkommens. Diese beiden Bereiche bildeten den Schwerpunkt der Abschlussverhandlungen, die im Januar 1967 in Genf begannen.

Der Ausgangspunkt für die abschließende Verhandlungsrunde war aus Sicht der EWG der dem Ministerrat am 22. Dezember 1966 von der Kommission zugeleitete Bericht über den Stand der Verhandlungen, der eine Bewertung der verschiedenen Angebote und Empfehlungen für die weitere Vorgehensweise enthielt. In diesem Bericht schlussfolgerte die Kommission, dass die Angebote zwischen der EWG und den USA sowie die Angebote zwischen der EWG und Großbritannien gleichwertig seien. Die Angebote der EWG gegenüber der Schweiz und den skandinavischen Ländern müssten aber noch deutlich nachgebessert werden. In einer Analyse des Kommissionsberichts durch die handelspolitische Abteilung des Auswärtigen Amts kam Abteilungsleiter Günther Harkort zu der Bewertung, dass vor allem die Behauptung eines Gleichgewichts der Angebote EWG/USA nicht zutreffend sei. Tatsächlich lägen die Angebote der EWG unter denen der USA. Als Lösung empfahl Harkort eine Verbesserung des Angebots gegenüber den nordischen Ländern und der Schweiz; aufgrund der Meistbegünstigung käme ein verbessertes Angebot auch den USA und Großbritannien zugute.[88] Das Wirtschaftsministerium schlug aus taktischen Gründen für die weiteren Verhandlungen in Genf vor, der Gleichgewichtsbehauptung der Kommission zu folgen.[89] Außenamtsstaatssekretär Lahr betonte jedoch, dass man innerhalb der EWG-Gremien deutlich machen solle, wo man die Kommissionsbewertung für zu günstig halte.[90]

In diesem Sinne verhielt sich auch die deutsche Delegation auf der Sitzung des 111er-Ausschusses am 5./6. Januar 1967. Sie erklärte, dass sie aus taktischen Gründen mit der Gleichgewichtsfeststellung einverstanden sei, jedoch intern feststellen müsse, dass die Angebote der EWG gegenüber denen der USA und Großbritanniens zurückständen. Diese isolierte deutsche Position wurde aus Gründen der Geheimhaltung nicht in das Protokoll aufgenommen, sondern nur im mündlichen Bericht des Ausschussvorsitzenden an den

---

87 Runderlass des AA betr. Kennedy-Runde, 2. 11. 1966, PAAA, B53-IIIA2, Bd. 280.

88 Aufzeichnung des Leiters der Abteilung III des AA, Günther Harkort, betr. Kennedy-Runde, 29. 12. 1966, PAAA, B53-IIIA2, Bd. 280.

89 Aufzeichnung des Leiters der Unterabteilung VA des BMWi, Stedtfeldt, betr. Mitteilung der Kommission an den Rat vom 22. 12. 1966, 27. 12. 1966, PAAA, B53-IIIA2, Bd. 280.

90 Handschriftliche Notiz des Leiters der Abteilung III des AA, Günther Harkort, 28. 12. 1966, PAAA, B53-IIIA2, Bd. 280.

Rat erwähnt. In der Ausschusssitzung schlug die Kommission eine allgemeine Ermächtigung vor, in enger Zusammenarbeit mit dem 111er-Ausschuss und auf der Grundlage des Kommissionsberichts vom 22. Dezember 1966 die Verhandlungen führen zu dürfen. Dem stimmten alle Delegationen bis auf die französische zu. Die Bundesrepublik forderte zusätzlich, dass die allgemeinen Direktiven des Kommissionsberichts in einigen Bereichen konkreter gefasst werden müssten, unter anderem bei der Frage der Disparitäten, bei Zellstoff, Papier und Chemie. Bei einer anschließenden Besprechung im engsten Kreise machten der zuständige Kommissar Rey und sein Vertreter Theodorus Hijzen deutlich, dass die Kommission den deutschen Vorschlag nicht für opportun halte, da die konkreten Mandate den GATT-Partnern erfahrungsgemäß frühzeitig bekannt würden und damit die Verhandlungen erschwert würden.[91]

Mit diesem Argument konnte die Kommission auch den Ministerrat am 12. Januar überzeugen, ihr ein allgemeines Verhandlungsmandat zu erteilen – allerdings nur für die Verhandlungen mit den skandinavischen Ländern und der Schweiz im industriellen Bereich. Das bisherige Verhandlungsmandat für die Verhandlungen mit den USA und Großbritannien hielt die Kommission für ausreichend. Von dieser Vorgehensweise, zunächst eine Einigung mit Skandinavien und der Schweiz zu erzielen, versprach sich die Kommission, weitere Bundesgenossen für die letzte Verhandlungsphase zu gewinnen. Die deutsche Delegation unterstützte diesen Verhandlungsansatz nachdrücklich und verzichtete auf die noch im 111er-Ausschuss geforderte Konkretisierung des Verhandlungsmandates, zumal sich Frankreich entgegen dem Verhalten im 111er-Ausschuss der Kommissionsempfehlung anschloss.[92]

Auf dieser Basis nahm die Kommission umfassende Gespräche mit den skandinavischen und den Schweizer Vertretern auf.[93] Trotz dieses allgemeinen Mandats gingen die Verhandlungen nur langsam voran, so dass die detaillierten Besprechungen mit den USA und Großbritannien parallel geführt werden mussten. In den Verhandlungen mit den USA standen der Chemiesektor und das Weltgetreideabkommen im Vordergrund. In der Frage des ASP kam es zu einer heftigen Konfrontation über die Verhandlungsweise. Das Problem lag darin begründet, dass der TEA dem US-Präsidenten keine Verhandlungsvollmacht für das ASP einräumte. Eine eventuelle Abschaffung des ASP bedurfte daher der Zustimmung des Kongresses. Die USA forderten aus diesem Grund eine Aufteilung der Vereinbarungen im Chemiesektor in zwei Pakete. Über das erste Paket sollte im Rahmen der Kennedy-Runde verhandelt werden und über das zweite Paket erst nach der Abschaffung des ASP durch den Senat. Die EWG-Kommission forderte hingegen, eine Gesamtlösung für die Abschaffung des ASP verbunden mit einer Senkung der Chemiezölle auszuhandeln. In den Verhandlungen wurde zunächst entsprechend dem Kommissionsvorschlag beschlossen, in einer zweiwöchigen Frist eine Globallösung mit den USA zu disku-

91 Bericht der Abteilung V des BMWi betr. Handelsverhandlungen im GATT (Kennedy-Runde), 9. 1. 1967, PAAA, B53-IIIA2, Bd. 189.

92 Drahtbericht Nr. 57 des Botschafters Sachs, Brüssel (EWG), betr. 205. Tagung des EWG-Rats am 12. 1. 1967, 12. 1. 1967; Runderlass des AA betr. Sitzung des EWG-Rats am 12. 1. 1967, 13. 1. 1967, PAAA, B53-IIIA2, Bd. 189.

93 Die skandinavischen Länder verhandelten seit dem 1. Dezember 1966 als Block, um ein größeres Gewicht in die Verhandlungen einbringen zu können. Zur Bedeutung der Kennedy-Runde für die skandinavischen Länder siehe Sommerfelt, Nordic Delegation.

tieren.[94] In dieser Frist konnte eine zufrieden stellende Globallösung erarbeitet werden, die durch den Ministerrat am 10./11. April angenommen wurde.[95] Anschließend brachten die USA dann wieder ihre Forderung nach einer Aufteilung des Gesamtpakets, im Konferenzjargon „découpage“ genannt, auf den Tisch. Die Kommission hielt zunächst ihre Position des „Alles oder nichts“ aufrecht. Das heißt, die Kommission knüpfte die Inkraftsetzung der Globallösung an die Abschaffung des ASP durch den Kongress. Dadurch hoffte man, den Kongress unter Druck setzen zu können. Die amerikanischen Verhandlungsvertreter plädierten hingegen für eine Aufteilung in zwei Raten. Die erste Rate an Zollsenkungen im Chemiesektor solle bereits im Rahmen der Kennedy-Runde eingeräumt werden und die zweite, sobald der Kongress das ASP abgeschafft habe.[96] Die Bundesregierung, die in ihren Verhandlungsempfehlungen insgesamt auffallend vorsichtig agierte, hielt die Taktik der Kommission für zu riskant, denn man befürchtete, die Kennedy-Runde ohne einen Abschluss im Chemiesektor beenden zu müssen. Daher empfahl der Staatssekretär des Wirtschaftsministeriums Neef in der Ministerratssitzung am 10./11. April, zunächst die Politik des „Alles oder nichts“ weiterzuverfolgen, wenn sich aber ein Scheitern abzeichne, auch einer „découpage“ zuzustimmen.[97] In diesem Anliegen wurde er aber nur zaghaft von der italienischen und niederländischen Delegation sowie der Kommission unterstützt; die anderen Delegationen lehnten eine Aufteilung ab. Trotz der deutschen Vorbehalte stimmte der Ministerrat dann einstimmig gegen den amerikanischen Vorschlag der „découpage“.[98] Dass sich die EWG damit aber nicht durchsetzen konnte, zeigte sich schnell, so dass das Auswärtige Amt am 28. April zu dem Schluss kam, dass eine Aufteilung der Globallösung im Chemiesektor für den erfolgreichen Abschluss der Verhandlungen unabdingbar sei.[99] Vor allem auch durch deutsches Insistieren verabschiedete der Ministerrat in seiner Sitzung am 2. Mai ein Mandat für die Kommission, exploratorische Gespräche mit der US-Delegation über die stufenweise Durchführung der Chemievereinbarung zu führen.[100] In der Nacht vom 15. auf den 16. Mai gelang dann eine Einigung zwischen den Delegationen, die einen Gesamtvorschlag des GATT-Generalsekretärs Wyndham White akzeptierten. Für den Chemiesektor sah dieser Kompromissvorschlag eine Aufteilung der gegenseitigen Zugeständnisse in zwei Pakete vor.[101]

---

94 Aufzeichnung des BMWi betr. Tagung des EWG-Ministerrats am 8./9. 2. 1967, 6. 2. 1967, BaK, B102 (BMWi), Bd. 113934; Drahtbericht Nr. 221 des Botschafters Sachs, Brüssel (EG), an das AA betr. Sitzung der Räte am 8. 2. 1967, 9. 2. 1967, PAAA, B53-IIIA2, Bd. 189.

95 Danach schaffen die USA das ASP ab, wandeln die ASP-Zölle in Wertzölle um, setzen für alle Zölle eine Höchstgrenze von 40% fest und senken diese Zölle um 50%. Bis auf einige Ausnahmen betrugen die amerikanischen Zölle im Chemiebereich damit nicht mehr als 20%. Großbritannien senkt sein Zölle im Chemiesektor um durchschnittlich 56%, die Schweiz und die EWG um 50%. Siehe Runderlass des AA betr. EWG-Ministerrat am 10./11. 4. 1967, PAAA, B53-IIIA2, Bd. 189.

96 Aufzeichnung des BMWi betr. EWG-Ministerratstagung am 7. 3. 1967, 6. 3. 1967, BaK, B102 (BMWi), Bd. 113934; Drahtbericht Nr. 588 des Botschafters Sachs, Brüssel (EWG), betr. 212. Tagung des EWG-Rats am 10./11. 4. 1967, 12. 4. 1967, PAAA, B53-IIIA2, Bd. 189.

97 Drahtbericht Nr. 588 des Botschafters Sachs, Brüssel (EWG), betr. 212. Tagung des EWG-Rats am 10./11. 4. 1967, 12. 4. 1967, PAAA, B53-IIIA2, Bd. 189.

98 Runderlass des AA betr. EWG-Ministerrat am 10./11. 4. 1967, PAAA, B53-IIIA2, Bd. 189.

99 Aufzeichnung des Referats IIIA2 des AA betr. Kennedy-Runde, 28. 4. 1967, PAAA, B53-IIIA2, Bd. 189.

100 Drahtbericht Nr. 732 des Botschafters Sachs, Brüssel (EWG), betr. 215. Tagung des EWG-Rats am 2. 5. 1967, 3. 5. 1967, PAAA, B53-IIIA2, Bd. 189.

101 Bericht der deutschen Delegation für die GATT-Handelskonferenz betr. Kennedy-Runde, Genf, 16. 5. 1967, PAAA, B53-IIIA2, Bd. 281; Runderlass des AA betr. Kennedy-Runde, 19. 5. 1967, ebd.

Hatte sich in diesem Bereich insgesamt eher die EWG durchgesetzt, so musste sie in der Verhandlung über ein Weltgetreideabkommen einem Schlusspaket zustimmen, das von den ursprünglichen EWG-Wünschen relativ weit entfernt war. Der ursprünglich von der EWG erarbeitete Vorschlag sah vor, dass eine Marktordnung für Weizen und Futtergetreide verbunden mit einem um 5 bis 10% über dem damaligen Weltmarktniveau liegenden Mindestpreis für Weizen eingeführt werden sollte. Die Stützungsmarge zwischen dem hohen Binnenpreis und dem weltweiten Mindestpreis sollte fixiert werden. Außerdem sollten sich die Importländer (unter anderem die EWG) auf einen Selbstversorgungsgrad festlegen, bei dessen Überschreiten die Überschüsse eingelagert oder als Nahrungsmittelhilfe verschenkt werden müssten, um den Agrarexportländern einen gesicherten Marktzugang zu gewährleisten. Die Exportländer sollten sich hingegen verpflichten, ihr Produktionsvolumen der Weltmarktlage anzupassen und dadurch das Entstehen von Überschussvorräten zu verhindern.[102] Die USA forderten, in die Verhandlungen auch den Abschluss eines Programms über Nahrungsmittelhilfe in Höhe von 10 Mio. Tonnen Weizen einzubeziehen. Die Bundesrepublik, die schon in der EWG die Hauptlast der Agrarfinanzierung tragen musste, befürchtete, durch solch eine verpflichtende Nahrungsmittelhilfe weitere Kosten in diesem Bereich übernehmen zu müssen, und lehnte daher ein solches Programm ab.[103] Hans Graf von Hardenberg, stellvertretender Leiter der handelspolitischen Abteilung des Auswärtigen Amts, hob hervor, dass man nur einer autonomen Nahrungsmittelhilfe bei einer Überschreitung des Selbstversorgungsgrades zustimmen könne. Zugeständnisse an die Exportländer stellte man lediglich bei der Höhe des Selbstversorgungsgrades in Aussicht, der auf französisches Drängen auf 90% festgelegt worden war. Die Bundesregierung hielt dagegen auch einen Selbstversorgungsgrad von 89% für möglich.[104] In der Ministerratssitzung am 7. März 1967 wurde die Getreidefrage auf Wunsch der Kommission, die aus der Diskussion Anregungen für die weiteren Verhandlungen ableiten wollte, ausführlich behandelt. Staatssekretär Neef vertrat die deutsche Position noch einmal nachdrücklich: Die Kennedy-Runde sei nicht der richtige Ort, um über eine Nahrungsmittelhilfe zu verhandeln, und Möglichkeiten, den Exportländern entgegenzukommen, bestünden nur im Prozentsatz des Selbstversorgungsgrades. Frankreich lehnte eine ausführliche Stellungnahme aufgrund der noch unklaren Position der Exportländer ab; die niederländische und die italienische Delegation regten an, in Genf zwar gewisse Vereinbarungen für die Nahrungsmittelhilfe zu treffen, ansonsten aber die Verhandlungen außerhalb der Kennedy-Runde zu führen. Die Kommission zog aus der Diskussion den Schluss, dass die Nahrungsmittelhilfe den Rahmen der Kennedy-Runde überschreite, man sich aber noch nicht genau festlegen wolle und die Kommission daher zunächst die genauen Vorstellungen der anderen Verhandlungspartner ermitteln wolle.[105] Detaillierte-

[102] Zu dem ursprünglichen Verhandlungsangebot siehe die Aufzeichnung des Ministerialdirektors Günter Keiser „Der Erfolg der Kennedy-Runde" [o. O., o. D.], BaK, B102 (BMWi), Bd. 113935.

[103] Aufzeichnung der Abteilung V des BMWi, 2. 1. 1967, PAAA, B53-IIIA2, Bd. 281; Aufzeichnung des Referats IIIA2 des AA betr. Kennedy-Runde, 30. 1. 1967, ebd.

[104] Aufzeichnung des stellvertretenden Leiters der Abteilung III des AA, Graf von Hardenberg, betr. Besuch von Kommissar Rey am 24. 10. in Bonn, 22. 10. 1966, PAAA, B53-IIIA2, Bd. 280. Da der tatsächliche Selbstversorgungsgrad der EWG bei ca. 86–87% lag, wäre für Frankreich noch genügend Spielraum geblieben, um die eigene Getreideproduktion zu erhöhen.

[105] Drahtbericht Nr. 384 des Botschafters Sachs, Brüssel (EWG), betr. Tagung des EWG-Ministerrats am 7. 3. 1967, 8. 3. 1967, PAAA, B53-IIIA2, Bd. 189.

re Orientierungen erhielt die Kommission von der Ratstagung am 10./11. April. Alle Delegationen bis auf die französische erklärten sich mit einer Festlegung des Selbstversorgungsgrades auf 89% einverstanden, Landwirtschaftsminister Höcherl hatte sogar 88% gefordert. Frankreich, Italien, Luxemburg und die Niederlande stimmten außerdem für eine Nahrungsmittelhilfe im Rahmen des Getreideabkommens, während Höcherl vorbehaltlich einer Kabinettsentscheidung nur eine Nahrungsmittelhilfe bei Überschreitung des Selbstversorgungsgrades in Aussicht stellte.[106] Die belgische Delegation behielt sich ihre Stimme zu der Nahrungsmittelhilfe vor.[107]

In den Verhandlungen machte die US-Delegation jedoch deutlich, dass sie nicht gewillt war, auf die Nahrungsmittelhilfe zu verzichten oder diese von der Überschreitung des Selbstversorgungsgrades der EWG abhängig zu machen. Das Referat IIIA2 des Auswärtigen Amts stellte daher in einem Beitrag für die Konferenzmappe des am 2. Mai tagenden EWG-Rats fest, dass sich das deutsche Ziel eines Verzichts auf die Nahrungsmittelhilfe nicht erreichen lassen werde. Daher solle man die Zustimmung zu einer Nahrungsmittelhilfe in Höhe von 3 Mio. Tonnen in Erwägung ziehen, wenn Frankreich eine Bindung des Selbstversorgungsgrades bei 89% akzeptiere.[108] In der Ministerratstagung stellte Minister Höcherl seinen Diskussionsbeitrag jedoch wieder ganz auf eine Senkung des Selbstversorgungsgrades und die Verhinderung des Nahrungsmittelhilfsprogramms ab, musste dann aber einer Weisung, die der Kommission einen gewissen Handlungsspielraum einräumte, zustimmen. Darin wurde die Kommission vom Ministerrat beauftragt, unter Berücksichtigung des in der Diskussion aufgezeigten Zusammenhangs zwischen der Nahrungsmittelhilfe und dem Selbstversorgungsgrad die „billigste Lösung" für die Gemeinschaft auszuhandeln.[109] In den Verhandlungen mit den USA bot Kommissar Rey daraufhin bei einer fünfjährigen Laufzeit des Getreideabkommens einen Selbstversorgungsgrad von 89% für drei Jahre und von 90% für die letzten zwei Jahre an. Außerdem stellte er eine Nahrungsmittelhilfe von 4 Mio. Tonnen in Aussicht.

Überraschenderweise zeigten sich die USA jetzt aber nur noch an der Festlegung eines Höchst- und Mindestpreises für Weizen und dem Abschluss eines Abkommens über Nahrungsmittelhilfe in Höhe von 5 bis 5,5 Mio. Tonnen bei einem EWG-Anteil von 23% interessiert.[110] Die Forderung nach einem festen Selbstversorgungsgrad der Gemeinschaft zogen die USA zurück. Die US-Verhandlungsdelegation begründete den Verzicht auf einen EWG-Selbstversorgungsgrad damit, dass den USA dadurch kein bedeutender Marktzugang gewährt würde. Über wertlose Konzessionen zu verhandeln würde sich nicht loh-

---

[106] Der Staatssekretärsausschuss für Europafragen hatte am 7. April beschlossen, dass die Bundesregierung einer Teilnahme der EWG an einer Nahrungsmittelhilfe von 3 Mio. t pro Jahr nicht zustimmen könne und dass vor Abgabe weiterer deutscher Erklärungen das Bundeskabinett befasst werden müsse. Niederschrift über die Sitzung der Staatssekretäre für Europafragen am 7. 4. 1969 im BML, BaK, B102 (BMWi), Bd. 61703.

[107] Drahtbericht Nr. 589 des Botschafters Sachs, Brüssel (EWG), betr. Tagung des EWG-Ministerrats am 10./11. 4. 1967, 12. 4. 1967, PAAA, B53-IIIA2, Bd. 189.

[108] Aufzeichnung des Referats IIIA2 betr. Kennedy-Runde, 28. 4. 1967, PAAA, B53-IIIA2, Bd. 189.

[109] Drahtbericht Nr. 732 des Botschafters Sachs, Brüssel (EWG), betr. Tagung des EWG-Ministerrats am 2. 5. 1967, 3. 5. 1967, PAAA, B53-IIIA2, Bd. 189; Bericht des BML über die Sitzung des allgemeinen Ministerrats am 2. 5. 1967 betr. Weltgetreideabkommen, ebd.

[110] Bericht der deutschen Delegation für die GATT-Handelskonferenz, 9. 5. 1967, PAAA, B53-IIIA2, Bd. 189.

nen.[111] Den sich in den Verhandlungen abzeichnenden Mindestpreis für Futtergetreide hielt die US-Regierung innenpolitisch nicht für vermittelbar und wünschte daher, Futtergetreide komplett aus den Verhandlungen herauszunehmen.[112] Dagegen setzten die USA jetzt auf eine umfangreiche Beteiligung der EWG an der Nahrungsmittelhilfe, von der sie sich größere Exportchancen für ihr Getreide und eine Stabilisierung des Weltmarktpreises erhofften.[113] Der Ministerrat akzeptierte am 10./11. Mai den Vorschlag der Vereinigten Staaten als Verhandlungsgrundlage, wobei die Kommission über eine Beteiligung der EWG in Höhe von 22% an einem Hilfsprogramm von 3 Mio. Tonnen mit einer flexiblen Marge nach oben verhandeln sollte.[114] Die Abschlussvereinbarung sah dann nur noch vor, in das bestehende internationale Weizenabkommen einen neuen Mindestpreis einzubauen, der um 20% über dem bisherigen Mindestpreis und um 5% über dem Weltmarktpreis lag. Außerdem wurde eine Nahrungsmittelhilfe in Höhe von 4,5 Mio. Tonnen Weizen festgelegt, von der die EWG 23% übernehmen musste.[115] Auf dieser Basis wurde das neue internationale Weizenabkommen auf einer noch 1967 stattfindenden Konferenz in Rom verabschiedet.[116]

Hier hatte die EWG und vor allem die Bundesrepublik klare Konzessionen machen müssen, denn sie hatte innerhalb der EWG-Gremien die Nahrungsmittelhilfe immer bekämpft. Die Bundesregierung wollte aber offensichtlich das sich abzeichnende befriedigende Ergebnis im industriellen Sektor nicht durch eine Verhinderungstaktik in der Frage des Weizenabkommens gefährden. Eine Rolle dürfte auch der amerikanische Druck auf die Bundesregierung gespielt haben. Als Kiesinger in einem Gespräch mit dem US-amerikanischen Vizepräsidenten Hubert Humphrey am 5. April auf die Schwierigkeiten hinwies, die eine Behandlung der Nahrungsmittelhilfe in der Kennedy-Runde mit sich bringe, machte Humphrey deutlich, dass die USA für Ernährungshilfe sehr viel Geld ausgeben und daher auch andere Länder jetzt gewisse Verpflichtungen übernehmen müssten. Im Übrigen sei für die USA der Zugang zum Gemeinsamen Markt zentral. Einen Zusammenhang zwischen den Beschlüssen auf dem Agrar- und auf dem Industriesektor deutete Humphrey durch den Hinweis auf das große deutsche Interesse an den Vereinbarungen bei Industrieprodukten an. Humphrey ließ es sich auch nicht nehmen, wieder die „isolationistische Keule" hervorzuholen:

> „Die Kennedy-Runde habe starke Rückwirkungen auf die amerikanische Innenpolitik. Seltsamerweise werde sie auch von den konservativsten Kräften sehr genau beobachtet. Schlüge diese Verhandlung fehl, und bekomme Amerika auf landwirtschaftlichem Gebiet keine Konzessionen, dann werde die Landwirtschaft auf den rechten Flügel überschwenken; dort aber säßen die Leute, die forderten, Amerika solle seine Truppen abziehen und hohe Importzölle für Stahl, Textilien, Schuhe

---

111 Telegram from the Mission to the European Office of the United Nations to the Department of State, Geneva, 10. 5. 1967, FRUS 1964–68, Vol. VIII, Doc. 350, S. 917–919.

112 Ebd. Bei Futtergetreide waren die US-Farmer auf dem Weltmarkt durchaus konkurrenzfähig, so dass die US-Regierung in der Festlegung eines Mindestpreises eher Nachteile als Vorteile sah. Vgl. Evans, Kennedy Round, S. 271.

113 Memorandum from the Special Representative for Trade Negotiations (Roth) to President Johnson, Washington, 26. 6. 1967, FRUS 1964–68, Vol. VIII, Doc. 367, S. 951–955.

114 Drahtbericht Nr. 808 des Botschafters Sachs, Brüssel (EWG), betr. Tagung des EWG-Ministerrats am 10./11. 5. 1967, 12. 5. 1967, PAAA, B53-IIIA2, Bd. 189.

115 Aufzeichnung des Ministerialdirektors Günter Keiser „Der Erfolg der Kennedy-Runde" [o. O., o. D.], BaK, B102 (BMWi), Bd. 113935; Bericht der EWG-Gruppe des BML über die wesentlichen Ergebnisse der Kennedy-Runde, 29. 5. 1967, PAAA, B53-IIIA2, Bd. 281.

116 Kluge, Agrarpolitik, S. 91.

usw. einführen. Er sage diese Dinge natürlich nicht öffentlich, wolle sie aber dem Herrn Bundeskanzler nicht vorenthalten, denn Amerika sei unter dem Gesichtspunkt einer langfristigen internationalen Zusammenarbeit fast ebenso stark politisch an einer erfolgreichen Kennedy-Runde interessiert wie wirtschaftlich."[117]

Im Grunde war hier ein ähnliches Muster wie in der EWG erkennbar. Aufgrund der starken Exportabhängigkeit der deutschen Wirtschaft musste die Bundesrepublik, um ihre Interessen in diesem Bereich durchzusetzen, Zugeständnisse in anderen Bereichen, vornehmlich im Agrarsektor, in Kauf nehmen. Gleichzeitig zeigte dieses Gespräch in aller Deutlichkeit, wie stark die Bundesrepublik durch die amerikanische Sicherheitsgarantie auf gute Beziehungen zu den USA angewiesen war und die USA schon aufgrund dieser Abhängigkeit immer leichtes Spiel hatten, die Bundesregierung auf ihre Linie zu bringen.

Auch mit den skandinavischen Ländern und der Schweiz konnte eine Vereinbarung getroffen werden, nachdem die EWG ihre Angebote deutlich nachgebessert hatte. Mit Großbritannien kam eine Einigung im umstrittenen Stahlsektor zustande.

In der Bewertung der Ergebnisse waren sich dann auch fast alle Verhandlungspartner darin einig, dass die Kennedy-Runde ein großer Erfolg für die Weltwirtschaft sei. Verglichen mit den bis dato ausgehandelten Zollsenkungen war die Kennedy-Runde sicherlich die umfangreichste. Das GATT-Sekretariat stellte fest, dass Zollsenkungen für Industrieerzeugnisse mit einem Handelsvolumen von 40 Milliarden Dollar ausgehandelt wurden und 40 000 Positionen betrafen.[118] Aus Sicht der EWG-Länder wurde vor allem die erfolgreiche Verhandlungsführung der Kommission betont. Als Dank für seine guten Dienste als Verhandlungsführer der EWG wurde Kommissar Rey als Nachfolger Hallsteins auf den Präsidentenposten der Kommission befördert. Auch die Bundesregierung war mit dem Ergebnis zufrieden. Es darf jedoch nicht übersehen werden, dass einige Ziele nicht erreicht werden konnten. Vor allem die Zustimmung zu der Nahrungsmittelhilfe stand den ursprünglichen Zielen der Bundesregierung diametral entgegen. Auch das angestrebte Abkommen über die dänischen Rinderlieferungen blieb unter den Erwartungen.[119] Letztendlich waren die Zugeständnisse aus Sicht der Bundesregierung jedoch vertretbar. Die Bundesregierung zeigte sich kompromissbereit, um überhaupt einen Abschluss der Kennedy-Runde zu ermöglichen. Die Priorität hierbei lag eindeutig im industriellen Bereich, wohingegen der Agrarsektor für die Bundesregierung zweitrangig war. Insgesamt betrachtet agierte die Bundesregierung mit ihren Forderungen eher defensiv und vorsichtig, was nicht zuletzt dem amerikanischen Druck auf die Bundesrepublik geschuldet war.

4. Die Bundesregierung als „ehrlicher Makler" – Das britische Beitrittsgesuch zu den Europäischen Gemeinschaften

Als die britische Labourregierung unter Premierminister Harold Wilson im Laufe des Jahres 1966 signalisierte, dass sie einen erneuten Beitrittsversuch zu den Europäischen

---

117 Gespräch des Bundeskanzlers Kiesinger mit dem amerikanischen Vizepräsidenten Humphrey in Bonn, 5. 4. 1967, AAPD 1967, Dok. 120, S. 544–554, hier S. 550.

118 Welter, Kennedy-Runde, S. 418.

119 Aufzeichnung der deutschen GATT-Delegation über die Ergebnisse der Kennedy-Runde aus deutscher Sicht, 3. 7. 1967, PAAA, B53-IIIA2, Bd. 282.

Gemeinschaften vornehmen würde, wurde sie von der Regierung Erhard/Schröder in ihrem Vorhaben deutlich bestärkt. Erhard und Schröder hatten bereits bei den ersten Beitrittsverhandlungen 1962/63 gegen den Willen des damaligen Bundeskanzlers Adenauer die britischen Bemühungen unterstützt und boten jetzt der Wilson-Regierung eine enge Kooperation bei der Vorbereitung des Beitritts an.[120] So schlug Bundeskanzler Erhard der britischen Regierung die diskrete Erarbeitung eines deutschen und eines britischen Arbeitspapiers für den Übergang von der britischen Landwirtschaftspolitik zur EWG-Agrarpolitik vor, das man anschließend gemeinsam diskutieren könne.[121] Man ging von deutscher Seite sogar noch weiter und regte systematische Studien zu den Problemen eines Beitritts durch eine kleine Gruppe britischer und deutscher Fachbeamter an.[122] Wie der britische Gesandte Stewart L. Edwards dem Staatssekretär im Wirtschaftsministerium Neef am 22. Oktober mitteilte, käme die britische Reaktion auf dieses Angebot „nur mit der Geschwindigkeit eines Gletschers" voran, weil „auch die leiseste inoffizielle britische Regung"[123] ein Kabinettsproblem darstelle. Da das Kabinett in dieser Frage noch gespalten sei, könnten ohne eine Kabinettsgenehmigung keine Gespräche geführt werden. Premierminister Wilson wolle aber die Genehmigung zu solchen Gesprächen erst erteilen, wenn er die französische Erklärung habe, dass am Ende der britischen Bemühungen die französische Unterstützung für einen Beitritt stehe.

Enttäuscht vom britischen Standpunkt, warf Staatssekretär Neef die Frage auf, ob die Haltung im britischen Kabinett nicht ein Indiz dafür sei, dass die französische Interpretation, England wolle erst bindende Zusagen in den europäischen Hauptstädten gewinnen, bevor es sich selber binde, nicht ganz falsch sei. Wie er vorwurfsvoll betonte, sei aufgrund fehlender britischer Vollmachten wieder ein volles Jahr verstrichen, ohne dass auch nur leiseste inoffizielle Besprechungen stattgefunden hätten. Paul Frank, der damalige Unterabteilungsleiter im Auswärtigen Amt und spätere Leiter der interministeriellen Arbeitsgruppe EWG-Großbritannien, ließ einige Jahre später in seinen Memoiren sein Alter Ego Caspar Hilzinger dazu ironisch notieren:

> „Caspar Hilzinger hat nie so recht einsehen können, was die Deutschen bewog, den Beitritt Großbritanniens so sehr zu ihrer eigenen Sache zu machen, dass die Engländer selbst Mühe hatten, ihn ebenso entschlossen zu betreiben."[124]

Am 22. Oktober 1966 konnte der britische Premierminister Wilson das Kabinett von seinem Plan überzeugen, die sechs Hauptstädte der EWG-Mitgliedsländer zu besuchen, um Sondierungsgespräche über einen eventuellen Beitritt zu führen.[125] Den Auftakt zu den Konsultationsreisen sollte zunächst eine Konferenz der EFTA-Regierungschefs in London bilden, auf der die Probleme erörtert werden sollten, „die sich im Zusammenhang mit In-

---

[120] Zu den Auseinandersetzungen um das erste Beitrittsgesuch siehe u. a.: Bange, EEC Crisis; Ludlow, Dealing with Britain. Zur Einstellung Adenauers gegenüber Großbritannien siehe Leupold, „Weder anglophil noch anglophob".

[121] Deutsch-britische Regierungsbesprechung in London, 23. 5. 1966, AAPD 1966, Dok. 158, S. 661–669, hier S. 668 f.

[122] Hierzu und zu dem Folgenden: Aufzeichnung des Staatssekretärs Neef betr. Beitritt Großbritanniens zur EWG, 19. 10. 1966, BaK, B102 (BMWi), Bd. 61702.

[123] Ebd.

[124] Frank, Botschaft, S. 129.

[125] Wilson, Staatsmaschine, S. 214–216.

itiativen einiger EFTA-Länder für einen Beitritt zum Gemeinsamen Markt ergeben"[126]. In einer Bewertung der britischen Schritte für die deutsche Botschaft in Rom stellte Außenamtsstaatssekretär Lahr heraus, dass die Bundesregierung von der Ernsthaftigkeit des britischen Beitrittswunsches überzeugt sei.[127] Zweifel daran würden dem gemeinsamen Wunsch nach einem größeren Europa schaden. Als Strategie, um den erwarteten französischen Widerstand zu überwinden, empfahl Lahr, dass sich die anderen fünf EWG-Staaten und die EFTA-Staaten gemeinsam für eine Ausweitung der Gemeinschaften aussprechen sollten. Das jetzt von Großbritannien gewählte vorsichtige Sondierungsverfahren sei einem sofortigen multilateralen Verhandlungsbeginn vorzuziehen und im Übrigen auch von der Bundesregierung empfohlen worden.

Die Große Koalition war sich bereits in den Koalitionsverhandlungen einig, einen britischen Beitritt zu unterstützen – in Abstimmung mit Frankreich. Auch in der Regierungserklärung befürwortete Kiesinger den Beitritt Großbritanniens und weiterer EFTA-Staaten. Am 8. Dezember sagte Brandt dem britischen Botschafter Frank Roberts ein starkes Eintreten der Bundesregierung für einen britischen Beitritt zu und versprach, den deutsch-französischen Konsultationsmechanismus dafür zu nutzen.[128] Dass sich hier jedoch ein Konflikt mit dem Ziel der deutsch-französischen Annäherung abzeichnete, muss Brandt spätestens am 15. Dezember nach seinem Gespräch mit de Gaulle klar geworden sein, denn die Einstellung de Gaulles zu einem britischen Beitritt hatte sich seit seinem ersten Veto 1963 nicht geändert. De Gaulle führte zu einem möglichen britischen Beitrittsgesuch aus, dass Premierminister Wilson mit dem Beitritt so viele Bedingungen verknüpfen werde, „dass die Abstimmung gegen ihn ausfalle"[129]. Daraufhin ging Brandt wesentlich vorsichtiger, als er es Roberts zugesagt hatte, an die Beitrittsfrage heran. Das verdeutlicht seine Bewertung der Sitzung der Ständigen Vertreter am 16. Dezember in Brüssel, mit der die Ministerratssitzung am 21./22. Dezember vorbereitetet wurde.[130] Nachdem der Ausschussvorsitzende den Ständigen Vertretern mitgeteilt hatte, dass der niederländische Außenminister Luns die Absicht habe, am 22. Dezember die Frage der Beziehungen der Gemeinschaft zu Großbritannien in engstem Rahmen unter Hinzuziehung der Kommission zu besprechen, teilte der französische Vertreter Jean-Marc Boegner zur Überraschung aller mit, dass Außenminister Couve de Murville daran mit Sicherheit nicht teilnehmen würde. Auf französischer Seite halte man eine Diskussion darüber vor Abschluss der Besuchsreise Wilsons nicht für zweckmäßig. Zu dem Einwand des deutschen Vertreters Hans-Georg Sachs, dass ein Meinungsaustausch der Außenminister gerade vor der Wilson-Reise zweckmäßig sei, bemerkte Außenminister Brandt am Rande des Protokolls: „Nein, wir müssten erst mit Paris sprechen."[131] Das zeigt deutlich, wie vorsichtig die neue Bundesregierung gegenüber Frankreich taktierte.

---

126 British Information Nr. 587/11. 11. 1966, zitiert nach: BaK, B102 (BMWi), Bd. 61702.

127 Hierzu und zu dem Folgenden: Staatssekretär Lahr an die Botschaft in Rom, 16. 11. 1966, AAPD 1966, Dok. 371, S. 1529–1531.

128 Gespräch des Bundesministers Brandt mit dem britischen Botschafter Roberts, 8. 12. 1966, AAPD 1966, Dok. 392, S. 1609–1614, hier S. 1610.

129 Gespräch des Bundesministers Brandt mit Staatspräsident de Gaulle in Paris, 15. 12. 1966, AAPD 1966, Dok. 398, S. 1637–1646, hier S. 1645.

130 Drahtbericht Nr. 2187 der Ständigen Vertretung in Brüssel betr. 408. Sitzung des Ausschusses der Ständigen Vertreter, 16. 12. 1966, PAAA, B1, Bd. 331.

131 Ebd. Unterstreichung im Original.

Die erste Gelegenheit, das Beitrittsthema ausführlich mit der französischen Regierung zu erörtern, boten die deutsch-französischen Konsultationen am 12./13. Januar 1967 in Paris. Diesen Gesprächen maß die Bundesregierung eine hohe Bedeutung zu, denn sie mussten die Basis für die von der Regierung der Großen Koalition erstrebte Verbesserung der deutsch-französischen Beziehungen schaffen. Dass sich de Gaulles negative Haltung gegenüber einem Beitritt nicht geändert hatte, war der Bundesregierung klar. Da die Große Koalition jedoch einen britischen Beitritt öffentlich unterstützte, war in dieser Frage ein deutsch-französischer Dissens zu erwarten. In einem Fernschreiben aus Paris machte der deutsche Gesandte Peter Limbourg am 9. Januar darauf aufmerksam, welche Konsequenzen ein Aufeinanderprallen des deutschen und französischen Standpunktes haben könnte. Er berichtete aus zuverlässiger französischer Quelle, dass der Erfolg der Gespräche Kiesingers mit de Gaulle davon abhänge, wie sich die Bundesregierung in der Beitrittsfrage verhalte. Mache sie sich zum Anwalt britischer Interessen und rede einem britischen Beitritt prinzipiell das Wort, müsse mit einer negativen Reaktion de Gaulles hinsichtlich der gesamten Besprechungen und der deutsch-französischen Zusammenarbeit überhaupt gerechnet werden. De Gaulle sei durch eine Äußerung Kiesingers alarmiert, wonach der deutsch-französische Vertrag genutzt werden solle, um den Beitritt Großbritanniens zum Gemeinsamen Markt voranzutreiben. De Gaulle würde lediglich eine Argumentation, die auf den deutschen Interessen beruhe, akzeptieren. Der Gewährsmann Limbourgs empfahl, die Beitrittsfrage zurückzustellen, bis man nach der Rundreise Wilsons Genaueres über die britischen Absichten wisse. Verhalte sich Kiesinger in dieser Frage geschickt, werde er de Gaulle für alle anderen Fragen aufgeschlossen finden.[132]

Die von französischer Seite angeregte Strategie empfahl auch Brandts enger Mitarbeiter Egon Bahr. Nach Durchsicht der vom Auswärtigen Amt zusammengestellten Konferenzmappe für die deutsch-französischen Konsultationen stellte Bahr in der Englandfrage einen Widerspruch fest. Die Analyse komme zu dem Fazit, dass Frankreich in absehbarer Zeit einen Beitritt nicht zulassen werde, wohingegen in der Mappe empfohlen werde, sich deutscherseits für einen Beitritt einzusetzen. Dieser Vorschlag lasse daher mit Sicherheit eine Kollision erwarten. Bahr hielt es nicht für opportun, vor dem Besuch Wilsons und der geplanten Gipfelkonferenz in Rom zu diesem Thema Stellung zu nehmen.[133]

Auch Staatssekretär Lahr empfahl, den Standpunkt einzunehmen, „daß es vor näherer Kenntnis der britischen Vorstellungen und Wünsche verfrüht wäre, sich ein Urteil zu bilden“[134]. Gleichzeitig listete Lahr für seinen Minister die Gründe auf, die aus Sicht der Bundesrepublik einen Beitritt Großbritanniens und anderer EFTA-Staaten zur EWG notwendig machten: Die Bundesrepublik erwirtschafte ihre Außenhandelsüberschüsse, die sie zur Finanzierung anderer Ausgaben benötige, vor allem im EFTA-Raum. Bei einem EWG-Beitritt zahlreicher Länder aus dieser Freihandelszone sei eine weitere Steigerung des bundesrepublikanischen Außenhandels zu erwarten. Dadurch sei die Bundesrepublik erst in der Lage, die zukünftigen Lasten in der EWG zu schultern.[135] Außerdem würde eine Erweiterung der EG überdurchschnittliche Wachstumsimpulse auslösen. Auch auf

[132] Drahtbericht des Gesandten Limbourg, Paris, 9. 1. 1967, PAAA, B150, Bd. 94, S. 182 f.

[133] Aufzeichnung Egon Bahrs betr. Konsultationen des Herrn Bundeskanzlers mit dem französischen Präsidenten am 13./14.1. in Paris, 11.1.1967, PAAA, B150, Bd. 94, S. 285–290.

[134] Aufzeichnung StS 105/67 von Staatssekretär Lahr betr. Beitritt Großbritanniens zur EWG, 11. 1. 1967, PAAA, B2, Bd. 130.

[135] Offensichtlich spielte Lahr hier auf die Agrarfinanzierung an.

technologischem Gebiet könnten die EG von einem Beitritt profitieren. Daneben sei eine Erweiterung auch aus politischen Gründen notwendig. Die Anziehungskraft des „freien Europas" auf das östliche Europa werde zunehmen, je größer das „freie Europa" sei. Ferner werde die Position der EG gegenüber den USA gestärkt. Wie Lahr weiter spekulierte, habe die politische Zusammenarbeit nur eine Chance auf Verwirklichung, wenn die Meinungsverschiedenheiten über Großbritannien ausgeräumt seien. Selbst wenn Frankreich und die Bundesrepublik Großbritannien abseits hielten, würden die anderen Länder das nicht billigen und den Beginn der politischen Zusammenarbeit blockieren.[136]

Ganz im Sinne der Empfehlungen spielten Kiesinger und Brandt in den Gesprächen am 12. und 13. Januar in Paris auf Zeit. So plädierte Außenminister Brandt im Gespräch mit seinem französischen Kollegen Couve de Murville dafür, dass man in der Beitrittsfrage erst einmal die Rundreise Wilsons abwarten müsse, um zu sehen, was die britischen Vorschläge seien. Anschließend könne man wieder miteinander sprechen. Dem schloss sich sein französischer Kollege an.[137] In einem weiteren Gespräch mit Couve betonte Brandt dann in Anspielung auf das britische Beitrittsbegehren, dass die Bundesregierung nicht als Sprachrohr anderer nach Paris gekommen sei, aber aufgrund der Struktur der deutschen Industrie eine Vertiefung des Grabens zwischen EWG und EFTA verhindern müsse.[138]

Bundeskanzler Kiesinger ging im Gespräch mit de Gaulle deutlicher auf einen möglichen britischen Beitritt ein.[139] Unter Hinweis auf einen Brief des Bundesverbands der deutschen Industrie (BDI)[140], den er vor seiner Abreise bekommen hatte, betonte Kiesinger die wirtschaftliche Bedeutung eines britischen Beitritts. Die Bundesrepublik erwirtschafte ihre Handelsüberschüsse nur im Handel mit dem EFTA-Raum, wohingegen die deutsche Handelsbilanz mit der EWG passiv sei. Daher sei die deutsche Industrie besonders an dem Abbau der Zollgrenzen zur EFTA interessiert. Auch die deutsche öffentliche Meinung spreche sich für einen Beitritt aus. Gleichzeitig, und das wird hier zum ersten Mal deutlich, schilderte Kiesinger aber auch seine persönlichen Probleme mit einem britischen Beitritt. Nach dem Krieg sei er der Auffassung gewesen, England müsse Europa führen und habe danach die bittere Erfahrung machen müssen, dass England dies gar nicht wolle. Stattdessen habe es engere Beziehungen zu den USA und zum Commonwealth aufgebaut. Er persönlich hege Zweifel, ob Großbritannien zu einer politischen Mitarbeit in den Europäischen Gemeinschaften bereit wäre, habe jedoch noch nicht genügend darüber nachgedacht, ob sich die politischen und wirtschaftlichen Aspekte womöglich trennen ließen. Die Bundesrepublik könne sich dem britischen Beitrittsbegehren zwar nicht verschließen, wenn Großbritannien bereit sei, alle Bedingungen des Gemeinsa-

[136] Aufzeichnung StS 105/67 von Staatssekretär Lahr betr. Beitritt Großbritanniens zur EWG, 11. 1. 1967, PAAA, B2, Bd. 130.

[137] Gespräch des Bundesministers Brandt mit dem französischen Außenminister Couve de Murville, 13. 1. 1967, AAPD 1967, Dok. 15, S. 78–89, hier S. 89.

[138] Zusammengefasste Niederschrift der Konsultationsbesprechungen zwischen dem Herrn Bundesminister des Auswärtigen und Außenminister Couve de Murville unter Teilnahme von Delegationsmitgliedern am 13. 1. 1967 ab 16. 45 Uhr im französischen Außenministerium, 26. 1. 1967, PAAA, B150, Bd. 94, S. 426–433, hier S. 431.

[139] Hierzu und zu dem Folgenden: Gespräch des Bundeskanzlers Kiesinger mit Staatspräsident de Gaulle in Paris, 13. 1. 1967, AAPD 1967, Dok. 16, S. 90–94.

[140] BDI-Präsident Fritz Berg an Kiesinger, 11. 1. 1967, PAAA, B20, Bd. 1479. Auszüge daraus in AAPD 1967, S. 90, Anm. 4. Zu der positiven Beurteilung der Beitritte durch den BDI siehe auch Berg, Englands Beitritt.

men Marktes anzunehmen. Er halte diesen Zeitpunkt jedoch noch nicht für gekommen. Über die Zeit und die Bedingungen eines Beitritts bestünden noch keine klaren Vorstellungen. Daher könne man eine Reaktion auf einen eventuellen britischen Beitrittswunsch zunächst der Zukunft überlassen.

General de Gaulle entgegnete, auf das Drängen der deutschen Industrie eingehend, dass man mit der Gemeinschaft der Sechs keine Freihandelszone geschaffen habe, sondern eine echte Gemeinschaft mit einer wirtschaftlichen Solidarität. Unter wirtschaftlichen Gesichtspunkten sei heute an einen britischen Beitritt nicht zu denken, da sich Großbritannien nicht denselben Regeln unterwerfen wolle, welche die Sechs im industriellen und landwirtschaftlichen Bereich und in Fragen der Besteuerung und der Währung geschaffen hätten. Auch die politische Absicht der Europäischen Gemeinschaften ließe sich mit Großbritannien nicht verwirklichen, denn bei einem Beitritt würde Großbritannien wie stets den einen gegen den anderen ausspielen. Man könne natürlich auf den Romvertrag verzichten und etwas anderes unter Einschluss Englands, Schwedens, Spaniens, Dänemarks usw. schaffen. Wenn man das wolle, müsse man es aber auch sagen. Außerdem geschehe ein britischer Beitritt zum jetzigen Zeitpunkt aus eigennützigen Motiven, denn England wolle nur seine wirtschaftlichen Probleme und seine Währungsprobleme lösen. Man solle jedoch den Engländern nicht sagen, sie könnten niemals kommen, sondern dass sie vielleicht eines Tages kommen könnten. Wenn die anderen Partner auf einem Beitritt bestünden, dann werde Frankreich die Gemeinschaft verlassen, die ja dann gar keine Gemeinschaft mehr sei.[141]

Kiesinger äußerte Verständnis für die Position des Generals und sprach sich dafür aus, zunächst einmal abzuwarten, was die Engländer zu sagen hätten. Damit war de Gaulle einverstanden und resümierte, dass aus gegebenem politischen Interesse Frankreichs und der Bundesrepublik und wegen einer politischen Verständigung der Sechs diese Frage zurzeit am besten suspendiert bleibe.

In einem weiteren Gespräch Kiesingers mit de Gaulle am folgenden Tag liefen die beiden in einer allgemeinen Tour d'Horizon zu Hochform auf. Nachdem de Gaulle zunächst seine Weltsicht geschildert hatte, in deren Zentrum das innen- und außenpolitisch unabhängige Frankreich stand, ging Kiesinger auf die Situation der Bundesrepublik ein. Kiesinger unterstützte de Gaulles Grundgedanken und betonte, dass die Bundesrepublik „ein großes und starkes Frankreich"[142] in Europa wünsche. Die europäischen Völker dürften ihre nationale Identität nicht in einem vagen Europa-Begriff verlieren, im Gegenteil beruhe die Kraft Europas immer noch auf den europäischen Nationen. Mit einem Seitenhieb auf die EWG-Kommission betonte Kiesinger, er stimme mit de Gaulle überein, dass zentrale Entscheidungen nicht von Institutionen getroffen werden dürften. Er sei froh, dass de Gaulle an der Spitze Frankreichs stehe, denn dadurch werde es für Europa leichter, eine Politik zu finden, „die ihm seine Größe, seinen Rang und seine Würde wiederzuerlangen gestatte."[143] Auf seine Vorgängerregierung anspielend, verwies Kiesinger darauf, dass es

---

141 Im „Conseil des Ministres" der französischen Regierung führte de Gaulle wenige Tage später aus, die Bundesregierung werde in Fragen des Gemeinsamen Marktes nichts gegen Frankreich unternehmen, wenn man ihr die französische Position nur deutlich genug mitteile. Siehe Peyrefitte, C'était de Gaulle, S. 194.

142 Aufzeichnung über ein Vieraugengespräch des Bundeskanzlers Kiesinger mit dem französischen Staatspräsident de Gaulle, 14. 1. 1967, PAAA, B150, Bd. 94, S. 477–491, hier S. 482.

143 Ebd., S. 483.

im Auswärtigen Amt Leute gegeben habe, die eine europäische Führungsrolle der Bundesrepublik gemeinsam mit den USA angestrebt hätten. Dies halte er für gefährlich. Aus seiner Sicht könne Europa in der Weltpolitik nur eine Rolle spielen, „wenn Deutschland und Frankreich so eng wie möglich zusammenarbeiteten. Dies sei eine Frage der Substanz der Völker und ihrer wirtschaftlichen und militärischen Kraft."[144]

Was also hatte die Bundesregierung in ihren Gesprächen erreicht? Brandt hatte den Beitritt nur sehr beiläufig behandelt, auf das wirtschaftliche Interesse der Bundesrepublik verwiesen und ansonsten eine Behandlung des Themas vertagt. Auch Kiesinger hatte im Gespräch mit de Gaulle einer Vertagung des Themas das Wort geredet, jedoch die deutsche Position differenzierter dargestellt. Ganz allgemein hatte Kiesinger de Gaulle deutlich gemacht, wie stark die Bundesregierung gerade in der Europapolitik auf eine enge Koordinierung der deutschen und französischen Kooperation setzte. In der Beitrittsfrage hatte Kiesinger gemäß der Empfehlung des Gesandten Limbourg seine Argumentation ganz auf die (wirtschaftlichen) Interessen der Bundesrepublik abgestellt. Seine persönliche Position war jedoch wesentlich skeptischer und nicht weit von derjenigen de Gaulles entfernt. Einen Beitritt Großbritanniens zum jetzigen Zeitpunkt hielt Kiesinger für gefährlich, da der Bundeskanzler den Briten unterstellte, nur wirtschaftliche Absichten zu hegen und sich dem Aufbau eines politischen Europas zu verweigern. Kiesinger hielt sogar eine eventuelle Differenzierung der wirtschaftlichen und politischen Aspekte für möglich – ein Projekt, auf das er später wieder zurückkommen sollte. Insgesamt gesehen fällt auf, dass sowohl Kiesinger als auch Brandt bemüht waren, die Klippen des Beitrittsthemas zu umschiffen, um möglichst keine Verstimmung mit der französischen Regierung aufkommen zu lassen. Andere Fragen, zum Beispiel im Bereich der Ostpolitik, waren drängender. So nahm die Bundesrepublik bereits am 31. Januar 1967 diplomatische Beziehungen zu Rumänien auf und nahm für diesen Schritt die französische „Interpretationshilfe" im Ostblock und in der Dritten Welt in Anspruch, um eine Anerkennungswelle der DDR zu verhindern.[145]

Auch mit der britischen Regierung kam man noch vor der Rundreise Wilsons durch die sechs Gemeinschaftsländer ins Gespräch. So traf Außenminister Brandt am 5. Januar anlässlich einer Tagung der Parteivorsitzenden der Sozialistischen Internationale in Rom mit dem britischen Außenminister George Brown zusammen. Diese Begegnung verlief alles andere als glücklich. Der kühle, oftmals zögerliche deutsche Außenminister war vom ungestümen, zum Teil auch etwas rüpelhaften Auftreten des britischen Außenministers geschockt. Als Brown den deutschen Außenminister in einem Gespräch fragte, ob sich die fünf anderen Gemeinschaftsmitglieder im Falle einer Ablehnung des britischen Beitrittsgesuchs dann für Paris oder London entscheiden würden, verwahrte sich Brandt entschieden gegen diese Frage: „Man könne die Landkarte Europas nicht immer wieder ändern. Ebenso wenig wie Paris oder Washington austauschbar seien gelte dies für Paris, London,

---

144 Ebd., S. 484.

145 Siehe hierzu den Brief Brandts an den französischen Außenminister Couve de Murville, 24. 1. 1967, PAAA, B150, Bd. 95, S. 794–798, hier S. 796–798. Brandt unterbreitete dort, unter Bezugnahme auf die vorangegangenen deutsch-französischen Konsultationen, konkrete Vorschläge für die von der französischen Regierung angebotene Abschirmungsaktion, mit der die osteuropäischen Aktivitäten der Bundesregierung abgesichert werden sollten. Vgl. ferner das Gespräch Brandts mit dem französischen Botschafter Seydoux am 1. Februar, in dem sich Brandt für die französische Unterstützung bedankt; PAAA, B150, Bd. 96, S. 1043–1046.

Bonn und Rom."[146] Einige Tage später berichtete Staatssekretär Klaus Schütz dem deutschen Botschafter in London, Blankenhorn, dass das Verhältnis zwischen Brandt und Brown sehr schlecht sei. Brown habe Brandt in Rom durch unsachliche und taktlose Bemerkungen provoziert, und Brandt glaube daher, dass eine loyale Zusammenarbeit nun nicht mehr möglich sei. In Zukunft wolle sich Brandt stärker an Premierminister Wilson orientieren.

Am 16. Januar berichtete Kiesinger dem britischen Botschafter Roberts über die mit de Gaulle geführten Gespräche. Nach einer Zusammenfassung der deutschen Argumentation in der Beitrittsfrage stellte er fest, dass bei de Gaulle noch erhebliche Zweifel vorhanden seien. Roberts betonte, dass ein britischer Beitritt nicht zum zweiten Mal abgelehnt werden dürfe: „Großbritannien sei bereit, seine Pferde an den Start zu schicken, vorausgesetzt es handle sich um ein normales Rennen und nicht um [ein] eigens für Großbritannien arrangiertes Hindernisrennen."[147] Die britische Regierung hatte mittlerweile aber erkannt, wie stark die Bundesregierung in ihrer Ost- und Deutschlandpolitik auf die Unterstützung anderer Länder angewiesen war. Nach der Feststellung, dass die britische Regierung an der Frage der Ost-West-Beziehungen besonders interessiert sei, bot Roberts Bundeskanzler Kiesinger daher Hilfe in dieser Angelegenheit an. So hätten sich Wilson, Brown und Wirtschaftsminister Michael Stewart bei ihren Begegnungen mit russischen Politikern für die in Kiesingers Regierungserklärung vertretene Linie eingesetzt. Dazu werde man auch bei dem geplanten Besuch des sowjetischen Ministerpräsidenten Alexej N. Kossygin in London bereit sein. Kiesinger bedankte sich für die Hilfe.[148]

Auch der britische Außenminister Brown bot in einem Gespräch mit Außenamtsstaatssekretär Schütz die britische Unterstützung in der Ostpolitik an. Als Schütz daraufhin darum bat, eine diplomatische Anerkennung der DDR durch Indien und Finnland zu verhindern, sagte Brown eine britische Einflussnahme zu und versprach, sich auch bei den bevorstehenden Besuchen Kossygins und des polnischen Außenministers Adam Rapacki für die deutsche Ostpolitik einzusetzen.[149]

Zu einem wichtigen Gespräch im Rahmen der Besuchstour Wilsons und Browns kam es dann am 25./26. Januar in Paris. In einer persönlichen Mitteilung an seinen Kollegen Brandt resümierte George Brown die Pariser Gespräche. Danach habe de Gaulle akzeptiert, dass sich die britische Haltung gewandelt habe und dass Großbritannien es ernst meine. Bedenken habe de Gaulle aber offensichtlich noch, dass sich der Charakter der

---

[146] Gespräch des Außenministers Brandt mit dem britischen Botschafter Roberts, 12. 1. 1967, PAAA, B150, Bd. 94, S. 314. Brandt fasste dort das Gespräch mit Brown zusammen. Zu dem Gespräch mit Brown am 4. Januar notierte Brandt: „[...] 4) Gem[einsamer] Markt/5: Wahl Paris oder Lond[on]?[...]", AdsD, WBA, Bestand Außenminister, Mappe 17, S. 47. Wie der italienische Außenminister Fanfani Brandt mitteilte, hatte Brown auch Fanfani die Pistole auf die Brust gesetzt und ihn gefragt, ob die Fünf bereit seien, „mit Großbritannien gegen Frankreich zu gehen". Fanfani bezeichnete ein solches Vorgehen als den Ruin für die Gemeinschaft: „Man könne nicht gleichzeitig Bauherr und Sprengmeister sein." Siehe Gespräch des Bundesministers Brandt mit dem italienischen Außenminister Fanfani in Rom, 5. 1. 1967, AAPD 1967, Dok. 8, S. 32–42, hier S. 36.

[147] Gespräch zwischen Bundeskanzler Kiesinger und Botschafter Roberts, 16. 1. 1967, PAAA, B150, Bd. 95, S. 522–531, hier S. 524.

[148] Ebd., S. 522–531. Zu der britischen Strategie, die deutsche Ostpolitik zu unterstützen, um damit einen stärkeren Einsatz der Bundesregierung in der Beitrittsfrage zu erreichen, siehe: Philippe, 'The Germans hold the key', S. 156; Böhmer, Bundesrepublik Deutschland, S. 70.

[149] Aufzeichnung StS 321/67 betr. Gespräch Schütz mit dem britischen Außenminister Brown am 23. und 24. 1. 1967, 26. 1. 1967, PAAA, B150, Bd. 95, S. 726–728, hier S. 726.

EWG durch den Beitritt Großbritanniens und anderer EFTA-Staaten ändern könne. Daher habe er die Engländer gebeten, auch über Alternativen zu einem Beitritt nachzudenken. Man könne eine Assoziierung vornehmen oder „something entirely new"[150] aufbauen. Die Engländer waren offensichtlich überrascht von der letzten Ankündigung, vermuteten aber, dass de Gaulle sie damit hinhalten wolle, bis eine neue erweiterte Gruppierung ausgehandelt sei. Daher habe Wilson, laut Brown, deutlich gemacht, dass für Großbritannien nur eine volle Mitgliedschaft in der EWG in Frage komme. Zum Schluss des Briefes folgte wieder ein typischer Appell des britischen Außenministers: Die Bundesregierung solle den Alternativvorschlägen de Gaulles in den deutsch-französischen Gesprächen entschieden entgegentreten und auf der Erörterung einer Vollmitgliedschaft beharren. Wenn alle gemeinsam eine starke Front gegen de Gaulle zeigten, werde der General am Ende nachgeben.[151]

Im Vorfeld des Wilson-Besuchs in Bonn, der für den 15./16. Februar angesetzt war, gab es zahlreiche deutsch-britische Kontakte. Dabei zeigte sich, dass Großbritannien durchaus bereit war, die Daumenschrauben anzuziehen, wenn die Bundesrepublik sich nicht stärker für einen britischen Beitritt einsetzen würde. Botschafter Roberts bemerkte am 6. Februar am Rande eines Abendessens gegenüber dem Chef der Berliner Senatskanzlei, Dietrich Spangenberg, dass sich Skepsis und Enttäuschung in der Labourregierung über die deutsche Haltung in der Beitrittsfrage ausbreite, die im Gegensatz zu der früheren Haltung sowohl der damaligen bundesrepublikanischen Regierungs- als auch Oppositionspartei stehe. Die Bundesregierung solle den britischen Beitrittswunsch nicht nur begrüßen, sondern mit dem ganzen Gewicht ihrer Macht unterstützen. Bleibe es bei der bisherigen Haltung, könne dies ernsthafte Konsequenzen haben. Danach folgten unverhohlene Drohungen:

> „Es wird verkannt, daß Großbritannien auf Biegen und Brechen gewillt ist, sich Europa zuzuwenden, am liebsten im Rahmen des Gemeinsamen Marktes. Sollte dies aber nicht möglich sein, so wird Großbritannien sein Ziel auch in anderer Weise zu erreichen wissen. Schließlich unterhält Großbritannien ältere Kontakte zur Sowjetunion und hat etwas früher mit Entspannungsbemühungen in Europa gegenüber der Sowjetunion begonnen als General de Gaulle. Und selbst zwischen England und Frankreich gibt es gemeinsame Traditionen und Interessen, die beide Länder veranlassen könnten, sich außerhalb der EWG und ohne Rücksicht auf die Bundesrepublik und die gegenwärtigen Partnerstaaten der Gemeinschaft über neue Formen der Zusammenarbeit zu einigen, was nicht unbedingt den nationalen Interessen Deutschlands dienen könnte."[152]

Abschließend zeigte sich Roberts vor allem von den Sozialdemokraten enttäuscht. Er habe mit CDU-Vertretern und Industriellen gesprochen, die seinem Land in der Beitrittsfrage helfen wollten; von der SPD sei jedoch noch kein Vertreter bei ihm gewesen.[153] Fassungslos notierte Staatssekretär Schütz für Außenminister Brandt: „Sollte dieser Bericht die Äußerungen von Roberts wirklich wiedergeben, dann müßten wir bei ihm oder über ihn bald ein ernstes Wort sprechen."[154]

Drei Tage später empfing Kiesinger den britischen Botschafter zu einem Vorbereitungsgespräch für den Besuch Wilsons. Kiesinger kam zunächst auf die politische Union Euro-

---

150 Brief des britischen Außenministers Brown an Brandt, 27. 1. 1967, AdsD, WBA, Bestand Außenminister, Mappe 2.

151 Ebd.

152 Spangenberg an Schütz, 9. 2. 1967, PAAA, B150, Bd. 96, S. 1306–1310, hier S. 1308 f.

153 Ebd., S. 1306–1310.

154 Randbemerkung Schütz', ebd., S. 1306; Unterstreichungen im Original.

pas zu sprechen. Dies sei immer noch de Gaulles Hauptanliegen. Wenn es daher gelänge, das Wirtschaftliche und das Politische zu trennen, das heißt weitere Staaten in die EWG aufzunehmen und die politische Union einem engeren Kreis vorzubehalten, könnte de Gaulle eventuell darauf eingehen. Laut Kiesinger habe Europa nur die Alternative zwischen einer unbedeutenden Existenz in einer Welt der Giganten, zu denen Kiesinger die USA, die UdSSR und China zählte, oder einer politischen Einigung Europas. Es gehe also darum, „eine gemeinsame außenpolitische Willensbildung vorzunehmen, mit anderen Worten, eine Solidarität des weltpolitischen Verhaltens zu erzielen"[155]. Kiesinger fuhr fort, dass es die entscheidende Frage sei, ob Großbritannien bereit sei, über die Wirtschaftsunion hinaus „bei einer im eigentlichen Sinne politischen Anstrengung mitzutun"[156]. Roberts verwies auf den Besuch Wilsons in Brüssel, bei dem ihm eine ähnliche Frage gestellt worden sei, auf die Wilson geantwortet habe, dass die politische Seite für England genauso wichtig sei wie die wirtschaftliche. England sei bereit, genau so weit zu gehen, wie seine Partner. Abschließend wies Roberts wieder darauf hin, dass sich die deutsche Ostpolitik leichter verwirklichen lasse, wenn England mit zu Europa gehöre.[157]

Als sich Roberts dann zur Vorbereitung des Wilson-Besuchs in London aufhielt, traf er am 11. Februar mit dem deutschen Botschafter Blankenhorn zusammen. Roberts teilte Blankenhorn mit, dass er nach dem Gespräch mit Kiesinger seinem Premierminister empfehlen werde, deutlich zu machen, dass Großbritannien auch bereit sei, die politischen Konsequenzen eines Beitritts zu übernehmen. Roberts äußerte sich sehr besorgt über die sich abzeichnende Haltung der Bundesregierung, die Beitrittsfrage auf kommende Jahre zu verschieben. Das würde eine herbe Enttäuschung im britischen Parlament und in der Öffentlichkeit bedeuten. Beide bedauerten die starke Neigung Kiesingers, vieles seiner pro-französischen Haltung unterzuordnen. Im Verlauf des Gesprächs mit Blankenhorn kam Roberts dann wieder auf seine Enttäuschung über die Sozialdemokraten zu sprechen. Als die Große Koalition gebildet worden sei, habe man gehofft, dass das pro-britische Element in der Regierung noch stärker werde. Aber weder Brandt noch Wehner noch Schmidt „zeigten ein besonderes Empressement, Großbritannien zu helfen"[158]. Roberts machte dafür vor allem die mangelhafte Verbindung zwischen den Sozialdemokraten und Labour verantwortlich, aber auch das gespannte Verhältnis zwischen Brandt und Brown.

Blankenhorn reiste kurz darauf nach Bonn, um nun seinerseits den Besuch Wilsons in der Bundesrepublik mit vorzubereiten. Am 13. Februar nahm er an einer Vorbesprechung im Bundeskanzleramt teil.[159] Zunächst leitete der Chef des Bundeskanzleramts, Staatssekretär Werner Knieper, die Besprechung mit der suggestiven Frage ein, welche politischen Bedenken gegen einen britischen Beitritt bestünden, und sorgte damit für Erheiterung bei den anwesenden Ministern und Beamten. Die von Kiesinger in dieser Besprechung eingenommene Haltung zu einem möglichen britischen Beitritt empfand Blankenhorn

[155] Gespräch Bundeskanzler Kiesingers mit dem britischen Botschafter Roberts am 9. 2. 1967, 10. 2. 1967, ACDP, Nl Kiesinger, Bd. 287.
[156] Ebd.
[157] Ebd.
[158] Tagebuchnotiz Blankenhorns vom 11. 2. 1967, BaK, Nl Blankenhorn, Bd. 208b, S. 70–73, hier S. 70.
[159] Hierzu und zu dem Folgenden: Tagebucheintrag Blankenhorns vom 15./16. 2. 1967, BaK, Nl Blankenhorn, Bd. 208b, S. 40–42.

„als abwehrend und zurückhaltend“[160]. Kiesinger habe wohl das deutsch-französische Verhältnis nicht durch eine zu starke Parteinahme für die Briten belasten wollen. Brandt und Schütz hielt Blankenhorn in ihrer Meinung für dezidierter; die von Kiesinger gezogenen Grenzen hätten sie jedoch nicht verlassen. Überrascht registrierte der deutsche Botschafter die Äußerung Strauß', er würde zunächst die Briten zwingen, die Römischen Verträge in ihrer Gesamtheit anzunehmen, und dann die Franzosen zwingen, Großbritannien in die Gemeinschaft aufzunehmen. Blankenhorn teilte in der Vorbesprechung mit, dass die Briten eine klare, positive deutsche Stellungnahme erwarteten. Sollte die Bundesregierung sich hierzu nicht durchringen können, würde das negative Auswirkungen auf das britisch-deutsche Verhältnis haben. In einem anschließenden Vier-Augen-Gespräch warnte Blankenhorn den Bundeskanzler vor einer ausschließlich an Frankreich orientierten Politik. So habe sich unter anderem das britisch-russische Verhältnis gebessert, was wiederum auch für die Bundesrepublik Möglichkeiten ergeben würde. Neben Frankreich gebe es auch andere gleichwertige Partnerstaaten, die für Europa mit den Russen sprächen. Blankenhorn notierte, dass Kiesinger aber immer noch stark von der Drohung de Gaulles beeindruckt gewesen sei, dass der deutsch-französische Vertrag keinen Wert mehr besitze, wenn sich die Bundesregierung zu sehr auf die britische Linie stütze.

Zu einem ersten Gespräch zwischen Kiesinger und Wilson kam es dann am 15. Februar, um 9.50 Uhr im kleinen Kreise. Der britische Premierminister, offensichtlich sehr gut präpariert, nannte Kiesinger im Zusammenhang mit den potenziellen Beitritten zunächst die Argumente, die dieser hören wollte. Er bezeichnete eine Erweiterung wirtschaftlich und somit auch politisch als eine Quelle großer Stärke für Europa und votierte für eine stärkere Zusammenfassung des europäischen Technologiepotenzials. Das würde auch die Abhängigkeit von den USA reduzieren. Wenn man Europa als Europa aufbaue, würden auch Wege zur Entspannung zwischen Ost und West aufgezeigt. Ein stärker geeintes Europa könne auch die von der Bundesregierung ergriffenen, bedeutsamen Initiativen befördern und eine größere Rolle in Weltangelegenheiten spielen. Dann machten Wilson und sein Außenminister Brown jedoch einen Fehler, indem sie der Bundesregierung klar machten, welche hohen Erwartungen sie an die Bundesrepublik richteten. So betonte Wilson, das Ergebnis der britischen Besuchsrunde hänge weitgehend davon ab, welchen Einfluss Deutschland in Paris geltend machen könne. England wolle damit keine Schwierigkeiten hervorrufen, jedoch habe er den Eindruck, dass Paris nicht bereit sei, den Weg bis zum Ende mitzugehen, und hier müsse der deutsche Einfluss ins Spiel kommen. Brown erläuterte, dass die Bundesregierung in Frankreich Bestrebungen entmutigen sollte, nach etwas völlig Neuem Ausschau zu halten. Auch eine Assoziierung akzeptiere England nicht, denn die wirtschaftlichen Fragen seien zwar wichtig, die eigentliche Anziehungskraft des Gemeinsamen Marktes liege jedoch im politischen Bereich. Diese der Bundesrepublik zugedachte Rolle wollte Kiesinger nicht akzeptieren. Das „sehr empfindliche Pflänzchen“[161] der deutsch-französischen Zusammenarbeit habe gerade erst wieder zu wachsen begonnen. Deswegen müsse man vorsichtig vorgehen. De Gaulle könne man nicht durch Druck beeinflussen, zumal die Bundesrepublik gar nicht die Mittel habe, um Druck auszuüben.

---

160 Ebd., S. 40.

161 Gespräch des Bundeskanzlers Kiesinger mit Premierminister Wilson, 15. 2. 1967, AAPD 1967, Dok. 55, S. 271–282, hier S. 276.

Die einzige Möglichkeit sei, durch gute Argumente zu überzeugen. Wilson und Brown machten anschließend auf die innenpolitische Situation in Großbritannien aufmerksam. Der derzeitige Schwung in der Beitrittsfrage müsse genutzt werden. Kiesinger betonte, dass er sich dessen durchaus bewusst sei und man daher überlegen müsse, was man tun könne, um eine Lücke zwischen dem Abschluss der Besuchsrunde und neu zu ergreifenden Schritten zu schließen. Er habe zwar noch keine Idee, doch sei eine Wiederholung der Situation von 1963 zu vermeiden. Laut Wilson sei die ideale Lösung nach der Besuchsrunde, dass die tatsächlichen Beitrittsverhandlungen begännen. Für den Fall eines Vetos malten Wilson und Brown schwerwiegende Folgen aus. Der Graben zwischen EWG und EFTA werde noch größer; es könne sich sogar fast ein Wirtschaftskrieg entwickeln, denn im GATT gebe es bereits Widerstände gegen die EWG-Agrarpolitik, die sich dann verschärfen könnten. Anschließend bot Wilson erneut seine Hilfe in Fragen der Ostpolitik an. England könne der Bundesregierung helfen, ihre gesetzten Ziele zu erreichen.[162]

Ein Zwischenfall ereignete sich dann beim abendlichen Empfang im Bundeskanzleramt. Wilson wies in seiner Tischrede darauf hin, dass es eine tragische Stunde der europäischen Geschichte bedeute, wenn Großbritannien wieder abgewiesen würde. Er beschwor Kiesinger, „alle Energie, alle Phantasie und alle Tatkraft"[163] für einen Erfolg des britischen Beitrittsgesuchs einzusetzen. Wie der anwesende Botschafter Blankenhorn beobachtete, hatte dieser Appell eher negative Wirkung. Blankenhorn erschien der Bundeskanzler „geradezu gekränkt, dass ihm in so dringender Weise zugesetzt wurde"[164]. Das hatte Blankenhorn richtig beobachtet, denn in einem Gespräch mit dem französischen Botschafter Seydoux empörte sich der Bundeskanzler noch einige Tage später, dass Wilson sogar so weit gegangen sei, auf seine vorsichtige Rede beim Abendessen zu antworten, „der Bundeskanzler habe versprochen, das britische Gesuch zu unterstützen, aber dies reiche nicht aus"[165].

Auf diesen Vorfall kam Kiesinger in seinem zweiten Gespräch mit Wilson am 16. Februar zurück. Kiesinger betonte, dass es für die Bundesregierung wichtig sei, vorsichtig vorzugehen. Großbritannien könne sich sicher sein, dass die Bundesregierung als „ehrlicher Makler"[166] versuchen werde, die Schwierigkeiten in Paris zu überwinden. Damit hatte Kiesinger das Motto ausgegeben, das die Bundesregierung in der Folgezeit für ihre Bemühungen in der Beitrittsfrage für sich in Anspruch nehmen sollte.

Im weiteren Gesprächsverlauf empfahl Außenminister Brandt, zunächst bilateral weiterzuverfahren und nicht schon jetzt multilaterale Verhandlungen über einen Beitritt zu beginnen. Sein Kollege Brown hob hervor, dass die britische Presse den Tenor vertreten habe, der Kanzler sei entmutigend gewesen. Kiesinger verteidigte sich, indem er die drei möglichen Optionen der Bundesregierung aufzählte: Die einfachste Möglichkeit hätte

---

162 Ebd., S. 271–282.

163 Tagebucheintrag Blankenhorns vom 15./16. 2. 1967, BaK, Nl Blankenhorn, Bd. 208b, S. 43.

164 Ebd. Der entsprechende Satz Wilsons wurde mit dem Einverständnis beider Seiten in der veröffentlichten Version der Tischrede gestrichen. Siehe Böhmer, Bundesrepublik Deutschland, S. 76 f.

165 Gespräch des Bundeskanzlers Kiesinger mit dem französischen Botschafter Seydoux, 17. 2. 1967, PAAA, B150, Bd. 97, S. 1548–1553, hier S. 1549. Von dieser scharfen Tischrede Wilsons berichtete Kiesinger noch am 27. Januar 1969 dem damaligen Stellvertreter Botschafter Blankenhorns, Erwin Wickert, bei der Vorbereitung eines erneuten Wilson-Besuchs. Siehe Wickert, Die glücklichen Augen, S. 294.

166 Gespräch des Bundeskanzlers Kiesinger mit Premierminister Wilson, 16. 2. 1967, AAPD 1967, Dok. 57, S. 284–291, hier S. 288.

darin bestanden, festzustellen, die Bundesregierung wolle den Beitritt, aber Frankreich nicht. In der zweiten Option hätte man den britischen Vertretern starke Zusicherungen gegeben, welche die Dinge in Paris verdorben hätten. Folglich habe man die dritte Position eingenommen, nämlich der britischen Regierung zu sagen, dass ihre Argumente die Bundesregierung in ihrer Haltung für einen Beitritt unterstützt hätten und dass die Bundesregierung mit dieser Kenntnis das Problem sachlich mit Paris erörtern werde. Dies sei das Beste, was seine Regierung tun könne, und das solle auch anerkannt werden.

Dieser Besuch konnte von den Briten nicht als Erfolg gewertet werden. Die Bundesregierung hatte sich dem britischen Drängen widersetzt und deutlich gemacht, dass sie nicht bereit war, Druck auf Frankreich auszuüben, oder um es in dem Besuchsfazit des englandfreundlichen Blankenhorn auszudrücken: „Das Negative war die äußerst reservierte Kühle, ja fast ängstliche Haltung der Bundesregierung, die geradezu immer mit einem Ohr zum Fenster hinaushorchte, ob nicht bereits schon wieder negative Stimmen aus Paris hörbar werden."[167]

Besorgt beobachteten auch die anglophilen Niederländer die Entwicklung, denn sie hielten die Bundesregierung in EWG-Fragen für zu nachgiebig gegenüber de Gaulle. Dahinter stand wohl auch, wie der Abteilungsleiter im niederländischen Außenministerium, Johann Anton de Ranitz, dem deutschen Botschafter Knoke mitteilte, die niederländische Furcht vor dem Gedanken einer „deutsch-französischen Exklusiv-Zusammenarbeit"[168]. Hatte de Gaulle vielleicht doch nicht ganz Unrecht, als er dem deutschen Botschafter Manfred Klaiber unter vier Augen überspitzt mitteilte, „[d]ie holländische Regierung und insbesondere Außenminister Luns lebten offenbar im cauchemar eines deutsch-französischen Direktoriums in Europa und wollten zur Zerstörung dieser Zusammenarbeit England im Gemeinsamen Markt haben"[169]?

Trotz der diversen Schwierigkeiten, die es noch zu überwinden galt, und der Uneinigkeit der sechs EWG-Länder zeichnete sich im Verlauf der folgenden Wochen immer deutlicher ab, dass die britische Regierung entschlossen war, einen neuen Antrag auf einen Beitritt zu den drei Europäischen Gemeinschaften zu stellen. Zunehmend rückte daher die Frage nach dem günstigsten Zeitpunkt der Antragstellung in den Fokus. Die Niederländer drängten Wilson anlässlich seines Besuchs in Den Haag am 26./27. Februar dazu, den Beitrittsantrag so schnell wie möglich vorzulegen, damit der Schwung ausgenutzt werden könne, den seine Besuchstour ausgelöst habe. Großbritannien solle auf alle Anpassungen des Vertrages und der nachfolgenden Beschlüsse verzichten und nur Übergangsregelungen beantragen.[170]

Im Auswärtigen Amt schlug man eine andere Strategie vor. Staatssekretär Lahr sandte am 15. März einen Runderlass an die Botschaften in den EWG-Ländern, in London und in Washington. Lahr verwies darauf, dass nach seinem Eindruck die britische Regierung erwäge, noch vor der Gipfelkonferenz in Rom im April einen Beitrittsantrag zu stellen,

---

167 Tagebucheintrag Blankenhorns vom 15./16. 2. 1967, BaK, Nl Blankenhorn, Bd. 208b, S. 44.

168 Drahtbericht Nr. 27 des Botschafters Knoke, Den Haag, betr. Treffen der Außenminister der Benelux-Länder am 20. 1. 1967 in Den Haag, 24. 1. 1967, PAAA, B150, Bd. 95, S. 791–793, hier S. 793.

169 Drahtbericht Nr. 105 des Botschafters Klaiber, Paris, 18. 1. 1967, PAAA, B150, Bd. 95, S. 628 f., hier S. 628.

170 Aufzeichnung des AA betr. Ergebnisse des Gesprächs Premierminister Wilsons und Außenminister Browns mit der niederländischen Regierung am 26. und 27. 2. 1967 im Haag, o. D., PAAA, B150, Bd. 97, S. 1885–1889.

um nach der Besuchsreise Wilsons und Browns keine Pause eintreten zu lassen. Bei den jeweiligen Regierungen sei die deutsche Haltung wie folgt darzulegen: Da die Beitrittsverhandlungen erst nach der Kennedy-Runde aufgenommen werden sollten und einige Mitgliedsländer einen engen Zusammenhang zwischen einer Bereinigung der britischen Zahlungsbilanz und der Eröffnung von Beitrittsverhandlungen sähen, wäre zu einem solchen frühen Zeitpunkt noch keine Einigkeit im Ministerrat gegeben. Diese sei aber nötig, um der Kommission ein Mandat für Gespräche mit der britischen Regierung zu erteilen. Daher stehe die Bundesregierung wie bisher auf dem Standpunkt, dass zunächst die Möglichkeiten des bilateralen Gesprächs auszuschöpfen seien, bevor man multilaterale Verhandlungen aufnehme, um das Risiko eines Fehlschlags der multilateralen Verhandlungen zu minimieren.[171]

Nachdem Außenminister Brandt bereits am 5. April am Rande der WEU-Tagung in Rom dem britischen Außenminister diese Haltung der Bundesregierung nahe gebracht hatte[172], erklärte er George Brown anlässlich eines Besuchs in London am 12. April noch einmal die deutsche Position. Danach sei die Bundesregierung für einen unmittelbaren Verhandlungsbeginn nach der Antragstellung. Bei einer Antragstellung im Mai sei dies aber kaum möglich, da die Kennedy-Runde dann noch nicht abgeschlossen sei und Anfang Juli mindestens zwei Monate Ferien in Brüssel folgten. Brandt plädierte daher für eine öffentliche Erklärung als ersten Schritt, dem später dann die offizielle Antragstellung folgen könne. Die Bundesregierung werde so hilfreich wie möglich sein, „um das Gespräch in Gang zu bringen, auch wenn die wirklichen Diskussionen erst später im Jahr beginnen könnten“[173]. Die britischen Gesprächsteilnehmer machten dagegen erneut deutlich, dass sie den Schwung der britischen Besuchsrunde ausnutzen wollten, das heißt, sie hielten nach wie vor an einer frühen Antragstellung fest.

Ein Zusammentreffen der wichtigsten Staats- und Regierungschefs ergab sich anlässlich der Trauerfeier zum Tod Konrad Adenauers am 25. April 1967. Dadurch erhielt Kiesinger die Gelegenheit, erneut mit Wilson zu sprechen.[174] Der britische Premier legte seine bekannten Argumente für einen Beitritt seines Landes dar, betonte aber noch stärker als im Februar, dass die politischen Gründe für einen Beitritt viel wichtiger seien als die wirtschaftlichen. Als wirtschaftlich starkes Europa mit einem politischen Zusammenhalt käme man auch im Gespräch mit den Russen weiter. Daneben hob Wilson erneut das technologische Potenzial der erweiterten Gemeinschaft hervor. Der britische Premierminister konnte aber nicht widerstehen, die negativen Konsequenzen eines weiteren britischen Scheiterns in düsteren Farben auszumalen. Sollten auch die Verhandlungen der Kennedy-Runde und über die Währungsliquidität fehlschlagen, drohe eine Verschiebung der Kräfteverhältnisse in den USA, was schlecht für Europa sei. Beeindruckt zeigte sich Kiesinger von Wilsons Argument, den Beitrittsantrag noch vor der römischen Gipfelkonferenz zu stellen, da man sonst dort argumentieren könne, dass man nicht über den Beitritt debattieren brauche, denn es liege noch nichts auf dem Tisch.

---

[171] Runderlass des Staatssekretärs Lahr betr. Beitrittsantrag Großbritanniens zur EWG, 15. 3. 1967, PAAA, B150, Bd. 99, S. 2564 f.

[172] Botschafter Herwarth von Bittenfeld, Rom, an das AA, 5. 4. 1967, AAPD 1967, Dok. 118, S. 534–537.

[173] Gespräch des Bundesministers Brandt mit dem britischen Außenminister Brown in London, 12. 4. 1967, AAPD 1967, Dok. 124, S. 566–575, hier S. 567.

[174] Hierzu und zu dem Folgenden: Gespräch des Bundeskanzlers Kiesinger mit Premierminister Wilson, 25. 4. 1967, AAPD 1967, Dok. 143, S. 647–653.

In der Vorbereitungsphase zu den Trauerfeierlichkeiten wurde zum ersten Mal die unterschiedliche Auffassung zwischen dem Bundeskanzleramt und dem Auswärtigen Amt über die Beitrittsfrage manifest, die bisher eher latent aus den Gesprächen und Aufzeichnungen hervorgegangen war. Bundeskanzler Kiesinger schrieb am 24. April an Außenminister Brandt, dass die Aufzeichnungen des Auswärtigen Amts für die bevorstehenden Unterredungen in einigen Punkten von seinen eigenen Vorstellungen abwichen. Zum einen sei in der Aufzeichnung für sein Gespräch mit de Gaulle erwähnt, dass im Mai mit einem britischen Beitrittsgesuch zu rechnen sei. Gegenüber dem Vorschlag des Auswärtigen Amts, noch vor der Sommerpause mit den offiziellen Verhandlungen zu beginnen, rate er zu größerer Zurückhaltung. Zunächst müsse man mit dem französischen Partner sprechen und seine Meinung hören. Außerdem wisse er nicht, ob den britischen Interessen mit einem so frühen Antrag, ohne dass die Probleme genügend geklärt worden seien, wirklich gedient sei. Zum anderen kritisierte Kiesinger den in seiner Aufzeichnung für die Unterredung mit Wilson vorgelegten Vorschlag des Auswärtigen Amts, Empfehlungen für die beiden Regierungen im Bereich der technologischen Zusammenarbeit durch Staatssekretär Lahr und einen britischen Staatsminister des Foreign Office ausarbeiten zu lassen. Hier müsse man Rücksicht auf die im Januar in Paris vereinbarte deutsch-französische technologische Zusammenarbeit nehmen, denn „[b]ei den Franzosen dürfe nicht noch einmal der Eindruck einer das deutsch-französische Verhältnis abwertenden zwielichtigen Politik entstehen"[175].

Der Brief Kiesingers basierte auf einem vom Parlamentarischen Staatssekretär im Bundeskanzleramt Freiherr von und zu Guttenberg[176] verfassten Vermerk, in dem die Kritik am Auswärtigen Amt wesentlich schärfer formuliert wurde. Danach habe das Auswärtige Amt in den Gesprächsempfehlungen für das Thema „Gipfelkonferenz" den Tagesordnungspunkt „Europäische politische Zusammenarbeit" bewusst an das Ende gesetzt. Dies sei jedoch das wichtigste Thema. Dagegen operiere das Auswärtige Amt weiterhin auf der alten Linie, den britischen Beitritt ins Zentrum der Europapolitik zu stellen, und befürchte daher, durch eine Verstärkung der politischen Zusammenarbeit die Beitrittsmöglichkeiten zu beeinträchtigen. Der nach bisherigen Informationen noch vor der Rom-Konferenz

---

175 Bundeskanzler Kiesinger an Bundesminister Brandt, 24. 4. 1967, AAPD 1967, Dok. 138, S. 629 f., hier S. 630.

176 Karl Theodor Freiherr von und zu Guttenberg hatte im April 1967 sein Amt als Parlamentarischer Staatssekretär des Bundeskanzleramts angetreten. Guttenberg, der über gute Beziehungen zu Kiesinger verfügte und bereits die Passagen über die deutsch-französischen Beziehungen in Kiesingers erster Regierungserklärung ausgearbeitet hatte (siehe Kap. I.), wurde mit diesem Amt für seine langjährigen Bemühungen um das Zustandekommen einer Großen Koalition belohnt. Guttenberg gehörte zu der Gruppe der „Gaullisten" in der Union und war daher Kiesinger schon im Dezember 1966 von Adenauer wärmstens empfohlen worden. Adenauer schrieb: „Meines Erachtens brauchen Sie für diese Stelle einen Mann von überlegenem Urteil, klaren politischen Vorstellungen und der Fähigkeit, sich durchzusetzen und andere zu überzeugen. Alle diese Eigenschaften hat der Abgeordnete von Guttenberg in hohem Maße. [...] Ich glaube, daß ich in manchen Sorgen, die ich mit Ihnen teile, beruhigter sein könnte, wenn Ihnen dieser Mann zur Seite stehen würde." Adenauer an Kiesinger, 5. 12. 1966, ACDP, Nl Kiesinger, A001.
Der Posten des Parlamentarischen Staatssekretärs war erst unter der Großen Koalition eingeführt worden. Der Aufgabenbereich der Parlamentarischen Staatssekretäre war nicht genau umschrieben, so dass ihre Aufgaben je nach Ministerium differierten. Ihre Hauptaufgabe lag in der Vertretung des Ministers nach Außen, zum Beispiel im Parlament oder in internationalen Organisationen. Außerdem sollten sie die Verbindung zu den Fraktionen halten. Innerhalb der Ministerien blieben ihre Kompetenzen insbesondere gegenüber dem beamteten Staatssekretär gering. Siehe Echtler, Einfluß, S. 193–201.

im Mai zu erwartende Antrag der Briten, gefolgt von Irland, Dänemark und Norwegen, „soll natürlich zu Schwierigkeiten unter den Sechs und insbesondere zwischen uns und Frankreich führen“[177]. Guttenberg empfahl, in dieser Hinsicht hinhaltend zu taktieren, damit der Antrag nicht wieder die Fortführung der europäischen Einigung unter den Sechs behindere. Folge man dem Vorschlag des Auswärtigen Amts, der Aufnahme formeller Verhandlungen zuzustimmen, gefährde man die Außenpolitik der neuen Bundesregierung. Das weitere Vorgehen müsse mit den Franzosen abgestimmt werden, die sich ruhig stärker reserviert gegen einen Beitritt verhalten dürften als die Bundesregierung, aber auch kein glattes Nein aussprechen dürften. Auch in dieser Aufzeichnung wurde die anvisierte deutsch-britische technologische Zusammenarbeit kritisiert, die ein „Querschuß gegen die von dem Herrn Bundeskanzler und de Gaulle im Januar 1967 vereinbarte deutsch-französische technologische Zusammenarbeit“ sei[178].

Wie aus dieser Aufzeichnung hervorgeht, hatten das Bundeskanzleramt und das Auswärtige Amt unterschiedliche europapolitische Prioritäten. Während das Bundeskanzleramt eine politische Zusammenarbeit und eine verstärkte Integration zunächst unter den Sechs erreichen wollte, sah das Auswärtige Amt den britischen Beitritt als wichtigstes Ziel an. Auch die Briten registrierten die Differenzen zwischen dem Bundeskanzleramt und dem Auswärtigen Amt und konzentrierten ihre Bemühungen daher zunehmend auf Außenminister Brandt, der ihnen aufgeschlossener gegenüber dem Beitrittsgesuch zu sein schien als Kiesinger.[179] Brandt selbst wies auf der Sitzung der SPD-Bundestagsfraktion am 11. April darauf hin, dass der Koalitionspartner in der Beitrittsfrage reservierter sei als die SPD.[180] Neben dem Bundeskanzleramt und dem Auswärtigen Amt hatte aber auch das in Europafragen so wichtige Wirtschaftsministerium seine eigene Auffassung. So sprach sich dessen Staatssekretär Neef in einer Vorbesprechung des Wilson-Besuchs vom Februar dafür aus, vor einem Beitritt zunächst eine Fusion der drei Gemeinschaften durchzuführen. Staatssekretär Lahr verwahrte sich gegen diesen Vorschlag, da die Beitrittsfrage damit erst einmal auf die lange Bank geschoben wäre, denn bisher sei nicht absehbar, wann es überhaupt zu Fusionsverhandlungen kommen könne. Kiesinger behielt es sich jedoch vor, den Vorschlag des Wirtschaftsministeriums näher zu prüfen.[181]

Hier wurde etwas ganz deutlich: Der Bundesregierung fehlte es an einer kohärenten Europastrategie, in der sie ihre europapolitischen Ziele und den Weg dorthin definierte. Das Bundeskanzleramt, das Auswärtige Amt und das Wirtschaftsministerium hatten jeweils ihre eigenen Pläne und Ziele. Eigentlich hätte es die Aufgabe des Bundeskanzleramts sein müssen, hier koordinierend einzugreifen. Warum geschah dies nur in Ansätzen? Zum

---

177 Vermerk betr. Gespräche des Bundeskanzlers mit Präsident de Gaulle, Ministerpräsident Moro und Premierminister Wilson, 23. 4. 1967, BaK, Nl Guttenberg, Bd. 90, S. 259.

178 Ebd., S. 260.

179 Philippe, 'The Germans hold the key', S. 158 f.

180 Aus der Rede des Vorsitzenden der SPD und Bundesministers des Auswärtigen, Brandt, in der Sitzung der SPD-Bundestagsfraktion, 11. 4. 1967, in: Brandt, Ein Volk der guten Nachbarn, S. 126–129, hier S. 128. In seinen Erinnerungen betont Brandt, er habe sich für den britischen Beitritt engagiert, weil die Gemeinschaft von der „Welterfahrung“ und der „parlamentarisch-demokratische[n] Tradition der Engländer“ profitieren könne. Außerdem hätten die Briten bereits im Zweiten Weltkrieg bewiesen, dass sie zu Europa gehörten. Siehe Brandt, Begegnungen, S. 201.

181 Zu dem Vorschlag und seiner Beurteilung siehe Aufzeichnung des Staatssekretärs Lahr, 16. 3. 1967, AAPD 1967, Dok. 101, S. 474 f.

einen war man im Bundeskanzleramt wohl insgesamt überfordert. So urteilte Willy Brandt zu Beginn der Regierungszeit der Großen Koalition, dass, gemessen an der Ordnung des Bundeskanzleramts, die Organisation des Erich-Ollenhauer-Hauses geradezu eine Musterordnung sei.[182] Kiesinger selbst bezeichnete im Nachhinein das Bundeskanzleramt als einen „Laden", in dem es auf jedem Gebiet nur zweitrangige Leute gegeben habe.[183] In der Arbeit des Kanzleramts zeigten sich in der Tat große Defizite. Man war völlig auf den „Stoff" angewiesen, den die anderen Ministerien ablieferten, und hatte keine Möglichkeit, das Material zu prüfen, geschweige denn, Alternativen zu den Vorschlägen der Ministerien zu entwickeln. Der neue Bundeskanzler versuchte zwar in den ersten Monaten seiner Regierungszeit, das unter Erhards Kanzleramtschef Ludger Westrick völlig heruntergewirtschaftete Kanzleramt mit Hilfe seines Staatssekretärs Werner Knieper in den Griff zu bekommen, scheiterte jedoch mit diesem Anliegen. Erst unter Staatssekretär Carstens, der Knieper Anfang 1968 ersetzte, gelang es, das Bundeskanzleramt neu zu ordnen und die Abläufe wieder effizienter zu gestalten.[184]

Neben diesen organisatorischen Problemen spielten sicherlich auch inhaltliche Überlegungen eine Rolle. So entsprach Kiesingers skeptische Haltung in der Erweiterungsfrage nicht dem Willen der Bevölkerungsmehrheit.[185] Umfragen belegten, dass sich zwei Drittel der Bevölkerung für einen britischen Beitritt aussprachen.[186] Hier als Bremser aufzutreten, konnte für Kiesinger also gefährlich werden. Gleichzeitig wäre es für Kiesinger kaum möglich gewesen, Brandt in dieser Frage zu disziplinieren. Die Richtlinienkompetenz musste Kiesinger sehr vorsichtig anwenden, denn die Koalitionspartner agierten in der Großen Koalition auf Augenhöhe. Das Bonmot des stellvertretenden Regierungssprechers Conrad Ahlers, Kiesinger agiere als „wandelnder Vermittlungsausschuss", traf durchaus den Kern der Sache und wurde von Kiesinger auch im Nachhinein als Charakterisierung seiner Rolle akzeptiert. Kiesingers Stärke lag vor allem darin, unterschiedliche Standpunkte zu harmonisieren und weniger zu polarisieren oder auf Konfrontationskurs zu gehen. Diese Eigenschaft prädestinierte Kiesinger geradezu für den Posten als Bundeskanzler der Großen Koalition.[187] Der Brief an Brandt über die Haltung des Auswärtigen Amts vom 24. April war sicherlich schon das Höchstmaß an Kritik, das Kiesinger sich erlauben konnte. Kiesinger verlegte sich anschließend darauf, über geheime Kanäle den Franzosen seine

---

182 Hildebrand, Große Koalition, S. 274.

183 Interview Bruno Kaisers mit Kiesinger in Tübingen, 22. 1. 1982, ACDP, Nl Kiesinger, Bd. A009.

184 Echtler, Einfluß, S. 219–224.

185 Vgl. Gassert, Kiesinger, Frankreich und das Europäische Projekt, S. 158.

186 Im Februar 1967 sahen laut dem Allensbacher Institut für Demoskopie 39% der Befragten, die bereits von dem britischen Beitrittsinteresse gehört hatten, in einem britischen Beitritt Vorteile für die Bundesrepublik, wohingegen nur 18% keinen Vorteil erwarteten. Siehe Noelle/Neumann (Hrsg.), Jahrbuch der öffentlichen Meinung 1965–1967, S. 450. In einer Umfrage im Dezember 1967 sprachen sich 64% für einen britischen Beitritt aus und nur 8% dagegen. Dementsprechend beurteilten 65% die Verzögerungstaktik de Gaulles als schlecht und 9% als gut. Siehe Noelle/Neumann (Hrsg.), Jahrbuch der öffentlichen Meinung 1968–1973, S. 561.

187 Zur Rolle Kiesingers innerhalb der Großen Koalition siehe u. a. Schönhoven, Wendejahre, S. 169–171. Kiesingers Selbsteinschätzung in: Kurt Georg Kiesinger: So war es, Teil II, in: Bild am Sonntag vom 24. 11. 1974, S. 20–23. Dass man diese Eigenschaft auch durchaus negativ beurteilen konnte, verdeutlicht die Charakterisierung Kiesingers durch Adenauer, der Kiesinger als „guten Kleisterer" bezeichnet hatte. Das berichtete der Präsident des World Jewish Congress Nahum Goldmann am 9. Januar 1968 Herbert Blankenhorn. Tagebucheintrag Blankenhorns vom 9. 1. 1968, BaK, Nl Blankenhorn, Bd. 219, S. 19.

Skepsis mitzuteilen. Zunehmend war der Parlamentarische Staatssekretär im Bundeskanzleramt, Guttenberg, mit diesen Verbindungen zur französischen Regierung betraut. Trotz der unterschiedlichen Prioritäten in der Europapolitik waren sich Brandt und Kiesinger in der Grundfrage aber einig. Die Basis für die Europapolitik sowohl nach Osten als auch nach Westen war ein intaktes Verhältnis zu Frankreich. Da Frankreich in der Erweiterungsfrage eine so starre Position einnahm, blieb der Bundesregierung nichts anderes übrig, als diese Haltung zu akzeptieren, egal ob man sie guthieß oder nicht. Insofern bestand aus Sicht der beiden Kontrahenten womöglich auch gar kein Bedarf, die Differenzen in der Europapolitik zu vertiefen.

Die unterschiedlichen Beurteilungen brachen sich jedoch immer wieder Bahn. Im Gespräch mit Couve de Murville am 27./28. April in Bonn unterstrich Brandt die Bedeutung der öffentlichen Meinung in Großbritannien, den britischen technologischen Beitrag, die Rolle Großbritanniens in der Ost-West-Politik und das deutsche wirtschaftliche und politische Interesse an einem britischen Beitritt.[188] Couve de Murville hob jedoch hervor, dass Frankreich in einer Assoziierung Großbritanniens die beste Möglichkeit sehe, die wirtschaftlichen Bedürfnisse Großbritanniens zu befriedigen. Brandts Einwand, Großbritannien wolle auch aus politischen Gründen beitreten, wischte Couve mit dem Hinweis beiseite, dass der Gemeinsame Markt keinen politischen Charakter habe und das britische Argument damit nicht stichhaltig sei. Abschließend versuchte der deutsche Außenminister die WEU, in der Großbritannien bereits Mitglied war, ins Spiel zu bringen. Er schlug vor, diese Organisation stärker für politische Konsultationen zu nutzen. Couve de Murville stellte eine Prüfung des Vorschlags in Aussicht, betonte jedoch, dass es schwierig sein werde, dort Erfolge zu erzielen.[189]

In einer Aufzeichnung des Bundeskanzleramts für die Gesprächsführung Kiesingers mit Couve de Murville, der den Bundeskanzler noch am gleichen Tag aufsuchte, wurde zwar auch ein britischer Beitritt unterstützt, wenn die damit verbundenen sachlichen Probleme gelöst würden, gleichzeitig wurde aber unterstrichen, dass der Beitritt den EWG-Apparat schwerfällig mache und den politischen Gehalt der Gemeinschaft verwässern würde.[190] Um diesen Entwicklungen entgegenzuwirken, schlug das Bundeskanzleramt vor, so weit wie möglich die politische Zusammenarbeit der Sechs oder der Drei (ohne Benelux) zu verstärken und unabhängig davon die deutsch-französische Zusammenarbeit auszubauen. Dabei ging man sogar so weit, die Ausarbeitung gemeinsamer deutsch-französischer Richtlinien für die Europapolitik, die Osteuropapolitik und die Deutschlandpolitik vorzuschlagen. Aus ähnlichen Gründen lehnte das Bundeskanzleramt auch den Vorschlag Brandts ab, die WEU-Konsultationen zu verstärken. Für das Bundeskanzleramt war es wichtiger, „zunächst die außenpolitische Zusammenarbeit unter den sechs Gemeinschaftsstaaten wieder zu aktivieren und hierauf die deutschen Bemühungen zu konzentrieren“[191].

---

[188] Hierzu und zu dem Folgenden: Brief Brandts an Brown, 28. 4. 1967, PAAA, B150, Bd. 101, S. 3751–3753, und Ergebnisniederschrift über die deutsch-französische Konsultation der Außenminister am 27. und 28. 4. 1967 in Bonn, 9. 5. 1967, PAAA, B150, Bd. 101, S. 3763–3782, hier S. 3778 f.

[189] Siehe hierzu auch Kap. II. 5.

[190] Aufzeichnung von VLR I Dr. Walter Boss für Bundeskanzler Kiesinger betr. Gespräch mit Außenminister Couve de Murville am 28. 4. 1967, 27. 4. 1967, BaK, B136 (Bundeskanzleramt), Bd. 3627.

[191] Aufzeichnung von VLR I Dr. Walter Boss betr. Bericht des Herrn Bundesministers des Auswärtigen über aktuelle Fragen aus dem europäischen Bereich in der Kabinettssitzung am 3. 5. 1967, 2. 5. 1967, BaK, B136 (Bundeskanzleramt), Bd. 6207.

Die Bedenken gegen einen britischen Beitritt hob Kiesinger auch in der Kabinettssitzung am 3. Mai hervor.[192] Ein britischer Beitritt sei zwar unvermeidlich, aber vielleicht ungünstig für die politische Entwicklung Europas. Rhetorisch fragte der Bundeskanzler, ob dann nicht eine wirtschaftliche Großmacht entstehe, die politisch ohnmächtig sei. Kiesinger regte daher eine Überprüfung der Europapolitik an. Gefragt werden müsse, ob man nur ein Westeuropa oder nur ein kontinentales Westeuropa wolle und wie dieses Westeuropa aussehe, wenn es nicht einen festen politischen Kern gebe, der auch eine osteuropäische Aktivität entfalte. Die Frage wurde jedoch nicht weiter vertieft.

Am 11. Mai stellten die Regierungen Großbritanniens, Irlands und Dänemarks offiziell ihre Anträge auf Mitgliedschaft in den Europäischen Gemeinschaften.[193] Nun wurde die von Präsident de Gaulle für den 16. Mai terminierte Pressekonferenz von allen Seiten mit Spannung erwartet. In einem Vermerk Guttenbergs über ein deutsch-französisches Gespräch am 2. Mai hielt der Parlamentarische Staatssekretär fest, dass man von deutscher Seite betont habe, de Gaulle solle in seiner Pressekonferenz keinesfalls ohne vorherige Konsultation mit der deutschen Regierung zu einem britischen Antrag Stellung nehmen, damit die neue deutsch-französische Kooperation nicht desavouiert werde.[194] Die Bundesregierung müsse vor einer schwerwiegenden französischen Stellungnahme wahrheitsgemäß der deutschen Öffentlichkeit und den wirtschaftlichen Kreisen, die der Bundesregierung eine stärker wirtschaftlich orientierte Haltung in der Beitrittsfrage nahe legten, erklären können, dass zu diesem Punkt deutsch-französische Konsultationen stattgefunden hätten. De Gaulle dürfe Bundeskanzler Kiesinger nicht überfahren. Außerdem wurde angeregt, dass von französischer Seite vorgeschlagen werden solle, einen britischen EWG-Beitritt im Hinblick auf seine wirtschaftliche und politische Tragweite sowohl für die Gemeinschaft als auch für die Einzelstaaten von den sechs Regierungen sorgfältig zu prüfen und unter den Einzelregierungen zu erörtern. Die französischen Gesprächspartner versicherten, diese Anregungen in Paris vorzutragen.

Trotz der Bitte aus dem Bundeskanzleramt erfuhr die Bundesregierung nur vage von französischer Seite, dass sich de Gaulle ausführlich zu einem möglichen britischen Beitritt äußern werde.[195] Und de Gaulle äußerte sich nicht nur ausführlich, sondern er listete zahlreiche Vorbehalte gegen einen britischen Beitritt auf.[196] Nachdem er zunächst dem kontinentaleuropäischen EWG-Block die britischen Inseln mit ihren Verbindungen zum Commonwealth und ihren „special relations" zu den USA gegenübergestellt hatte, schilderte der General die Probleme, die sich bei einem britischen Beitritt durch den Gemeinsamen Agrarmarkt und die Sonderrolle des britischen Pfun-

---

192 Hierzu und zu dem Folgenden: Handschriftliche Notizen zur Kabinettssitzung am 3. 5. 1967, o. D., BaK, Nl Guttenberg, Bd. 32, S. 72 f.

193 Am 24. Juli 1967 folgte der Antrag Norwegens. Auch das neutrale Schweden stellte einen Antrag, der jedoch auch als Assoziierungsantrag gewertet werden konnte.

194 Vermerk über das deutsch-französische Gespräch vom 2. 5. 1967, o. D., BaK, Nl Guttenberg, Bd. 90, S. 244 f.

195 Brandt an Kiesinger, Bonn, 5. 5. 1967, AdsD, WBA, Bestand Außenminister, Mappe 13, S. 29; Aufzeichnung StS 1080/67 von Staatssekretär Lahr betr. Pressekonferenz des französischen Staatspräsidenten vom 16. 5. 1967, 13. 5. 1967, PAAA, B2. Bd. 132.

196 Hierzu und zu dem Folgenden: Pressekonferenz des französischen Staatspräsidenten, Charles de Gaulle, am 16. 5. 1967 (Auszug betr. Europäische Gemeinschaften), in: EA 22 (1967), S. D249–D253.

des[197] ergeben könnten. Neben diesen wirtschaftlichen Schwierigkeiten sah er aber auch politische Komplikationen voraus, denn eine Verschmelzung der Politik der Kontinentalstaaten mit derjenigen Großbritanniens, damit die Gemeinschaft eines Tages politisch aus eigener Kraft ihre Interessen vertreten könne, sei momentan nicht vorstellbar. Abschließend beschrieb de Gaulle drei Lösungsmöglichkeiten für die Frage des britischen Beitritts: Im Falle eines sofortigen Beitritts sah de Gaulle die Entstehung einer westeuropäischen Freihandelszone als Vorbereitung einer atlantischen Zone voraus. Alternativ könne man ein System von Assoziierungen schaffen, „das ohne Umwälzungen die wirtschaftlichen Beziehungen der Vertragspartner erweitern und erleichtern könne"[198], oder man warte zunächst die weitere Hinwendung Großbritanniens zum Kontinent ab, die eines Tages einen Anschluss an die sechs Kontinentalstaaten ermöglichen würde.

Mit dieser Pressekonferenz hatte de Gaulle zwar kein Veto gegen den Beitritt eingelegt, aber die Argumente, die seiner Meinung nach gegen einen Beitritt Großbritanniens zum jetzigen Zeitpunkt sprachen, gebündelt der Öffentlichkeit vorgelegt. Im Grunde war mit dieser Pressekonferenz die Suche nach Alternativlösungen zu einer vollen Mitgliedschaft eröffnet. Mit dieser öffentlichen Präsentation seiner Vorbehalte hatte de Gaulle aber auch seinen deutschen Partner brüskiert, denn die Bundesregierung musste sich jetzt den Vorwurf gefallen lassen, durch ihre weiche Position de Gaulles Starrsinn zu unterstützen. Doch wie reagierte man in Bonn auf diese Pressekonferenz?

Am 24. Mai wies Außenminister Brandt den Direktor der Politischen Abteilung Meyer-Lindenberg an, die Äußerungen de Gaulles über einen britischen Beitritt zu interpretieren und Vorschläge für das weitere Procedere zu unterbreiten.[199] In seiner Aufzeichnung kam Meyer-Lindenberg zu dem Schluss, dass de Gaulle zumindest zum gegenwärtigen Zeitpunkt einen britischen Beitritt ablehne und es daher fraglich erscheine, ob de Gaulle sich auf Beitrittsverhandlungen einlassen werde. Frankreich werde wahrscheinlich zunächst auf längeren Beratungen der Sechs beharren. Die von de Gaulle vorgeschlagene Möglichkeit der Assoziierung verwarf der Ministerialdirektor mit dem Argument, dass dann die Gemeinschaft zur Bewegungslosigkeit verurteilt sei, weil sie in ständigen Konsultationen auf ihre Assoziierten Rücksicht nehmen müsse. Zum weiteren Vorgehen schlug Meyer-Lindenberg vor, auf der Ministerratstagung am 5. Juni nach § 237, Abs. 1 des EWG-Vertrags die Kommission aufzufordern, dem Rat einen Bericht über die Beitrittsproblematik vorzulegen. Der Ministerrat müsse dann einstimmig nach Vorlage des Berichts über den britischen Beitritt beschließen. Dieser Beschluss müsse der Eröffnung von Beitrittsverhandlungen vorausgehen und werde wahrscheinlich von Frankreich verzögert. Um die zu erwartende längere Zeitspanne bis zur Eröffnung von Beitrittsverhandlungen zu über-

---

197 Damit sprach de Gaulle die besondere Rolle des britischen Pfundes als Reservewährung zahlreicher Commonwealth-Länder an. Diese bildeten zusammen mit Großbritannien die so genannte „Sterling-Zone". Die Währungsreserven dieser Länder wurden von den Briten in London verwaltet. Die Funktion des Pfund-Sterling als Reservewährung machte die britische Währung sehr inflexibel, denn eine Auf- oder Abwertung bedeutete gleichzeitig eine Erhöhung bzw. eine Reduzierung des Wertes der Sterlingguthaben. Siehe Schellhaaß, Internationale Währungsprobleme, S. 439–441.

198 Pressekonferenz des französischen Staatspräsidenten, Charles de Gaulle, am 16. 5. 1967 (Auszug betr. Europäische Gemeinschaften), in: EA 22 (1967), S. D253.

199 Aufzeichnung des Ministerialdirektors Meyer-Lindenberg betr.: 1) Interpretation der Äußerungen de Gaulles zum britischen Beitrittsgesuch; 2) Unsere Überlegungen zur prozeduralen Behandlung dieses Beitrittsgesuchs, 26. 5. 1967, PAAA, B1, Bd. 332.

brücken, sprach sich Meyer-Lindenberg dafür aus, den Briten auf einer Ministerkonferenz Gelegenheit zu geben, ihre Beitrittswünsche darzulegen.

Diese Empfehlungen waren zum Teil mit den französischen Vorstellungen kompatibel, wie der Parlamentarische Staatssekretär im Bundeskanzleramt, Guttenberg, am 20. Mai im Gespräch mit dem Kabinettsdirektor Couve de Murvilles, Bruno de Leusse, erfuhr.[200] Laut de Leusse sollte zunächst die Kommission vom Ministerrat mit der Ausarbeitung einer Stellungnahme zu den Beitrittsanträgen beauftragt werden. Nach der Vorlage des Kommissionsberichts müssten sich die sechs Mitgliedsländer untereinander konsultieren; ein glattes französisches Veto werde es nicht geben. Guttenberg schilderte in diesem Gespräch ausführlich die Position des Bundeskanzlers. Kiesinger befürchte, „daß aus der engen, auf politische Zusammenarbeit ausgerichteten Gemeinschaft der Sechs durch eine zu eilige und vorwiegend wirtschaftlich bedingte Ausdehnung ein ‚wirtschaftliches Monstrum ohne politische Handlungsfähigkeit' (Beispiel h[ei]l[i]g[es]. römisches Reich) werden müßte."[201] Momentan bestehe das Dilemma, dass sowohl eine Zurückweisung als auch ein voreiliger Beitritt den Gemeinsamen Markt im Kern gefährde. Als Ausweg schlug Guttenberg vor, die Beitrittsverhandlungen mit Großbritannien beginnen zu lassen, im Laufe der Verhandlungen aber alle von de Gaulle gestellten offenen Fragen befriedigend zu beantworten. De Leusse blieb skeptisch, fragte, wie stark die Truppen für diesen Vorschlag seien, und versprach, Couve de Murville über das Gespräch zu unterrichten.

Eine Gelegenheit, das Beitrittsthema auf höchster Ebene zu erörtern, bot die Gipfelkonferenz in Rom am 29./30. Mai. Vor allem de Gaulle und Kiesinger sprachen sich dafür aus, dass sich zunächst die Sechs in der Beitrittsfrage einigen müssten. Kiesinger hielt aber, im Gegensatz zu de Gaulle, eine Anhörung der Briten für notwendig. Die Staats- und Regierungschefs einigten sich immerhin darauf, dass der nächste Ministerrat am 5./6. Juni das britische Beitrittsgesuch im Rahmen des § 237 EWG-Vertrages behandeln sollte.[202]

Wie nah die Auffassungen Kiesingers und de Gaulles waren, verdeutlicht auch ein Gespräch Guttenbergs mit Botschafter Seydoux am 15. Juni. Guttenberg charakterisierte die Haltung Kiesingers in folgender Weise:

> „a) Der Beitritt Englands könne angesichts der europäischen öffentlichen Meinung von niemand [sic!] auf die Dauer verhindert werden,
> b) mit dem Beitritt Englands und anderer Länder werde die EWG wesentlichen Änderungen unterworfen werden; dennoch müsse man von ihrer Substanz so viel als möglich retten,
> c) angesichts der unter den Sechs bestehenden Meinungsverschiedenheiten müßten diese zunächst unter sich versuchen, die Auffassungen einander anzunähern,
> d) die zu erwartende Ausweitung der EWG mache die Vertiefung der deutsch-französischen Zusammenarbeit nur um so wichtiger."[203]

Wenige Tage später verständigten sich die EWG-Außenminister auf der Ministerratssitzung am 27. Juni über die weitere Vorgehensweise in der Beitrittsfrage. Wie Willy Brandt

---

[200] Hierzu und zu dem Folgenden: Vermerk über das Gespräch Guttenberg/de Leusse am 20. 5. 1967 in Paris, 22. 5. 1967, BaK, Nl Guttenberg, Bd. 154, S. 150–154. Das Gespräch kam auf Vermittlung des politischen Beraters im Kabinett des französischen Ministers Edmont Michelet, Joseph Rovan, zustande. Zu der Freundschaft zwischen Guttenberg und Rovan siehe Rovan, Erinnerungen, S. 412–416.

[201] Vermerk über das Gespräch Guttenberg/de Leusse am 20. 5. 1967 in Paris, 22. 5. 1967, BaK, Nl Guttenberg, Bd. 154, S. 152.

[202] Staatssekretär Lahr, z.Zt. Rom, an das AA, 31. 5. 1967, AAPD 1967, Dok. 197, S. 842–848, hier S. 847.

[203] Vermerk über den Besuch des Botschafters Seydoux am 15. 6. 1967, BaK, Nl Guttenberg, Bd. 154, S. 155 f., hier S. 155.

seinem britischen Kollegen George Brown mitteilte, solle die Kommission wie im EWG-Vertrag vorgesehen baldmöglichst in einem Bericht zu den Beitrittsanträgen Stellung nehmen und der Ministerrat bereits am 10./11. Juli mit den Grundproblemen der Erweiterung befasst werden.[204] Aufgrund französischen Widerstands war der Vorschlag Brandts, in einer Regierungskonferenz der Sechs die politischen Grundprobleme zu prüfen und parallel dazu Besprechungen des EWG-Ministerrats mit einer britischen Delegation durchzuführen, gescheitert.

Alternativ schlug Brandt dem britischen Außenminister vor, das Beitrittsgesuch auf der WEU-Ministerratstagung am 4./5. Juli in Den Haag zu erläutern. Anschließend solle Außenminister Brown seine Rede offiziell an den dann amtierenden EWG-Ratspräsidenten Brandt übergeben, so dass die britische Erklärung den Charakter eines Ratsdokuments erlangen würde. Brown war einverstanden.[205]

Lässt man die Diskussionen zum britischen Beitritt im ersten Halbjahr der Regierung Kiesinger/Brandt Revue passieren, stellt man Inkongruenzen in der Position der Bundesregierung fest. Aus der Sicht des Bundeskanzleramts kam ein britischer Beitritt eindeutig zu früh. Die EWG sollte sich zunächst weiter wirtschaftlich konsolidieren und wenn möglich mit dem Aufbau einer politischen Kooperation beginnen. Kiesinger und seine überwiegend „gaullistische" Entourage fürchteten eine Verwässerung des politischen Gehalts der EWG durch einen zu schnellen Beitritt. Dagegen ging das Auswärtige Amt davon aus, dass ein britischer Beitritt aus wirtschaftlichen und politischen Gründen notwendig sei. Ein Aufschub der Erweiterung berge die Gefahr, eine Blockadepolitik der anglophilen kleineren EWG-Länder (vor allem der Niederlande) zu provozieren und damit die weitere Entwicklung der Gemeinschaften komplett zu verhindern. Gleichzeitig sah man in einer Wiederbelebung der deutsch-französischen Zusammenarbeit ein Hauptanliegen der deutschen Außenpolitik, war aber im Grunde durch die prekäre außen- und deutschlandpolitische Situation der Bundesrepublik auf gute Beziehungen zu Frankreich und Großbritannien angewiesen.

Die Bundesrepublik war also in ein schwer auszutarierendes außenpolitisches Netzwerk eingebunden, dessen Beherrschung Fingerspitzengefühl erforderte. Der Bundesregierung blieb aus innen- und außenpolitischen Erwägungen im Grunde nur die Möglichkeit, als „ehrlicher Makler" zwischen den Interessen zu vermitteln. Immerhin konnte man sich innerhalb der Bundesregierung trotz der unterschiedlichen Beurteilungen auf eine gemeinsame Taktik einigen: Man spielte auf Zeit. Das hieß konkret, man musste den Engländern eine Beitrittsperspektive bieten, um eine Blockade der gesamten EWG-Entwicklung zu verhindern. Gleichzeitig mussten die französischen Bedenken ausgeräumt werden. Um diese Strategie durchhalten zu können, war man auf Frankreich und Großbritannien angewiesen. Eine provozierende französische Obstruktionspolitik gegen einen britischen Beitritt oder ein ungestümes Drängen der Briten würde diese Perspektive zerstören. Der Auftrag des Ministerrats an die Kommission, einen Bericht über die Beitrittsproblematik zu erstellen, entfaltete vor allem in diesem Zusammenhang seine Wirkung, denn durch den Zeitgewinn erhielt die Bundesregierung die Möglichkeit, auf beide Regierungen mäßigend einzuwirken. Auch der deutsche Ratsvorsitz im zweiten Halbjahr 1967 musste in diesem Sinne genutzt werden. Ob die Bundesregierung jedoch über den Einfluss verfügte,

---

[204] Bundesminister Brandt an die Botschaft in London, 27. 6. 1967, AAPD 1967, Dok. 236, S. 963 f.
[205] Ebd.; Blankenhorn, Verständnis, S. 515 f.; Böhmer, Bundesrepublik Deutschland, S. 87 f.

die französische und die britische Regierung von dieser Taktik zu überzeugen, mussten die nächsten Monate zeigen.

5. Ein schwacher Impuls für die europäische politische Einigung – Die Gipfelkonferenz in Rom am 29./30. Mai 1967

Der italienische Außenminister Amintore Fanfani lancierte im Dezember 1966 erstmals die Idee, aus Anlass des zehnjährigen Jubiläums der Römischen Verträge eine Gipfelkonferenz zu veranstalten. Im Gespräch mit Bundeskanzler Kiesinger berichtete Fanfani am 19. Dezember, dass er bei einer Unterredung mit de Gaulle zwei Tage zuvor eine Konferenz der Staats- und Regierungschefs angeregt habe. Er habe aus der Reaktion de Gaulles den Eindruck gewonnen, dass dieser zu einem solchen Gipfeltreffen bereit sei, auch wenn der französische Staatspräsident betont habe, dass eine Initiative dazu nicht von ihm ausgehen könne. Fanfani schlug Kiesinger vor, eine solche Versammlung im Zusammenhang mit dem zehnten Jahrestag der Unterzeichnung der Römischen Verträge (25. März 1957) zu veranstalten. Dann könnten die zur Feier anreisenden Staats- bzw. Regierungschefs sowie ihre Außenminister anschließend zu einer politischen Konferenz zusammentreten. Kiesinger erklärte sich grundsätzlich mit einem solchen Gipfeltreffen einverstanden.[206]

Nachdem die offizielle italienische Einladung am 3. Januar 1967 eingetroffen war, hatte Brandt im Gespräch mit Außenminister Fanfani am Rande des Treffens der Parteichefs der Sozialistischen Internationale am 5. Januar in Rom Gelegenheit, Näheres über die Ausgestaltung der Gipfelkonferenz zu erfahren.[207] Laut Fanfani sollten die Feierlichkeiten und die Regierungskonferenz deutlich voneinander getrennt erfolgen. Die Tagesordnung der Konferenz solle auf diplomatischem Wege festgelegt werden, man solle dabei aber möglichst frei sein. Denkbar seien aber die Punkte „offene und zukünftige Fragen der Gemeinschaft" sowie „Erweiterung des Gemeinsamen Marktes". Die Gipfelkonferenz dürfe nicht in einen direkten Zusammenhang mit den Verhandlungen über einen britischen Beitritt gestellt werden, sonst bestehe die Gefahr eines Scheiterns sowohl der Gipfelkonferenz als auch der Verhandlungen. Die Regierungskonferenz könne nur auf konstruktive „Englandverhandlungen" vorbereiten.

Aus den diplomatischen Vertretungen der Bundesrepublik in den Niederlanden und in Belgien trafen negative Meldungen in der Bonner Zentrale ein. Botschafter Knoke telegrafierte am 5. Januar 1967 aus Den Haag, dass der Abteilungsleiter im niederländischen Außenministerium de Ranitz ihm gegenüber erwähnt habe, er erwarte von dem Gipfeltreffen in Rom keine Fortschritte in Richtung eines politischen Europa oder in der Beitrittsfrage; es werde lediglich eine Zehn-Jahres-Erinnerungsfeier werden.[208] De Ranitz wies in diesem Zusammenhang auf die niederländische Ablehnung der England- und USA-Politik de Gaulles hin.

---

[206] Gespräch des Bundeskanzlers Kiesinger mit dem italienischen Außenminister Fanfani in Bonn, 19. 12. 1966, AAPD 1966, Dok. 404, S. 1670–1674, hier S. 1674.

[207] Gespräch des Bundesministers Brandt mit dem italienischen Außenminister Fanfani in Rom, 5. 1. 1967, AAPD 1967, Dok. 8, S. 32–42, hier S. 34–36.

[208] Drahtbericht Nr. 5 des Botschafters Knoke, Den Haag, an das AA betr. Wiederbelebung der deutsch-französischen Zusammenarbeit, hier: Rückwirkung auf die deutsch-niederländischen Beziehungen, 5. 1. 1967, PAAA, B150, Bd. 94, S. 148 f.

Der belgische Außenminister Harmel begrüßte im Gespräch mit dem deutschen Botschaftsrat Georg Röhrig am 7. Januar zwar die Gipfelkonferenz, hielt aber Sachgespräche für schwierig.[209] Dabei werde man um das Beitrittsthema nicht herumkommen, müsse hier aber sehr vorsichtig vorgehen, denn eine erste Erörterung dieses Themas auf der Gipfelkonferenz berge Gefahren. Dasselbe gelte für eine „relance européenne", da in politischen Fragen unter den Sechs kaum Übereinstimmung herrsche. Das Minimum sei eine Vereinbarung, dass kein Staat auf bestimmten Gebieten eine Entscheidung treffe, ohne vorher die anderen Mitgliedstaaten konsultiert zu haben. Sollte es zu einer solchen Vereinbarung kommen, wäre er bereit mitzuwirken; man dürfe aber nicht den bestehenden Gremien neue hinzufügen, in denen dann unverbindlich debattiert werde. Hinzu komme, dass man „nicht zwei Hasen zu gleicher Zeit jagen"[210] könne und man mit der England-Frage bereits genug Probleme habe. Es bestehe die Gefahr, den britischen Beitritt durch eine gleichzeitige Initiative in der Frage der politischen Konsultationen zu erschweren.

Nach diesen wenig ermutigenden Nachrichten konnten Kiesinger und Brandt bereits einige Tage später, im Rahmen der deutsch-französischen Konsultationen am 13./14. Januar 1967 in Paris, die Einstellung der französischen Regierung zu dem italienischen Vorstoß kennen lernen. Brandt erkundigte sich im Gespräch am 13. Januar bei seinem französischen Kollegen Couve de Murville nach der französischen Position zu der geplanten Rom-Konferenz.[211] Couve de Murville antwortete, dass die Feierlichkeiten eine Gelegenheit böten, sich zu sehen und verschiedene Dinge gemeinsam zu besprechen. Entscheidungen und Ergebnisse seien aber nicht zu erwarten. Brandt schnitt das Thema der politischen Zusammenarbeit an, dessen Erörterung er offensichtlich auf der Gipfelkonferenz erwartete. Er habe dem Bundeskanzler geraten, sich an keine der früher ausgearbeiteten Formeln gebunden zu sehen. Der deutsche Außenminister fuhr fort, dass er bereit sei, „von sich aus über jede Möglichkeit und jede Form zu sprechen, um die politische Konsultation und Koordination in Gang zu bringen"[212]. Couve de Murville betonte, es sei zunächst unerlässlich, dass Frankreich und Deutschland zu gemeinsamen politischen Ansichten kämen; die anderen Vier würden dann folgen. Dabei dürfe man aber nicht dogmatisch vorgehen und müsse auf die Schaffung von Institutionen verzichten.

Wesentlich ausführlicher kam die geplante Gipfelkonferenz im Gespräch Kiesingers mit de Gaulle zur Sprache, an dem auch Premierminister Pompidou sowie die beiden Außenminister teilnahmen.[213] De Gaulle fragte die deutschen Gesprächsteilnehmer, ob man der Meinung sei, dass diese Veranstaltung abgehalten werden solle, und wenn ja, welche Fragen man dort behandeln möchte. Brandt antwortete etwas überrascht, dass man bisher von einer französischen Zusage ausgegangen sei, sich über eine Tagesordnung noch keine Gedanken gemacht habe, aber sich von deutscher Seite bei der politischen Kooperation an keine bisher vorgeschlagene Form gebunden fühle. Die Bundesregierung werde in dieser Beziehung jedem Vorschlag zustimmen, der Fortschritte bringe. Voraussetzung sei

209 Drahtbericht Nr. 8 des Botschaftsrats Röhrig, Brüssel, an das AA betr. Europäische Gipfelkonferenz in Rom, 7. 1. 1967, PAAA, B150, Bd. 94, S. 169–171.

210 Ebd., S. 170.

211 Gespräch des Bundesministers Brandt mit dem französischen Außenminister Couve de Murville in Paris, 13. 1. 1967, AAPD 1967, Dok. 15, S. 78–89.

212 Ebd., S. 88.

213 Deutsch-französische Regierungsbesprechung in Paris, 13. 1. 1967, AAPD 1967, Dok. 17, S. 94–102.

jedoch, dass sich die französische und die deutsche Regierung weit genug über den politischen Inhalt einig seien, um die anderen mitziehen zu können.

Den letzten Gedanken unterstützte de Gaulle, der darauf hinwies, dass die beiden Länder, wenn sie denn die Konferenz akzeptierten, sich über die zu erörternden Themen einigen sollten, beziehungsweise wissen sollten, welche Themen gar nicht oder nur kurz zur Sprache kommen sollten. Sollte dies nicht gelingen, werde man wie schon zweimal[214] ohne eine Schlussfolgerung auseinander gehen.

Kiesinger merkte an, dass man keine Themen wählen sollte, bei denen man davon ausgehen könne, dass sie nicht von allen Sechs akzeptiert würden, da ein Fehlschlag der Konferenz die Lage nur verschlimmern würde. Als Thema schlug Kiesinger allgemein den Rom-Vertrag vor. Hinsichtlich einer Einigung über eine politische Zusammenarbeit war Kiesinger skeptisch. Unter Verweis auf eine Bemerkung des niederländischen Außenministers Luns ihm gegenüber, dass er von der Konferenz nicht viel erwarte, betonte Kiesinger, dass in dieser Frage die „alte holländische Haltung vorliege"[215]. Damit wies Kiesinger auf die niederländische Position gegenüber einer politischen Zusammenarbeit im Zusammenhang mit den Fouchet-Plänen von 1961 hin. Damals hatten die Niederländer eine politische Zusammenarbeit ohne die sofortige Beteiligung Großbritanniens abgelehnt.[216] Aufgrund der sich abzeichnenden Beitrittsbemühungen Großbritanniens fürchtete Kiesinger offensichtlich, dass die Niederländer ihre alte Forderung wiederholen und damit einen Beginn der politischen Zusammenarbeit blockieren würden.

Premierminister Pompidou schlug als konkrete Themen Steuer- und Währungspolitik sowie die Kennedy-Runde vor. Außerdem könne man statt über eine politische Union über politische Konsultationen sprechen. Auch über eine Ausweitung des Gemeinsamen Marktes könne man sich austauschen, obwohl man hier noch weit von einer klaren Position entfernt sei.

Außenminister Couve de Murville hielt es für wenig sinnvoll, über irgendwelche theoretischen Fragen, wie politische Konsultationen oder die Einsetzung politischer Organisationen, zu diskutieren. Dazu sei die Zeit noch nicht reif. Allenfalls könne man einen Beschluss fassen, dass die Sechs es für nützlich hielten, sich auch in Zukunft zu konsultieren und daher von Zeit zu Zeit zusammenzutreten. Auf der Konferenz könne man sich ja über Themen unterhalten, die auch in den deutsch-französischen Konsultationen zur Sprache kämen, wie zum Beispiel „der Osten, das europäische Problem, die Deutschland-Frage"[217].

Kiesinger hielt den von Couve angeregten Beschluss über weitere Treffen für nützlich und sah darin einen vorsichtigen Anfang in der gewünschten Richtung. Ablehnend stand er jedoch den Themenvorschlägen Couves für die Rom-Konferenz gegenüber. So erhalte ein Gespräch über die Deutschland-Frage in diesem Rahmen leicht einen improvisierten Charakter. Ein solches Gespräch bedürfe einer sorgfältigen Vorbereitung, die in der Kürze der Zeit nicht mehr zu erreichen sei.

---

214 Die Beschlüsse der Treffen der Staats- und Regierungschefs vom 10./11. 2. 1961 und vom 18. 7. 1961 zur außenpolitischen Zusammenarbeit wurden nicht umgesetzt.

215 Deutsch-französische Regierungsbesprechung in Paris, 13. 1. 1967, AAPD 1967, Dok. 17, S. 96.

216 Woyke, Erfolg durch Integration, S. 232–234.

217 Deutsch-französische Regierungsbesprechung in Paris, 13. 1. 1967, AAPD 1967, Dok. 17, S. 98.

De Gaulle bemerkte dazu ironisch, dass es offensichtlich nicht einfach sei, überhaupt etwas zu finden, was man sagen könne. „Das Treffen werde notgedrungen improvisierten Charakter tragen."[218]

Außenminister Brandt schlug daraufhin die Themen Technologie und Fusion der Exekutiven vor. Ersteres wurde von de Gaulle skeptisch betrachtet, da in diesem Zusammenhang auch das Verhältnis zu Großbritannien und zu den USA angesprochen werde. Frankreich könne aber der Einrichtung einer Kommission innerhalb der Gemeinschaften zustimmen, die sich mit Technologiefragen befasse. In der Fusionsangelegenheit verwies de Gaulle darauf, dass ihre Lösung allein von der Bundesregierung abhänge. Daraufhin einigte man sich in der Personalfrage Hallstein[219] und stellte fest, dass man damit ein konkretes Ergebnis für die Rom-Konferenz habe.

De Gaulle resümierte, dass man auf der Konferenz dann etwas zur Technologie, zur Fusion und zur Währung sagen könne. Die Bundesregierung wünsche offensichtlich nicht, dass man über echte politische Fragen spreche, da es schwer sei, darüber Einigkeit zu erzielen. Abschließend sei noch die Frage zu klären, ob man überhaupt nach Rom gehen solle. Die deutsche Delegation stutzte, und Brandt betonte, dass man davon ausgegangen sei, dass bereits eine Vorklärung darüber zwischen der italienischen und der französischen Regierung stattgefunden habe. Außerdem schlug Brandt vor, einen Meinungsaustausch über die ost/westeuropäischen Fragen auf der Gipfelkonferenz durchzuführen, dann könne man darauf aufbauend beschließen, sich von Zeit zu Zeit über nichtwirtschaftliche Fragen zu konsultieren. De Gaulle stellte klar, dass man der italienischen Regierung nur in Aussicht gestellt habe, dass man sich eine Teilnahme an der Konferenz gerne überlegen wolle, man sich in Frankreich jedoch keinen Illusionen hingebe, dort zu positiven politischen Schlussfolgerungen zu gelangen. Frankreich habe allerdings nichts einzuwenden, wenn es gelänge, ohne Streit unter den Sechs etwas zum Verhältnis Westeuropas zu Osteuropa zu sagen.

Dagegen sprach sich erneut Bundeskanzler Kiesinger aus, denn dann werde notwendigerweise auch das deutsche Problem angesprochen, und das halte er für gefährlich. Er kenne zwar die Konzeption de Gaulles über das Verhältnis zum Osten, in der die deutsche Frage gebührend berücksichtigt sei und in die das deutsche Volk vertraue; er wisse jedoch nicht, ob das in einer Diskussion in Rom so klar zum Ausdruck käme. Er wage kaum, eindrucksvolle Ergebnisse von der Rom-Konferenz zu erhoffen, so sehr er sich das auch wünsche. Er halte es zwar immer noch, wie vor zwölf Jahren im Europarat[220], für unerlässlich, dass Europa, anfangend mit den Sechs, ein „Minimum an solidarischem Verhalten in der politischen Welt"[221] zeigen müsse. Aber wenn man einen solchen Versuch machen wolle,

---

[218] Ebd.

[219] Siehe Kap. II. 2.

[220] Kiesinger spielte damit auf seine Initiative für eine Koordinierung der Außenpolitik unter den westeuropäischen Staaten an, die er als Berichterstatter des Politischen Ausschusses der Beratenden Versammlung des Europarats 1957/58 lanciert hatte. Kiesinger hatte dazu regelmäßige Treffen der westeuropäischen Regierungschefs sowie der Außenminister vorgeschlagen, die von einer ständigen Gruppe hochrangiger Beamter aus den jeweiligen Außenministerien vorbereitet werden sollten. Siehe Kiesinger, Dunkle und helle Jahre, S. 510–512; Fischer, Vertrauen für das neue Deutschland. Kiesinger hatte 1957 verschiedene Ausarbeitungen gesammelt und in Auftrag gegeben, in denen untersucht wurde, wie eine außenpolitische Zusammenarbeit in Westeuropa organisiert werden könnte. Siehe ACDP, Nl Kiesinger, Bd. A479.

[221] Deutsch-französische Regierungsbesprechung in Paris, 13. 1. 1967, AAPD 1967, Dok. 17, S. 102.

müsse man vorher genau darüber nachdenken. Dass dieses „solidarische Verhalten" bereits in Rom zustande komme, hielt Kiesinger für unrealistisch.

De Gaulle diagnostizierte daraufhin, dass die Tagung in Rom „ziemlich hohl sein"[222] werde. Auf die Bemerkung Couves, dass man nicht zusammentreffen könne, ohne über ein internationales politisches Thema zu sprechen, stellte de Gaulle fest, dass das Treffen gerade deswegen große Gefahren in sich berge und Frankreich aus diesem Grund noch nicht endgültig beschlossen habe, an der Konferenz teilzunehmen. Vor Ende April beziehungsweise Anfang Mai könne das Treffen sowieso nicht stattfinden. Bis dahin sollten sich die deutsche und die französische Regierung vage zu dem geplanten Treffen äußern, aber ihre Sympathie bekunden. Falls das Treffen stattfinde, gehe es zunächst

> „um die Begehung der von der Gemeinschaft im wirtschaftlichen und finanziellen Bereich geschaffenen Solidarität, die zu vervollkommnen sei. Vielleicht könne dann auch ein politischer Meinungsaustausch ohne Tagesordnung und somit ohne gemeinsame bereits zu fassende Beschlüsse stattfinden. Sonst würde in den Zeitungen wieder geschrieben, nun werde Europa geschaffen, nun werde man über England, Amerika, Rußland befinden, während tatsächlich die armen Sechs sich über gar nichts einigen könnten. Man solle daher sehr vorsichtig vorgehen."[223]

Am folgenden Tag äußerte Kiesinger in einem weiteren Gespräch mit de Gaulle, dass er über die Rom-Konferenz noch einmal nachgedacht habe. Man solle die Veranstaltung machen und könne einige Punkte in Rom besprechen. In erster Linie denke er an die Fusion. Man solle doch gemeinsam überlegen, welche Themen dort ohne Tagesordnung angesprochen werden könnten. Gut wäre es, wenn am Ende der Konferenz der Beschluss stünde, dass die Minister der Sechs, angefangen mit den Außenministern, regelmäßig zusammenträten.[224]

Wenige Tage später warnte der deutsche Botschafter in Paris, Manfred Klaiber, davor, allzu große Hoffnungen mit der Rom-Konferenz zu verbinden.[225] De Gaulle habe ihm gegenüber am Rande eines Diners zu Ehren des diplomatischen Korps im Elysée bedauert, „dass die verstärkte deutsch-französische Zusammenarbeit noch nicht zu einer Koordinierung der Außenpolitik der sechs EWG-Partner zu führen scheine"[226]. Daher sei de Gaulle skeptisch gegenüber der Gipfelkonferenz und habe sich noch nicht zur persönlichen Teilnahme entschieden. Klaiber empfahl, auch nach außen keine großen Erwartungen an die Rom-Konferenz zu wecken. De Gaulle habe wohl die starre Haltung der Niederlande gegenüber den Fouchet-Plänen nicht vergessen und scheine daher, ähnlich wie bei seiner Ablehnung der deutschen politischen Initiative[227], davon auszugehen, dass eine Erarbeitung einer gemeinsamen Außenpolitik zurzeit aufgrund der Haltung einiger anderer Partner nicht möglich sei.

Von dem Treffen der Benelux-Außenminister am 20. Januar 1967 berichtete Botschafter Knoke aus Den Haag, dass sich die Außenminister einig gewesen seien, keine communautären Fragen auf der Rom-Konferenz zu erörtern, da die Kommission an dem Gipfeltref-

---

[222] Ebd.

[223] Ebd.

[224] Gespräch des Bundeskanzlers Kiesinger mit dem französischen Staatspräsidenten de Gaulle in Paris, 14. 1. 1967, PAAA, B150, Bd. 94, S. 477–491, hier S. 491.

[225] Drahtbericht Nr. 105 des Botschafters Klaiber, Paris, an das AA, 18. 1. 1967, PAAA, B150, Bd. 95, S. 628 f.

[226] Ebd., S. 628.

[227] Klaiber bezog sich hier wohl auf die deutsche Initiative zum Aufbau einer politischen Union vom 4. 11. 1964. Siehe Kap. I., Fn. 4.

fen nicht teilnehmen werde.[228] Eine Ausnahme könne man lediglich bei der Frage der Fusion der Exekutiven und dem Beitrittsthema machen.

Auch die Bundesregierung passte ihre Vorstellungen zu der Gipfelkonferenz dieser von allen Seiten an sie herangetragenen geringen Erwartung an. Außenminister Brandt erklärte Premierminister Wilson im Rahmen des deutsch-britischen Regierungsgesprächs am 15. Februar zum Thema Gipfelkonferenz, dass man in Rom höchstens weitere Regierungszusammenkünfte vereinbaren werde, die aber nichts präjudizierten. Das zweite Thema werde die wahrscheinlich noch vor dem Sommer erfolgende Fusion der Exekutiven sein.[229] Brandt war im Gespräch offensichtlich bemüht, den Briten die Angst zu nehmen, man könne vor Verhandlungsbeginn weichenstellende Entscheidungen über die weitere Entwicklung der EWG treffen, ohne dass die Briten an der Entscheidungsfindung beteiligt seien.

Nachdem sich schon ein minimales Konferenzergebnis abzuzeichnen begann, überraschte der belgische Außenminister Harmel Bundeskanzler Kiesinger am 15. Februar mit einem weitreichenden Vorschlag.[230] Zunächst wiederholte Harmel den Benelux-Standpunkt, dass man keine Fragen auf der Konferenz behandeln solle, die in die Zuständigkeiten der Gemeinschaft fielen, weil einige Länder wohl die Beteiligung der Kommission nicht wünschten. Über Fragen der politischen Einigung Europas solle man nur verhandeln, wenn man mit einem zumindest bescheidenen Ergebnis rechnen könne. Wichtig sei es, einen Misserfolg der Besprechungen zu vermeiden. Nach Absprache mit seinen Kollegen sei von Seiten der Beneluxländer keine Initiative zu erwarten. Man wisse aber, dass von Seiten der Bundesrepublik, Frankreichs und Italiens eine solche Initiative geplant sei, und er wolle daher die eigenen Überlegungen in dieser Sache vortragen. Harmel schlug daraufhin vor, zu prüfen, ob man auf der Konferenz nicht den Außenministern den Auftrag erteilen könne, mit ihren Kollegen aus anderen europäischen Ländern, die nicht zur europäischen, aber zur atlantischen Gemeinschaft gehörten, insbesondere Großbritannien, bestimmte Themen gemeinsam zu erörtern. Eine Liste von Themen solle vorbereitet werden und jeder teilnehmende Staat müsse sich verpflichten, zu diesen Themen keine Entscheidung zu treffen, ohne die anderen Staaten konsultiert zu haben. Als Themenbeispiele nannte Harmel Fragen der Ost-West-Beziehungen und den technologischen Rückstand Europas gegenüber den USA. Verteidigungsfragen kämen aufgrund des französischen Widerstands nicht in Betracht – genauso wenig Fragen aus der Zuständigkeit der Gemeinschaft. Ausgehend von solchen Besprechungen könne man eine weitergehende politische Zusammenarbeit in Europa aufbauen. Mit weniger könne man aber nicht beginnen.

Kurioserweise schob Harmel die Verantwortung für eine solche Initiative jetzt der Bundesregierung und Frankreich zu. Eine gemeinsame Initiative dieser beiden Staaten sei, so Harmel, entscheidend für die Verwirklichung dieses Plans. Die Entscheidung darüber, für wie nützlich man diesen Vorschlag halte, liege jetzt beim Bundeskanzler. Der belgische Außenminister verhehlte nicht, dass man die britische Regierung bereits informiert habe.

---

[228] Drahtbericht Nr. 27 des Botschafters Knoke, Den Haag, an das AA, 24. 1. 1967, PAAA, B150, Bd. 95, S. 791–793.

[229] Gespräch des Bundeskanzlers Kiesinger mit Premierminister Wilson in Bonn, 15. 2. 1967, AAPD 1967, Dok. 55, S. 271–282, hier S. 279 f.

[230] Hierzu und zu dem Folgenden: Gespräch des Bundeskanzlers Kiesinger mit dem belgischen Außenminister Harmel in Bonn, 20. 2. 1967, AAPD 1967, Dok. 62, S. 305–309.

Dort sei man zwar nicht begeistert gewesen, da man sich vorrangig auf die Beitrittsfrage konzentriere. Unter der Voraussetzung, dass man so rasch wie möglich beteiligt werde, habe man jedoch keine Bedenken gegen solche Besprechungen.

Kiesinger war nach dieser Offensive Harmels etwas verlegen und versicherte diplomatisch, über Harmels interessante Informationen nachzudenken. Anschließend wolle man mit der französischen Regierung darüber sprechen. Pessimistisch äußerte sich Kiesinger gegenüber einer Beteiligung Großbritanniens an den vom belgischen Außenminister angeregten Gesprächen. Harmel entgegnete, dass eine Nichtbeteiligung Großbritanniens dort große Unruhe hervorrufen werde. Er selbst sei mittlerweile immer stärker davon überzeugt, dass das von de Gaulle geforderte Europa „auf einem dreifüßigen Stativ"[231] Großbritannien, Frankreich, Deutschland verankert werden müsse.

Die belgischen Überlegungen wurden auch in Form eines Aide-Mémoires am 22. Februar dem Auswärtigen Amt übergeben.[232] Der belgische Vorstoß beruhte wohl auf der Annahme der Benelux-Staaten, die Bundesrepublik, Frankreich und Italien planten eine politische Initiative. Das veranschaulichten auch die Gespräche der Briten mit der niederländischen Regierung am 26./27. Februar in Den Haag.[233] Die Niederländer betonten gegenüber den Briten, es sei durchaus denkbar, dass der General auf der Gipfelkonferenz in Rom die Bildung einer politischen Union der Sechs in den Vordergrund stellen werde. An einer solchen Erörterung würde Großbritannien nicht beteiligt werden. Durch die Diskussion über die politische Union werde der britische Beitritt „sine die" vertagt. Luns machte deutlich, dass sich seine Regierung einer solchen erwarteten Blockadetaktik de Gaulles in der Beitrittsfrage widersetzen werde. Anscheinend war also der Vorstoß Harmels als Signal gedacht, dass man von Benelux-Seite nur an einer Erörterung über politische Konsultationen unter den von Harmel genannten Bedingungen interessiert sei. Sollten diese Bedingungen von der Bundesrepublik, Frankreich und Italien nicht akzeptiert werden, so hielten es die Benelux-Staaten für sinnvoller, das Thema „politische Konsultationen" auf der Gipfelkonferenz überhaupt nicht anzupacken.[234] Damit hätte man auch die vermutete Blockadetaktik de Gaulles vereitelt.

Am 3. März unterrichtete Kiesinger den französischen Botschafter Seydoux über die Anregungen Harmels.[235] Den Vorschlag des belgischen Außenministers, den Teilnehmerkreis für die außenpolitischen Konsultationen der sechs Außenminister zu erweitern, bezeichnete Kiesinger als „trojanische[s] Pferd"[236]. Den Versuch, außenpolitische Konsultationen anzubahnen, halte er für begrüßenswert, das Problem sei jedoch die Beteiligung Großbritanniens. Kiesinger übergab daraufhin eine Ablichtung des belgischen Aide-Mémoires an Seydoux, der sich skeptisch zu dem belgischen Vorschlag äußerte. Politische

---

231 Ebd., S. 309.

232 Aide-Mémoire der belgischen Regierung, 22. 2. 1967, PAAA, B150, Bd. 97, S. 1740–1743.

233 Drahtbericht Nr. 435 des Botschafters Blankenhorn, London, an das AA betr. Großbritannien und die EWG, hier: Besuch des britischen Premierministers in Den Haag, 28. 2. 1967, PAAA, B150, Bd. 97, S. 1969–1971, hier S. 1970.

234 Kramer, Politische Union, S. 228, verweist auf einen Brief Harmels an Fanfani, in dem der belgische Außenminister betont, man habe mit dem Vorstoß zeigen wollen, dass die Beneluxländer nicht an einer europapolitischen Initiative interessiert seien.

235 Gespräch des Bundeskanzlers Kiesinger mit dem französischen Botschafter François Seydoux in Bonn, 3. 3. 1967, AAPD 1967, Dok. 82, S. 375–381.

236 Ebd., S. 376.

Probleme könnten seiner Meinung nach nur unter den Sechs besprochen werden. Erst nach eventuell erfolgten Beitritten könne man weitersehen.

Am 7. März unterzog der Leiter der Unterabteilung A in der Politischen Abteilung des Auswärtigen Amts, Paul Frank, die Vorschläge Harmels einer genauen Analyse.[237] Nach einer Zusammenfassung der wesentlichen Punkte stellte Frank fest, dass es fraglich erscheine, ob Harmels Gedanken bei den Partnern auf Zustimmung stoßen werden. Selbst Harmel habe anscheinend Bedenken, da die Beneluxländer nicht die Initiative ergreifen wollten. Es könne sich jedoch lohnen, die Gedanken Harmels weiterzuverfolgen und bei der Gipfelkonferenz, eventuell nur am Rande, zu erörtern. Dann müssten sich aber wenigstens der Initiator Harmel und die Benelux-Regierungen mit dem Vorschlag identifizieren. Als problematisch beurteilte Frank die sofortige Beteiligung Großbritanniens an den Konsultationen. Dann sei sogar mit der Absage der französischen Teilnahme an der Gipfelkonferenz zu rechnen. Ein solcher Vorschlag werde voraussichtlich auch die britischen Beitrittsbemühungen erschweren. Sollte der Konsultationsvorschlag Harmels jedoch ansonsten auf allgemeine Zustimmung stoßen, könne man das britische Problem dadurch entschärfen, dass man eine Konsultationsvereinbarung zu sechst treffe und gleichzeitig die vierteljährlichen WEU-Beratungen, an denen Großbritannien bereits beteiligt sei, ausbaue. Die WEU-Partner könnten sich verpflichten, auch in diesem Rahmen die anderen Partner vor einer Entscheidung zu bestimmten Sachgebieten zu konsultieren. Weitere Aufschlüsse über die Nützlichkeit der belgischen Vorschläge erwartete Frank von den Reaktionen der italienischen und der französischen Regierung in den nächsten Wochen.

Erwartungsgemäß äußerte sich die französische Seite negativ über den Vorschlag des belgischen Außenministers. Staatssekretär Schütz vermerkte nach einem Gespräch mit dem französischen Botschafter Seydoux am 7. März, dass der Vorschlag die Franzosen unglücklich gestimmt habe und sie ihn für wenig sinnvoll hielten.[238] Der General sei dadurch nicht stimuliert worden, nach Rom zu kommen. Für die französische Regierung sei es unverständlich, in dem momentanen Stadium eine Art „Gipfelkonferenz" mit den Briten zu veranstalten.

Gelegenheit zur weiteren Erörterung der Vorschläge Harmels und der Gestaltung der Gipfelkonferenz bot die WEU-Ministerratstagung am 4./5. April in Rom. Brandt vertrat im Gespräch mit dem italienischen Außenminister Fanfani und dem luxemburgischen Außenminister Pierre Grégoire die Ansicht, dass Harmels Vorschlag nicht weiterführe.[239] Eine Konsultationsabsprache wäre zwar an sich vernünftig, eine sofortige Beteiligung Großbritanniens jedoch bedenklich und würde auf Widerstand stoßen. Harmel verzichtete in der Folgezeit darauf, seinen Vorschlag weiterzuverfolgen, der aufgrund seiner Forderung nach einer sofortigen Teilnahme Großbritanniens an den politischen Konsultationen keine Aussicht auf Erfolg versprach.[240]

---

[237] Aufzeichnung des Leiters der Unterabteilung A in der Politischen Abteilung des AA, Paul Frank, betr. „Gipfelkonferenz" in Rom, hier: Gedanken des belgischen Außenministers Harmel, 7. 3. 1967, PAAA, B150, Bd. 98, S. 2261–2263.

[238] Vermerk des Staatssekretärs des AA, Klaus Schütz, über ein Gespräch mit dem französischen Botschafter Seydoux am 7. 3. 1967, 8. 3. 1967, PAAA, B150, Bd. 98, S. 2329 f.

[239] Botschafter Herwarth von Bittenfeld, Rom, an das AA, 5. 4. 1967, AAPD 1967, Dok. 118, S. 534–537, hier S. 535.

[240] Aufzeichnung des AA betr. „Gipfelkonferenz" der sechs EWG-Staaten in Rom am 30. 5. 1967, hier: Wiederaufnahme der Bemühungen um politische Zusammenarbeit, 17. 5. 1967, PAAA, B150, Bd. 103, S. 4126–4131, hier S. 4130.

Fanfani betonte am Rande des WEU-Treffens, dass keine große Tagesordnung für die Gipfelkonferenz in Aussicht genommen werde. Wenn man am ersten Tag die Feierlichkeiten beginge, könne man am zweiten Tag Ost-West-Fragen diskutieren, abschließend die Fusion besprechen und eine Formel erarbeiten, die es ermögliche, dass sich die Regierungschefs oder die Außenminister erneut zur Behandlung politischer Fragen treffen könnten.[241]

Über die Zusage de Gaulles, unter der Voraussetzung, dass die anderen Partner mit der französischen Auffassung über die Gipfelkonferenz übereinstimmten, an der Gipfelkonferenz teilzunehmen, berichtete Botschafter Klaiber am 11. April aus Paris.[242] De Gaulle gehe davon aus, dass keine feste Tagesordnung erstellt werde. Themen der Gespräche könnten „der weitere Ausbau der EWG zur Wirtschaftsunion, die Fusion der Exekutiven, Ost-West-Probleme und sonstige gemeinsam interessierende politische Fragen sein"[243]. Der Beitritt Großbritanniens sei nicht als Konferenzthema geeignet.[244] Als Termin für das Gipfeltreffen nannte de Gaulle die zweite Maihälfte.

Im Gespräch mit Außenminister Couve de Murville gelang es Außenminister Brandt am 27. April, den französischen Standpunkt in der Beitrittsfrage aufzuweichen. Couve de Murville erklärte sich einverstanden, dass auf der Rom-Konferenz doch die Beitrittsfrage Großbritanniens besprochen werden könne, jedoch nach wie vor nicht aufgrund einer vorher erstellten Tagesordnung – immerhin ein kleiner Erfolg, den Brandt sogleich dem britischen Außenminister George Brown mitteilte.[245]

Couve unterrichtete seinen deutschen Kollegen auch darüber, dass die französische Regierung einer Vereinbarung weiterer Treffen der sechs Außenminister der EWG in gewisser Regelmäßigkeit zustimmen werde.[246] Couve war jedoch der Meinung, dass die Niederländer diesen Vorschlag nicht akzeptierten. Brandt erklärte daraufhin, dass die deutsche Seite keine neuen Vorschläge bringen würde; die deutsche Haltung sei pragmatisch, man wäre auch mit Ad-hoc-Zusammenkünften der Staatschefs oder der Außenminister einverstanden.

Außerdem setzte sich Brandt für eine Verbesserung der Konsultationen in der WEU ein.[247] Er habe bei seinen Gesprächen in London über die Entwicklung im Ost-West-Bereich „in weiten Passagen" ein „nahtloses Aneinanderpassen der Auffassungen" festgestellt[248]. Daraus sei sein Gedanke entstanden, mehr aus der WEU zu machen. Auf diesem

---

241 Botschafter Herwarth von Bittenfeld, Rom, an das AA, 5. 4. 1967, AAPD 1967, Dok. 118, S. 534–537, hier S. 534.

242 Drahtbericht Nr. 591 des Botschafters Klaiber, Paris, an das AA betr. Gipfelkonferenz der EWG-Partner, 11. 4. 1967, PAAA, B20, Bd. 1195.

243 Ebd.

244 Bereits am 4./5. April hatte der Generalsekretär im französischen Außenministerium, Hervé Alphand, Brandt darüber informiert, dass de Gaulle unter der Bedingung, dass das britische Beitrittsgesuch nicht auf der Tagesordnung stehe, an der Gipfelkonferenz teilnehme; man könne aber am Rande der Konferenz darüber sprechen. Botschafter Herwarth von Bittenfeld, Rom, an das AA, 5. 4. 1967, AAPD 1967, Dok. 118, S. 534–537, hier S. 534.

245 Aufzeichnung der Abteilung I des AA betr. Beitritt Großbritanniens zur EWG, hier: Schreiben des Herrn Ministers an den britischen Außenminister, 28. 4. 1967, PAAA, B150, Bd. 101, S. 3751–3753.

246 Runderlass Plurex Nr. 1403 des AA betr. deutsch-französische Konsultationen der Außenminister am 27./28. 4. 1967, 2. 5. 1967, PAAA, B150, Bd. 102, S. 3838–3841.

247 Aufzeichnung der Abteilung I des AA betr. deutsch-französischer Vertrag vom 22. 1. 1963; hier: Konsultationen der Außenminister am 27. und 28. 4. 1967 in Bonn, 24. 5. 1967, PAAA, B150, Bd. 101, S. 3762–3782, hier S. 3769 f.

248 Ebd., S. 3769.

Wege könne man die dringend notwendige parallele Entwicklung der Vorstellungen hinsichtlich einer europäischen Friedensordnung erreichen.

Couve de Murville versprach, über den Vorschlag Brandts nachzudenken, verhehlte jedoch nicht, dass er es als schwierig ansehe, in dieser Hinsicht konkrete Erfolge zu erzielen, da einige beteiligte Länder andere Interessen und eine andere Verantwortung hätten als Deutsche oder Franzosen.

Zu einer echten Gefahr für das Zustandekommen der Gipfelkonferenz, die mittlerweile auf Ende Mai terminiert war, entwickelte sich die Frage, ob der amtierende Kommissionspräsident Hallstein auf der Veranstaltung reden dürfe. Hallstein, der zunächst nicht auf der Rednerliste Fanfanis für die Rom-Konferenz stand, sollte vor allem nach Meinung der niederländischen und der belgischen Regierung neben dem bereits vorgesehenen italienischen Staatsoberhaupt und dem amtierenden Ratspräsidenten in Rom sprechen.[249] Auch die Bundesregierung unterstützte dieses Anliegen.[250] Die Frage wurde im Rahmen eines Mittagessens der sechs EWG-Außenminister am 11. Mai ausführlich diskutiert. Eine Einigung kam jedoch nicht zustande, da sich der französische Außenminister Couve de Murville vehement gegen eine Rede Hallsteins aussprach und sogar mit dem Fernbleiben de Gaulles drohte.[251] Staatssekretär Lahr notierte dazu, dass die Kommission mit dem Gedanken spiele, ihre Einladung abzulehnen, wenn ihr Vertreter nicht sprechen dürfe. Dann bestünde auch die Möglichkeit, dass Regierungen wie die niederländische ihre Teilnahme wieder in Frage stellten. Als Notlösung könne vielleicht der Ratspräsident in seiner Ansprache die Leistungen der Kommission herausheben. Die Italiener entschieden sich jedoch für eine andere Lösung: Sie schlugen vor, sowohl auf die Rede Hallsteins als auch auf die Rede des amtierenden Ratspräsidenten zu verzichten.[252] Mit dieser salomonischen Regelung waren alle Regierungen einverstanden.[253]

Parallel zu diesen Auseinandersetzungen entwickelte die Bundesregierung ihre Haltung zur Frage der politischen Konsultationen auf der Gipfelkonferenz. Nach einer Übersicht über die Positionen der sechs EWG-Länder zu der Frage der politischen Zusammenarbeit kam das Auswärtige Amt am 17. Mai zu dem Schluss, dass einige Aussicht bestehe, auf der Konferenz weitere Regierungschef- oder Außenministertreffen in mehr oder minder regelmäßigem Turnus zu vereinbaren.[254] Für die Ausführungen des Bundeskanzlers schlug das Auswärtige Amt vor, zunächst die grundsätzliche Überzeugung der Bundesre-

---

[249] Aufzeichnung des Referatsleiters „Europäische Gemeinschaften", von Stempel, betr. Gespräch mit dem Botschaftsrat der niederländischen Botschaft in Bonn, Jalink, vom 17. 4. 1967, 18. 4. 1967, PAAA, B20, Bd. 1195. Diesen Wunsch äußerten die Niederländer auch in ihrem Antwortschreiben auf die Einladung Fanfanis zu der Gipfelkonferenz am 29./30. Mai. Siehe dazu die Aufzeichnung des Referatsleiters „Europäische Gemeinschaften", von Stempel, betr. Gespräch mit dem Botschaftsrat der niederländischen Botschaft in Bonn, Jalink, am 2. 5. 1967, 3. 5. 1967, PAAA, B20, Bd. 1195.

[250] Vermerk des Referatsleiters „Europäische Gemeinschaften", von Stempel, betr. Gipfelkonferenz, 5. 5. 1967, PAAA, B20, Bd. 1195.

[251] Hierzu und zu dem Folgenden: Aufzeichnung StS 1073/67 des Staatssekretärs Lahr betr. Vorbereitung der Rom-Konferenz, 12. 5. 1967, PAAA, B20, Bd. 1195.

[252] Aufzeichnung der Abteilung I des AA betr. Feier des 10. Jahrestags der Unterzeichnung der Römischen Verträge am 29. Mai in Rom; hier: Rede des amtierenden Ratspräsidenten, des belgischen Außenministers Harmel, 23. 5. 1967, PAAA, B20, Bd. 1195.

[253] Randbemerkung Meyer-Lindenbergs, ebd.

[254] Aufzeichnung des AA betr. „Gipfelkonferenz" der sechs EWG-Staaten in Rom am 30. 5. 1967, hier: Wiederaufnahme der Bemühungen um politische Zusammenarbeit, 17. 5. 1967, PAAA, B150, Bd. 103, S. 4126–4131, hier S. 4129.

gierung von der Notwendigkeit organisierter politischer Zusammenarbeit in der EWG zu betonen. Das erscheine bereits durch die Fortentwicklung der Gemeinschaft, vor allem in der Handelspolitik, erforderlich. Oberstes Ziel sei jedoch, durch die Verbindung der Kräfte der europäischen Staaten Europas Platz in der Welt zu sichern. Mit der politischen Zusammenarbeit solle jetzt begonnen werden, „auch wenn unter den Teilnehmern noch nicht ein von allen als ausreichend angesehenes Maß politischer und verteidigungspolitischer Übereinstimmung besteht“[255]. Die deutsche Regierung plädiere für ein pragmatisches Vorgehen – an frühere Formeln und Pläne fühle sie sich nicht gebunden. Die Entwicklung seit dem letzten Gipfeltreffen der Sechs in Bonn 1961 habe gezeigt, dass das „Stadium der intergouvernementalen Zusammenarbeit nicht übersprungen werden kann“[256]. Die Zeit sei jetzt reif, auf dieser Basis einen neuen Versuch zur politischen Zusammenarbeit zu starten. Dies könne in Form von mehr oder weniger regelmäßigen Treffen der Staats- und Regierungschefs oder der Außenminister geschehen. Man hoffe, damit einen Ausgangspunkt für die Harmonisierung der Auffassungen und in der Folge auch der Politik der Sechs gefunden zu haben.

Nach einem Bericht des Botschafters Knoke aus den Niederlanden über ein am 25. Mai stattgefundenes Gespräch mit dem Leiter der Europa-Abteilung im niederländischen Außenministerium, Carl Dietrich Barkman, erschien die Einschätzung im Auswärtigen Amt vom 17. Mai, dass man zu einer Vereinbarung regelmäßiger Konsultationen gelangen könne, reichlich optimistisch.[257] Wie Knoke berichtete, habe vor allem die dezidiert negative Meinung de Gaulles zum britischen Beitritt, die er am 16. Mai auf seiner Pressekonferenz[258] verkündet habe, die Niederländer verbittert. Barkman habe betont, dass de Gaulle im Grunde keine Konsultationen zur Vorbereitung politischer Entscheidungen wolle, sondern bindende politische Entscheidungen für die anderen Partner selbstherrlich treffe. Daher sei man auch nicht bereit, die politische Union der Sechs jetzt nach fünfjährigem Stillstand wiederzubeleben, denn diese könne nach der Pressekonferenz de Gaulles nur eine anti-britische Spitze haben. Im Übrigen müsse de Gaulle gesagt werden, dass Frankreich für den Stillstand verantwortlich sei.

Ausführlich beschäftigte man sich auch im Bundeskanzleramt mit der Frage der politischen Zusammenarbeit. Der Parlamentarische Staatssekretär Guttenberg stellte wiederholt fest, dass das zentrale Anliegen des Bundeskanzlers die Schaffung einer europäischen politischen Zusammenarbeit sei. Am 23. April vermerkte er für Kiesinger, dass man nicht nur sondieren müsse, ob

> „die alten Beschlüsse über regelmäßige Treffen der Regierungschefs sowie der Außenminister wieder in Kraft gesetzt werden [könnten], sondern daß ein Arbeitsorgan aus Beamten der sechs Regierungen gebildet wird, das den Regierungschefs für die praktische Arbeit zur Verfügung steht. Eine, wenn auch noch so bescheidene Apparatur, ist erforderlich, wenn die Zusammenarbeit Erfolg haben und sich nicht nur in gelegentlichen Konferenzen erschöpfen soll.“[259]

---

255 Ebd., S. 4130.

256 Ebd., S. 4131.

257 Drahtbericht Nr. 157 des Botschafters Knoke, Den Haag, an das AA betr. Sechser-Gipfeltreffen in Rom, 25. 5. 1967, PAAA, B150, Bd. 103, S. 4264 f.

258 Pressekonferenz des französischen Staatspräsidenten, Charles de Gaulle, am 16. 5. 1967 (Auszug betr. Europäische Gemeinschaften), in: EA 22 (1967), S. D249–D253. Vgl. hierzu auch Kap. II. 4.

259 Vermerk des Parlamentarischen Staatssekretärs im Bundeskanzleramt, Guttenberg, betr. Gespräche des Herrn Bundeskanzlers mit Präsident de Gaulle, Ministerpräsident Moro, Premierminister Wilson, 23. 4. 1967, BaK, Nl Guttenberg, Bd. 90, S. 258–260, hier S. 259.

Da mit einem niederländischen Widerstand in dieser Frage zu rechnen sei, müsse man vor einer Initiative versuchen, außer den Franzosen wenigstens noch die Italiener zu gewinnen.

Außenminister Brandt, der das britische Beitrittsgesuch für das zentralere Thema der Gipfelkonferenz hielt, versicherte dagegen laut britischen Quellen Außenminister Brown im April, dass die Bundesregierung einen Versuch, die politischen Konsultationen auf dem Rom-Gipfel zu reaktivieren, nicht unterstützen werde.[260]

Im Gespräch mit Ministerpräsident Aldo Moro am 24. April taktierte Kiesinger wesentlich vorsichtiger, als es sein Parlamentarischer Staatssekretär Guttenberg empfohlen hatte. Kiesinger sprach lediglich davon, dass sich aus der Rom-Konferenz „neue Impulse zur Konsolidierung der bestehenden und Entwicklung neuer Formen und Institutionen" ergeben könnten[261]. Moro sprach ähnlich nebulös von der Schaffung eines Europas, „das zugleich umfassender und ‚organisierter' [...] sein müsse"[262].

Am 19. Mai erhielt Kiesinger einen Brief des deutschen EWG-Kommissars Hans von der Groeben, in dem dieser sich für die Erhaltung der EWG als Sockel für eine politische Einigung einsetzte.[263] Das sei nur möglich, wenn sie zu einer Wirtschaftsunion ausgebaut werde und gleichzeitig eine enge Koordinierung der Außen- und Verteidigungspolitik erfolge. Andernfalls, warnte der Kommissar, werde die EWG zu einer reinen Handelsorganisation absinken und sei dann für künftige politische Ziele ungeeignet. Gerade der Beitrittsantrag Englands stelle die EWG jetzt vor die Herausforderung, die Weichen zu stellen. Er schlage daher für die Rom-Konferenz vor, der Herr Bundeskanzler solle dort:

> „1. mit Nachdruck darauf hinweisen, wie wichtig für die innenpolitische Entwicklung und außenpolitische Orientierung der Bundesrepublik Deutschland weitere greifbare Fortschritte in der europäischen Einigung sind,
> 2. unterstreichen, daß in dem Durchbruch nach vorn die einzige befriedigende Lösung des englischen Problems liegt,
> 3. daraus die Forderung ableiten, die Regierungschefs möchten beschließen,
> a) daß sie mit Nachdruck auf die Vollendung der Wirtschaftsunion der Mitgliedstaaten des Gemeinsamen Marktes hinwirken werden [...],
> b) unverzüglich zu prüfen, wie progressiv eine de facto-Währungsunion der europäischen Staaten geschaffen werden kann,
> c) sich regelmäßig in außenpolitischen Fragen zu konzertieren und zu diesem Zweck ein neues Treffen im Herbst abzuhalten, das in der Zwischenzeit von den sechs Außenministern vorbereitet würde."[264]

Kiesinger hatte noch am 25. Mai das Memorandum von der Groebens studiert und flog entsprechend eingestimmt wenige Tage später mit Außenminister Brandt und weiteren Delegationsteilnehmern nach Rom. Nach monatelanger Vorbereitung und mit gedämpften Erwartungen begann das Treffen am 29. Mai. Nachdem am ersten Tag die Feierlich-

---

[260] Böhmer, Bundesrepublik Deutschland, S. 86. Der Vorsitzende des „Aktionskomitees für die Vereinigten Staaten von Europa", Jean Monnet, hatte Willy Brandt bereits in einem Brief vom 7. Januar 1967 dringend davon abgeraten, auf der Gipfelkonferenz in Rom eine Initiative für die politische Zusammenarbeit zu ergreifen. Eine Diskussion darüber werde von anderen nur missbraucht, um einen britischen Beitritt hinauszuzögern. Monnet an Brandt, 3. 1. 1967, AdsD, WBA, Bestand Außenminister, Mappe 36.

[261] Gespräch des Bundeskanzlers Kiesinger mit Ministerpräsident Moro, 24. 4. 1967, AAPD 1967, Dok. 140, S. 634–641, hier S. 635.

[262] Ebd., S. 636.

[263] Von der Groeben an Kiesinger, 19. 5. 1967, ACDP, Nl Kiesinger, A003.

[264] Ebd.

keiten abgehalten worden waren, eröffnete der italienische Ministerpräsident Moro den zweiten Tag der Konferenz der Staats- und Regierungschefs.[265] Drei Punkte sollten seiner Meinung nach erörtert werden: die Fusion der Exekutiven, die Beziehung der Gemeinschaft zu Drittländern und der Beginn eines „lebhafteren Gedankenaustausches unter den Sechs mit dem Ziel der Verstärkung der Bemühungen um politische Zusammenarbeit"[266]. De Gaulle stimmte Moro grundsätzlich zu und begrüßte weitere Konferenzen der Staats- und Regierungschefs oder Außenministertreffen als Verstärkung der politischen Kontakte unter den Sechs. Auch Kiesinger plädierte unter Anspielung auf die eskalierende Nahost-Krise für ein Mindestmaß an solidarischem Verhalten unter den Sechs. Darum seien weitere Treffen der Staats- und Regierungschefs oder der Außenminister nötig. Diese Treffen könnten durch Experten vorbereitet werden. Damit ging der Bundeskanzler über den Vorschlag des Auswärtigen Amts, nur weitere Konsultationen vorzuschlagen, hinaus, kam aber seinem 1957/58 in der Parlamentarischen Versammlung des Europarats gemachten Vorschlägen zur außenpolitischen Koordinierung der westeuropäischen Staaten sehr nahe.[267] Der belgische Ministerpräsident Paul Vanden Boeynants befürwortete eine Wiederaufnahme der Konsultationen der Außenminister mit dem Endziel, zu einer einheitlichen Außenpolitik der Sechs zu gelangen. Unterstützt wurde der Gedanke politischer Konsultationen auch von dem luxemburgischen Ministerpräsidenten Pierre Werner, wenn auch seiner Meinung nach die Erfolge zunächst bescheiden bleiben würden. Angesichts der in der „Krise des leeren Stuhls" zu Tage getretenen unterschiedlichen Auffassungen der Sechs über den politischen Charakter der Gemeinschaft sprach sich Werner nur für erste vorsichtige Schritte aus. Außenministertreffen seien zur Vorbereitung der Gipfeltreffen erforderlich, um Themen und Diskussionsbereiche zu bestimmen. Lediglich der niederländische Ministerpräsident Piet de Jong fiel mit seiner Haltung aus dem Rahmen. Unter Hinweis darauf, dass die Sechs nicht das ganze Europa seien, lehnte de Jong außenpolitische Konsultationen ohne die Beteiligung Großbritanniens ab.

In der folgenden Diskussion einigte man sich über die Fusionsfrage, so dass der Fusionsvertrag zum 1. Juli 1967 in Kraft treten konnte.[268] Auch über das britische Beitrittsgesuch wurde gesprochen.[269] Lediglich hinsichtlich der politischen Konsultationen schien es zeitweise unüberbrückbare Differenzen zu geben. De Gaulle erklärte sich dazu bereit, den Vorschlag Kiesingers zur Vorbereitung der Konsultationen durch ein besonderes Organ zu akzeptieren, wenn das Ziel die Schaffung eines „europäischen Europas" und nicht eines „atlantischen Europas" sei. Kiesinger versuchte, den Dissens zwischen den Fünf und den Niederlanden durch einen Kompromiss auszugleichen. Danach solle man mit den Konsultationen zu sechst beginnen, ohne auszuschließen, dass auf die Dauer auch Groß-

265 Staatssekretär Lahr, z.Zt. Rom, an das AA, 31. 5. 1967, AAPD 1967, Dok. 197, S. 842–848.
266 Ebd., S. 842.
267 Laut „Spiegel" hatten Kiesinger und de Gaulle in einem mitternächtlichen vertraulichen Gespräch in der Villa Madama, dem Gästehaus der italienischen Regierung, ihre Strategie für die Diskussion auf der Gipfelkonferenz abgesprochen. „Drei Münzen im Brunnen", in: Der Spiegel Nr. 24 vom 5. 6. 1967, S. 35–37. Vgl. Gassert, Kiesinger, Frankreich und das Europäische Projekt, S. 159. Kramer, Politische Union, S. 230, suggeriert, de Gaulle sei die treibende Kraft hinter diesem Vorschlag gewesen, und unterschlägt dabei, welche große Rolle der Beginn der außenpolitischen Zusammenarbeit in Kiesingers Europapolitik spielte.
268 Siehe Kap. II. 2.
269 Siehe Kap. II. 4.

britannien teilnehme. Ähnlich äußerten sich Werner und Vanden Boeynants, wobei Werner eine Institutionalisierung der politischen Kontakte für verfrüht hielt.

Aufgrund der Weigerung der Niederlande, konkreten Vereinbarungen in der Frage der politischen Zusammenarbeit ohne britische Beteiligung zuzustimmen, wurde die Konferenz unterbrochen. Die Außenminister berieten daraufhin gesondert über diesen Punkt und erarbeiteten eine vorsichtige Formulierung, die nach der Zustimmung der Staats- und Regierungschefs in das Kommuniqué der Konferenz aufgenommen wurde.[270] Danach beschlossen die Staats- und Regierungschefs,

> „die Möglichkeit zu prüfen, wie sie mit geeigneten Methoden und Verfahren, die den Erfahrungen und Umständen angepaßt sind, schrittweise ihre politischen Bande untereinander enger gestalten können. Die Außenminister sind beauftragt worden, die Prüfung dieser Punkte weiter zu vertiefen"[271].

Hinsichtlich eines weiteren Gipfeltreffens wurde im Kommuniqué vereinbart, dass sich die Staats- und Regierungschefs voraussichtlich im Laufe des Jahres erneut treffen werden.[272]

Dieses magere Ergebnis sorgte vor allem im Bundeskanzleramt für Empörung.[273] Der Parlamentarische Staatssekretär im Bundeskanzleramt, Guttenberg, kritisierte in seinen „Fußnoten" die starre Haltung des niederländischen Außenministers Luns in der Frage der politischen Zusammenarbeit der Sechs. Guttenberg notierte verbittert: „Ich frage mich, wofür dieser Mann den Karlspreis bekommen hat. Wer zu Gunsten des Wünschenswerten das Mögliche verhindert, ist ein Bremser, kein Förderer der europäischen Einigung."[274]

Karl-Günther von Hase, der Chef des Presse- und Informationsamts der Bundesregierung, charakterisierte in einem vertraulichen Hintergrundgespräch die niederländische Politik auf der Gipfelkonferenz in Rom als „grob" und warf den Niederlanden eine „Bulldozer-Politik"[275] vor. Die niederländische Rolle in der Frage des britischen Beitritts sei die eines „trojanischen Esels"[276].

In der Schilderung der Gipfelkonferenz durch Staatssekretär Rolf Lahr wurde ein anderer Akzent gesetzt. Danach war über das „Hauptthema", den britischen Beitritt, gar nicht gesprochen worden.[277] Alles habe de Gaulle gehuldigt, obwohl „keiner dem an diesem Tage gefeierten Europa bösere Schläge versetzt habe als er"[278].

---

270 Aufzeichnung der Abteilung I des AA betr. Gipfelkonferenz der EWG-Staaten am 30. 5. 1967 in Rom, hier: Europäische politische Zusammenarbeit, 29. 6. 1967, PAAA, B20, Bd. 1195.

271 Kommuniqué über die Konferenz der Staats- und Regierungschefs der Mitgliedsstaaten der EWG am 29. und 30. 5. 1967 in Rom, in: EA 22 (1967), S. D268 f., hier S. D269.

272 Ebd.

273 Die Behauptung Kramers, Politische Union, S. 231, das Bundeskanzleramt sei über die enormen diplomatischen Schwierigkeiten bei der Vorbereitung der Gipfelkonferenz nicht informiert gewesen, entbehrt m. E. jeder Grundlage.

274 Guttenberg, Fußnoten, S. 129 f.

275 Drahtbericht Nr. 173 des Botschafters Knoke, Den Haag, 6. 6. 1967, PAAA, B150, Bd. 104, S. 4513 f., hier S. 4513.

276 Ebd.

277 Lahr, Zeuge, S. 469.

278 Ebd., S. 468.

6. Zwischenbilanz

Wie ist der europapolitische Auftakt der Regierungszeit der Großen Koalition zu bewerten? Zunächst fällt die programmatische Kontinuität gegenüber der Vorgängerregierung ins Auge: Kennedy-Runde, Zollunion, innerer Ausbau und Erweiterung, und das alles möglichst parallel ohne eine Priorität für den Agrarmarkt, so lauteten auch schon Bundeskanzler Erhards und Außenminister Schröders Ziele. Erst in der Praxis zeigten sich die Unterschiede, denn von der Neuausrichtung der bilateralen Beziehungen der Großen Koalition wurde auch die multilaterale Politik der Bundesregierung in der EWG tangiert. Deutlich erkennbar ist zunächst das Bemühen um den französischen Partner, was auch nicht weiter verwunderlich ist, gehörte doch die Wiederherstellung eines intakten deutsch-französischen Verhältnisses zur außenpolitischen raison d'être der Großen Koalition. Aus der Zeit der Kanzlerschaft Erhards geerbte deutsch-französische Konfliktfelder sollten ausgeräumt und ein engeres Konsultationsverfahren erarbeitet werden. Durch den deutsch-französischen Schulterschluss sollte aus Sicht der Bundesregierung auch eine erfolgreichere Politik in den Europäischen Gemeinschaften als unter Bundeskanzler Erhard eingeleitet werden. Unter diesem Blickwinkel erscheint die mangelnde Unterstützung Hallsteins in der Präsidentschaftsfrage durch die Bundesregierung als Signal an die französische Regierung, dass man die neue Hinwendung zu Frankreich nicht nur symbolisch vollzog, sondern auch bereit war, konkrete Ergebnisse folgen zu lassen. Durch die mit dem Rückzug Hallsteins ermöglichte Fusion der Exekutiven der Gemeinschaften schien außerdem der Weg frei für die Verschmelzung der drei Europäischen Gemeinschaften zu einer einzigen Europäischen Gemeinschaft, von der sich die Bundesregierung zahlreiche Vorteile erhoffte. Sie versprach sich davon unter anderem die Schaffung einer gemeinsamen Energiepolitik, in deren Rahmen die Sanierung der deutschen Steinkohleproduktion erfolgen sollte. Vor allem das Wirtschaftsministerium drängte aus diesem Grund auf eine rasche Entscheidung.

Positiv zu bewerten war aus Sicht der Großen Koalition der Abschluss der Kennedy-Runde des GATT. Unter anderem durch das deutsche Nachgeben im Agrarsektor war es gelungen, im industriellen Bereich umfangreiche Zollsenkungen zu vereinbaren. Dadurch konnte auch der von der Bundesregierung immer wieder kritisierte „Zollgraben" zwischen der EWG und der EFTA weiter eingeebnet werden – ein Schritt, der gerade im Hinblick auf die sich abzeichnenden langwierigen Diskussionen über die Beitrittsanträge seinen Charme entfaltete. Bewährt hatte sich aus Sicht der Bundesregierung die Verhandlungsführung der EWG-Kommission in der Kennedy-Runde, die in enger Absprache mit dem Ministerrat und dem 111er-Ausschuss erfolgt war. Der Leiter der Verhandlungsdelegation, Jean Rey, wurde in Anerkennung seiner geschickten Verhandlung Nachfolger Hallsteins als Kommissionspräsident.

Ambivalent erscheint die Haltung der Bundesregierung in der Beitrittsfrage. Klar erkennbar war zunächst, dass man aus Rücksicht auf die französische Position den britischen Beitritt nicht mehr so vehement unterstützte wie die Regierung Erhard. Zunächst darauf bedacht, den Konflikt mit der französischen Regierung nicht offen ausbrechen zu lassen, musste die laue Haltung der Bundesregierung den anderen EWG-Partnern und den Beitrittskandidaten als Nachgeben gegenüber de Gaulle erscheinen. Kiesinger selbst hielt den Beitritt Großbritanniens für verfrüht. Entsprechend betonte er zwar immer wieder, dass die Bundesregierung aufgrund der öffentlichen Meinung und der wirtschaftlichen Interessenlage einen Beitritt unterstütze, bemühte sich aber nicht, den Briten Brücken zum EWG-Europa zu bauen; hier war die Kreativität des Auswärtigen Amts unter Minister Brandt viel ausgeprägter. Bestärkt wurde Kiesinger in seiner zögerlichen Haltung von seiner Entourage aus dem Bundeskanzleramt. Vor allem Staatssekretär Guttenberg drängte darauf, den Beitritt Großbritanniens auf die lange Bank zu schieben und stattdessen den Ausbau der EWG zur politischen Union voranzutreiben.

Das widerstrebte allerdings dem Auswärtigen Amt, das versuchte, die durch de Gaulles starre Haltung verursachte Stagnation in der Beitrittsfrage aufzuweichen. So sollten zunächst die bilateralen Beziehungen zu Großbritannien ausgeweitet werden, um die Briten auf diese Weise näher an die EWG heranzuführen. Auch die von Brandt vorgeschlagene Aufwertung der WEU-Konsultationen, an denen Großbritannien bereits teilnahm, diente dazu, die Bande zwischen Großbritannien und den EWG-Ländern im Vorfeld eines eventuellen Beitritts enger zu gestalten.

Man unterließ es jedoch zu Beginn der Regierungszeit, diese unterschiedlichen Beurteilungen offen zu diskutieren. Offenbar genügte es allen Beteiligten zunächst, dass der Grundkonsens der ersten Monate, ein intaktes deutsch-französisches Verhältnis herzustellen, nicht gefährdet schien.

Parallel zu diesen internen Konflikten wurden hohe Erwartungen von außen an die Bundesregierung herangetragen. Frankreich erwartete Zurückhaltung der Bundesregierung in der Beitrittsfrage, wohingegen die Briten und die pro-britischen Niederländer in der Bundesrepublik den „key factor" für eine erfolgreiche Beitrittsstrategie sahen. Der Bundesrepublik, die aufgrund ihrer prekären Lage im Ost-West-Konflikt auf gute Beziehungen sowohl zu Großbritannien als auch zu Frankreich angewiesen war, blieb also aus innen- und außenpolitischen Gründen keine andere Möglichkeit, als zu vermitteln.

Im Gegensatz zur Beitrittsfrage, bei der das Auswärtige Amt großes Engagement an den Tag legte, versuchte das Bundeskanzleramt beim Aufbau einer politischen Zusammenarbeit der sechs EWG-Länder vorzupreschen. Kiesinger schlug daher auf dem Gipfeltreffen in Rom neben regelmäßigen Konsultationen der Regierungschefs beziehungsweise der Außenminister auch eine Vorbereitung der Konsultationen durch Experten vor. Das Auswärtige Amt unterstützte zwar den Beginn regelmäßiger Konsultationen, hielt jedoch Institutionalisierungen in dieser Hinsicht für verfrüht.

In der Frage des Verhältnisses von Erweiterung zu einem wirtschaftlichen und politischen Ausbau der EWG war die Bundesregierung also gespalten. Das Auswärtige Amt setzte vor allem auf den britischen Beitritt, wohingegen das Bundeskanzleramt den Beginn einer politischen Zusammenarbeit zu sechst favorisierte. Die Bundesregierung stand jedoch vor dem Problem, dass weder die eine noch die andere Lösung in der EWG durchsetzbar war. So konnte die Strategie des Auswärtigen Amts nicht fruchten, da sich Frankreich im multilateralen Bereich (EWG, WEU) gegen eine engere Beteiligung Großbritanniens sperrte. Zudem konterkarierte die vom Auswärtigen Amt angestrebte Ausweitung der bilateralen Kontakte zwischen der Bundesrepublik und Großbritannien aus französischer Sicht die von der Bundesregierung angestrebte Vertiefung der deutsch-französischen Beziehungen – ein Grund, den auch das Bundeskanzleramt gegen die Verstärkung der deutsch-britischen Kontakte anführte. Die Haltung des Bundeskanzleramts, zunächst mit dem Aufbau der politischen Zusammenarbeit zu beginnen, erschien zwar einigermaßen kompatibel mit der französischen Position, scheiterte aber daran, dass die von de Gaulles dezidierter Haltung in der Beitrittsfrage provozierten kleineren Länder (vor allem die

Niederlande) einer politischen Vertiefung der EWG ohne Großbritannien nicht zustimmen wollten. Die unterschiedlichen Prioritäten innerhalb der Bundesregierung spiegelten sich auch in der Beurteilung der Situation in der EWG wider. So erschien aus Sicht des Auswärtigen Amts de Gaulle als der Schuldige an der westeuropäischen Stagnation, wohingegen das Bundeskanzleramt in den Niederlanden den Blockierer und Bremser sah.

In der Erweiterungsfrage und ihrer Verbindung zur politischen Kooperation der Sechs lag also eine weitere große Aufgabe für die Bundesregierung in den nächsten Monaten. Sie musste ihre Ziele in diesem Bereich definieren, Prioritäten setzen und Strategien entwickeln. Vor allem musste das Verhältnis zwischen der Erweiterung, der politischen Zusammenarbeit und dem anderen großen Ziel für die Ratspräsidentschaft, dem Beginn der Fusionsverhandlungen, festgelegt werden.

III. Die Desillusionierung – Die Europapolitik der Großen Koalition von der deutschen Ratspräsidentschaft im Juli 1967 bis zur Vollendung der Zollunion im Juli 1968

1. Das deutsche Programm für die Ratspräsidentschaft – Karl Schiller vor dem Ministerrat am 2. Oktober 1967

Turnusgemäß übernahm die Bundesregierung am 1. Juli 1967 die Präsidentschaft im EWG-Ministerrat. Das halbe Jahr ihrer Präsidentschaft wollte die Bundesregierung nutzen, um besonders wichtige EWG-Anliegen der Bundesregierung in der Zeit der deutschen Ratspräsidentschaft zu forcieren. Die Europaabteilung des Wirtschaftsministeriums schlug daher vor, eine Ratsmitteilung der Bundesregierung über die Aufgaben der nächsten Monate im Ministerrat zu präsentieren.[1] Dazu legte das Wirtschaftsministerium auf der Sitzung des Staatssekretärausschusses für Europafragen am 10. Juli 1967 ein Papier über die „EWG-Arbeiten während der deutschen Präsidentschaft"[2] vor. Das umfangreiche Papier, das neun Bereiche auflistete, in denen Fortschritte erzielt werden sollten, war nicht mit den anderen Ressorts abgestimmt und stellte laut Otto Baron von Stempel, dem Referatsleiter „Europäische Gemeinschaften" des Auswärtigen Amts, „ein unkoordiniertes Sammelsurium von Punkten dar, wobei jede Gewichtung fehlt."[3] Der Ausschuss beschloss am 10. Juli, dass der Maria Laacher Kreis der Ressorts zusammentreten sollte, um „eine schwerpunktmäßig gegliederte Darstellung der Arbeiten der nächsten 6 Monate vorzulegen"[4].

Das Papier des Maria Laacher Kreises wurde am 26. September an die beteiligten Ressorts verteilt. Aufgrund der Mitwirkung zahlreicher Ressorts – neben Auswärtigem Amt, Wirtschaftsministerium, Landwirtschaftsministerium und Finanzministerium hatten auch noch das Bundesjustizministerium, das Bundesarbeitsministerium, das Bundesverkehrsministerium und das Bundesforschungsministerium mitgearbeitet – war der Maßnahmenkatalog gegenüber dem ursprünglichen Vorschlag des Wirtschaftsministeriums weiter angeschwollen. Immerhin war es gelungen, drei Schwerpunkte für die deutsche Ratspräsidentschaft herauszupräparieren:

„– Die Verhandlungen über die Fusion der Europäischen Gemeinschaften;
– Die Förderung der inneren Konsolidierung der Gemeinschaft auf dem Wege zur Wirtschaftsunion;
– Die Verhandlungen über den Beitritt Großbritanniens sowie Irlands, Dänemarks und Norwegens."[5]

---

[1] Notiz der Abteilung E des BMWi für Staatssekretär Neef betr. EWG-Arbeiten während der deutschen Präsidentschaft, 6. 7. 1967, BaK, B102 (BMWi), Bd. 61703.

[2] Einleitende Aufzeichnung der Abteilung E des BMWi für die Besprechung der Staatssekretäre für Europafragen am 10. 7. 1967 betr. EWG-Arbeiten während der deutschen Präsidentschaft, 6. 7. 1967, BaK, B102 (BMWi), Bd. 61703.

[3] Notiz von Stempels zu der einleitenden Aufzeichnung des BMWi, o. D., PAAA, B20, Bd. 1430.

[4] Niederschrift über die Sitzung der Staatssekretäre für Europafragen am 10. 7. 1967, 12. 7. 1967, BaK, B102 (BMWi), Bd. 61703.

[5] Aufzeichnung über die Schwerpunkte der Arbeiten der EWG während der deutschen Ratspräsidentschaft, 19. 9. 1967, BaK, B102 (BMWi), Bd. 61704. Bereits am 21. August hatten die beiden Staatssekretäre Lahr und Neef dem französischen Generaldirektor Brunet Ausführungen Schillers über diese drei Schwerpunkte für den 2. Oktober angekündigt, was Brunet zustimmend zur Kenntnis nahm. Aufzeichnung StS 1787/67 des Staatssekretärs Lahr betr. Konsultationen mit Generaldirektor Brunet vom Quai d'Orsay am 21. 8. 1967, 22. 8. 1967, PAAA, B2, Bd. 150, S. 576.

Die Aufzeichnung hielt weiter fest, dass diese drei eng zusammenhängenden Bereiche parallel in Angriff genommen werden sollten, ohne sich wechselseitig zu verzögern. Aufgabe der deutschen Ratspräsidentschaft sei es, auf den genannten Gebieten Initiativen zu entwickeln und Verhandlungen einzuleiten.

Auf der Basis dieser Aufzeichnung wurde dann ein Entwurf für eine Erklärung des Ratspräsidenten für die Ratssitzung am 2./3. Oktober angefertigt, der von den Staatssekretären in ihrer Sitzung am 28. September diskutiert wurde.[6] Dieser Entwurf, der bereits wörtlich mit der späteren Erklärung Schillers übereinstimmte, war wesentlich kürzer gefasst als die ursprüngliche Ausarbeitung und ging nur noch auf die drei Schwerpunkte innere Konsolidierung, Erweiterung und Verschmelzung der Gemeinschaften ein. Nachdem man zuvor noch die Ankündigung einer konkreten deutschen Initiative in der Fusionsfrage in Erwägung gezogen hatte, kamen die Staatssekretäre überein, eine solche Initiative nicht in der Erklärung anzukündigen. Da man in der Beitrittsfrage vor Verhandlungsbeginn mit einer exploratorischen Phase rechnen müsse, solle diese Zeit von deutscher Seite genutzt werden, „um die eigenen Überlegungen zu den materiellen Fragen noch weiter zu vertiefen"[7]. Insgesamt sollte die Erklärung möglichst nüchtern gehalten werden.

Bundeswirtschaftsminister Schiller präsentierte die deutsche Erklärung am 2. Oktober im Ministerrat.[8] Im ersten Abschnitt ging er auf die innere Konsolidierung der Gemeinschaft ein. Insbesondere den Ausbau der EWG zur Wirtschaftsunion hob Schiller hervor und wies in diesem Zusammenhang auf die Fragen der Steuer- und Konjunkturpolitik, auf den Bereich der Forschung und Entwicklung und die Probleme der Kohle hin. Daneben sollten alle Maßnahmen gefördert werden, die einen freien Warenverkehr nach der Verwirklichung der Zollunion zum 1. Juli 1968 ermöglichten.

Den zweiten Teil seiner Rede widmete Schiller der Erweiterung. Hier legte der Bundeswirtschaftsminister dar, dass der Rat vor der Aufgabe stehe, über die Verhandlungsaufnahme zu beschließen.

Im dritten Teil kam Schiller auf den Fusionskomplex zu sprechen. Eine Fusion der Verträge hielt Schiller für dringend erforderlich, da sich nach der Fusion der Organe Schwierigkeiten ergeben würden, wenn die Gemeinschaftsorgane je nach Materie nach unterschiedlichen Vorschriften und Verfahren tätig werden müssten. Insbesondere sei eine Vertragsverschmelzung notwendig, damit eine klare und vereinfachte Grundlage für die Beitrittsverhandlungen vorliege. Ein Beitritt zum veralteten EGKS-Vertrag sei außerdem nicht sinnvoll, zumal man im Laufe der Beitrittsverhandlungen ohnehin mit dem Kohleproblem konfrontiert werde. Dadurch werde auch die Dringlichkeit einer gemeinsamen Energiepolitik aufgezeigt, zu deren Verwirklichung die Fusion der Verträge notwendig sei. Schiller schlug daher vor, die Beitrittsverhandlungen zunächst im EWG-Bereich zu beginnen und dann entsprechend den Fortschritten in den Fusionsverhandlungen auf die anderen Ge-

---

[6] Entwurf für die Erklärung des Ratspräsidenten in der Ratstagung am 2./3. 10. 1967, 28. 9. 1967, BaK, B102 (BMWi), Bd. 61704.

[7] Niederschrift über die Sitzung der Staatssekretäre für Europafragen am 28. 9. 1967, 29. 9. 1967, BaK, B102 (BMWi), Bd. 61704. Zu den Überlegungen hinsichtlich einer deutschen Initiative in der Fusionsfrage siehe Leiter der Abteilung E an Staatssekretär Neef betr. deutsche Initiativen in Brüssel, 28. 9. 1967, BaK, B102 (BMWi), Bd. 61704.

[8] Hierzu und zu dem Folgenden: Erklärung des deutschen Bundesministers für Wirtschaft, Karl Schiller, auf der Sitzung des Rats der Europäischen Gemeinschaften in Luxemburg am 2. 10. 1967, in: EA 22 (1967), S. D539–D541.

meinschaftsbereiche auszudehnen. Die Beitrittsländer würden sich dann einer fusionierten, in sich gefestigten und nicht mehr zu gefährdenden Gemeinschaft anschließen.

An verschiedenen Stellen seiner Erklärung hob Schiller hervor, dass die Entwicklung der von ihm herausgestellten Gebiete parallel vorangetrieben werden müsse. Fortschritte in einem Bereich dürften nicht zu Verzögerungen in anderen Bereichen führen.

Damit hatte Schiller, trotz der Beschränkung seiner Ausführungen auf drei Themenkomplexe, die Hauptkonfliktfelder angeschnitten. Aufgrund der Interdependenz und des immanenten Konfliktpotenzials dieser Gebiete war das deutsche Programm für die Ratspräsidentschaft äußerst ambitiös und wies eigentlich weit über die der Bundesregierung zur Verfügung stehenden wenigen Monate hinaus. Die von der Bundesregierung apostrophierte Parallelentwicklung des inneren Ausbaus, der Erweiterung und der Verschmelzung der Gemeinschaften hing jedoch entscheidend von Fortschritten in der Beitrittsfrage ab. Hier mussten die nächsten Monate zeigen, inwieweit es gelingen konnte, die festgefahrene Situation aufzulösen.

2. Scheitern auf der ganzen Linie – Die Verschmelzung der drei Europäischen Gemeinschaften

Nachdem die neu gebildete Einheitskommission der drei Gemeinschaften am 1. Juli 1967 ihre Arbeit aufgenommen hatte, stand jetzt die im Fusionsvertrag anvisierte Zusammenlegung der drei Gemeinschaftsverträge zu einer einzigen Europäischen Gemeinschaft auf der Tagesordnung.

Vor allem die Bundesregierung versuchte, eine Verschmelzung der Verträge durchzusetzen, da sie sich von einem solchen Schritt eine Erleichterung bei der Ausarbeitung einer gemeinsamen Energiepolitik erhoffte.[9]

Bereits am 18. Mai 1967 hatte der ehemalige deutsche Vertreter bei den Europäischen Gemeinschaften und Leiter der deutschen Delegation im Sonderausschuss der EWG-Mitgliedstaaten für die Voruntersuchungen über die Verschmelzung der Gemeinschaften, Botschafter a. D. Carl Friedrich Ophüls, im Auftrag des Auswärtigen Amts eine Aufzeichnung erstellt, in der er das Verhältnis von Beitrittsverhandlungen und Verschmelzungsverhandlungen untersuchte. Da Ophüls eine umfassende gleichzeitige Bearbeitung aller in den Europäischen Gemeinschaften anstehenden Aufgaben nicht für möglich hielt, empfahl er, eine Auswahl zu treffen und systematisch vorzugehen. Die Verschmelzungsverhandlungen sollten sich seiner Meinung nach darauf beschränken, die drei Verträge durch das Einarbeiten des EGKS- und des EURATOM-Vertrags in den EWG-Vertrag zu vereinheitlichen. Gleichzeitig sollten die Beitrittsverhandlungen zunächst nur zur EWG und zunächst nur mit Großbritannien aufgenommen werden. Dann müsste laut Ophüls, wenn die Beitritts- und Verschmelzungsverhandlungen zu Ende geführt seien, nur noch der Beitritt Großbritanniens zu den neuen Klauseln erarbeitet werden.[10]

In den folgenden Wochen fanden intensive Beratungen zwischen den Ressorts statt, ob die Bundesregierung ihre Ratspräsidentschaft zu einer Fusionsinitiative nutzen solle. Das

---

[9] Siehe Kap. II. 2.

[10] Aufzeichnung des Botschafters a. D. Ophüls betr. Beitrittsverhandlungen und Verschmelzungsverhandlungen in den Europäischen Gemeinschaften, 18. 5. 1967, PAAA, B20, Bd. 1768.

Auswärtige Amt und das Wirtschaftsministerium unterstützten eine solche Initiative, ebenso der Wirtschaftsausschuss des Bundestages.[11] Ziel dieser Initiative sollte es sein, noch während der deutschen Ratspräsidentschaft eine grundsätzliche Einigung über das bereits von Botschafter a. D. Ophüls angeregte Verfahren zu erzielen. Der EWG-Vertrag sollte also als Grundlage für die Fusion dienen und durch ein Kapitel über Energiefragen und Technologie, die aus den EGKS- und EURATOM-Verträgen hervorgehen, ergänzt werden. Gleichzeitig sollte über den britischen Beitritt zum EWG-Vertrag verhandelt werden. Zur Absicherung einer möglichen deutschen Initiative schlug das Wirtschaftsministerium vor, zunächst Kontakt zu den anderen EWG-Partnern, vor allem den Franzosen, aufzunehmen. Als Zeitpunkt für eine deutsche Initiative wurde die Ratstagung am 2./3. Oktober anvisiert.[12]

Die beiden Staatssekretäre Lahr und Neef hatten am 21. August Gelegenheit, im Rahmen ihrer regelmäßigen Konsultationen mit Generaldirektor Brunet vom französischen Außenministerium die Fusionsfrage zu besprechen. Sie erläuterten Brunet, dass nach Ansicht der Bundesregierung der Bereich Kohle und Stahl sowie der Atombereich an den EWG-Vertrag angepasst werden müssten, so dass der EWG-Vertrag ein Kapitel zur Energiesowie zur Forschungspolitik enthalten würde. Fragen des Ausbaus und der Fortentwicklung der Gemeinschaft sollten in den Verhandlungen nicht angeschnitten werden. Brunet stimmte diesem Verfahren grundsätzlich zu und beantwortete die Frage nach dem zukünftigen supranationalen Gehalt des Vertrags mit dem Hinweis, dass sich dieser an den bisherigen Bestimmungen des EWG-Vertrags orientieren werde.[13]

Da die Fusion der Gemeinschaften eng mit der Herausbildung einer gemeinsamen Energiepolitik verknüpft war und die Interessen der deutschen Industrie direkt betraf, schaltete sich auch der BDI in die Ausarbeitung einer deutschen Verhandlungsposition ein. Die Position des Auswärtigen Amts und des Wirtschaftsministeriums wurde insgesamt vom BDI unterstützt. Der Präsident des Industrieverbandes Fritz Berg forderte am 22. August in einem Brief an Wirtschaftsminister Schiller „eine schnelle Fusion der Verträge auf der Basis des EWG-Vertrages unter Berücksichtigung der Sonderprobleme Energie und Stahl in Zusatzprotokollen". Der BDI kritisierte vor allem die Abhängigkeit der Industrie von Energieeinfuhren aus Übersee und plädierte daher aus Gründen der Versorgungssicherheit und breiten Streuung des Energieangebots für eine stärkere Berücksichtigung der Energievorkommen der Gemeinschaft. Auf diese Weise werde auch die besondere Lage des deutschen Steinkohlebergbaus mehr als bisher beachtet. Gleichzeitig müsse jedoch auch die finanzielle Belastbarkeit der Industrie und der öffentlichen Haushalte einkalkuliert werden.[14]

Die Auffassung des Wirtschaftsministeriums und des Auswärtigen Amts, eine Fusionsinitiative zu starten, war jedoch regierungsintern umstritten. Auf einer Ressortbesprechung am 6. September 1967 im Auswärtigen Amt äußerten die anderen Ressorts zahlreiche Vor-

---

[11] Vermerk des Leiters der Unterabteilung EA im BMWi, Everling, betr. Fusion der Europäischen Gemeinschaften, 28. 6. 1967, PAAA, B20, Bd. 1768.

[12] Aufzeichnung der Abteilung E des BMWi betr. Fusion der Europäischen Gemeinschaften, 28. 7. 1967, BaK, B102 (BMWi), Bd. 61704; Aufzeichnung des Botschafters a. D. Ophüls betr. Verschmelzung der Europäischen Gemeinschaften, 31. 7. 1967, PAAA, B20, Bd. 1768.

[13] Aufzeichnung StS 1787/67 betr. Konsultationen mit Generaldirektor Brunet vom Quai d'Orsay, 22. 8. 1967, PAAA, B1, Bd. 336.

[14] Stellungnahme des BDI zu den Schwerpunkten der künftigen Arbeit in der Europäischen Wirtschaftsgemeinschaft vom 22. 8. 1967 als Anlage des Briefes Fritz Bergs an Karl Schiller, 22. 8. 1967, BaK, B102 (BMWi), Bd. 120336.

behalte. Das Finanzministerium hielt eine deutsche Initiative in der Fusionsfrage für verfrüht, da mit hohen Gegenforderungen der anderen Mitgliedsländer gerechnet werden müsse. Auch das Bundesministerium für Zusammenarbeit und Entwicklung plädierte für eine Verschiebung der Fusionsinitiative – begründete das allerdings mit der bevorzugten Behandlung der Beitrittsgesuche. Andere Ministerien sprachen sich dafür aus, weitere deutsche Anliegen in die Fusionsverhandlungen einzubringen, da die Verhandlungen voraussichtlich die letzte Möglichkeit böten, in absehbarer Zeit die notwendigen Vertragsveränderungen durchzuführen. Den Vertretern des Auswärtigen Amts und des Wirtschaftsministeriums gelang es jedoch im Verlauf der Diskussion, die eigene Position durchzusetzen, da sie, wie Botschafter Ophüls hervorhob, die beste Chance biete, die Dinge in eine günstige Bahn zu lenken, und die Frage der Energiepolitik im deutschen Interesse angegangen werden müsse. Außerdem sei die Konzentration auf das Notwendige für die folgenden Verhandlungen entscheidend. Abschließend stellten die Teilnehmer fest, dass sich die Bundesregierung bei den Verhandlungsvorbereitungen stillschweigend auf die Behandlung weiterer Punkte einstellen und dass die Erklärung der Bundesregierung zur Verschmelzung auf der Ratstagung am 2./3. Oktober getrennt von der Rede des Ratspräsidenten Schiller über die Schwerpunkte der Gemeinschaftstätigkeiten durch Staatssekretär Lahr erfolgen solle.[15]

Bei einem Besuch des Kommissionspräsidenten Rey und der deutschen Kommissare Haferkamp, von der Groeben und Hellwig am 18. September in Bonn konnte die Fusionsfrage ausführlich diskutiert werden. Lahr legte die bekannte deutsche Position dar, die von Präsident Rey mit Verständnis aufgenommen wurde. Gleichzeitig schlug der Belgier vor, dem Rat bis zum Jahresende einen ersten Bericht der Kommission über die Fusionsfrage vorzulegen.[16]

Als sich Unterabteilungsleiter Ulrich Everling vom Wirtschaftsministerium am 21. September 1967 in Brüssel aufhielt, konnte er das deutsche Fusionskonzept mit anderen deutschen Bediensteten der Kommission besprechen. Nachdem Everling die mit dem Auswärtigen Amt abgestimmte Position dargelegt hatte, beanstandeten die anwesenden Kommissionsvertreter das vorgeschlagene Verfahren. Sie warnten vor den Schwierigkeiten bei der Ausarbeitung des Kapitels Energiepolitik, die nicht unterschätzt werden dürften. Auch in Bereichen außerhalb der Energiepolitik seien Schwierigkeiten zu erwarten, zum Beispiel bei der Finanzierung der Gemeinschaften, da die EGKS über eine Umlage[17] finanziert werde und die EWG noch nicht über eigene Einnahmen verfüge. Außerdem wurde befürchtet, Frankreich könnte die Fusionsverhandlungen zur Verzögerung der Beitrittsverhandlungen nutzen. Hinzu käme, dass die Niederländer voraussichtlich eine Verstärkung der Rechte des Europäischen Parlaments verlangten, und eine deutsche Initiative dann aussichtslos sei. Abschließend legten die Kommissionsmitglieder der Bundesregierung nahe, von vornherein einen Antrag für ein Kommissionsgutachten vorzusehen –

[15] Ergebnisprotokoll über die Ressortbesprechung vom 6. 9. 1967 im AA zur Frage der Verschmelzung der Europäischen Gemeinschaften, 7. 9. 1967, PAAA, B20, Bd. 1768.

[16] Runderlass betr. Gespräch mit Kommissionspräsident Rey und den deutschen Kommissaren am 18. 9. in Bonn, 19. 9. 1967, BaK, B102 (BMWi), Bd. 120015.

[17] Die EGKS finanzierte sich zum Teil über eine Umlage auf den Produktionswert von Kohle und Stahl. Diese Umlage erhob die Hohe Behörde direkt bei den Unternehmen, ohne die Regierungen einzuschalten. Damit sicherte die Montanumlage der Hohen Behörde eine gewisse Unabhängigkeit von den Regierungen der Mitgliedsländer. Im Gegensatz dazu erhielt die EWG ihre Mittel nach wie vor aus nationalen Beiträgen. Siehe ABC der Europa-Verträge, S. 77–79; Jaenicke, Supranationalität, S. 90–98.

damit nahmen sie das bereits von Jean Rey geäußerte Anliegen wieder auf. Everling notierte zu diesem Gespräch, dass die Kommissionsmitglieder dem Gedanken einer gestärkt in die Beitrittsverhandlungen gehenden fusionierten Gemeinschaft keine Beachtung geschenkt hätten. Kern der Bedenken sei, so Everling, die unausgesprochene Befürchtung vor einer Schmälerung der Kommissionsstellung gewesen.[18]

Die Kritikpunkte der Kommissionsbediensteten wurden von der Bundesregierung zum Teil aufgegriffen. Nach einer Notiz des Abteilungsleiters E (BMWi), Jentsch, sollte eine zu starke Hervorhebung der energiepolitischen Interessen in der deutschen Erklärung vermieden werden. Dem Risiko einer von Frankreich angestrebten institutionellen Änderung hoffte man durch die deutsche Initiative begegnen zu können.[19]

Auf der Staatssekretärsbesprechung am 28. September bekam man aber offenbar hinsichtlich einer deutschen Ratsinitiative kalte Füße. Staatssekretär Walter Grund (BMF) und Staatssekretär Neef wünschten bei den vorgesehenen Erklärungen der Bundesregierung auf der Ratstagung am 2./3. Oktober nicht mehr von einer deutschen Initiative zu sprechen, mit der Begründung, dass die Bundesrepublik dafür bezahlen müsse, wenn sie als Demandeur auftrete. Außerdem könne ein zu einseitiges Eintreten der Bundesregierung für die Verschmelzung als Verhinderung zügiger Beitrittsverhandlungen ausgelegt werden. Daraufhin wurde eine neue Taktik für die Erklärung der Bundesregierung zu den Verschmelzungsverhandlungen festgelegt. So sollte der amtierende Ratspräsident Schiller im Anschluss an seine Rede nicht Staatssekretär Lahr das Wort erteilen, sondern zunächst die Diskussion zu seiner Grundsatzrede in Gang bringen. Im Verlauf der Diskussion könne Staatssekretär Lahr dann die deutschen Gedanken zu den Fusionsverhandlungen vortragen, wobei er die in der vorherigen Diskussion geäußerten Wünsche der anderen Partner aufgreifen könne. So werde vermieden, dass die Bundesregierung in dieser Frage als Demandeur auftrete. Lahrs Text wurde daher auch nicht im Staatssekretärausschuss ausformuliert. Stattdessen sollte er die Anregungen zu den Verschmelzungsverhandlungen frei vortragen. Für das weitere Verfahren wurde festgelegt, dass es aufgrund der von Präsident Rey geäußerten Bereitschaft der Kommission, einen Bericht zu erstellen, nicht fair wäre, die Ständigen Vertreter mit dieser Aufgabe zu betrauen, dass aber eventuell Frankreich einen Auftrag an die Kommission mit der Begründung verhindern werde, es handele sich bei den Fusionsverhandlungen um Regierungsverhandlungen. Daher solle Staatssekretär Lahr die Kommission zunächst fragen, ob sie zur Abfassung eines Berichts bereit sei. Sollten sich die Franzosen dann dagegen aussprechen und stattdessen für einen Auftrag an die Ständigen Vertreter plädieren, könne sich die Bundesregierung diesem Vorschlag anschließen.[20]

Diese Taktik befolgten Schiller und Lahr in der Ratstagung am 2. Oktober genau. Zunächst verlas Schiller die Erklärung des Ratsvorsitzenden über die vor dem 31. Dezember 1967 durchzuführenden Arbeiten[21], in der die Fusionsfrage als parallele Aufgabe neben

---

[18] Aufzeichnung des Leiters der Unterabteilung EA, Dr. Ulrich Everling, betr. Verschmelzung der Europäischen Gemeinschaften, hier: Gespräch mit deutschen Bediensteten bei der Kommission, 25. 9. 1967, PAAA, B20, Bd. 1768.

[19] Notiz des Abteilungsleiters E des BMWi, Jentsch, für Staatssekretär Neef betr. deutsche Initiativen in Brüssel, 28. 9. 1967, BaK, B102 (BMWi), Bd. 61704.

[20] Aufzeichnung des AA betr. Ergebnis (in Stichworten) der Sitzung des Staatssekretärausschusses für Europafragen am 28. 9. im BMWi, 29. 9. 1967, PAAA, B20, Bd. 1430; Niederschrift über die Sitzung der Staatssekretäre für Europafragen am 28. 9. 1967 im BMWi, 29. 9. 1967, BaK, B102 (BMWi), Bd. 61704.

[21] Siehe Kap. III. 1.

der Erweiterung und dem inneren Ausbau präsentiert wurde. Daran schloss sich eine Diskussion über die von Schiller erwähnten Punkte an. Zur Fusionsfrage bemerkte zunächst der niederländische Vertreter Henri Johan de Koster, dass sich die niederländische Delegation angesichts der mit der Fusion verbundenen zahlreichen politischen und technischen Probleme frage, ob jetzt der richtige Zeitpunkt sei, dieses Problem in Angriff zu nehmen. Der niederländische Standpunkt wurde auch von der italienischen Delegation unterstützt. Deren Leiter Mario Zagari betonte, dass eine rasche Durchführung der Fusion zahlreiche Probleme aufwerfe und aus diesem Grunde zunächst die Erweiterungsfrage behandelt werden müsse. Der französische Vertreter erklärte sich mit den Ausführungen Schillers zu der Fusionsfrage völlig einverstanden. Boegner erklärte, dass vereinbart worden sei, spätestens drei Jahre nach Inkrafttreten des Vertrages über die Fusion der Exekutiven (1. Juli 1967) auch die Fusion der Gemeinschaften verwirklicht zu haben. Man würde es daher begrüßen, wenn die Kommission eine Arbeitsunterlage zu diesem Punkt vorlegen würde, und sei auch besonders an der angekündigten deutschen Erklärung zur Fusionsfrage interessiert. Der Luxemburger Grégoire äußerte seine Vorbehalte gegen das angekündigte Verfahren. Er hielt es für schwierig, gerade dann die Fusionsverhandlungen zu beginnen, wenn die Gemeinschaft, wie er hoffe, Beitrittsverhandlungen aufnehme. Auch der Belgier Joseph van der Meulen äußerte sich kritisch. Die Fusionsfrage sei von größter politischer Bedeutung und müsse daher im Zusammenhang mit anderen Fragen aufmerksam geprüft werden.

Staatssekretär Lahr stellte daraufhin zunächst fest, dass er als Diskussionsbeitrag bereits die vorgesehene Erklärung abgeben wolle. Der vor allem von de Koster angeregten sorgfältigen Prüfung einer gleichzeitigen Inangriffnahme der Fusion, der Erweiterung und des inneren Ausbaus stimme er zu. Anschließend erläuterte er den Zusammenhang dieser drei Komplexe. Zur Arbeitsrationalisierung im Bereich der Beitrittsverhandlungen sei es sinnvoll, die Fusion der Verträge parallel zu den Beitrittsverhandlungen in Angriff zu nehmen, damit der Beitritt zu der fusionierten Gemeinschaft erfolgen könne. Ansonsten bestehe die Gefahr, dass nach langwierigen Verhandlungen die Beitritte zu den Gemeinschaften erfolgten, obwohl zwei der Gemeinschaften in der dritten größeren Gemeinschaft aufgingen. Auch der innere Ausbau auf dem Weg zur vollständigen Wirtschaftsunion werde durch eine Fusion der Verträge erleichtert, da nach bisheriger Praxis wichtige zusammenhängende Bereiche nach den unterschiedlichen Vertragsregeln behandelt werden müssten. Zum Verfahren schlug Staatssekretär Lahr vor, vom EWG-Vertrag auszugehen, da er von den drei Verträgen der wirkungsvollste und erfolgreichste gewesen sei. Die beiden von den anderen Verträgen erfassten Bereiche sollten dann an den EWG-Vertrag herangeführt werden. Damit könne man vermeiden, dass unter Vermischung aller drei Verträge ein neuer Vertrag erarbeitet werden müsste. Die Arbeiten sollten sich am gegenwärtigen Stand der Verträge orientieren und nicht auf das Erreichen eines Maximalziels ausgerichtet werden. Sonst gehe man das Risiko ein, aufgrund der von allen Seiten herangetragenen Forderungen über Jahre zu verhandeln. Die Materie des EGKS- und des EURATOM-Vertrags könne man als Kapitel über Energiepolitik und über technologische Zusammenarbeit in den EWG-Vertrag einfügen. Lahr betonte abschließend, dass die Bundesregierung die Schwierigkeiten des Konzepts nicht verkenne, jedoch einen relativ schnellen Abschluss der Fusionsverhandlungen für möglich halte. Aufgrund der komplizierten Materie sei es zunächst sinnvoll, wenn am Anfang der Arbeiten eine Äußerung der Kommission stehe.

Den Schlusspunkt der Diskussion setzte Kommissionspräsident Rey, der zunächst auf die zahlreichen schwierigen Aufgaben hinwies, die in den nächsten Monaten zu erledigen seien. Auch die Fusionsfrage bedürfe dringend einer Lösung. Er halte es jedoch für schwierig, vom EWG-Vertrag auszugehen und die Bestimmungen des EGKS- und des EURATOM-Vertrags in einfache Kapitel umzuwandeln. In diesem Zusammenhang verwies er unter anderem auf die relative Unabhängigkeit, welche die Hohe Behörde genossen habe. Diese gelte es im Rahmen der Fusion mit den Befugnissen der EWG-Kommission auf einen Nenner zu bringen. Dazu sei eine gründliche Untersuchung erforderlich. Wie vorgeschlagen, sei es zweckmäßig, dass die Kommission diese Arbeiten einleite, indem zunächst ein Bestandsverzeichnis der vorliegenden Probleme erstellt würde. Dann könne man feststellen, welche Bereiche sich für eine schnelle Lösung anböten. Eine erste Unterlage über die Probleme könne die Kommission bis zum Jahresende ausarbeiten. Daraufhin stellte Ratspräsident Schiller fest, dass der Rat das Angebot der Kommission, bis zum Jahresende eine Studie über die Fusionsprobleme zu erstellen, zur Kenntnis nehme.[22]

Durch diese Diskussion war deutlich geworden, dass eine Fusion nicht so einfach zu bewerkstelligen war, wie sich das die Bundesregierung erhoffte. Lediglich Frankreich hatte das Anliegen und den Verfahrensvorschlag der Bundesregierung unterstützt. Die anderen Delegationen befürchteten vor allem eine Verzögerung der Beitrittsverhandlungen, und die Kommission hoffte offensichtlich, ihre Stellung im Zuge der Vertragsfusion ausbauen zu können. Das von der Bundesregierung propagierte Verfahren erschien nur aus deutscher Sicht optimal. Für die anderen Delegationen stellte die Fusion kein zentrales Anliegen dar – der energiepolitische Handlungsbedarf war nur für die Bundesrepublik akut. Dass die deutschen Vorschläge insgesamt eher negativ beurteilt wurden, berichtete die für die europäische Integration zuständige Gruppe II/1 im Bundeskanzleramt an Abteilungsleiter Horst Osterheld. Sie seien als Einschwenken auf die französische Linie gedeutet worden. Meldungen aus Den Haag hätten besagt, dass ein französischer Plan bestehe, zunächst die Fusion zu erledigen und dann die Erweiterung vorzunehmen. Es gebe sogar Spekulationen, dass Deutschland den Franzosen in den Verhandlungen in institutioneller Hinsicht entgegenkommen wolle und darin das Hauptmotiv für die deutsche Initiative liege.[23]

In einem Bericht für Bundeskanzler Kiesinger skizzierte Staatssekretär Lahr die von ihm erwartete weitere Behandlung der Verschmelzung. Lahr prognostizierte einen Kommissionsbericht bis zum Jahresende, dann werde der Rat den Bericht an die Ständigen Vertreter verweisen mit dem Auftrag, Vorschläge für den Ministerrat auszuarbeiten. Die Fusionsangelegenheit komme also erst im Frühsommer 1968 auf den Ministerrat zu. Bis dahin sehe man in der Beitrittsfrage sicherlich klarer.[24]

Botschafter Ophüls, der für das Auswärtige Amt die Verbindung zur Kommission hielt, informierte am 17. Oktober über den Beginn der Arbeiten. Kommissar Rey habe eine Gruppe Kommissionsbeamter unter der Leitung des Generaldirektors des Juristischen Dienstes Michel Gaudet mit der Erarbeitung eines Katalogs der Probleme beauftragt, welcher der Kommission vorgelegt werden soll. Ophüls, der am 16. Oktober gemeinsam mit

---

22 Auszug aus dem Ratsdokument R/1390 d/67 (PV/CONS/R5) mr, PAAA, B20, Bd. 1769.

23 Vermerk der Gruppe II/1 im Bundeskanzleramt für Abteilungsleiter I Osterheld betr. deutsche Initiative für Fusionsverhandlungen, 5. 10. 1967, BaK, B136 (Bundeskanzleramt), Bd. 8535.

24 Fernschreiben Nr. 1912 von Staatssekretär Lahr und Botschafter Blankenhorn über die Botschaft London an das AA, 13. 10. 1967, PAAA, B20, Bd. 1769.

Ulrich Everling vom Wirtschaftsministerium an einem Frühstück mit Gaudet teilgenommen hatte, berichtete weiter, dass Gaudet den deutschen Vorstellungen gegenüber aufgeschlossen sei. Einige Missverständnisse habe er ausräumen können, so die Befürchtung Gaudets, die Sonderregelungen der EGKS- und EURATOM-Verträge sollten komplett verschwinden. Außerdem habe der Franzose darauf verwiesen, dass von der Kommission bei der Präsentation ihres Berichts bestimmte Verbesserungsvorschläge erwartet würden, insbesondere im Hinblick auf die Stellung des Europäischen Parlaments. Daher müsse man über Formulierungen nachdenken, die in der Sache dem deutschen Standpunkt, keine institutionellen Änderungen vorzunehmen, entsprächen, aber auch das Gesicht der Kommission wahrten.[25]

Am 23. Januar 1968 berichtete Ophüls erneut über die Kommissionsarbeiten. Das deutsche Mitglied der Kommissionsarbeitsgruppe, Generaldirektor Walter Much, habe ihm mitgeteilt, dass die Arbeitsgruppe einen ersten Berichtsentwurf fertig gestellt habe. Ophüls, der den Entwurf einsehen konnte, charakterisierte den Bericht als breit angelegt, in der Erwartung, dass die Kommission umfangreiche Streichungen vornehmen werde. Einige wesentliche Fragen (zum Beispiel die Stellung des Parlaments) seien ausgeklammert und damit voll der Entscheidung der Kommission überlassen worden. Der Entwurf folge zwar grundsätzlich dem deutschen Verfahrensvorschlag, allerdings werde an manchen Stellen erörtert, wie die Vorschriften des EWG-Vertrags durch die Übernahme von Vorschriften des EGKS- oder des EURATOM-Vertrags verbessert werden könnten. Außerdem halte man ein über den EWG-Vertrag hinausgehendes Kapitel über die Währungspolitik für notwendig. Ophüls betonte, dass er Much gebeten habe, seinen Einfluss im Sinne der deutschen Position geltend zu machen. Die endgültige Feststellung des Kommissionsberichts werde sich wohl bis zum 1. März hinziehen – eine Verzögerung, die Ophüls angesichts der Lage in der Gemeinschaft nicht für schädlich hielt.[26]

Mit seiner letzten Bemerkung spielte Ophüls auf das vorläufige Scheitern der Beitrittsverhandlungen aufgrund der starren französischen Position auf der Ministerratstagung vom 20. Dezember 1967 an.[27] Dadurch war das Verhandlungsklima in den Gemeinschaften stark in Mitleidenschaft gezogen worden. Vor allem die Niederländer drohten mit einem Boykott der Verhandlungen im Bereich des inneren Ausbaus der Gemeinschaften. Wenn die Fusion in dieser aufgeheizten Atmosphäre im Ministerrat zur Verhandlung gekommen wäre, hätte eine Verwirklichung der Verschmelzung kaum eine Chance gehabt. Daher erschien es sinnvoller, die Kommission bei der Abfassung ihres Berichts nicht zu bedrängen und zu hoffen, dass zu einem späteren Zeitpunkt ein besseres Verhandlungsklima herrsche. Das Mitglied der Kommissionsarbeitsgruppe Dr. Much wurde aus diesem Grund von deutscher Seite darauf hingewiesen, dass die Vorlage der Kommissionsstellungnahme nicht als dringend anzusehen sei.[28]

---

[25] Aufzeichnung des Botschafters a. D. Ophüls betr. Stellungnahme der Kommission der Europäischen Gemeinschaften zur Frage der Verschmelzung, 17. 10. 1967, PAAA, B20, Bd. 1769; Aufzeichnung des Leiters der Unterabteilung EA im BMWi, Everling, betr. Fusion der Europäischen Gemeinschaften, 17. 10. 1967, BaK, B102 (BMWi), Bd. 244423.

[26] Aufzeichnung des Botschafters a. D. Ophüls betr. Bericht der Europäischen Gemeinschaft über die Verschmelzung der Gemeinschaften, 23. 1. 1968, PAAA, B20, Bd. 1769.

[27] Siehe Kap. III. 3.

[28] Aufzeichnung der Abteilung I für den Staatssekretär des AA betr. Bericht der Europäischen Gemeinschaft über die Verschmelzung der Gemeinschaften, 26. 1. 1968, PAAA, B20, Bd. 1769.

Angesichts der festgefahrenen Situation und der verzweifelten Suche nach Fortschritten in der Erweiterungsfrage fiel selbst Außenminister Brandt den Bemühungen seiner Regierung in der Fusionsfrage in den Rücken. Auf der WEU-Ministerratstagung am 30. Januar 1968 lancierte Brandt den Vorschlag eines vorgezogenen britischen Beitritts zur EURATOM.[29] Das machte in Anbetracht der Tatsache, dass die Bundesregierung permanent betonte, der EURATOM-Vertrag sei völlig veraltet und könne nur noch als Technologiekapitel in den EWG-Vertrag aufgenommen werden, überhaupt keinen Sinn. Außerdem hätte ein britischer Beitritt zur EURATOM die Fusionsverhandlungen noch weiter erschwert.[30]

Wenig später legte die Arbeitsgruppe unter Leitung Gaudets der Kommission einen Katalog der durch eine Fusion aufgeworfenen Fragen vor, der im März von der Kommission geprüft wurde. Darin hielt die Arbeitsgruppe fest, dass für die Verwirklichung der Wirtschaftsunion Rahmenbestimmungen sinnvoller seien als detaillierte Einzelvorschriften. Die Vertragsfusion müsse außerdem drei Grundanliegen berücksichtigen: Erstens müssten bei der Abfassung des Einheitsvertrages die starren Vorschriften für vorübergehende wirtschaftliche Ausnahmesituationen abgeschafft werden. Zweitens müssten die Mittel der gemeinsamen Exekutive so weitreichend sein, dass sie eine Koordinierung der erforderlichen Maßnahmen erlaubten, und drittens müsse die Gemeinschaft besondere Maßnahmen für bestimmte Wirtschaftssektoren festlegen können. Zudem wies der Bericht auf das Problem der Montanumlage im Verhältnis zu den Eigeneinnahmen der EWG hin. Eine Anpassung der Verträge an die Praxis sei außerdem nötig durch die in den Bereichen Energie, Forschung, Währung, Sozialpolitik und Regionalpolitik zu entwickelnden Bestimmungen.[31] Nach der Diskussion des Berichts in der Kommission wurde die Arbeitsgruppe beauftragt, einen Entwurf für eine erste Mitteilung der Kommission an den Rat zu erarbeiten.

Ophüls hielt am 21. Mai 1968 zu den Arbeiten der Gruppe fest, dass der bisherige Entwurf dem deutschen Vorschlag weitgehend folge. Der ehemalige Botschafter warnte jedoch vor Tendenzen in der Kommission, über die Vertragsfusion eine vor allem institutionell weitergehende Umgestaltung der Gemeinschaften herbeizuführen. Insbesondere Kommissar Sicco Mansholt tue sich in diesem Sinne hervor. Ophüls berichtete, dass er Mansholt darauf hingewiesen habe, wie ungeschickt es verhandlungstaktisch sei, derartige Forderungen an die Spitze der Verhandlungen zu stellen. Durch eine solche Vorgehensweise provoziere man nur Gegenreaktionen. Stattdessen empfahl Ophüls, erst nach der Erarbeitung sachlicher Lösungen solche Bestrebungen unter dem Hinweis auf das Drängen der heimischen Parlamente in die Verhandlungen einzuführen. In seiner Stellungnahme plädierte Ophüls aufgrund der schwierigen Beratungsatmosphäre dafür, die Kommission eventuell eine Zeit lang bei der Beibehaltung ihres langsamen Beratungstempos zu unterstützen.[32]

---

[29] Runderlass Nr. 437 des Staatssekretärs Lahr betr. Tagung des Ministerrats der WEU am 30. 1. 1968, 31. 1. 1968, PAAA, B1, Bd. 332.

[30] Darauf hatte bereits der Staatssekretärausschuss für Europafragen am 8. 1. 1968 hingewiesen. Niederschrift über die Sitzung der Staatssekretäre für Europafragen am 8. 1. 1968 im BMF, 6. 2. 1968, BaK, B102 (BMWi), Bd. 61705.

[31] Meldung der Nachrichtenagentur vwd vom 25. 3. 1968 aus Brüssel „Erste Stellungnahme der Kommission zur Frage der Vertragsfusion", PAAA, B20, Bd. 1769.

[32] Aufzeichnung des Botschafters a. D. Ophüls betr. Verschmelzung der Europäischen Gemeinschaften, 21. 5. 1968, PAAA, B20, Bd. 1769.

Am 11. Juli 1968 wurde von Seiten der Bundesregierung beschlossen, dass eine Arbeitsgruppe zur Besprechung der Fusionsfragen gegründet werden solle. Beteiligt waren neben Auswärtigem Amt, Wirtschaftsministerium, Finanzministerium und Landwirtschaftsministerium das Bundesministerium des Inneren, das Justizministerium, das Bundesministerium für wissenschaftliche Forschung und das Bundeskanzleramt.[33] Am 29. Juli teilte Ophüls den Teilnehmern der Arbeitsgruppe mit, dass die Kommission aufgrund ihrer Inanspruchnahme durch die Probleme im Zusammenhang mit der französischen Wirtschaftslage beschlossen habe, sich vor den Sommerferien nicht mehr mit dem Fusionskomplex zu befassen. Voraussichtlich werde sie erst am 9. September darüber beraten.[34]

Staatssekretär Lahr war mit dieser Verzögerung nicht länger einverstanden. Am 22. Juli konsultierte er erneut Generaldirektor Brunet vom Quai d'Orsay und fragte ihn nach der französischen Haltung in der Fusionsfrage. Brunet versicherte, dass von französischer Seite nicht die Absicht bestehe, den supranationalen Gehalt der Gemeinschaften anzutasten: „Man solle jedoch nicht vom Grundsatz der ‚Supranationalität' reden, sondern besser erklären, daß die Institutionen nicht berührt werden sollen."[35] Nachdem sich Staatssekretär Lahr so noch einmal rückversichert hatte, bat er wenige Tage später den Leiter der Unterabteilung IA des Auswärtigen Amts, Berndt von Staden, um Rücksprache. Lahr teilte von Staden mit, dass man im zweiten Halbjahr 1968 in der Frage der Fusion „aktiv und initiativ werden" müsse, da der Ausbau der Wirtschaftsunion und die Fusion eng miteinander verbunden seien. Nach Rücksprache mit Generaldirektor Brunet halte er Befürchtungen in institutioneller Hinsicht für unbegründet. Dem Niederländer de Koster habe er klar gemacht, „dass man seine eigene Chance nur verderben würde, wenn man zu hoch ziele". Weiter habe er de Koster dargelegt, dass man in der Frage der Vergemeinschaftung der Abschöpfungseinnahmen[36] auf dem Agrarsektor bis zur endgültigen Regelung der Agrarfinanzierung für die Endphase der Gemeinschaft (1. Januar 1970) warten solle. Dieses Anliegen verbunden mit einer Stärkung des Europäischen Parlaments in die Fusionsverhandlungen einzubringen, biete keine Aussicht auf Erfolg. Staatssekretär Lahr bemerkte weiter gegenüber von Staden, dass im Zuge der Verhandlungen die Frage der Montanumlage gelöst werden müsse und man darüber nachdenken könne, außervertragliche Verfahren und Institutionen in die Verträge zu übernehmen. Darüber könne man jedoch nicht hinausgehen, da ansonsten mit Gegenreaktionen aus Paris zu rechnen sei. Lahr meinte, dass es endlich an der Zeit sei, dass die Kommission ihre Vorschläge präsentiere und man dafür sorgen solle, dass die von ihm geäußerten Gedankengänge den deutschen Kommissionsmitgliedern nahe gebracht würden.[37]

---

[33] Vermerk betr. Fusion der Gemeinschaften, 11. 7. 1968, PAAA, B20, Bd. 1769.

[34] Aufzeichnung des Botschafters a. D. Ophüls für die Arbeitsgruppe, 29. 7. 1968, PAAA, B20, Bd. 1769.

[35] Aufzeichnung der Abteilung I des AA betr. Konsultationen Staatssekretär Lahr/Generaldirektor Brunet am 22. 7. 1968 in Bonn, 2. 8. 1968, PAAA, B1, Bd. 333.

[36] Die EWG hatte für den Großteil ihrer Agrarimporte ein „Schleusensystem" errichtet. Importierte Agrarprodukte, deren Preis unter dem EWG-Preis lag, wurden mit Hilfe einer so genannten „Abschöpfung" auf das EWG-Preisniveau angehoben. Die dadurch gewonnenen Mittel wurden zum Teil für den Export von EWG-Agrarprodukten verwendet, deren Preis auf den niedrigeren Weltmarktpreis herabgeschleust wurde. Die Abschöpfungen wurden zunächst noch von den Nationalstaaten erhoben, sollten aber später von der EWG direkt kassiert werden. Zur Entwicklung der EWG-Agrarpolitik in den 1960er Jahren siehe Lauring Knudsen, Creating the Common Agricultural Policy.

[37] Vermerk von Stadens betr. Fusion der Gemeinschaftsverträge, 2. 8. 1968, PAAA, B20, Bd. 1769.

Auch inhaltlich wurden jetzt die Differenzen zwischen dem von der Kommission angestrebten Entwurf einer Mitteilung an den Rat und der deutschen Konzeption der Vertragsfusion deutlich. Das Referat E2 des Wirtschaftsministeriums notierte am 16. August, dass der Bericht der Kommission sehr ambitiöse Ziele verfolge, die eine fast vollständige Neuverhandlung des EWG-Vertrags notwendig machen würden. Damit weiche der Bericht von der deutschen Grundkonzeption ab. Aus diesem Grunde sei erwogen worden, der Kommission das deutsche Verhandlungskonzept im Einzelnen noch einmal zu erläutern. Ein zwischen den Ressorts abgestimmter Briefentwurf an die deutschen Kommissare in Brüssel wurde für die Sitzung des Staatssekretärausschusses am 22. August erarbeitet.[38]

In seiner Stellungnahme zu diesem Briefentwurf lehnte Botschafter a. D. Ophüls das angeregte Verfahren jedoch ab. Im Gegensatz zum Wirtschaftsministerium hielt er den bisher bekannt gewordenen Entwurf der Kommission für kompatibel mit den deutschen Vorstellungen. Lediglich an einigen Stellen habe man einige Einzelheiten näher erläutert und mache Vorschläge zur Verbesserung der bisherigen EWG-Vorschriften. Ein Brief an die deutschen Kommissare werde sicherlich nicht unbekannt bleiben und könnte dann als Bevormundung aufgefasst werden. Außerdem würden die deutschen Kommissare dadurch bei der Durchsetzung ihrer Position geschwächt. Daher erscheine es sinnvoller, zunächst die Stellungnahme der Kommission abzuwarten und dann die deutsche Stellungnahme in Kenntnis der Sachlage zu formulieren.[39] In diesem Sinne entschieden die Staatssekretäre am 26. August, keinen Brief an die deutschen Kommissare zu schreiben, sondern zunächst einmal die Stellungnahme der Kommission abzuwarten.[40]

Die Arbeiten in der Kommission gingen jedoch weiter im Schneckentempo voran. Botschafter a. D. Ophüls berichtete am 3. September dem Auswärtigen Amt immerhin, dass der letzte Entwurf der Kommission zur endgültigen Stellungnahme vorliege. Aus den Beratungen sei ein umfangreicher Katalog von Einzelfragen hervorgegangen. Das deutsche Verschmelzungskonzept diene zwar als Grundlage, habe aber eine weite Auslegung erfahren. Insgesamt würden zahlreiche Ergänzungen und Verbesserungen des EWG-Vertrags zur Diskussion gestellt, die zum Teil schwierige Fragen behandelten. Dennoch kam Ophüls zu dem Fazit, dass der Entwurf ein brauchbarer Ausgangspunkt für die weiteren Überlegungen sei.[41] Staatssekretär Lahr befürchtete nach dieser Mitteilung eine abschreckende Wirkung des Kommissionsberichts.[42] Zwei Wochen später informierte Ophüls die interministerielle Arbeitsgruppe zur Verschmelzung, dass die Kommission die Beratungen des Entwurfs um einige Wochen bis nach dem nächsten Ministerrat zurückgestellt habe.[43]

Als Außenminister Brandt im Ministerrat am 27. September 1968 die deutsche Europainitiative präsentierte, griff er auch die Fusionsfrage wieder auf.[44] Wie bereits in den voran-

---

[38] Aufzeichnung des Referats E2 des BMWi für die Sitzung der Staatssekretäre für Europafragen am 22. 8. 1968 betr. Tagesordnungspunkt Fusion der Gemeinschaften, 16. 8. 1968, PAAA, B20, Bd. 1769.

[39] Aufzeichnung des Botschafters a. D. Ophüls betr. Sitzung der Staatssekretäre für Europafragen am 22. 8. 1968, 20. 8. 1968, PAAA, B20, Bd. 1431.

[40] Entwurf einer Niederschrift über die Sitzung der Staatssekretäre für Europafragen am 26. 8. 1968 im BMF, 9. 9. 1968, PAAA, B20, Bd. 1431.

[41] Aufzeichnung des Botschafters a. D. Ophüls betr. Bericht der Kommission der EG über die Verschmelzung der Gemeinschaften, 3. 9. 1968, PAAA, B20, Bd. 1769.

[42] Randbemerkung Lahrs, ebd.

[43] Botschafter a. D. Ophüls an die interministerielle Arbeitsgruppe, 20. 9. 1968, PAAA, B20, Bd. 1769.

[44] Zu der deutschen Europainitiative siehe Kap. IV. 1.

gehenden programmatischen Erklärungen der Bundesrepublik im Ministerrat wünschte die Bundesregierung Fortschritte in den Bereichen innerer Ausbau, Erweiterung und Verschmelzung der Verträge. Laut Brandt sei das Nebeneinander der drei Verträge nicht rationell, zumal ihre Bestimmungen zum Teil überholt seien. Das gelte im Besonderen für die Energie-, die Forschungs- und die Technologiepolitik. Brandt schlug erneut vor, den EWG-Vertrag als Grundlage für die Verschmelzung zu nehmen und durch die entsprechenden Vorschriften aus dem EGKS- und dem EURATOM-Vertrag zu ergänzen.[45] In der anschließenden Diskussion im Ministerrat verdeutlichte vor allem die niederländische Regierung, dass Fortschritte in der Fusionsfrage nur möglich seien, wenn es auch bei der Erweiterung vorangehe.[46]

Ähnliche Vorbehalte hatte die italienische Regierung bereits Ende August geäußert. Zudem wünschten die Italiener im Zusammenhang mit der Fusion die Mehrheitsbeschlüsse zu thematisieren sowie die Rechte des Europäischen Parlaments zu stärken.[47] Das waren Punkte, welche die Bundesregierung zunächst zurückstellen wollte, da man es für sinnvoller hielt, die Parlamentsrechte im Zusammenhang mit der Neuregelung der Agrarfinanzierung, die noch 1969 beschlossen werden musste, einzubringen.[48] Das Auswärtige Amt stellte daraufhin pessimistisch fest, dass die anderen Staaten in der Fusionsfrage zurückhaltender als die Bundesregierung seien. Lediglich die französische Seite stimme den Ansichten der Bundesregierung zu.[49]

Nach dem negativen Verlauf der Ministerratssitzung von Ende September beschloss die Kommission, den Fusionsbericht vorerst nicht vorzulegen, da sie der Meinung war, dass der Bericht durch die Gegensätze in der Beitrittsfrage negativ aufgenommen werde.[50] Die Bundesregierung justierte ihre europapolitischen Prioritäten daraufhin neu. Bundeskanzler Kiesinger kritisierte in seiner Regierungserklärung am 16. Oktober vor dem Bundestag die Verknüpfung von innerem Ausbau, Beitrittsfrage, Zusammenarbeit auf dritten Gebieten und Fusion. Dadurch komme man überhaupt nicht mehr voran.[51] In ähnlicher Weise argumentierte der Leiter des Bundespresseamts und Vertraute Kiesingers, Günter Diehl, am 21. Oktober in der Bundespressekonferenz. Diehl konstatierte, dass die Bundesregierung sich um die europäische Politik sorge. Durch den Versuch, alles gleichzeitig und sich

---

45 Rede des Bundesministers des Auswärtigen, Willy Brandt, vor dem Ministerrat der Europäischen Gemeinschaften in Brüssel am 27. 9. 1968, in: EA 23 (1968), S. D604–D609, hier S. D609.

46 Botschafter Sachs, Brüssel (EG), an das AA, 27. 9. 1968, AAPD 1968, Dok. 315, S. 1227–1236, hier S. 1231f. In diesem Sinne äußerte sich auch der Abteilungsleiter im niederländischen Außenministerium Hartogh gegenüber Botschafter Hans Arnold. Siehe Botschafter Arnold, Den Haag, an das AA betr. europäische Zusammenarbeit, 3. 10. 1968, PAAA, B150, Bd. 137, S. 6847–6850, hier S. 6850.

47 Von Staden an Brandt, z.Zt. Genf, 2. 9. 1968, PAAA, B150, Bd. 134, S. 5886–5889, hier S. 5889; Aufzeichnung der Abteilung I zu den deutsch-italienischen Konsultationen am 22./23. 8. 1968, 28. 8. 1968, PAAA, B21, Bd. 525.

48 Aufzeichnung des AA betr. Arbeitsbesuch des belgischen Außenministers Harmel in Bonn am 9. 9. 1968, 4. 9. 1968, PAAA, B21, Bd. 525.

49 Aufzeichnung des Referats IA2 betr. deutsch-französische Konsultationen am 27./28. 9. 1968, 20. 9. 1968, PAAA, B20, Bd. 1436.

50 Aufzeichnung des Botschafters a. D. Ophüls betr. Fusionsbericht der Europäischen Kommission, 30. 10. 1968, PAAA, B20, Bd. 1769.

51 Verhandlungen des Deutschen Bundestages, 5. Wahlperiode, S. 10163; Aufzeichnung von Stadens betr. handelspolitisches Arrangement – Westeuropäische Union – Regierungserklärung vom 18. 10. 1968 [sic!], 17. 10. 1968, PAAA, B2, Bd. 182.

gegenseitig bedingend zu tun, erzeuge man eine solche Belastung, dass man nicht mehr weiter komme.[52]

Verärgert vermerkte Lahr daraufhin für Minister Brandt mit Blick auf die gespaltene Lage in den Gemeinschaften, dass man in eine Sackgasse gerate, wenn man nur eines von mehreren Dingen betreibe, wie es Herrn Diehl anscheinend vorschwebe. Lahr schlug jedoch vor, der Fusionsfrage keinen selbständigen Charakter neben den beiden anderen Schwerpunkten mehr zu geben. Man solle die Fusion zukünftig einfach als Teil des inneren Ausbaus betrachten.[53]

Damit waren die Fusionsbemühungen ad acta gelegt. Wie das Referat IA2 des Auswärtigen Amts am 30. Juni 1969 in einem Gesprächsführungsvorschlag für das erste Gespräch Brandts mit dem neuen französischen Außenminister Maurice Schumann feststellte, sei es fraglich, ob man in diesem Jahr noch einmal auf das Thema zurückkomme. Das Hauptinteresse gelte zurzeit den Problemen im Zusammenhang mit dem Ende der Übergangszeit am 31. Dezember 1969[54] und dem Ingangsetzen eines echten Gesprächs über die Beitritte. Die Gemeinschaft würde durch Fusionsverhandlungen zusätzlich belastet. Man solle deshalb Gesprächsbereitschaft zeigen, wenn man von französischer Seite darauf angesprochen werde, das Thema aber selbst nicht anschneiden.[55]

Im Oktober 1969 kam der Leiter der Politischen Abteilung des Auswärtigen Amts Paul Frank noch einmal auf das Fusionsthema zurück. Die Fusion sei auf ein Nebengleis geraten, da die einen eine mögliche Stärkung und die anderen eine Schwächung der Supranationalität befürchtet hätten.[56]

Dieser Diagnose ist sicherlich zuzustimmen. Nach der „Krise des leeren Stuhls", in deren weiteren Rahmen die Fusionsfrage einzuordnen ist, befürchteten vor allem die Beneluxländer, dass Frankreich eine Fusion nutzen werde, um die supranationalen Elemente der Gemeinschaft zu reduzieren. Aufgrund der Erfahrungen mit der französischen Europapolitik in den letzten Jahren war man misstrauisch geworden. Dieses Misstrauen konnte die Bundesregierung auch nicht durch ihre Hinweise auf französische Zusicherungen abbauen, die Institutionen nicht anzutasten. Auch die Kommission ging in der Fusionsfrage sehr vorsichtig vor, denn schließlich ging es auch um ihre Kompetenzen in der Gemeinschaft. Die Bundesregierung trieb seit dem Regierungsantritt der Großen Koalition die Fusion am eifrigsten voran. Hauptmotiv war der erhoffte Aufbau einer gemeinsamen Energiepolitik. Daher stand die Fusion immer als einer der deutschen Schwerpunkte neben dem inneren Ausbau und der Erweiterung. Nachdem sich aber im Laufe des Jahres 1968 gezeigt hatte, dass ohne Fortschritte in der Erweiterungsfrage auch alle anderen Entwicklungen blockiert blieben, trat die Fusion in den europapolitischen Zielen der Bundesregierung ins zweite Glied zurück und wurde in den inneren Aufbau eingereiht. Da im Jahre 1969 die Erweiterungsfrage und der vertraglich festgelegte Eintritt der Gemeinschaft in die Endphase zum 1. Januar 1970 die Agenda der Gemeinschaft dominierten,

---

[52] Unkorrigiertes Manuskript Nr. 86/68 der Pressekonferenz vom 21. 10. 1968, PAAA, B2, Bd. 182.

[53] Vermerk Lahrs für Minister Brandt, 24. 10. 1968, PAAA, B1, Bd. 325.

[54] Laut § 8 EWG-Vertrag sollte der Gemeinsame Markt in einer Übergangszeit von 12 Jahren verwirklicht werden.

[55] Aufzeichnung des Referats IA2 betr. Fusion der Verträge, 30. 6. 1969, PAAA, B20, Bd. 1769.

[56] Aufzeichnung des Ministerialdirektors Frank, 21. 10. 1969, AAPD 1969, Dok. 319, S. 1127–1143, hier S. 1132.

erschien die Fusion nur noch als Hindernis und Bremsblock und wurde daher nicht mehr aufgegriffen. So verpasste die Gemeinschaft möglicherweise eine Gelegenheit, für einen transparenteren Aufbau der Europäischen Gemeinschaften zu sorgen.

Nachdem die Verschmelzung der Gemeinschaften nicht durchgesetzt werden konnte und auch die letztendlich unabhängig von der Verschmelzung der Gemeinschaften begonnene Ausarbeitung einer EG-Energiepolitik nur schleppend vorankam, erschien es mehr als fraglich, ob sich für die Große Koalition die Opferung Hallsteins gelohnt hatte.[57]

3. Die Quadratur des Kreises – Innen- und außenpolitische Entwicklungen in der Beitrittsfrage

3.1 Die Entwicklung der Beitrittsfrage bis zur Ministerratssitzung am 18./19. Dezember 1967

Im ersten Halbjahr 1967 hatten sich die unterschiedlichen Positionen der EWG-Länder in der Beitrittsfrage bereits deutlich herauskristallisiert. Die Bundesregierung hatte daher versucht, Konflikte auf der Gemeinschaftsebene zu vermeiden und auf Zeit zu spielen. Die Kommission war im Juni 1967, wie im EWG-Vertrag vorgesehen, vom Ministerrat beauftragt worden, einen Bericht über die Beitrittsproblematik zu erstellen. Diese umfangreiche Aufgabe konnte einige Monate in Anspruch nehmen, so dass die Möglichkeit gegeben war, in diesem Zeitraum die unterschiedlichen Standpunkte der EWG-Länder zu harmonisieren. Die Bundesregierung musste sich vor allem bemühen, Frankreich von seiner starren antibritischen Haltung abzubringen. Ansonsten drohte eine lähmende Krise der Gemeinschaft, die eine von der Bundesregierung angestrebte Vertiefung der Integration verhindern würde.

Am 12./13. Juli 1967 trafen sich die deutsche und die französische Regierung zu ihrem zweiten Gipfeltreffen seit Übernahme der Regierungsgeschäfte durch die Große Koalition. In der Ressortbesprechung im Bundeskanzleramt am 28. Mai zur Vorbereitung der Gipfelkonferenz in Rom hatte Kiesinger gewünscht, eine Aufzeichnung über die Auswirkungen eines britischen Beitritts vor seinem Juli-Treffen mit de Gaulle zu erhalten.[58] Auf dieser Grundlage beauftragten die Staatssekretäre für Europafragen am 2. Juni eine interministerielle Arbeitsgruppe, eine Aufzeichnung über die Beitrittsproblematik für den Bundeskanzler zu erarbeiten.[59] Die Ressortarbeitsgruppe legte daraufhin am 23. Juni den Staatssekretären eine Analyse und eine Besprechungsunterlage vor.[60] In der Analyse kamen die Ressorts zu dem Ergebnis, dass eine langwierige Erörterung der Sachprobleme eines britischen Beitritts im Ministerrat nicht ergiebig sei. Stattdessen müsse man das multilaterale Gespräch mit den Briten aufnehmen, um eine genaue Kenntnis ihrer Vorstellungen über den Beitritt zu erhalten. Politisch bedeute die Aufnahme Großbritanniens in die

---

57 Zur Entwicklung einer gemeinsamen Energiepolitik siehe: Kommission der EGKS, der EWG und der EURATOM (Hrsg.), Zweiter Gesamtbericht 1968, S. 264–270, und Dritter Gesamtbericht 1969, S. 264 f.

58 Vermerk betr. Konsultation des Herrn Bundeskanzlers mit dem französischen Staatspräsidenten am 12./13. 7. 1967, o. D., PAAA, B20, Bd. 1430.

59 Vermerk des Leiters der Abteilung E des BMWi betr. deutsch-französische Konsultationen am 12./13. 7. 1967, 23. 6. 1967, BaK, B102 (BMWi), Bd. 64801.

60 Vermerk des Leiters der Abteilung E für Staatssekretär Dr. Neef betr. deutsch-französische Konsultation am 12./13. 7. 1967, 23. 6. 1967, BaK, B102 (BMWi), Bd. 64801.

EWG für die Bundesrepublik durchaus ein Risiko, denn es könne sich ein britisch-französisches Übergewicht entwickeln. Mit einem britischen Beitritt sei jedoch auch die Chance verbunden, einen gleichberechtigten und gleichverpflichteten EWG-Partner zu bekommen, der für die deutschen Interessen in der politischen Zusammenarbeit aufgeschlossen sei. Durch einen britischen Beitritt werde das Gewicht Westeuropas gegenüber den Staaten Osteuropas erhöht. Außerdem besäße ein erweitertes Europa auch gegenüber den USA ein größeres wirtschaftliches und politisches Gewicht. Die Bindungen Großbritanniens an die USA und an das Commonwealth seien kein Hinderungsgrund für den Beitritt, eine Charakteränderung der Gemeinschaft finde nicht statt. Eine Assoziierung Großbritanniens, wie sie von französischer Seite vorgeschlagen werde[61], sei abzulehnen. Wirtschaftlich bedeute ein britischer Beitritt zusätzliche Ausfuhrmöglichkeiten für die Bundesrepublik. Problematisch sei jedoch die britische Konkurrenz bei Kohle und Stahl. Die Schwäche des Pfundes basiere vor allem auf den britischen Zahlungsbilanzschwierigkeiten. Da die britische Wirtschaftspolitik zurzeit mit Vorrang auf den Ausgleich der Zahlungsbilanz ausgerichtet sei, könne man den Erfolg zunächst abwarten.

In diesen Kontext wurde auch die Agrarpolitik eingeordnet. Aufgrund der Umstellung der Agrarimporte von Commonwealthprodukten auf EWG-Produkte könne die britische Zahlungsbilanz weiter belastet werden. Der Anstieg der Lebensmittelpreise in Großbritannien sei bei einer längeren Anpassungszeit tragbar. Ein britischer Beitritt bedeute eine Entlastung der Beitragszahler an den EWG-Agrarfonds und biete außerdem Absatzmöglichkeiten für die Agrarerzeugnisse der Mitgliedstaaten. Diese Aussichten würden auch nicht durch den gleichzeitigen Beitritt Irlands, Dänemarks und Norwegens getrübt. Commonwealth-Fragen seien nur durch Sonderabkommen lösbar.[62] In der auf dieser Analyse aufbauenden Besprechungsunterlage kamen die beteiligten Ministerien zu dem Schluss, dass alle im Zusammenhang mit einem Beitritt stehenden Probleme zu regeln seien. Voraussetzung sei jedoch eine angemessene Übergangszeit zur Anpassung der britischen Wirtschaft an den Gemeinsamen Markt und eine Sonderregelung für Neuseeland.[63] Ergänzt wurden die beiden Aufzeichnungen noch durch detaillierte Untersuchungen der Interministeriellen Arbeitsgruppe EG-Großbritannien (IMAG), die dem Staatssekretärausschuss und dem Bundeskanzleramt am 27. Juni zugestellt wurden.[64]

Trotz der Vorlage dieser großen Anzahl interministerieller Papiere für den Bundeskanzler sandte Wirtschaftsminister Schiller Anfang Juli einen Brief an Kiesinger, in dem er

---

[61] Der Leiter der Abteilung für Wirtschafts- und Finanzfragen im französischen Außenministerium, Brunet, hatte bereits am 21. Juni im Gespräch mit Staatssekretär Neef (BMWi) darauf hingewiesen, dass Frankreich in einer Assoziierung Großbritanniens an die EWG eine gute Lösung der Beitrittsproblematik sehe. Aufzeichnung des Staatssekretärs Dr. Neef über ein Konsultationsgespräch mit Generaldirektor Brunet am 21. 6. 1967 in Paris, 23. 6. 1967, BaK, B102 (BMWi), Bd. 120153.

[62] Aufzeichnung betr. Beitritt Großbritanniens zu den Europäischen Gemeinschaften; Analyse der Probleme, 23. 6. 1967, BaK, B102 (BMWi), Bd. 64801.

[63] Aufzeichnung betr. Konsultationen des Herrn Bundeskanzlers mit dem französischen Staatspräsidenten am 12./13. 7. 1967; hier: Der Beitrittsantrag Großbritanniens zu den Europäischen Gemeinschaften, 23. 6. 1967, BaK, B102 (BMWi), Bd. 64801.

[64] Der Vorsitzende der IMAG, Paul Frank, an den Sekretär des Staatssekretärausschusses für Europafragen, 27. 6. 1967, BaK, B102 (BMWi), Bd. 61703. Dieser Bericht beurteilte das britische Beitrittsgesuch sowohl wirtschaftlich als auch politisch sehr positiv. Im Gegensatz dazu betont Frank in seinen Memoiren, man sei in der IMAG zu dem Schluss gekommen, die wirtschaftlichen Vor- und Nachteile eines britischen Beitritts für die Bundesrepublik würden sich aufwiegen. Siehe Frank, Botschaft, S. 131.

noch einmal zum Beitritt Stellung nahm.[65] Das Auswärtige Amt registrierte erbost, dass sich das Wirtschaftsministerium damit nicht an die Abmachung gehalten habe, nur interministeriell abgestimmte Papiere vorzulegen.[66] Der Brief Schillers basierte auf einer Aufzeichnung von Staatssekretär Neef über „Wirtschaftspolitische Überlegungen zum Beitritt Großbritanniens und anderer EFTA-Staaten zu den Europäischen Gemeinschaften"[67], die Schiller als Briefanhang an Kiesinger mitschickte. Im Gegensatz zu den interministeriell abgestimmten Papieren enthielt die Aufzeichnung Neefs trotz einer generellen Befürwortung eines britischen Beitritts zahlreiche Hinweise auf problematische Gebiete. So sah Neef Gefahren im Energiebereich. Die britische Steinkohle sei aus unterschiedlichen Gründen günstiger als die deutsche, so dass bei einem Wegfall der bisherigen Handelshemmnisse durch den britischen Beitritt zusätzliche Schwierigkeiten für den Anpassungsprozess der deutschen Steinkohle entstünden. Daher sei es entscheidend, dass die Entwicklung des Gemeinsamen Markts weit genug fortgeschritten sei, bis die britischen Einfuhren hinzukämen. Hinsichtlich der Währungspolitik könne man jetzt noch nicht sagen, ob Großbritannien auf der Grundlage der momentanen Parität alle Verpflichtungen des EWG-Vertrags übernehmen könne. Die insgesamt positive Beurteilung der Möglichkeiten für die deutsche Wirtschaft basiere entscheidend auf der Annahme, dass die Entwicklung der EWG zum Gemeinsamen Markt durch die Beitrittsverhandlungen nicht aufgehalten werde. Die Entwicklung müsse zügig voranschreiten und solle nach Möglichkeit mit dem Ende der vertraglich festgelegten Übergangszeit zum Gemeinsamen Markt (31. Dezember 1969) abgeschlossen sein. Das bisher Erreichte dürfe nicht gefährdet werden, insbesondere die institutionelle Zusammenarbeit müsse erhalten bleiben. Die Handlungsfähigkeit der Organe werde durch die Beitritte herabgesetzt. Man müsse daher versuchen, die Funktionsfähigkeit der Gemeinschaft zu bewahren. Auch dafür sei eine Konsolidierung der Gemeinschaft zum Zeitpunkt der Beitritte wichtig, denn die in vielen Bereichen einsetzende Sachlogik zwinge die Staaten, sich über bestimmte Regelungen zu einigen. Diese Konsolidierung werde vor allem auch durch die Fusion der drei Gemeinschaftsverträge erreicht, die eine gemeinsame Energiepolitik beinhalte. Die Auswirkungen eines britischen Beitritts auf dem Energiesektor könnten durch die Fusion aufgefangen werden. Sie sei daher beschleunigt zu betreiben. Die Beitrittsverhandlungen könnten mit dem Ziel eines Beitritts zur EWG eröffnet werden. Parallel würde unter den Sechs über die Fusion verhandelt. Wenn die Bereiche, die durch eine Fusion zum EWG-Vertrag hinzukämen, klar definiert seien, könnten die Beitrittsverhandlungen auf diese Themen ausgedehnt werden. Das Ergebnis wäre ein britischer Beitritt zur fusionierten Gemeinschaft. Neef bilanzierte, dass ein britischer Beitritt für Ende 1969 angestrebt werden solle. Bis dahin sei die Gemeinschaft wirtschaftlich und institutionell so weit gefestigt, dass ihr Bestand nicht mehr ernsthaft in Frage gestellt werden könne.

---

65 Schiller an Kiesinger, 4. 7. 1967, PAAA, B20, Bd. 1167.

66 Handschriftlicher Vermerk des Referatsleiters „Europäische Gemeinschaften" im AA, von Stempel, auf der Vorlage zum Punkt 5 der Tagesordnung „Deutsche Interessenlage beim Beitritt Großbritanniens zu den Gemeinschaften" für die Staatssekretärausschussbesprechung am 10. 7. 1967, 7. 7. 1967, PAAA, B20, Bd. 1430.

67 Aufzeichnung des Staatssekretärs Neef betr. wirtschaftspolitische Überlegungen zum Beitritt Großbritanniens und anderer EFTA-Staaten zu den Europäischen Gemeinschaften, 1. 7. 1967, BaK, B102 (BMWi), Bd. 61703, und PAAA, B20, Bd. 1167. Daraus auch das Folgende.

Warum hielt das Auswärtige Amt die Vorlage dieses Papiers vor dem De-Gaulle-Besuch für „[t]aktisch [...] gefährlich“[68]? Entgegen den Papieren der interministeriellen Arbeitsgruppe stellte Neef die Beitrittsfrage in einen engen Zusammenhang mit dem inneren Ausbau der Gemeinschaft, also mit ihrer Vertiefung. Im Grunde war für Neef und auch für seinen Minister Schiller entscheidend, dass der Beitritt zu einer gefestigten, konsolidierten Gemeinschaft erfolgte. Nur dann war aus ihrer Sicht der Bestand der EWG gesichert. Neef war nicht an einem raschen Beitritt interessiert, denn es musste seiner Meinung nach noch genügend Zeit für die Festigung der Gemeinschaft vorhanden sein. Auch dem deutschen EWG-Kommissar Hans von der Groeben entging die prononcierte Meinung Neefs nicht. Nach einem Gespräch mit deutschen Regierungsvertretern notierte er, Neef habe klar darauf hingewiesen,

> „daß die Integrationstiefe der Gemeinschaft nicht zugunsten eines schnellen und oberflächlichen Erfolges hinsichtlich der Erweiterung geopfert werden dürfe. Herr Neef schien auch ganz klar zu sehen, daß der Beitritt nicht nur Vorteile, sondern erhebliche institutionelle und wirtschaftliche Schwierigkeiten mit sich bringen würde und daß deswegen eine Haltung, daß England auf jeden Fall einen Vorteil für die wirtschaftliche Integration darstellen würde, nicht aufrechterhalten werden kann.“[69]

Das Auswärtige Amt befürchtete, dass Neef mit seiner Vorlage dem skeptischen Bundeskanzler weiteres Material in die Hand gab, das dessen vorsichtige Haltung in der Beitrittsfrage untermauerte. Und das auch noch kurz vor einem eminent wichtigen Gespräch mit de Gaulle, der von einem britischen Beitritt überzeugt werden musste! Aus Sicht des Auswärtigen Amts alarmierte aber noch ein weiterer Punkt. Neef nahm für sich in Anspruch, auf der Basis der deutschen Interessen zu argumentieren. Was er aber vergaß, waren die Interessen der anderen Länder. Der Staatssekretär des Wirtschaftsministeriums fragte gar nicht erst danach, ob Großbritannien langwierige Verhandlungen akzeptieren würde oder ob die Niederlande bereit wären, einen verstärkten inneren Ausbau und eine Fusion der Gemeinschaften parallel zu den Verhandlungen mitzutragen. Auch die Überlegung, dass eine Vertiefung des Integrationsprozesses vielleicht erst durch die Lösung der lähmenden Beitrittsfrage möglich werde, berücksichtigte Neef nicht.[70]

Die Uneinigkeit über die Prioritäten der deutschen Europapolitik zwischen dem Auswärtigen Amt und dem Wirtschaftsministerium blieben dem Bundeskanzleramt nicht verborgen. Der Parlamentarische Staatssekretär Guttenberg notierte am 20. Juli für den Bundeskanzler, dass eine Meinungsverschiedenheit zwischen dem Auswärtigen Amt und dem Wirtschaftsministerium um die einzuschlagende Prozedur bei der Behandlung der Beitrittsanträge und der Fusion der Gemeinschaften bestehe. Lahr habe am 1. Juni 1967 in London die Meinung vertreten, der britische Beitritt müsse so früh vollzogen werden, dass die Briten als Vollmitglied an der Verschmelzung teilnehmen könnten. Im Gegensatz dazu habe Minister Schiller in seinem Brief vom 4. Juli vorgeschlagen, dass zunächst die sechs EWG-Länder beschleunigt über die Verschmelzung verhandelten, so dass gemeinsa-

---

[68] Handschriftlicher Vermerk des Referatsleiters „Europäische Gemeinschaften“ im AA, von Stempel, auf der Vorlage zum Punkt 5 der Tagesordnung „Deutsche Interessenlage beim Beitritt Großbritanniens zu den Gemeinschaften“ für die Staatssekretärausschussbesprechung am 10. 7. 1967, 7. 7. 1967, PAAA, B20, Bd. 1430.

[69] Bemerkungen zur politischen Lage, 23. 9. 1967, ACDP, Bestand von der Groeben, Bd. 051/1.

[70] Zur Priorität der Erweiterung vor dem Ausbau der EWG bei Brandt und der Spitze des AA vgl. Marcowitz, Option, S. 276.

me Positionen in den von der Verschmelzung betroffenen Bereichen für die Beitrittsverhandlungen erarbeitet werden könnten.[71]

In der Beitrittsfrage brachten die deutsch-französischen Gipfelkonsultationen am 12./13. Juli keine Fortschritte. Anstatt die Standpunkte anzunähern, kam es nur zu einem weiteren Austausch der bekannten Positionen. De Gaulle referierte seine Vorbehalte gegen einen britischen Beitritt: Dieser würde die Gemeinschaften aufgrund der wirtschaftlichen, monetären und politischen Situation in Großbritannien völlig umkrempeln. Eines Tages sei ein britischer Beitritt zwar vorstellbar, unter den gegebenen Umständen sei dieser momentan mit dem Erhalt der Gemeinschaft jedoch nicht vereinbar.[72]

Kiesinger sprach sich, wie schon im Januar, unter Verweis auf die öffentliche Meinung und das Drängen wirtschaftlicher Kreise für einen Beitritt aus. Anschließend erläuterte der Bundeskanzler das Verfahren: Zunächst warte man den Kommissionsbericht ab, dann werde es im Oktober eine Diskussion der Minister darüber geben, die einige Zeit in Anspruch nehmen werde, wenn sie sich mit konkreten Problemen befasse. Er selbst bringe den Argumenten de Gaulles viel mehr Verständnis entgegen als viele seiner Landsleute, stehe jedoch unter dem Druck des pro-britischen Parlaments und der öffentlichen Meinung.[73]

Am darauf folgenden Tag kamen de Gaulle und Kiesinger auf das spröde Englandthema zurück. Kiesinger konstatierte, dass er im Augenblick keine andere Möglichkeit sehe, „als in dem begonnenen Verfahren Zeit zu gewinnen“[74]. Er hoffe, dass so ein Schock vermieden werden könne.[75] Kiesinger sah sich selbst in einer tragischen Situation: Er könne keine Entscheidung gegen die öffentliche Meinung treffen, denn er würde im Parlament unterliegen. Deswegen habe er Wilson niemals gesagt, dass er persönlich für den Beitritt sei, sondern die Formel verwendet, „die deutsche öffentliche Meinung sei für den Beitritt“[76]. Das war deutlich, und de Gaulle nahm den von Kiesinger gesponnenen Faden dankbar auf. Wenn man das laufende Verfahren fortsetze, werde man zunächst unter den Sechs einige Bereiche konkret prüfen, zum Beispiel Fragen der Landwirtschaft, der Währung, des Kapitals und der Politik. Vorher solle man keine Entscheidung treffen. Bei einer objektiven Prüfung könne es sehr lange dauern. Auf diese Weise werde auch die öffentliche Meinung aufgeklärt. Kiesinger und de Gaulle waren sich also einig, nach dem Kommissionsbericht eine Prüfungsphase unter den Sechs zu beginnen. Das Problem war nur die Frage, wie lange diese Phase dauern sollte. Kiesinger nannte überhaupt keinen Endtermin, und de Gaulle sprach von einer sehr langen Phase – hier waren weitere Probleme vorprogrammiert.

Kiesinger und de Gaulle waren sich noch in einem weiteren Punkt einig: Die gewonnene Zeit sollte genutzt werden, um die deutsch-französischen Beziehungen enger zu gestalten. Kiesinger plädierte für ein die deutsch-französischen Beziehungen koordinierendes Organ. De Gaulle verwandte sich für eine Verstärkung der Zusammenarbeit in den Bereichen Wirtschaft und Technologie. Daraus entstanden unter anderem die auf beiden Seiten

---

71 Vermerk Guttenbergs für den Bundeskanzler betr. ihre nächste Besprechung mit Herrn Bundesminister Brandt, 20. 7. 1967, BaK, Nl Guttenberg, Bd. 90, S. 171–173, hier S. 172 f.

72 Gespräch des Bundeskanzlers mit Staatspräsident de Gaulle in Bonn, 12. 7. 1967, AAPD 1967, Dok. 261, S. 1035–1047, hier S. 1037.

73 Ebd., S. 1039 f.

74 Gespräch des Bundeskanzlers Kiesinger mit Staatspräsident de Gaulle in Bonn, 13. 7. 1967, AAPD 1967, Dok. 263, S. 1052–1062, hier S. 1058.

75 Ebd., S. 1059.

76 Ebd., S. 1058.

eingerichteten Koordinatoren für die deutsch-französische Zusammenarbeit und der Einbezug der Wirtschafts- und Finanzminister in den regelmäßigen Konsultationsrhythmus.[77]

Wie sind diese Vereinbarungen einzuordnen? Die Taktik, das britische Beitrittsgesuch auf die lange Bank zu schieben und die deutsch-französischen Beziehungen zu vertiefen, deutet auf die Urheberschaft des Bundeskanzleramts hin. Dort begann man bereits frühzeitig mit Überlegungen für eine institutionelle und inhaltliche Intensivierung der deutsch-französischen Beziehungen. So orderte das Bundeskanzleramt im März 1967 im Auswärtigen Amt eine Übersicht über die Konsultations- und Arbeitsgremien in den deutsch-französischen Beziehungen.[78]

Besonders intensiv befasste sich der Parlamentarische Staatssekretär Guttenberg mit den Möglichkeiten, die deutsch-französischen Beziehungen auszubauen. So erläuterte Guttenberg dem französischen Botschafter Seydoux am 15. Juni in einem Vorbereitungsgespräch für den Julibesuch de Gaulles, dass die zu erwartende Ausweitung der EWG die Vertiefung der deutsch-französischen Zusammenarbeit nur umso wichtiger mache.[79] Schwang hier etwa die Angst mit, ein früher oder später erfolgender britischer Beitritt könne die deutsch-französische Zusammenarbeit stören?[80] Unter diesem Blickwinkel erschien es nur logisch, die Zeit bis zu dem Beitritt zu nutzen, um die Bindungen der beiden ehemaligen Erbfeinde weiter zu festigen. Am 7. Juli legte Abteilungsleiter Osterheld nach Anweisung Guttenbergs dem Bundeskanzler Vorschläge zur Intensivierung der deutsch-französischen Zusammenarbeit vor.[81] Darin forderte Osterheld, die Zusammenarbeit nicht nur auf dem Gebiet der Außenpolitik, sondern in der ganzen Breite voranzutreiben. Neben der Sorge um eine Belastung der deutsch-französischen Beziehungen durch einen britischen Beitritt sprachen auch noch andere Gründe für die Intensivierung der Kooperation. So wurde die bisherige Zusammenarbeit von beiden Seiten als unbefriedigend wahrgenommen. Ein Austausch von Standpunkten fand zwar statt – mehr aber auch nicht. Das wollte man zunächst durch eine verbesserte Verfahrensweise ändern. Andere Punkte kamen hinzu: Die Bundesrepublik, die fest in der NATO verankert und weiter auf das Bündnis angewiesen war, wollte nicht zulassen, dass sich Frankreich nach dem 1966 erfolgten Rückzug aus den integrierten NATO-Verbänden weiter vom Bündnis entfernte.[82] Aus diesem Grund war bereits auf dem Januar-Treffen die Gründung einer deutsch-französischen Studiengruppe über die Sicherheit Europas in den 1970ern beschlossen wor-

---

77 Die gesamten Maßnahmen wurden in einem Briefwechsel der beiden Außenminister im Oktober festgehalten. Siehe das Gespräch des Bundesministers Brandt mit dem französischen Außenminister Couve de Murville in Paris, 17. 10. 1967, AAPD 1967, Dok. 355, S. 1393–1404. Vgl. Bauer, Die deutsch-französischen Beziehungen, S. 455–457. Steinkühler, Der deutsch-französische Vertrag, geht auf diese Neuerungen überhaupt nicht ein.

78 Aufzeichnung der Abteilung I des AA betr. Konsultationen und Arbeitsgremien in der deutsch-französischen Zusammenarbeit, 8. 3. 1967, BaK, B136 (Bundeskanzleramt), Bd. 3069.

79 Vermerk über den Besuch des Botschafters Seydoux am 15. 6. 1967, o. D., BaK, Nl Guttenberg, Bd. 154, S. 155 f.

80 Diese Ansicht hatte bereits 1960 Adenauer gegenüber de Gaulle vertreten, als dieser vorschlug, Großbritannien an einer organisierten Zusammenarbeit in Europa zu beteiligen. Siehe Schwarz, Adenauer: Der Staatsmann, S. 571.

81 VLR I Dr. Walter Boss an den Parlamentarischen Staatssekretär Guttenberg, 26. 6. 1967, BaK, Nl Guttenberg, Bd. 154, S. 157; Aufzeichnung Osterhelds für das Treffen Kiesingers mit de Gaulle am 12./13. 7. 1967, 7. 7. 1967, BaK, Nl Guttenberg, Bd. 154, S. 76–78.

82 Vgl. Marcowitz, Option, S. 280 f., der auf die Befürchtung in der Bundesregierung verweist, dass Frankreich das Bündnis verlassen könnte, wenn der NATO-Vertrag 1969 auslaufe.

den[83], deren Bedeutung man auf dem Juli-Gipfel noch einmal hervorhob. Laut Brandt solle sich die Studiengruppe auch Gedanken hinsichtlich einer zukünftigen europäischen Friedensordnung machen.[84] Auch der vor allem vom Kanzleramt verfochtene Aufbau einer politischen Zusammenarbeit spielte eine Rolle. Da ein Beginn zu sechst aufgrund der unterschiedlichen Positionen in der Beitrittsfrage nicht möglich war, bot sich zunächst eine Verstärkung der deutsch-französischen Zusammenarbeit an.

Vor allem die Einrichtung des Koordinators sollte jedoch nicht nur der besseren deutsch-französischen Abstimmung dienen, sondern war auch als Instrument gedacht, um die Frankreichpolitik innerhalb der Bundesregierung zu kontrollieren. So traf Guttenberg, der bereits über eine Liste mit Personen verfügte, die innerhalb des Auswärtigen Amts Sand in das Getriebe des deutsch-französischen Motors streuten[85], wenige Tage vor dem De-Gaulle-Besuch mit Außenamtsstaatssekretär Schütz zusammen.[86] Guttenberg mahnte eine Verbesserung der deutsch-französischen Beziehungen an und brachte sich selbst als möglichen Koordinator ins Spiel. Brandt verwahrte sich daraufhin persönlich bei Kiesinger gegen eine „Bevormundung durch den gaullistischen Guttenberg“[87] und setzte durch, dass der Koordinator aus dem Auswärtigen Amt kommen sollte. Nach längerem Hin und Her einigten sich Kiesinger und Brandt, dem deutschen Botschafter in Paris, Manfred Klaiber, diesen Posten anzudienen. Klaiber war ein echter Kompromisskandidat, denn Brandt war er schon seit längerem durch seine pro-französische und weniger die gemäßigte Linie des Auswärtigen Amts unterstützende Meinung negativ aufgefallen. Klaiber brachte das Fass zum Überlaufen, als er einen Drahtbericht, den Kiesinger angefordert hatte, direkt an Kiesinger sandte, ohne dass der Bericht über den Schreibtisch Brandts lief.[88] Somit wurde der Posten zwar mit einem Mann aus dem Auswärtigen Amt besetzt, der jedoch in der Frankreich-Politik eher dem Bundeskanzleramt nahe stand. Zudem erhielt der Koordinator auch das direkte Vortragsrecht beim Bundeskanzler.

---

[83] Deutsch-französische Regierungsbesprechung, 14. 1. 1967, AAPD 1967, Dok. 19, S. 106–114, hier S. 111.
[84] Deutsch-französische Regierungsbesprechung, 13. 7. 1967, AAPD 1967, Dok. 264, S. 1063–1074, hier S. 1068.
[85] Aktenvermerk „Auskunft aus dem Auswärtigen Amt“, o. D., BaK, Nl Guttenberg, Bd. 90, S. 311.
[86] Zu diesem Treffen siehe: De Gaulle-Besuch. Großes Volk, in: Der Spiegel Nr. 30 vom 17. 7. 1967, S. 23 f.
[87] Ebd., S. 24.
[88] Botschafter Klaiber hatte sich in dem Kiesinger zugesandten Drahtbericht für die Linie de Gaulles ausgesprochen, zunächst unter den Sechs vor einem Beginn von Beitrittsverhandlungen die wirtschafts- und währungspolitischen Voraussetzungen für einen Beitritt zu prüfen und eine Verhandlungskonzeption zu erarbeiten. Staatssekretär Lahr notierte daraufhin für Brandt, dass diese Haltung von der Position des AA abweiche und es daher umso schwerer wiege, dass der übliche Dienstweg nicht eingehalten worden sei. Brandt beauftragte Staatssekretär Duckwitz, Klaiber auf seinen Fehler hinzuweisen, und bat Kiesinger am 4. Dezember, zukünftige Anfragen über ihn an die Missionschefs zu leiten. Klaiber leistete sich aus Sicht Brandts noch einen weiteren Fauxpas, als er sich einem Wunsch de Gaulles anschloss, in einer offiziellen Festschrift zum 5-jährigen Bestehen des deutsch-französischen Vertrags die Bundestagspräambel nicht abzudrucken. Brandt bemerkte dazu: „Was der Botschafter anführt, ist unmöglich! Ich lasse nicht zu, daß so mit Beschlüssen der Volksvertretung umgegangen wird!“ Der Parlamentarische Staatssekretär im Bundeskanzleramt, Guttenberg, erhielt kurz darauf die Information, dass Klaiber im AA ein schlechtes „Standing“ habe. Brandt habe schon einmal mit dem Gedanken gespielt, Klaiber abzuberufen, und wolle diese Operation bei nächster Gelegenheit durchführen. Klaiber trat seinen Posten als Koordinator am 1. August 1968 an. Zu diesen Vorgängen siehe Drahtbericht des Botschafters Klaiber, Paris, an das AA, 14. 11. 1967, PAAA, B150, Bd. 112, S. 7848–7851; Aufzeichnung des Staatssekretärs Lahr, 16. 11. 1967, AAPD 1967, Dok. 393, S. 1520 f.; Brandt an Klaiber, 23. 11. 1967, PAAA, B2, Bd. 127; Brandt an Kiesinger, 4. 12. 1967, PAAA, B2, Bd. 130; Duckwitz an Klaiber, 4. 12. 1967, PAAA, B2, Bd. 130; Brandt an Klaiber, 7. 12. 1967, PAAA, B2, Bd. 130; Gelegenheitsinformation vom 4. 12. 1967, BaK, Nl Guttenberg, Bd. 200, S. 102.

In den Tagen nach dem deutsch-französischen Gipfel zeigte sich wieder einmal, wie schwer die bilateralen und multilateralen Beziehungen der Bundesrepublik auszutarieren waren. So berichtete Botschafter Wilhelm Grewe aus der NATO-Zentrale in Brüssel über äußerst kritische Bemerkungen der NATO-Partner. Die Entwicklung des deutsch-französischen Verhältnisses werde mit Sorge betrachtet. Vor allem die vereinbarte Studiengruppe über die Sicherheit Europas in den 70ern rufe die Befürchtung hervor, de Gaulle wolle „die Bundesrepublik in das Fahrwasser seines Zusammenspiels mit Moskau“[89] hineinziehen. In dasselbe Horn stießen auch der niederländische Botschaftsrat Paul Wilhelm Jalink und der niederländische Gesandte Hermann Jorrisen, die im Auswärtigen Amt den Verdacht aussprachen, de Gaulle wolle mit Hilfe der Sicherheitsgespräche die Bundesrepublik von den USA trennen. Außerdem betonten sie, dass es in der Beitrittsfrage entscheidend auf die Bundesrepublik ankomme, und drohten damit, dass die Niederlande ihre bisherige Position gegenüber der Deutschlandpolitik der Bundesregierung überprüfen müssten, wenn sich die Verhältnisse in Europa änderten.[90]

Auch die USA, der wichtigste Verbündete der Bundesrepublik, verfolgten nervös die außenpolitischen Schritte der Bonner Regierung. Georg von Lilienfeld, Gesandter in Washington und Vertrauter Kiesingers, telegrafierte am 21. Juli an Kiesinger und Brandt, dass man in den USA die deutsche Politik in den letzten Monaten misstrauisch beobachte. Hauptaufgabe der für August angesetzten Amerikareise des Bundeskanzlers sei es, das Vertrauen in die deutsche Politik wiederherzustellen. Unter anderem solle Kiesinger auch die Frage klar beantworten, ob sich die Bundesrepublik unter dem Einfluss de Gaulles von den USA abkehre, „um ein von diesen unabhängigeres und selbständigeres (Kontinental-) Europa als ‚dritte Kraft‘ zu schaffen“, oder ob die „vertrauensvolle engste Zusammenarbeit mit den USA immer noch Grundlage unserer Politik [sei]“[91].

Nach diesen Hinweisen und Andeutungen war der Bundesregierung wieder einmal klar, dass jeder außenpolitische Schritt von den Verbündeten argwöhnisch geprüft wurde. Man musste daher noch mehr als bisher darum bemüht sein, zwischen den Positionen zu vermitteln, ohne den Eindruck einer zwielichtigen Politik aufkommen zu lassen. Für die Beitrittsfrage bedeutete das, die niederländische und die britische Position noch stärker als bisher einzubeziehen und zu versuchen, sowohl die Bedürfnisse der kleineren Länder zufrieden zu stellen als auch die Erwartungen Frankreichs und Großbritanniens zu erfüllen. Also die Quadratur des Kreises!

Am 6. September reiste Lord Chalfont, der künftige britische Unterhändler in Brüssel, nach Bonn. Staatssekretär Lahr und Chalfont waren sich einig, dass zunächst der Kommissionsbericht im Ministerrat geprüft werden müsse. Das könne bis Mitte November dauern; dann sei ein Entschluss des Ministerrats über die Aufnahme von Beitrittsverhandlungen fällig. Deutlich wies Lahr die von Chalfont ausgesprochene Drohung zurück, Großbritan-

---

[89] Botschafter Grewe (NATO), Paris, an das AA, 18. 7. 1967, AAPD 1967, Dok. 273, S. 1104–1106, hier S. 1104. Dieser Vorwurf verkannte offenbar, dass die Sicherheitsgespräche auf einen deutschen Vorschlag zurückgingen. Siehe Aufzeichnung des Ministerialdirektors Meyer-Lindenberg betr. Voraussetzungen und Möglichkeiten der deutsch-französischen Zusammenarbeit, 18. 11. 1966, PAAA, B150, Bd. 88, S. 7370–7374.

[90] Aufzeichnung Jungs über eine Vorsprache des niederländischen Botschaftsrats Jalink, 19. 7. 1967, PAAA, B150, Bd. 107, S. 5644–5646; Vermerk Paul Franks betr. Beunruhigung der niederländischen Regierung über den Besuch des Staatspräsidenten de Gaulle in Bonn, 21. 7. 1967, PAAA, B150, Bd. 107, S. 5703 f.

[91] Gesandter von Lilienfeld, Washington, an Bundesminister Brandt, 21. 7. 1967, AAPD 1967, Dok. 278, S. 1117–1121, hier S. 1118.

nien werde sich Alternativen zuwenden, wenn sich die Verhandlungsaufnahme verzögere. Dieses Argument sei gefährlich, denn es unterstütze die Auffassung, dass Großbritannien sich noch nicht genügend dem Kontinent zugewandt habe. Damit liefere Großbritannien den Hinweis für die Ablehnung der Verhandlungen. Außerdem besäße Großbritannien kaum eine Alternative – eine atlantische Freihandelszone sei unrealistisch.[92]

Neuen Stoff für Auseinandersetzungen lieferte die Kommission am 29. September mit ihrer Stellungnahme an den Rat zu den Beitrittsgesuchen Großbritanniens, Irlands, Dänemarks und Norwegens. In diesem Bericht empfahl die Kommission, Verhandlungen mit den Beitrittskandidaten aufzunehmen, um die Probleme, die sich bei einem Beitritt ergeben, gemeinsam gründlich zu prüfen. Diese Probleme sah die Kommission vor allem in der Wiederherstellung des Gleichgewichts der britischen Volkswirtschaft und der britischen Zahlungsbilanz, in dem Aufbau einer gemeinsamen Forschungs- und Technologiepolitik, in der Frage der Finanzierung der gesamten Gemeinschaftstätigkeit, insbesondere der Agrarpolitik, sowie in den künftigen Beziehungen zu den übrigen europäischen Ländern, zum Commonwealth und zu den Entwicklungsländern. Deutlich stellte die Kommission heraus, dass der Erweiterungsprozess die Weiterentwicklung der Gemeinschaften zur Wirtschaftsunion nicht aufhalten dürfe.[93] Auf der Ministerratstagung am 2./3. Oktober nahm der Rat die Stellungnahme zwar entgegen, beschloss jedoch, erst auf der Tagung am 23./24. Oktober eine Aussprache über den Bericht durchzuführen.[94]

Dass die von Kiesinger und de Gaulle im Juli ins Auge gefasste Klärungsphase nicht allzu lang dauern durfte, wurde in den ersten Oktoberwochen offensichtlich. Die Bundesregierung geriet in dieser Zeit unter zunehmenden Druck des Parlaments. Der Bundestag forderte in einem gemeinsamen Antrag aller Fraktionen vom 10. Oktober die Bundesregierung auf, die Entschließung des Aktionskomitees für die Vereinigten Staaten von Europa vom 15. Juni bei ihrer zukünftigen Europapolitik zu berücksichtigen.[95] In dieser Entschließung, der unter anderen Willy Brandt und Helmut Schmidt zugestimmt hatten[96], wurde die Aufnahme und der rasche Abschluss der Beitrittsverhandlungen verlangt.[97] Bot sich so vielleicht für Brandt eine Möglichkeit, über das Parlament den Druck in der Bei-

92 Aufzeichnung des Staatssekretärs Lahr betr. Beitritt Großbritanniens zur EWG, 6. 9. 1967, PAAA, B1, Bd. 332. Auch in BaK, Nl Blankenhorn, Bd. 215, S. 32–34.

93 Stellungnahme der Kommission der Europäischen Gemeinschaften an den Rat vom 29. 9. 1967 betr. Beitrittsgesuche Großbritanniens, Irlands, Dänemarks und Norwegens (Auszüge), in: EA 22 (1967), S. D481–D499, hier S. D498 f.

94 Delegationsbericht des Botschafters Sachs, z.Zt. Luxemburg, 3. 10. 1967, AAPD 1967, S. 1330, Anm. 1.

95 Verhandlungen des Deutschen Bundestages, 5. Wahlperiode, Anlagen, Bd. 115, Drucksache V/2157. Zu dem steigenden Druck der Fraktionen auf die Bundesregierung im Herbst 1967, die Beitrittsfrage positiv zu lösen, siehe Taschler, Herausforderungen, S. 142–145. Das „Aktionskomitee für die Vereinigten Staaten von Europa“ war 1955 von Jean Monnet nach seinem Abschied vom Präsidentenposten der Hohen Behörde ins Leben gerufen worden, um die Weiterentwicklung der europäischen Einigung zu fördern. Mitglieder des Komitees wurden vor allem die zentralen Akteure der nationalen Parlamente, Parteien und Gewerkschaften, die durch das „Monnet-Komitee“ auf eine positive Einstellung zur europäischen Integration eingeschworen werden sollten. Vgl. Knipping, Einigung Europas, S. 90 f.

96 Monnet, Mémoirs, S. 576.

97 Erklärung des Aktionskomitees für die Vereinigten Staaten von Europa vom 15. 6. 1967, in: EA 22 (1967), S. D384 f. Der Plan, diese Resolution den Parlamenten der sechs EWG-Länder von den im Monnet-Komitee vertretenen Parteien vorzulegen, beruhte auf einer Idee Monnets. Diese Vorgehensweise hatte man bereits bei der ersten gemeinsamen Entschließung des Monnet-Komitees am 18. Januar 1956 praktiziert. Siehe Fontaine, Comité, S. 183.

trittsfrage zu entfalten, den er in seiner Position als Außenminister nicht entwickeln konnte? Am 11. Oktober suchte Jean Monnet Bundeskanzler Kiesinger auf, um die Entschließung des Aktionskomitees zu erläutern.[98] Kiesinger sah keine Probleme für die parlamentarische Behandlung des Antrags, machte aber deutlich, dass das oberste Ziel sein müsse, eine Krise in der EWG zu vermeiden. Am 13. Oktober wurde der Antrag, über dessen europapolitische Zielsetzung zwischen allen Parteien in der Debatte Einigkeit bestand, vom Bundestag in die Ausschüsse verwiesen.[99] Kiesinger ließ sich während der Debatte publikumswirksam für eine halbe Stunde neben dem auf der Zuschauertribüne sitzenden Jean Monnet nieder.[100] In der Debatte machte Kiesinger allerdings deutlich, dass die Bundesregierung nicht bereit sei, Härte gegen de Gaulle zu zeigen. In der momentanen Situation komme es darauf an, „die Sechs an einem Tisch zu halten, einen Eklat, wie er schon einmal passiert ist, zu verhindern“[101].

Um eine Zuspitzung in der Beitrittsproblematik zu vermeiden, präsentierte Bundeskanzler Kiesinger im Gespräch mit Botschafter Seydoux am 12. Oktober einen neuen Gedanken. Kiesinger führte aus, dass man nach der Vorlage des Kommissionsberichts nun die aufgezeigten Probleme diskutieren müsse. Da aber England und die Niederlande auf eine schnelle Aufnahme der Gespräche drängten, könne man vielleicht die Kommission beauftragen, einige im Bericht erwähnte Schwierigkeiten vertieft zu prüfen. Dazu könne die Kommission dann auch Dritte hören, ohne mit ihnen zu verhandeln. Laut Kiesinger wirke die Kommission dann als „eine Art Sachverständigenausschuß, der im Auftrag des Ministerrats Klärung herbeiführe, um dann an den Ministerrat wieder Bericht zu erstatten“[102]. Kiesinger erläuterte weiter, so könne man „die Sechs beisammenhalten, einen Konflikt vermeiden und gleichzeitig die französischen Besorgnisse ernst nehmen“[103].

Am 16. Oktober vermerkte Staatssekretär Guttenberg für Kiesinger, er habe von einem wohl informierten französischen Bekannten erfahren, dass der Finanz- und Wirtschaftsminister Michel Debré sich für eine harte französische Haltung einsetze, Ministerpräsident Pompidou aber für den Kompromissvorschlag offen sei. Die Italiener würden einem solchen Vorschlag wohl zustimmen, wenn Frankreich dazu bereit sei; Belgien stehe exploratorischen Gesprächen positiv gegenüber.[104] Außenminister Couve de Murville beharrte

---

[98] Gespräch des Bundeskanzlers Kiesinger mit dem Vorsitzenden Monnet, Aktionskomitee für die Vereinigten Staaten von Europa, 11. 10. 1967, AAPD 1967, Dok. 345, S. 1356–1363.

[99] In der Debatte war man sich nur über den Vorschlag des Monnet-Komitees nicht einig, einen Kooperationsrahmen für die Handelsbeziehungen zwischen den west- und osteuropäischen Ländern einzurichten. Der Antrag wurde dann am 2. April 1968 vom Bundestag angenommen. Siehe Taschler, Herausforderungen, S. 143.

[100] Fontaine, Comité, S. 186.

[101] Verhandlungen des Deutschen Bundestages, 5. Wahlperiode, S. 6361.

[102] Gespräch des Bundeskanzlers Kiesinger mit dem französischen Botschafter François Seydoux, 12. 10. 1967, AAPD 1967, Dok. 348, S. 1368–1375, hier S. 1372 f. Dieser Vorschlag beruhte auf einer Anregung der EWG-Kommission. Das Wirtschaftsministerium brachte diesen Vorschlag als Vorlage in die Kabinettssitzung am 11. Oktober ein, wo er auf breite Zustimmung stieß. Siehe Runderlass des AA betr. Besuch Reys und der drei deutschen Kommissare in Bonn, 19. 9. 1967, BaK, B102 (BMWi), Bd. 120015; Aufzeichnung von der Groebens, 23. 9. 1967, ACDP, Bestand von der Groeben, Bd. 051/1; Aufzeichnung des Staatssekretärs im BMWi, Neef, „Stichworte für die Kabinettssitzung am 11. Oktober 1967“, 10. 10. 1967, BaK, B126 (BMF), Bd. 36406; Schiller an Kiesinger, 19. 10. 1967, PAAA, B1, Bd. 332.

[103] AAPD 1967, Dok. 348, S. 1368–1375, hier S. 1373.

[104] Vermerk des Parlamentarischen Staatssekretärs im Bundeskanzleramt Guttenberg für Bundeskanzler Kiesinger betr. Beitritt Großbritanniens zur EWG, 16. 10. 1967, BaK, Nl Guttenberg, Bd. 90, S. 106 f. Vielleicht handelte es sich bei dem Informanten um Guttenbergs Freund Joseph Rovan.

jedoch im Gespräch mit seinem deutschen Kollegen Brandt am 17. Oktober auf seiner harten Position und bestand sehr deutlich auf einer eingehenden Erörterung des Sachverhalts unter den Sechs.[105] Es bestand daher für Willy Brandt auch kein Anlass, anzunehmen, dass sich die Haltung de Gaulles gegenüber einem britischen Beitritt geändert habe, wie es Stephan G. Thomas dem Außenminister nach diversen Gesprächen mit dem französischen Gesandten Christian Comte d'Aumale zwischen Oktober und Dezember 1967 mitteilte. Danach sei davon auszugehen, dass de Gaulle in zwei Jahren einem britischen Beitritt zustimmen werde.[106]

Trotz der klar negativen Haltung, die Couve im Gespräch mit Brandt eingenommen hatte, lehnte sich Bundeskanzler Kiesinger am 23. Oktober bei seinem Besuch in London sehr weit aus dem Fenster. Gegenüber Wilson legte Kiesinger dar, er habe gerade aus Paris die Nachricht erhalten, dass die Gespräche unter den Sechs bis Ende des Jahres abgeschlossen sein könnten. Dann könnten exploratorische Gespräche zwischen der Kommission und Großbritannien aufgenommen werden.[107] Als die Briten dieses aus ihrer Sicht viel zu langatmige Procedere ablehnten, unterbreitete Kiesinger im großen Kreis den Vorschlag, bereits parallel zu den Gesprächen unter den Sechs den Meinungsaustausch zwischen der Kommission und Großbritannien zu eröffnen.[108] Hatte Brandt dem Bundeskanzler die eindeutige Ablehnung der exploratorischen Gespräche durch Couve nicht mitgeteilt?[109] Vermutlich hatte Kiesinger den Informationen Guttenbergs wesentlich stärkeres Gewicht beigemessen als dem Bericht Brandts.[110]

Die Hoffnungen, die Kiesinger verbreitet hatte, erwiesen sich denn auch als trügerisch. Am 24. Oktober trafen in London Meldungen von der Ministerratstagung in Luxemburg ein, dass Couve de Murville erneut eine kompromisslose Haltung in der Beitrittsfrage eingenommen habe. Kiesinger meinte im Gespräch mit Wilson, die französische Haltung käme praktisch einem Veto gleich. Man müsse jetzt die Texte der Luxemburger Tagung sorgfältig studieren. Vielleicht könne man eine Öffnung in der französischen Position finden. Wilson baute sofort wieder seine Drohkulisse auf. Bleibe es bei der französischen Haltung, müsse Großbritannien überlegen, wie es seine eigenen Interessen wahren könne. Das könne schmerzhafte Wirkungen in die eine oder andere Richtung entfalten. Dass

---

105 Runderlass Meyer-Lindenbergs zu den Gesprächen der beiden Außenminister Brandt und Couve de Murville am 16./17. 10. 1967 in Paris, 19. 10. 1967, AAPD 1967, S. 1401, Anm. 25. Die harte französische Position hatte de Gaulle auch schon gegenüber Botschafter Klaiber am 2. Oktober vertreten. Botschafter Klaiber, Paris, an das AA, 2. 10. 1967, AAPD 1967, Dok. 335, S. 1319–1321, hier S. 1320 f.

106 Siehe Thomas an Brandt, 31. 10. 1967; Thomas an Brandt, o. D. [nach dem 11. 11. 1967]; Thomas an Brandt, 20. 12. 1967, alle in AdsD, WBA, Bestand Außenminister, Mappe 10. Anders urteilt Hildebrand (Willy Brandt, Charles de Gaulle und „la grande Europe", S. 403), der suggeriert, nach den Hinweisen d'Aumales sei Brandt von einem Einlenken de Gaulles in zwei Jahren ausgegangen. Dafür, dass Willy Brandt ausgerechnet dieser abseitigen Einschätzung Glauben schenkte, gibt es aber keine Hinweise.

107 Gespräch des Bundeskanzlers Kiesinger mit Premierminister Wilson in London, 23. 10. 1967, AAPD 1967, Dok. 362, S. 1419–1425, hier S. 1420 f.

108 Deutsch-französische Regierungsbesprechung in London, 23. 10. 1967, AAPD 1967, Dok. 363, S. 1426–1431, hier S. 1430.

109 Wie „Die Welt" berichtete, sei Kiesinger sauer gewesen, dass Brandt ihm die harte Haltung Couves nicht deutlich mitgeteilt habe. Siehe dazu den Artikel „‚Lord Chalfonts Äußerung ist eine Panne, kein Versuchsballon'. Kiesinger glaubt nicht an Kurswechsel Londons", in: Die Welt vom 31. 10. 1967, S. 1.

110 Auch „Der Spiegel" vermutete, dass Kiesinger sich auf private Erkundigungen seines Parlamentarischen Staatssekretärs verlassen habe, nach denen ein Teil des französischen Kabinetts exploratorische Gespräche befürworte. Siehe „Koalition. Strategie der Ehe", in: Der Spiegel Nr. 46 vom 6. 11. 1967, S. 27.

dabei auch die Bundesrepublik betroffen sein könnte, schwang als Unterton mit. Kiesinger machte daraufhin noch einmal die Position seiner Regierung deutlich. Die im Zusammenhang mit der britischen Wirtschaft stehenden Probleme seien lösbar. Die größte Schwierigkeit sei es jetzt, bei den Beratungen der Sechs Fortschritte zu machen, ohne einen Bruch herbeizuführen. Beharre Frankreich auf seiner Position, würden die Auseinandersetzungen heftiger werden. Keinesfalls könne man die Argumente Couve de Murvilles akzeptieren.[111]

Großbritannien wollte sich jedoch mit einer abwartenden Rolle nicht zufrieden geben. Lord Chalfont düpierte die Bundesregierung am 26. Oktober mit vertraulichen Äußerungen an die Presse. Die Journalistenrunde brach das vereinbarte Schweigen, und so berichtete die internationale Presse kurz darauf über Drohungen Chalfonts: Wenn der britische Beitritt abgelehnt werde, müsse die britische Regierung Alternativen abwägen. Dazu gehörten unter anderem ein Rückzug der Rheinarmee, die Aufgabe der Viermächteverpflichtungen in Berlin, die Aufgabe der Unterstützung der deutschen Wiedervereinigungspolitik und eine Reduzierung der Rolle Großbritanniens bei der Verteidigung Westeuropas. An dieser Aufzählung fällt auf, dass alle Maßnahmen hauptsächlich die Bundesrepublik treffen würden und nicht den Hauptblockierer der Erweiterung – Frankreich.[112] In der offiziellen Stellungnahme dementierte die britische Regierung, dass eine Überprüfung der Europapolitik erwogen werde.[113] Die Bundesregierung versuchte, den Vorfall herunterzuspielen. Kiesinger telegrafierte am 2. November an Wilson, dass er den angeblichen Äußerungen Chalfonts keinen Glauben geschenkt habe, und stellte die guten Beziehungen der beiden Länder heraus.[114] Damit war die Sache offiziell erledigt. Die „Chalfont-Affäre" hatte jedoch nochmals verdeutlicht, wie anfällig die Position der Bundesregierung war und wie undankbar eine Vermittlungsrolle sein konnte. Der britische Druck auf die Bundesregierung belastete außerdem das deutsch-britische Verhältnis zusehends. Wirtschaftsminister Schiller hatte bereits am 19. Oktober in einem Brief an Bundeskanzler Kiesinger schwere Vorwürfe gegen die britische Seite erhoben. Laut Schiller sei ein „gewisses Maß an Geduld und Elastizität bei allen Beteiligten"[115] erforderlich, um die Beitrittsgespräche in Gang zu bringen. Dies konnte Schiller bei der britischen Regierung nicht entdecken:

> „Wenn wesentliche Kräfte in der britischen Regierung mit allen Mitteln die unmittelbare Aufnahme von Verhandlungen zu erzwingen suchen, so fällt es schwer, sich vorzustellen, daß dieser Druck ausschließlich dazu bestimmt ist, die tatsächliche Eröffnung von Beitrittsverhandlungen herbeizuführen. Dagegen läuft ein solches Drängen zu leicht Gefahr, dahin interpretiert zu werden, daß gewisse Kräfte ein Interesse daran haben könnten, den um Ausgleich bemühten Partnern in der Gemeinschaft die Verantwortung dafür zuzuspielen, daß es nicht zu Verhandlungen kommt."[116]

---

[111] Deutsch-britische Regierungsbesprechung in London, 24. 10. 1967, AAPD 1967, Dok. 364, S. 1432–1438, hier S. 1432 f.

[112] So auch „Der Spiegel" in seinem Artikel „Chalfont. Monopol auf gemein" vom 6. 11. 1967, S. 142 f.

[113] Aufzeichnung der Abteilung I betr. Äußerungen von Staatsminister Lord Chalfont über eine theoretische mögliche Änderung der britischen Europapolitik im Falle eines Nichtbeitritts Großbritanniens zu den Europäischen Gemeinschaften, 7. 11. 1967, PAAA, B1, Bd. 332.

[114] Fernschreiben Kiesingers an Wilson, 2. 11. 1967, PAAA, B1, Bd. 332.

[115] Schiller an Brandt, 19. 10. 1967, PAAA, B1, Bd. 332. Schiller sandte dem Außenminister eine Kopie des Briefes an Kiesinger.

[116] Ebd.

Außerdem hielt der Bundeswirtschaftsminister den Briten vor, durch ihr Verhalten auf der Weltwährungskonferenz in Rio den Beitrittsverhandlungen nicht gedient zu haben.[117]

Nach dem enttäuschenden Verlauf der Ministerratstagung in Luxemburg am 23./24. Oktober systematisierte Staatssekretär Lahr für seinen Außenminister und das Bundeskanzleramt die gegebenen Möglichkeiten in der Beitrittsfrage. Zunächst diagnostizierte Lahr nüchtern, dass Frankreich der Aufnahme von Verhandlungen in nächster Zeit nicht zustimmen werde. Die von der Bundesregierung in Aussicht genommenen Vermittlungslösungen, wie Sachverständigengespräche der Sechs mit Großbritannien oder exploratorische Gespräche der Kommission mit Großbritannien, seien aber noch nicht aussichtslos. Dafür sei das deutsch-französische Gespräch entscheidend. Man müsse in der Argumentation mit der französischen Regierung verdeutlichen, dass die von Frankreich eingenommene Haltung den französischen Interessen schaden werde. Die Beitritte seien aufgrund der öffentlichen Meinung Europas letztlich nicht zu verhindern. Frankreich wirke durch seine Haltung als Störenfried und werte damit seine eigene Rolle im zukünftigen Europa ab. Wenn die momentane Situation auf Gemeinschaftsebene anhalte, würden die Gemeinschaften geschwächt und ihr Fortschritt gehemmt. Das werde auch Frankreich treffen, zum Beispiel bei den für 1968 anstehenden Verhandlungen über eine Neuauflage des Jaunde-Abkommens[118]. Außerdem sitze Großbritannien bei den künftigen Entscheidungen unsichtbar mit am Ratstisch. Es sei kaum vorstellbar, dass die Beschlüsse über den Eintritt der Gemeinschaft in die Endphase zum 1. Januar 1970 besprochen werden könnten, ohne dass das Verhältnis zu Großbritannien geklärt sei. Das gelte besonders für die endgültige Regelung der Agrarfinanzierung, der alle sechs Regierungen zustimmen müssten.[119]

Die Vermittlungsversuche der Bundesregierung mussten allerdings bald Erfolge bringen, denn die Entwicklung in der EWG steuerte immer stärker auf einen dramatischen Showdown über das Beitrittsgesuch hin. Kiesinger versuchte daher, im Gespräch mit dem französischen Botschafter Seydoux am 14. November herauszufinden, inwieweit überhaupt noch Kompromissmöglichkeiten bestanden. Der Bundeskanzler führte aus, dass man der französischen Haltung Rechnung tragen wolle, aber wissen müsse, wie lange eine Diskussion unter den Sechs dauern solle. Kiesinger fragte, ob nicht während dieser Diskussion bereits Gespräche zwischen Kommissionsbeamten und britischen Experten statt-

---

[117] Ebd. Auf der Jahresversammlung des IWF in Rio am 25.–29. September 1967 wurde ein Abkommen über die Einführung so genannter Sonderziehungsrechte beschlossen. Dadurch sollte die Liquidität des internationalen Währungssystems erhöht werden, was insbesondere den USA und Großbritannien mit ihren defizitären Zahlungsbilanzen zugute kam. Auch in der Frage der Einführung und Ausgestaltung der Sonderziehungsrechte standen sich die amerikanisch-britische sowie die französische Position gegenüber. Vgl. Ungerer, European monetary integration, S. 80; Schenk, Sterling, S. 362 f.; Schmidt, „The Embarrassment of Strength", S. 181–195. Zu den Verhandlungen über die Sonderziehungsrechte aus zeitgenössischer Sicht: Emminger, Währungspolitische Ergebnisse; Schellhaaß, Internationale Währungsprobleme, S. 459 ff.; Hänsch, Entwicklung der Europäischen Gemeinschaften, S. 164–166.

[118] Mit dem Jaunde-Abkommen vom 20. Juli 1963 wurden 17 afrikanische Staaten und Madagaskar mit der EWG assoziiert. Es regelte die Wirtschaftsbeziehungen zwischen den assoziierten Ländern und der EWG sowie die finanzielle und technische Hilfe der EWG für die assoziierten Staaten. Finanziert wurde die Entwicklungshilfe durch den Europäischen Entwicklungsfonds. Das erneuerte Jaunde-Abkommen (Jaunde II) konnte nach langwierigen Verhandlungen am 29. Juli 1969 unterzeichnet werden. Siehe Kommission der EGKS, der EWG und der EURATOM (Hrsg.), Gesamtbericht 1969, S. 375–395.

[119] Aufzeichnung des Staatssekretärs Lahr betr. Haltung der französischen Regierung in der Frage des Beitritts Großbritanniens zu den Europäischen Gemeinschaften, 25. 10. 1967, AAPD 1967, Dok. 366, S. 1443–1447, hier S. 1446 f.

finden könnten. Die Bundesregierung werde in der Beitrittsfrage von allen Seiten bedrängt und wolle ihren Beitrag zur Überwindung der Schwierigkeiten leisten. Auf die ausweichenden, allgemeinen Bemerkungen des französischen Botschafters antwortete Kiesinger dramatisch, er rechne mit einer krisenhaften Situation in der EWG Ende des Jahres oder Anfang nächsten Jahres. Wie lange solle die Diskussion der französischen Sorgen dauern? Es herrsche keine Klarheit über die französische Position. Kiesinger schlug als Alternative zu den Expertengesprächen vor, die Verhandlungen zu beginnen und zu den jeweiligen Fragekomplexen sich zunächst unter den Sechs eine einheitliche Meinung zu bilden. Interessant sei auch die kürzliche Rede Hallsteins gewesen, der auf einen möglichen britischen Beitritt zum Gemeinsamen Markt in Stufen hingewiesen habe.[120] Man könne also versuchen, einen ersten Akt zu setzen, der eine gewisse Teilnahme, aber keine Vollmitgliedschaft Großbritanniens bedeute. Seydoux versprach, seinem Außenminister darzulegen, wie schwierig die Situation für die Bundesregierung und den Bundeskanzler sei. Vertraulich fügte er aber hinzu, dass Couve wahrscheinlich weiterhin ablehnend eingestellt sei. Vielleicht solle sich Kiesinger mit General de Gaulle aussprechen – damit war der Herr und Meister benannt.[121]

Als die britische Regierung am 18. November das Pfund abwertete, schien eine Hauptforderung Frankreichs erfüllt.[122] Außerdem rückte Wilson zunehmend die technologische Bedeutung eines britischen Beitritts in den Vordergrund, um Frankreich auf diesem Weg eine britische Mitgliedschaft schmackhaft zu machen.[123] Trotzdem blieb Frankreich auf der Ministerratstagung am 20. November bei seiner harten Linie.[124] Am 27. November lehnte de Gaulle auf einer weiteren Pressekonferenz sogar deutlicher als je zuvor einen britischen Beitritt zum jetzigen Zeitpunkt ab. Er würde den Zerfall der Gemeinschaft herbeiführen, die eine solche monumentale Aufgabe zurzeit überfordere. De Gaulle sprach sich auch gegen den Beginn von Verhandlungen aus, wies jedoch darauf hin, dass man alternativ ein wirtschaftliches Arrangement mit den Beitrittskandidaten eingehen könne.[125]

Nach der Pressekonferenz de Gaulles wurde die Suche nach Alternativlösungen im Auswärtigen Amt forciert. Ministerialdirigent Paul Frank empfahl, auf der Ministerratssitzung im Dezember eine Fortsetzung der Sachdiskussion zu verlangen. Die dadurch gewonnene Zeit sollte genutzt werden, um zu prüfen, ob man nicht einen Vertrag der Sechs mit Groß-

---

[120] Hallstein hatte auf einer Rede anlässlich der Verleihung des Großkreuzes des Ordens vom niederländischen Löwen am 11. November in Den Haag eine schrittweise Verwirklichung des britischen Beitritts angeregt. Damit hatte Hallstein die Briten sehr verärgert. Vgl. Fernschreiben Nr. 383 des Botschafters Knoke, Den Haag, an das AA, 12. 11. 1967, PAAA, B21, Bd. 525.

[121] Gespräch des Bundeskanzlers Kiesinger mit dem französischen Botschafter François Seydoux, 14. 11. 1967, AAPD 1967, Dok. 391, S. 1510–1516.

[122] Die Bundesregierung wurde über die bevorstehende Abwertung von Botschafter Roberts informiert. Siehe Aufzeichnung des Ministerialdirektors Harkort betr. Beitritt Großbritanniens zur EWG – für Ministerrat am 20. 11. 1967, 18. 11. 1967, PAAA, B1, Bd. 332.

[123] Siehe hierzu u. a. die Rede Wilsons auf dem Jahresbankett des Lord Mayor von London am 13. 11. 1967 (Auszüge betr. den Vorschlag einer europäischen technologischen Gemeinschaft), in: EA 22 (1967), S. D3–D6. Vgl. Young, Technological Cooperation.

[124] Drahtbericht des Botschafters Sachs, Brüssel (EG), an das AA, BMWi, BMF, BML, BMwF betr. 13. Tagung des Rats der Europäischen Gemeinschaften am 20. 11., Tagesordnungspunkt 4: Beitrittsanträge Großbritanniens, Irlands, Dänemarks und Norwegens sowie Schreiben der Regierung Schwedens, 21. 11. 1967, PAAA, B20, Bd. 1513; Brandt an Brown, 21. 11. 1967, PAAA, B1, Bd. 332.

[125] Pressekonferenz des französischen Staatspräsidenten, Charles de Gaulle, am 27. 11. 1967 (Auszüge betr. außenpolitische Fragen), in: EA 22 (1967), S. D561.

britannien über die Vorbereitung des Beitritts abschließen könne. Dieser Vertrag müsste auch den Grundsatz eines späteren Beitritts beinhalten.[126]

Botschafter a. D. Ophüls legte am 29. November eine Aufzeichnung vor, in der er zwei Stufenlösungen für einen Beitritt gegeneinander abwog. Grundsätzlich hielt er Mischformen aus Beitritt und Assoziierung für möglich, empfahl jedoch die Terminologie „Beitritt" oder „Assoziierung" zu vermeiden, „um gefühlsmäßigen und prestigemäßigen Auseinandersetzungen aus dem Wege zu gehen"[127]. Stufenplan A sah vor, den Beitritt von vorneherein rechtlich festzulegen. Der Beitritt solle in drei Stufen von jeweils mindestens zwei Jahren erfolgen. In diesem Zeitraum sollten die in den Gemeinschaftsverträgen und den seither ergangenen Beschlüssen festgelegten Vorschriften in den beitretenden Staaten eingeführt werden. In seiner Bewertung dieser Variante hob Ophüls hervor, dass die Festlegung des Stufenplans viel Zeit brauche und Verzögerungsmöglichkeiten biete. Außerdem müssten bereits zu Anfang die heiklen institutionellen Fragen geklärt werden. Stufenplan B bestand aus einer faktischen Annäherung der Beitrittsländer an die EWG, an deren Ende sich erst der endgültige rechtliche Beitritt vollziehe. In drei Stufen könne dann der freie Warenverkehr zwischen den Beitrittsländern und der EWG eingeführt werden. Die Zuweisung der übrigen Materien auf die jeweiligen Stufen erfolge in Abstimmung zwischen Kommission, Rat und antragstellendem Staat. Am Ende der Annäherungsphase könne der Rat feststellen, dass die Regelungen in der Gemeinschaft und dem betreffenden Staat übereinstimmen. Daraufhin werde der Beitritt formell vollzogen. Ophüls hielt den vollen Beitritt für unausweichlich, wenn eine solche Annäherung erst einmal eingeleitet sei. Frankreich brauche jedoch einem Beitritt bei einer solchen Lösung momentan formell noch nicht zuzustimmen. Außerdem biete Variante B den Vorteil, dass die Verhandlungen für einen Annäherungsvertrag kurz wären, da faktisch nur handelspolitische Probleme gelöst werden müssten. Die schwierige Institutionenfrage brauche man erst am Ende der Übergangszeit in Angriff zu nehmen. Insgesamt urteilte Ophüls, dass Plan B dem französischen Standpunkt erheblich stärker entgegenkomme als Plan A.[128]

Auch der Planungsstab des Auswärtigen Amts und der neue Staatssekretär Georg Ferdinand Duckwitz[129] sprachen sich für das Ausloten eines solchen Assoziierungsvorschlags als Vorbereitung eines späteren Beitritts aus, betonten aber wie Ophüls, dass man ein solches Modell nicht unbedingt als Assoziierung bezeichnen müsse. Der Planungsstab schlug vor, zunächst zu sondieren, „in welchem Umfang sich Frankreich auf Assoziierungslösungen einlassen würde"[130]

---

[126] Aufzeichnung des Ministerialdirigenten Frank, 29. 11. 1967, AAPD 1967, Dok. 409, S. 1570–1572.

[127] Aufzeichnung des Botschafters a. D. Ophüls betr. Stufenplan für den Beitritt Großbritanniens und der übrigen Staaten, die den Beitritt beantragt haben, 29. 11. 1967, PAAA, B150, Bd. 113, S. 8179–8187, hier S. 8181.

[128] Ebd., S. 8179–8187.

[129] Der pensionierte Diplomat Georg Ferdinand Duckwitz wurde von Brandt wieder reaktiviert, nachdem Staatssekretär Klaus Schütz das Amt nach nur zehn Monaten verlassen hatte. Schütz löste den während der Studentenunruhen ungeschickt agierenden Regierenden Bürgermeister Berlins Heinrich Albertz ab. Vgl. Schütz, Logenplatz, S. 117–165.

[130] Aufzeichnung des Leiters des Planungsstabs Egon Bahr betr. britischer Beitritt zu den Gemeinschaften; Pressekonferenz de Gaulles vom 27. 11. 1967, 30. 11. 1967, PAAA, B150, Bd. 113, S. 8191–8194, hier S. 8193; Handschriftlicher Vermerk des Staatssekretärs Duckwitz für Minister Brandt, 2. 12. 1967, PAAA, B150, Bd. 114, S. 8257.

Die Briten verdeutlichten jedoch bei jeder sich bietenden Gelegenheit, dass sie nur an einem vollen EWG-Beitritt und nicht an einer Assoziierung oder sonstigen Alternativlösungen interessiert seien.[131] Nachdem Außenminister Brown gegenüber Brandt bei einem informellen Treffen auf Schloß Dorneywood, dem Landsitz des britischen Außenministers, erneut auf der Vollmitgliedschaft bestanden hatte, zeigte sich Brandt erstaunt über die inflexible britische Haltung in der Beitrittsfrage, wie er gegenüber Botschafter Blankenhorn hervorhob – zumal die Briten sonst immer so pragmatisch seien.[132]

Um das Vorgehen auf der entscheidenden Ministerratstagung am 18./19. Dezember zu koordinieren, trafen sich die fünf Außenminister der EWG-Länder ohne Frankreich am Rande der NATO-Ministerratstagung am 13./14. Dezember in Brüssel. Die Fünf waren sich einig, auf der Ministerratssitzung Beitrittsverhandlungen zu befürworten. Frankreich solle dazu Stellung beziehen. Eine Diskussion prozeduraler Kompromissvorschläge solle nicht erfolgen. Am Ende der Tagung solle eine klare Feststellung über das Ergebnis getroffen werden. Falls keine Einigung zustande komme, solle festgestellt werden, dass kein Antrag auf Vertagung vorliege und somit jede Regierung das Thema „Beitritte" für die nächste Ministerratstagung wieder vorschlagen könne. Großbritannien solle seinen Beitrittsantrag aufrechterhalten.[133]

Welche Haltung die französische Regierung auf der Ministerratstagung einnehmen werde, verdeutlichte Außenminister Couve de Murville am 14. Dezember im Gespräch mit Brandt in der Residenz des französischen Botschafters in Brüssel. Couve betonte, dass seine Regierung gegen die Aufnahme von Beitrittsverhandlungen zum jetzigen Zeitpunkt sei. Erst müsse Großbritannien die Voraussetzungen für einen Beitritt schaffen. Daher werde sich seine Delegation auf der Ministerratstagung am 19. Dezember, wenn die Aufnahme von Verhandlungen gefordert werde, gegen Verhandlungen zum jetzigen Zeitpunkt aussprechen. Man wolle jedoch die Möglichkeiten zu weiteren Erörterungen auf den folgenden Ministerratssitzungen offen lassen. Bis zum späteren Vollbeitritt könne man nach Zwischenlösungen suchen, die sich auf den industriellen und landwirtschaftlichen Handelsverkehr beziehen sollten. Es sei aber nicht zweckmäßig, schon bei der nächsten Ratstagung über solche Lösungen zu sprechen. Stattdessen sollten erst einmal einige Monate verstreichen, bis sich die allgemeine Aufregung gelegt habe und eine sachliche Prüfung solcher Vorschläge möglich sei.[134]

Damit war der Verlauf der Ministerratssitzung bereits vorgezeichnet. Am 18. Dezember fand eine Sachdebatte zum Beitrittsproblem statt, und am folgenden Tag wurden die

---

[131] Vermerk über das Gespräch des Herrn Bundesministers mit dem britischen Botschafter, 1. 12. 1967, PAAA, B150, Bd. 114, S. 8239–8241; Aufzeichnung StS 2546/67 des Staatssekretärs Lahr betr. Besuch des britischen Unterstaatssekretärs Sir Con O'Neill, 7. 12. 1967, PAAA, B1, Bd. 332. Zur „Alles oder nichts"-Strategie der Briten siehe auch: Philippe, 'The Germans hold the key', S. 163–165; Böhmer, Bundesrepublik Deutschland, S. 99 f.

[132] Vermerk des Botschafters Blankenhorn, 12. 12. 1967, BaK, Nl Blankenhorn, Bd. 218, S. 29–32, hier S. 30. Bei dem Treffen mit Brown und Wilson fiel auch der legendäre Satz des britischen Außenministers: „Willy, you must get us in, so we can take the lead." Siehe Brandt, Begegnungen, S. 201f. Dass diese Aussage Browns durchaus nicht scherzhaft gemeint war, zeigen die Ausführungen Browns zu Europa in seinen Memoiren. Siehe Brown, In my way, S. 209–212.

[133] Vermerk des Staatssekretärs Lahr, 14. 12. 1967, PAAA, B1, Bd. 332. Für Auszüge aus dem Vermerk siehe AAPD 1967, S. 1611, Anm. 10.

[134] Botschafter Sachs, Brüssel (EG), an Bundesminister Brandt, 15. 12. 1967, AAPD 1967, Dok. 437, S. 1672–1674.

Schlussfolgerungen aus der Debatte gezogen. Eine formelle Abstimmung über die Aufnahme von Verhandlungen fand nicht statt, da deutlich geworden war, dass Frankreich nicht zustimmen würde. Die Beitrittsanträge blieben jedoch auf der Tagesordnung des Rats.[135]

Im Anschluss an die Ratstagung fand noch eine informelle Aussprache der fünf Außenminister ohne Frankreich statt. Brandt betonte, es sei jetzt wichtig, dass die Fünf die gleiche Sprache sprächen. Man solle in Kontakt bleiben und die Weihnachtspause nutzen, um neue Ideen zu entwickeln. Luns sprach sich für den Abschluss bilateraler Abkommen mit Großbritannien auf politischem, wirtschaftlichem und technischem Gebiet aus. Großbritannien unterstütze diesen Vorschlag. Brandt regte eine sorgfältige Prüfung dieser Überlegungen an. Man könne auch Besprechungen der engsten Mitarbeiter ins Auge fassen. Auch Harmel sprach sich für gemeinsame Aktionen aus und schlug vor, dass Brandt die Initiative für ein weiteres Fünfer-Treffen ergreife. Fanfani und Grégoire verwiesen auf die heftigen Reaktionen der Öffentlichkeit nach der Ministerratssitzung. Brandt machte abschließend darauf aufmerksam, dass es im geteilten Deutschland ein ungelöstes nationales Problem gebe. Man dürfe der Jugend jetzt nicht noch die Hoffnung auf die europäische Einigung nehmen.[136]

Am Ende des Jahres 1967 war man also in der Beitrittsfrage nicht weiter gekommen. Die Eröffnung von Verhandlungen war aufgrund der französischen Haltung nicht möglich. Immerhin blieben die Beitrittsgesuche auf der Tagesordnung des Ministerrats – ein offizielles französisches Veto gegen die Aufnahme der Beitrittsverhandlungen hatte man verhindert. Um die deutsche Vermittlungsposition zu verstehen, muss man sich klar machen, wie groß die Befürchtungen der Bundesregierung vor einer EWG-Krise waren. Schaut man sich die Gespräche, Reden und Aufzeichnungen in der Beitrittsfrage näher an, fällt auf, dass immer wieder vor einer EWG-Krise gewarnt wurde. Kiesinger sprach sogar von einem drohenden Schock. Sicherlich schwang hier die Befürchtung vor einer zweiten „Krise des leeren Stuhls“ mit.[137] Dabei übersah man jedoch, dass Frankreich letztlich mit seiner Rückkehr an den Ratstisch nach dem Luxemburger Kompromiss vom Januar 1966 deutlich gemacht hatte, wie stark es auf den Gemeinsamen Markt angewiesen war. Auch für Frankreichs Wirtschaft war die EWG eine große Erfolgsgeschichte. Somit wäre ein Bruch der EWG durch die französische Regierung eher unwahrscheinlich gewesen. Dieser Aspekt wurde in der Bundesregierung und hier vor allem von Kiesinger nicht wahrgenommen. Stattdessen hatte sich in der Bundesregierung ein Bild de Gaulles als Hasardeur festgesetzt, der zu irrationalen Entscheidungen neigte und dem man alles zutrauen musste – ein Bild, das de Gaulle auch immer wieder geschickt evozierte.

Man kann und muss die Angst vor einer EWG-Krise auch außen- und innenpolitisch rückbinden. Außenpolitisch war die Bundesregierung in einer äußerst labilen Situation. Angewiesen auf gute Beziehungen zu ihren westlichen Partnerstaaten, extrem anfällig in ihrer Deutschland- und Ostpolitik, die nach ersten Erfolgen deutlich stagnierte, sicherheitspolitisch abhängig von den USA und der Allianz, deren Zukunft nicht rosig aussah – und jetzt drohte auch noch eine Desintegration der EWG. Das hätte das außenpolitische Gefüge der Bundesrepublik mit Sicherheit ins Wanken gebracht.

---

[135] Botschafter Sachs, Brüssel (EG), an das AA, 20.12.1967, AAPD 1967, Dok. 442, S. 1686–1694, hier S. 1692.

[136] Aufzeichnung des Botschafters Sachs, Brüssel (EG), 19.12.1967, AAPD 1967, Dok. 441, S. 1684 f.

[137] Wie Ludlow (A Short-Term Defeat, S. 144) feststellt, war aufgrund der Erfahrungen aus der „Krise des leeren Stuhls“ keiner der Großbritannien wohlgesinnten „friendly five“ bereit, eine harte Konfrontation in der Beitrittsfrage mit Frankreich zu riskieren.

Gleichzeitig ordnete die Regierung der Großen Koalition ihre Deutschlandpolitik immer stärker in die europäische Einigung ein. Bundeskanzler Kiesinger hatte in seiner Rede zum Tag der deutschen Einheit am 17. Juni 1967 im Bonner Bundeshaus den Gedanken in den Vordergrund gestellt, dass ein wiedervereinigtes Deutschland „eine kritische Größenordnung“[138] habe:

> „Es ist zu groß, um in der Balance der Kräfte keine Rolle zu spielen, und zu klein, um die Kräfte um sich herum selbst im Gleichgewicht zu halten. Es ist daher in der Tat nur schwer vorstellbar, daß sich ganz Deutschland bei der Fortdauer der gegenwärtigen politischen Strukturen in Europa, der einen oder anderen Seite ohne weiteres zugesellen könnte. Eben darum kann man das Zusammenwachsen der getrennten Teile Deutschlands nur eingebettet sehen in den Prozeß der Überwindung des Ost-West-Konflikts in Europa.“[139]

Außenminister Brandt wies in einer programmatischen Rede zur Europapolitik der Bundesregierung am 30. November 1967 auf einer Veranstaltung der Friedrich-Ebert-Stiftung darauf hin, dass die Lösung der deutschen Frage davon abhängig sei, „was aus dem Verhältnis zwischen den Teilen Europas wird“[140]. Ziel sei es, über die Einigung Westeuropas hinaus, die west- und osteuropäischen Länder „unter veränderten Verhältnissen, auf neuer Basis“[141] wieder zusammenzuführen. Eine wichtige Rolle komme hierbei dem Gemeinsamen Markt zu, dessen wirtschaftliches Potenzial vom Osten nicht ignoriert werden könne. Brandt führte weiter aus, dass sich aufgrund der wirtschaftlichen Attraktivität des Gemeinsamen Markts, über die unterschiedlichen politischen Systeme hinweg, die Frage der Zusammenarbeit beruhend auf „realen Interessen“[142] stelle.

Der Unterabteilungsleiter des Auswärtigen Amts, Paul Frank, hielt in einer Aufzeichnung über die „Leitlinien der deutschen Europapolitik“ am 4. Oktober 1967 unter anderem fest, welche konkreten Auswirkungen eine solche deutschland- und ostpolitische Konzeption für die Europapolitik der Bundesregierung hatte. Laut Frank sei das langfristige Ziel der deutschen Europapolitik „die Neuordnung der gesamteuropäischen Verhältnisse einschließlich des Deutschlandproblems in Formen der wirtschaftlichen und politischen Zusammenarbeit zwischen Ost- und Westeuropa (europäische Friedensordnung)“[143]. Bevor man die Zusammenarbeit auf Osteuropa ausdehne, müssten daher zunächst einmal alle westeuropäischen Länder an der Kooperation beteiligt werden. Die Erweiterung der EWG bilde „somit eine notwendige Übergangsphase zur gesamteuropäischen Zusammenarbeit, die Ost und West umfaßt“[144]. Um eine aktive Deutschlandpolitik in diesem Rahmen zu ermöglichen, müsse man vermeiden, „daß die Europäische Wirtschaftsgemeinschaft zu einem Element der Ost-West-Auseinandersetzung wird“[145]. Die Stärkung Westeuropas

---

[138] Rede zum 17. Juni 1967 beim Staatsakt im Bonner Bundeshaus, in: Kiesinger, Stationen, S. 223–228, hier S. 226.

[139] Ebd.

[140] Die Verantwortung der Deutschen gegenüber Europa. Vortrag auf der Jahrestagung des Kuratoriums der Friedrich-Ebert-Stiftung in Düsseldorf am 30. 11. 1967, in: Brandt, Außenpolitik, Deutschlandpolitik, Europapolitik, S. 149–164, hier S. 152.

[141] Ebd.

[142] Ebd. Eine ähnliche Formulierung findet sich auch in Brandts programmatischer Schrift „Friedenspolitik in Europa“, S. 87.

[143] Aufzeichnung des Leiters der Unterabteilung IA des AA, Paul Frank, betr. Leitlinien für die deutsche Europapolitik, 4. 10. 1967, PAAA, B1, Bd. 324.

[144] Ebd.

[145] Ebd., S. 7.

dürfe daher nicht mehr wie zu Beginn der europäischen Einigung der Verteidigung vor dem Kommunismus dienen, sondern „der Herstellung eines Dialoges zwischen West- und Osteuropa“[146]. Die Ausgangsbasis für die deutsche Europapolitik sah Frank eindeutig in den bestehenden Europäischen Gemeinschaften, aus denen eines Tages eine europäische Wirtschaftsunion entstehen werde.

Diese weitblickenden Überlegungen des Auswärtigen Amts wurden in ihrer Konsequenz nicht von allen Mitgliedern der Bundesregierung geteilt. Eine andere Position vertrat unter anderem der Parlamentarische Staatssekretär im Bundeskanzleramt Guttenberg, der im Frühjahr 1967 notierte, dass „[d]ie aktivste Ostpolitik [...] die Schaffung eines geeinten und mächtigen Westeuropas“[147] sei. Beide Konzeptionen, die eines sich wirtschaftlich einigenden und damit für eine Kooperation mit dem Osten immer interessanter werdenden Westeuropas und diejenige eines machtpolitisch einflussreichen Westeuropas, das aufgrund seiner Stärke die Sowjetunion und die osteuropäischen Länder zur Zusammenarbeit zwingt, hatten eine entscheidende Voraussetzung – eine prosperierende EWG. Auch aus diesem Grund war eine lähmende Krise oder gar ein Rückzug Frankreichs aus der EWG für die Bundesrepublik bedrohlich. Mit einem Bruch der Gemeinschaft wäre die Wiedervereinigungsperspektive in einem Gesamteuropa zunächst obsolet geworden. Man musste daher alles daransetzen, die Europäischen Gemeinschaften am Leben zu erhalten und ihr Funktionieren zu gewährleisten.

Dafür sprachen auch rein innenpolitische Erwägungen. In der Bundesrepublik setzte man sich zunehmend mit der sich formierenden linken Protestbewegung, der Außerparlamentarischen Opposition (APO), auseinander. Außerdem wurde das politische Establishment durch die deutlichen Erfolge der NPD in einigen Landtagswahlen erschüttert.[148] Zeichnete sich also eine Radikalisierung nach rechts und links ab? Viele Politiker hatten ihre Sozialisation noch in der Weimarer Republik erfahren, so dass bereits Parallelen zur Krise und Auflösung der ersten deutschen Demokratie gezogen wurden.[149] Botschafter Blankenhorn notierte nach einem zweitägigen Aufenthalt in Bonn Ende November 1967, dass man für den kommenden Bundestag mit 40–50 Mitgliedern der NPD und einer ebenso starken linksradikalen Gruppe rechne.[150] Womöglich befürchtete man einen weiteren Zulauf für die Radikalen, wenn sich jetzt auch noch das „Leitbild Europa“ auflösen würde. Der Berater Kiesingers, Günter Diehl, warnte für diesen Fall vor innenpolitischen Gefahren.[151]

146 Ebd., S. 17.

147 Guttenberg, Fußnoten, S. 130.

148 Die NPD hatte bereits im November 1966 bei den Landtagswahlen in Hessen und in Bayern über 7% der Stimmen eingefahren. 1967 erreichte sie 5,8% der Stimmen in Schleswig-Holstein, 6,9% in Rheinland-Pfalz, 7,0% in Niedersachsen und 8,8% in Bremen. Siehe Hildebrand, Große Koalition, S. 371–373 und S. 475–477.

149 Schönhoven, Wendejahre, S. 79 f.

150 Vermerk Blankenhorns, 27. 11. 1967, BaK, Nl Blankenhorn, Bd. 217, S. 34.

151 Aufzeichnung des Ministerialdirektors Diehl betr. deutsche Europapolitik, 6. 10. 1967, AAPD 1967, Dok. 340, S. 1332–1341, hier S. 1341. Kiesinger hatte bereits am 16. Februar 1967 gegenüber dem britischen Premierminister Wilson eine psychologische Einschätzung der Situation in der Bundesrepublik gegeben. Danach bestehe in der Bevölkerung eine Stimmung, „daß alles, worauf man sich bisher verlassen habe, ungewiß geworden sei. Auf das Bündnis sei kein Verlaß mehr, die NATO zeige keinen Zusammenhalt und sei unter den jetzigen Umständen ein Anachronismus, Amerika verfolge eigentlich eine ganz andere Politik, dasselbe gelte auch für Großbritannien, und bei allen sei das deutsche Problem abgeschrieben. [...] Auch die NPD sei in gewisser Weise Ausfluß dieser Stimmung.“ Siehe Gespräch des Bundeskanzlers mit Premierminister Wilson in Bonn, 16. 2. 1967, AAPD 1967, Dok. 57, S. 284–291, hier S. 285.

Joseph Rovan nahm in einem Brief an seinen Freund Guttenberg in der Bundesrepublik treffend ein „innenpolitisches Bedürfnis nach außenpolitischen Perspektiven“[152] wahr. Aus dieser Sicht erscheint die ängstliche, vermittelnde Politik der Bundesregierung in der Beitrittsfrage verständlich. Immerhin gelang es unter ihrer Ratspräsidentschaft, einen Ausbruch der Krise formal zu verhindern. Das von Bundeskanzler Kiesinger ausgegebene Ziel der Bundesregierung, „die Franzosen im Gemeinsamen Markt zu halten, die Weiterentwicklung des Gemeinsamen Marktes nicht zu bremsen und den Engländern die Aussicht auf einen späteren Beitritt zu erhalten“[153], blieb jedenfalls für die nächsten Monate aktuell, auch wenn dem Auswärtigen Amt diese Zieldefinition nicht ausreichte. Egon Bahr hielt fest, dass man darüber hinausgehend Großbritannien und die anderen EFTA-Staaten so eng wie möglich an die EWG heranführen, die Wirtschaftsbeziehungen zu den EFTA-Staaten verbessern, eine politische und wirtschaftliche Krise in Großbritannien verhindern und „für die Europapolitik künftiger französischer Regierungen möglichst enge Bindungen zwischen den Sechs und Großbritannien (sowie den übrigen EFTA-Staaten) als Ausgangsposition“[154] schaffen müsse.

Vielleicht konnte man dafür auf die bisher im Auswärtigen Amt erarbeiteten Alternativkonzepte zu einem sofortigen Vollbeitritt zurückgreifen. Dazu musste man prüfen, wie weit die Franzosen dabei gehen würden und ob die Engländer bereit waren, in der Beitrittsfrage flexibler zu reagieren.

3.2 Die Entwicklung der Beitrittsfrage zwischen Januar und Juli 1968

Bevor Willy Brandt, wie unter den fünf Außenministern nach der Ministerratssitzung vereinbart, initiativ werden konnte, kam es zu einem überraschenden britischen Vorstoß. Die Briten schlugen eine enge Zusammenarbeit mit den EWG-Staaten ohne Frankreich auf Gebieten vor, die nicht vom EWG-Vertrag erfasst waren. Dazu könnten ihrer Meinung nach die technologische Zusammenarbeit auf industriellem Gebiet, die Waffenentwicklung und -produktion, die Entwicklungshilfe und die Konsultation über außenpolitische Themen gehören.[155] Offensichtlich versuchten die Briten jetzt selbst, die weiteren Schritte zu lenken, womöglich in der Befürchtung, die deutschen Überlegungen würden ihnen nicht weiterhelfen. Brandt reagierte darauf beleidigt. Als der britische Botschafter Roberts am 28. Dezember den deutschen Außenminister zu einem Gespräch in dessen Dienstvilla auf dem Bonner Venusberg aufsuchte, um ihm die britische Initiative für eine Zusammenarbeit der fünf pro-britischen EWG-Länder mit Großbritannien zu erläutern, wehte Roberts eisiger Wind entgegen. Zunächst beschwerte sich Brandt, dass Außenminister Brown ihn nicht wie vereinbart kontaktiert habe. Den Hinweis des britischen Botschafters, dass in der Sache Eile geboten sei, da das nächste Gespräch Kiesinger/de Gaulle für Mitte Januar

---

152 Joseph Rovan an Guttenberg, 30. 12. 1967, BaK, Nl Guttenberg, Bd. 70, S. 246–248, hier S. 248.

153 So fasste von der Groeben das Ziel Kiesingers nach einem Gespräch mit dem Bundeskanzler vom 15. Dezember 1967 zusammen. Siehe Betrachtungen zur politischen Lage von Hans von der Groeben, 9. 2. 1968, ACDP, Bestand von der Groeben, Bd. 051/1.

154 Aufzeichnung des Leiters des Planungsstabs im AA, Egon Bahr, betr. britischer Beitritt zu den Gemeinschaften; Pressekonferenz de Gaulles vom 27. 11. 1967, 30. 11. 1967, PAAA, B150, Bd. 113, S. 8191–8194, hier S. 8192.

155 Gespräch des Bundesministers Brandt mit dem britischen Botschafter Roberts, 28. 12. 1967, AAPD 1967, Dok. 449, S. 1713–1716, hier S. 1714.

terminiert sei, wischte Brandt mit der Bemerkung beiseite, das Gespräch werde erst nach dem 10. Februar stattfinden. Anschließend verdeutlichte Brandt, dass er die von den Briten vorgeschlagenen Konsultationsbereiche für ungeeignet halte. Im Bereich der Technologie, des europäischen Gesellschaftsrechts, des europäischen Patents und der Steuerharmonisierung sei es noch nicht einmal gelungen, sich unter den Sechs zu einigen. Bei der Waffenproduktion sei man mittlerweile zu der Einsicht gelangt, die Mittel für eigene Forschungsvorhaben zu verwenden. Konsultationen der Fünf mit Großbritannien hätten also kaum Gehalt. Außerdem brauche Frankreich dann seine Rolle in Brüssel nicht mehr zu verteidigen. Aus seiner Sicht eröffne das Ergebnis der Ratstagung bessere Aussichten. Man müsse an Frankreich die Frage richten, wie es sich die weitere Entwicklung vorstelle. Er selbst denke an eine Lösung, die anstelle des sofortigen Beitritts, aber auch anstelle von Zwischenlösungen trete und in überschaubarer Zeit zum Beitritt führe.[156]

Trotz der Skepsis Brandts schlug Brown dem deutschen Außenminister am 30. Dezember Gespräche der Fünf mit den Beitrittskandidaten vor.[157] Wie Botschafter Hans Heinrich Herwarth von Bittenfeld am 2. Januar aus Rom in die Zentrale des Auswärtigen Amts berichtete, habe man von britischer Seite bereits am 23. Dezember bei der italienischen Regierung sondiert, ob sie bereit sei, eine Konferenz der Fünf mit den vier Beitrittsanwärtern einzuberufen. Daraufhin habe Fanfani Außenminister Brown zu einer Besprechung nach Rom eingeladen. Während der Gespräche sei der belgische Vorschlag eingetroffen, am Rande des ersten Tages der WEU-Ministerratssitzung am 29. Januar eine Zusammenkunft der Fünf mit Großbritannien durchzuführen. Brown habe gefordert, dass die Besprechungen am 29. Januar der Beginn regelmäßiger Zusammenkünfte sein müssten.[158] Brandt vermerkte daraufhin, dass die Vereinbarung nach der letzten Ministerratssitzung, er werde zu Gesprächen über die weitere Vorgehensweise einladen, durch den britischen Vorstoß nicht mehr gültig sei. Jetzt müsse man sich zunächst mit den Vorschlägen der anderen Seite auseinander setzen. Brandt bat darum, den Briten seine Verwunderung über ihren Vorstoß mitzuteilen und Näheres über den Vorschlag Harmels zu erkunden, der bis jetzt nur über den Bericht Herwarths in Bonn bekannt geworden sei.[159] Daraufhin teilte Staatssekretär Lahr dem britischen Botschafter Roberts mit, dass Brandt über das britische Vorgehen verärgert sei.[160] Gegenüber Staatsminister Chalfont sprach Brandt sogar von einem Vertrauensbruch der Briten. Die deutsche Regierung werde so nicht mit sich umspringen lassen.[161]

Die weitere deutsche Strategie fixierte Brandt für Staatssekretär Lahr am 8. Januar:

> „1.) Bei Sondierungsgesprächen konzentrieren auf Frage, was sich als Zwischenergebnis vom 19. 12. 1967 ergibt.
> 2.) Jetzt von uns aus keine ‚Denkmodelle' für Übergangslösungen zur Diskussion stellen; diese würden dadurch vorzeitig entwertet werden.

---

156 Ebd., S. 1713–1716.

157 Die Mitteilung Browns ist erwähnt im Vermerk des Ministerbüroleiters im AA, Arnold, für Staatssekretär Lahr betr. EWG, 3. 1. 1968, PAAA, B1, Bd. 332.

158 Botschafter Herwarth, Rom, an das AA betr. Besuch von Außenminister Brown in Rom, 2. 1. 1968, PAAA, B150, Bd. 116, S. 9 f. Vgl. Masala, Italia und Germania, S. 301 f.

159 Vermerk des Ministerbüroleiters im AA, Arnold, für Staatssekretär Lahr betr. EWG, 3. 1. 1968, PAAA, B1, Bd. 332.

160 Aufzeichnung des Ministerialdirigenten Frank, 5. 1. 1968, AAPD 1968, S. 18, Anm. 13.

161 Vermerk Blankenhorns vom 11. 1. 1968, BaK, Nl Blankenhorn, Bd. 219, S. 35–38, hier S. 37; Gespräch des Bundesministers Brandt mit dem Staatsminister im britischen Außenministerium, Lord Chalfont, 8. 1. 1968, AAPD 1968, Dok. 5, S. 16–19.

3.) Wir machen uns nicht die resignierende Feststellung zu eigen, das Beitrittsklima sei bis auf weiteres erledigt.
4.) Weiterführung der Erörterungen im Ministerrat hat für uns Vorrang vor Vorschlägen für Konferenzen nach dem Schema 5 plus 1 oder 5 plus 4.
5.) Wir lehnen Beratungen zwischen den Fünf und Großbritannien nicht grundsätzlich ab. Im Augenblick ist jedoch nicht zu sehen, wie die Beitrittsfrage auf diese Weise gefördert werden könnte.
6.) Wir oder die Fünf müssen an Frankreich die Frage stellen, wie es weiter gehen soll. Auf diese Frage wurde im Dezember verzichtet, nachdem gerade die britische Regierung allein um Klärung gebeten hatte, ob jetzt Regierungsverhandlungen aufgenommen werden könnten.
7.) Von der Kommission muss erwartet werden, dass sie dem Rat regelmäßig über Entwicklungen berichtet, die für die Weiterbehandlung der Beitrittsgesuche von Bedeutung sind. Entsprechend müsste die Kommission die Antragsteller über wichtige Entwicklungen in der Gemeinschaft unterrichten.
8.) Es wäre logisch, mit Verhandlungen über den Beitritt in Euratom zu beginnen, da die französischen Einwände hierfür nicht gelten können und die britische Regierung der technologischen Zusammenarbeit besondere Bedeutung beimißt.
9.) Im Ministerrat wird auch über solche Fakten gesprochen werden müssen, die sich seit dem 19. 12. ergeben haben."[162]

Diese Linie wurde auch von Kiesinger unterstützt. Nach einem Gespräch Brandts mit Kiesinger am 9. Januar notierte der Bundeskanzler, dass man keinen offiziellen Vermittlungsvorschlag präsentieren werde, aber die französischen Vorstellungen erkunden wolle.[163]

Die Beitrittsfrage stand am 10. Januar auch auf der Tagesordnung des Bundeskabinetts. Nachdem Brandt über die Lage in der EWG berichtet hatte, wurde die weitere Vorgehensweise diskutiert. Kiesinger resümierte im Anschluss an die Diskussion, dass die Bundesregierung Pläne zur Zusammenarbeit der EWG-Partner mit Großbritannien, aber ohne Frankreich und eventuell Deutschland nicht unterstütze. Ausgehend von der Prämisse, dass ohne deutsche und französische Unterstützung kein Fortschritt in Europa möglich sei, werde die Bundesrepublik „mit Frankreich über die möglichen weiteren Entwicklungen der Beziehungen zwischen der EWG und den beitrittswilligen Staaten sprechen"[164].

Der Staatssekretärausschuss für Europafragen hatte bereits am 8. Januar erörtert, welche Lösungen mit der französischen Seite diskutiert werden sollten. Abgelehnt wurde ein Stufenplan für den britischen Beitritt, in dem die volle Mitgliedschaft vereinbart, aber erst in mehreren Stufen erreicht wird. Genauso abzulehnen sei der Plan der Europa-Union, in einer Vorschaltphase eine Freihandelszone zu errichten und die Modalitäten für den zum 1. Januar 1974 erfolgenden Beitritt auszuhandeln.[165] Dagegen könne man eine Vereinbarung mit dem Ziel eines britischen Beitritts ohne festgelegtes Datum treffen. In einer ersten Phase solle dann eine Freihandelszone verbunden mit handelspolitischen Lösungen im Agrarsektor errichtet werden. Daraus werde sich dann zwangsläufig eine Zollunion und dann alles Weitere entwickeln. Für das Gespräch mit der französischen Seite biete die Äuße-

[162] Vermerk Außenminister Brandts für Staatssekretär Lahr betr. EWG-Großbritannien, 8. 1. 1968, PAAA, B1, Bd. 332.
[163] Handschriftliche Notizen Kiesingers über ein Gespräch mit Brandt, 9. 1. 1968, ACDP, Nl Kiesinger, A009.
[164] Protokollentwurf zu Punkt 5 der Tagesordnung der Kabinettssitzung am 10. 1. 1968: Bericht des Bundesministers des Auswärtigen über die Lage in Brüssel nach der Ratstagung vom 18./19. 12. 1967, BaK, Nl Carstens, Bd. 586.
[165] Zu dem von Hans von der Groeben inspirierten Plan der Europa-Union siehe Betrachtungen zur politischen Lage, 9. 2. 1968, ACDP, Bestand von der Groeben, Bd. 051/1. Conze, Das Europa der Deutschen, S. 366 f., erwähnt den Einfluss von der Groebens nicht.

rung Couves, man solle in der Perspektive des Beitritts handelspolitische Lösungen treffen, einen Ansatz.[166]

Dass Fortschritte in der Beitrittsfrage erzielt werden mussten, verdeutlichte auch die niederländische und die italienische Reaktion auf die französische Blockade der Beitrittsverhandlungen. Die niederländischen Vertreter in der EWG wiesen darauf hin, dass sie sich bei der technologischen Zusammenarbeit, der Harmonisierung der direkten Steuern sowie bei der Schaffung eines europäischen Patent- und Gesellschaftsrechts zurückhalten würden. Das traf die EWG an einer empfindlichen Stelle. Vor allem für die technologische Zusammenarbeit hatte man sich einiges vorgenommen, um die allseits beschworene „technologische Lücke" zu den USA zu schließen. So hatte der EWG-Ministerrat in einer nur der technologischen Zusammenarbeit gewidmeten Sitzung am 31. Oktober 1967 ein umfassendes Paket beschlossen. Hauptpunkt war ein Mandat an die Arbeitsgruppe „Politik der wissenschaftlichen und technischen Forschung" des Ausschusses für mittelfristige Wirtschaftspolitik. Die wegen ihres Vorsitzenden so genannte „Groupe Maréchal" sollte die Zusammenarbeit in wichtigen zukunftsträchtigen Bereichen prüfen. Dazu gehörten unter anderem die Informationstechnologie, Fernmeldewesen, Umweltbelastung, Meteorologie und die Entwicklung neuer Verkehrsmittel. Flankiert werden sollten die Ausschussarbeiten unter anderem durch eine verstärkte Anstrengung bei der Ausarbeitung eines europäischen Patent- und Gesellschaftsrechts. Aufgrund des niederländischen Boykotts war dieser Bereich der technologischen Zusammenarbeit lahm gelegt und die „Groupe Maréchal" konnte ihren für den 1. März 1968 vorgesehenen Bericht vorläufig nicht abschließen.[167] Die italienische Regierung wollte dagegen die Verhandlungen über Assoziierungs- und Handelsabkommen blockieren, bis die Beitrittsfrage positiv gelöst sei.[168]

Parallel zu diesen Blockadeaktionen legten die Benelux-Regierungen am 19. Januar 1968 den Gemeinschaftsländern ein Memorandum vor, in dem sich die drei Länder für eine engere Bindung zwischen den EWG-Mitgliedstaaten und den Beitrittskandidaten aussprachen. Dazu sei ein Konsultationsverfahren zwischen der Gemeinschaft und den Beitrittskandidaten zu schaffen. Daneben sei es notwendig, in Bereichen, die nicht von den Verträgen berührt werden, gemeinsame Aktionen mit den jeweils interessierten Staaten durchzuführen. Als Beispiele nannten die Benelux-Regierungen Entwicklung, Produktion und Ankauf von militärischen Ausrüstungen sowie technologische und wissenschaftliche Zusammenarbeit.[169] Außerdem schlugen die Benelux-Regierungen ein Treffen der Außenminister ohne Frankreich am Rande des nächsten WEU-Ministerrats am 29./30. Januar vor, dem im Anschluss ein Treffen mit dem britischen Außenminister folgen könne.

Der Bundesregierung kamen diese Überlegungen nicht gelegen, bargen sie doch die Gefahr einer Zersplitterung der europäischen Einigung und einer eventuellen Umge-

---

[166] Niederschrift über die Sitzung der Staatssekretäre für Europafragen am 8. 1. 1968 im BMF, 6. 2. 1968, BaK, B102 (BMWi), Bd. 61705. Couve hatte eine solche Zwischenlösung im Gespräch mit Brandt am 15. Dezember 1967 erwähnt. Siehe Botschafter Sachs, Brüssel (EG), an Bundesminister Brandt, 15. 12. 1967, AAPD 1967, Dok. 437, S. 1672–1674, hier S. 1673.

[167] Niederschrift über die Sitzung der Staatssekretäre für Europafragen am 8. 1. 1968 im BMF, 6. 2. 1968, BaK, B102 (BMWi), Bd. 61705; AAPD 1969, S. 396, Anm. 14. Zur „Groupe Maréchal" siehe Kommission der EGKS, der EWG und der EURATOM (Hrsg.), Gesamtbericht 1967, S. 309–315; Kommission der EGKS, der EWG und der EURATOM (Hrsg.), Gesamtbericht 1968, S. 215 f.

[168] Niederschrift über die Sitzung der Staatssekretäre für Europafragen am 8. 1. 1968 im BMF, 6. 2. 1968, BaK, B102 (BMWi), Bd. 61705.

[169] Aide-Mémoire der Benelux-Staaten vom 19. 1. 1968, in: EA 23 (1968), S. D128–D130.

hung des französischen Partners durch Ad-hoc-Koalitionen mit Großbritannien. Zudem hatte man gerade im Kabinett am 10. Januar eine 5+1- beziehungsweise 5+4-Zusammenarbeit abgelehnt. Die Bundesregierung versuchte daher, die Debatte über das Benelux-Memorandum in die WEU zu lenken und damit fest im institutionellen Rahmen mit Beteiligung Frankreichs zu verankern. Vor allem die Niederlande wehrten sich gegen den deutschen Vorschlag, am zweiten Tag des WEU-Ministerrats am 30. Januar über die mögliche Zusammenarbeit zwischen den Gemeinschaftsländern und den Beitrittskandidaten auf Gebieten außerhalb der Römischen Verträge zu sprechen.[170] Insbesondere störte die Niederlande, dass Frankreich in der WEU ein Vetorecht hatte. Der Abteilungsleiter des niederländischen Außenministeriums, de Ranitz, wies den deutschen Botschafter Knoke darauf hin, dass die Niederlande in 5+1- bzw. 5+4-Konstellationen auf Randgebieten der Römischen Verträge ohne Frankreich vorankommen wollten.[171] Widerwillig stimmten die Niederlande dann jedoch dem deutschen Vorschlag zu, mit der Begründung, jeder habe das Recht, Themen, die ihn interessierten, auf die Tagesordnung der WEU setzen zu lassen.[172] Am 23. Januar signalisierte Brandt, dass er zu einem Treffen der fünf Außenminister am Rande der WEU-Tagung bereit sei.[173] Auf der Tagung selbst wurden dann keine wesentlichen Beschlüsse gefasst. Brandt erwähnte die deutschen Überlegungen, eine handelspolitische Lösung für die Beitrittskandidaten zu finden. Außerdem müsse ein möglicher britischer Beitritt zu EURATOM geprüft werden. Insgesamt zeichnete sich ab, dass zumindest alle WEU-Mitglieder außer Frankreich eine Untersuchung der Zusammenarbeit mit Großbritannien auf der Grundlage des Benelux-Memorandums als sinnvoll erachteten. Auf der Tagung wurde allerdings deutlich, dass die Mitgliedsländer hohe Erwartungen an die anstehenden deutsch-französischen Gipfelkonsultationen knüpften.[174] Damit war der Benelux-Initiative zunächst einmal die Spitze genommen, und man konnte sich jetzt ganz auf die deutsch-französischen Gespräche konzentrieren.

Doch wie stand die französische Regierung zu den deutschen Überlegungen hinsichtlich einer Handelsvereinbarung mit den Beitrittskandidaten? Botschafter Klaiber berichtete am 15. Januar aus Paris, dass aus Sicht de Gaulles Großbritannien in dieser Angelegenheit „demandeur" sei und daher die Briten Vorschläge vorlegen müssten.[175] Wenige Tage später vermeldete Klaiber, dass man im Elysée und am Quai d'Orsay trotz der negativen Aussichten eines Arrangements Gedanken über die Ausgestaltung einer solchen Abmachung entwickele. Im Außenministerium denke man anscheinend an Zollerleichterungen und Vereinbarungen im Agrar- und Währungsbereich. De Gaulle habe die deutsche Haltung in der Beitrittsfrage bisher als sehr loyal empfunden und wolle der Bundesregierung bei der Suche nach Kompromisslösungen entgegenkommen.[176]

---

[170] Drahterlass des Staatssekretärs Lahr betr. WEU-Ministerrat, Zusammenarbeit mit Großbritannien, 20. 1. 1968, PAAA, B20, Bd. 1479.

[171] Drahtbericht des Botschafters Knoke, Den Haag, an das AA betr. WEU-Ministerrat, Zusammenarbeit mit Großbritannien, 22. 1. 1968, PAAA, B20, Bd. 1479.

[172] Drahtbericht des Botschafters Knoke, Den Haag, an das AA betr. WEU-Ministerrat, Zusammenarbeit mit Großbritannien, 24. 1. 1968, PAAA, B20, Bd. 1479.

[173] Drahterlass des Unterabteilungsleiters Frank, 23. 1. 1968, PAAA, B20, Bd. 1479.

[174] Runderlass des Staatssekretärs Lahr betr. Tagung des Ministerrats der WEU am 30. 1. 1968, hier: Wirtschaftliche Lage in Europa, 31. 1. 1968, PAAA, B1, Bd. 332.

[175] Botschafter Klaiber, Paris, an das AA, 15. 1. 1968, PAAA, B150, Bd. 117, S. 341 f.

[176] Botschafter Klaiber, Paris, an das AA, 18. 1. 1968, PAAA, B150, Bd. 117, S. 449–451.

Staatssekretär Lahr suchte auf eigenen Wunsch am 5. Februar Außenminister Couve de Murville am Quai d'Orsay auf, um das Gipfeltreffen am 15./16. Februar vorzubereiten. Lahr fragte den französischen Außenminister, wie sich die französische Regierung die weitere Behandlung der Beitrittsanträge vorstelle und was sie unter „einem Arrangement kommerzieller Natur in der Perspektive des Beitritts"[177] verstehe. Außerdem, fuhr Lahr fort, wolle die Bundesregierung wissen, wie Frankreich zu den deutschen Vorschlägen „1) Freihandelszone 2) Beitritt Großbritanniens zu EURATOM 3) die Brüsseler Kommission als ‚Scharnier' zwischen den Sechs und den vier Beitrittskandidaten"[178] stehe. Couve antwortete, dass Großbritannien versuche, einen Keil zwischen die Gemeinschaftsländer zu treiben. Aus französischer Sicht dürfe die Gemeinschaft jedoch auf keinen Fall gefährdet werden. Die deutschen Vorschläge lehnte Couve ab. Lahr entgegnete, dass die deutsche Politik in den letzten Wochen auf den Zusammenhalt der Sechs ausgerichtet gewesen sei. Die Vermeidung einer Gruppenbildung sei wesentlich ein Verdienst der deutschen Position. Daher beharrte der Staatssekretär auf einer Prüfung der deutschen Vorstellungen – wenn Frankreich dies wünsche zunächst bilateral. Couve verwies auf das anstehende Gipfeltreffen; dort werde man sehen müssen, was geschehen könne.

Aus deutscher Sicht musste das Gipfeltreffen auf jeden Fall Fortschritte bringen. Kiesinger und Brandt machten auch in ihren Gesprächen deutlich, wie wichtig eine gemeinsame deutsch-französische Vereinbarung über Fortschritte in Richtung einer Erweiterung aus innen- und außenpolitischen Gründen sei. Bundeskanzler Kiesinger dachte aber offensichtlich an eine allgemeine Formel, „welche den Eindruck erwecke, daß es gelungen sei, gewisse Fortschritte zu erzielen"[179]. Laut Kiesinger müsse man der öffentlichen Meinung den Eindruck vermitteln, der Faden zwischen der Gemeinschaft und den Beitrittsländern sei nicht abgeschnitten.

Dieses Minimalziel wurde erreicht, denn das Gipfeltreffen endete mit einer gemeinsamen Erklärung, die ziemlich vage die weitere Entwicklung in den Beziehungen zwischen der Gemeinschaft und den Beitrittsländern umschrieb. Beide Regierungen waren sich zunächst einig, den Gemeinsamen Markt weiterzuentwickeln. Sie wünschten außerdem die Erweiterung des Gemeinsamen Marktes um die Beitrittskandidaten, „sobald diese Länder in der Lage sein werden, in die Gemeinschaft tatsächlich einzutreten"[180]. Bis dahin könne man Vereinbarungen über den Austausch industrieller und landwirtschaftlicher Erzeugnisse ins Auge fassen.[181]

---

177 Aufzeichnung des Staatssekretärs Lahr, 7. 2. 1968, AAPD 1968, Dok. 49, S. 167–170, hier S. 167.

178 Ebd.

179 Deutsch-französische Konsultationsbesprechung in Paris, 15. 2. 1968, AAPD 1968, Dok. 59, S. 193–197, hier S. 195.

180 Gemeinsame deutsch-französische Erklärung vom 16. 2. 1968, in: EA 23 (1968), S. D137.

181 Keine direkten Auswirkungen auf die deutsch-französischen Gespräche hatte die in der Literatur ausführlich dargestellte so genannte „Ravensburger Affäre". Die dpa hatte einige Äußerungen Brandts über die deutsch-französischen Beziehungen aus einer Rede Brandts in Ravensburg am 3. Februar 1968 teilweise falsch wiedergegeben. Die Meldung traf bei den Feierlichkeiten zur Einweihung der neuen deutschen Botschaft in Paris ein und veranlasste de Gaulle, einige anwesende deutsche Minister von einem von ihm gegebenen Frühstück auszuladen. Die dpa stellte erst später die Aussagen Brandts richtig. Die „Ravensburger Affäre" hatte im Grunde keinen Einfluss auf die deutsch-französischen Beziehungen, sondern zeigte eher symptomatisch, wie gereizt man mittlerweile wieder miteinander umging. Zu der „Ravensburger Affäre" siehe u. a.: Schönhoven, Wendejahre, S. 413 f.; Merseburger, Brandt, S. 525–527; Marcowitz, Option, S. 282 f.; Brandt, Begegnungen, S. 158–160.

Da das Ergebnis so mager war, wurde eine offensive Außendarstellung umso wichtiger. So wies Staatssekretär Duckwitz in einem Runderlass an die deutschen Botschaften darauf hin, dass Frankreich von seiner bisherigen Formulierung, dass es keine grundsätzlichen Einwände gegen einen Beitritt habe, abgerückt sei und jetzt ausdrücklich den Beitritt wünsche. Außerdem habe man die französischen Arrangementvorstellungen präzisieren können.[182] Die französische Regierung fiel jedoch der Bundesregierung in den Rücken. So erklärte der Abteilungsleiter im französischen Außenministerium Brunet gegenüber dem britischen Gesandten in Paris, dass man die deutschen Ansichten habe berücksichtigen müssen und die Vorschläge daher an Klarheit verloren hätten. Man halte in Frankreich nach wie vor an der alten Position fest. Wenn die Wortwahl eine andere sei, so liege das nur daran, dass man die Deutschen habe beschwichtigen wollen.[183] Daher war es nicht verwunderlich, dass der britische Außenminister Brown der deutschen Regierung vorwarf, in Paris keinen Fortschritt erzielt zu haben.[184] Die Bundesregierung geriet dadurch unter Zugzwang, denn die hohen Erwartungen der Partner an das deutsch-französische Gipfeltreffen waren enttäuscht worden.[185]

Auf der Ministerratssitzung am 29. Februar in Brüssel wurden die vorliegenden Vorschläge der Benelux-Staaten, Italiens[186] sowie die deutsch-französische Erklärung diskutiert. Man einigte sich darauf, die Diskussion am 9. März fortzusetzen, und forderte die Bundesregierung auf, eine Präzisierung des deutsch-französischen Arrangement-Vorschlags vorzulegen.[187]

Die Bundesregierung musste dafür nicht bei null anfangen. Bereits am 23. Februar hatte eine interministerielle Arbeitsgruppe Anregungen zu einem handelspolitischen Arrangement vorgelegt. Das Arrangement sollte einer Freihandelszone entsprechen, die GATT-konform sein[188] und ab dem 1. Januar 1969 in 3 bis 5 Jahren errichtet werden sollte. Im gewerblichen Bereich sollte der Zollabbau linear in drei Stufen erfolgen. Dabei könne auch eine kleine Ausnahmeliste vorgesehen werden. Im agrarischen Bereich sollten Einfuhrerleichterungen für besonders wichtige Erzeugnisse eingeführt werden.[189]

---

[182] Runderlass des Staatssekretärs Duckwitz betr. Konsultationstreffen Bundeskanzler-de Gaulle in Paris, 15./16. 2. 1968, 19. 2. 1968, PAAA, B150, Bd. 120, S. 942–947, hier S. 943.

[183] Botschafter Blankenhorn, London, an Brandt, 21. 2. 1968, BaK, Nl Blankenhorn, Bd. 219, S. 275 f.; Vermerk betr. französische Stellungnahme zum Ergebnis der deutsch-französischen Konsultationen, 22. 2. 1968, PAAA, B150, Bd. 120, S. 1076 f.

[184] Botschafter Blankenhorn, London, an Brandt, 21. 2. 1968, BaK, Nl Blankenhorn, Bd. 219, S. 275 f.

[185] Zur Enttäuschung der EWG-Partner über die deutsch-französischen Gespräche siehe u. a.: Botschafter Lüders, Luxemburg, an das AA, 22. 2. 1968, PAAA, B150, Bd. 120, S. 1083–1085; Botschafter Knoke, Den Haag, an das AA, 22. 2. 1968, PAAA, B150, Bd. 120, S. 1094–1096.

[186] Die italienische Regierung hatte am 23. Februar 1968 eigene Vorschläge für eine Übergangsregelung zwischen den Gemeinschaften und den Beitrittskandidaten vorgelegt. Darin forderte Italien u. a., beim inneren Ausbau der Gemeinschaften die Lage in den Beitrittsländern bereits zu berücksichtigen. Durch die weiteren Beschlüsse der Gemeinschaften dürften keine neuen Schwierigkeiten für die Beitrittskandidaten entstehen. Memorandum der italienischen Regierung vom 23. 2. 1968, in: EA 23 (1968), S. D137–D140.

[187] Botschafter Sachs, Brüssel (EG), an das AA, 1. 3. 1968, AAPD 1968, Dok. 74, S. 272–278; Vermerk des Staatssekretärs Lahr betr. Präzisierung des deutsch-französischen Plans eines „Arrangements", 29. 2. 1968, PAAA, B2, Bd. 181, und PAAA, B150, Bd. 120.

[188] Entscheidend war die Berücksichtigung des Art. XXIV GATT, der besagte, dass die GATT-Vertragspartner einem solchen Abkommen nur zustimmen dürfen, wenn es zum Zustandekommen einer Zollunion innerhalb einer angemessenen Frist führt. Siehe Bundesgesetzblatt 1951, Teil II, Anlagenband 1, S. 41 f.

[189] Aufzeichnung betr. Anregungen zu einem handelspolitischen Arrangement, 23. 2. 1968, PAAA, B20, Bd. 1431.

Am 5. März sandte Staatssekretär Lahr den ersten Entwurf der deutschen Vorschläge an die Botschaften in Rom, Brüssel, Den Haag und Luxemburg. Der Text sollte den jeweiligen Außenministern vorgelegt, aber nicht überlassen werden. Gleichzeitig sollte deutlich gemacht werden, dass die Bundesregierung nach wie vor an einem Verbindungsorgan zwischen der Gemeinschaft und den Antragstellern interessiert sei. Da die vorgesehene Präferenzzone nicht ohne gemeinsames Organ handeln könne, werde eine Verbindung entstehen, der sich Frankreich nicht entziehen könne. Das Organ der Präferenzzone könne dann auch pragmatisch zur Behandlung anderer Fragen genutzt werden.[190]

Seinem französischen Kollegen, Generaldirektor Brunet, erläuterte Lahr die deutschen Vorstellungen am selben Tag mündlich. Dabei offenbarten sich sehr große Auffassungsunterschiede. Brunet schlug zwei Phasen des Arrangements vor. In einer ersten Phase sollten die industriellen Zölle, abgesehen von einer Ausnahmeliste, in fünf Jahren um insgesamt 12,5% gesenkt werden. Dann müsse man sich entscheiden, ob man den Weg zum Beitritt beschreite, also eine Zollunion schaffe, oder auf dem bereits eingeschlagenen Weg in Richtung Freihandelszone fortfahre. Für den landwirtschaftlichen Sektor sah der französische Vorschlag Abnahmeverpflichtungen für Großbritannien in Höhe von jährlich 1 Mio. t Getreide, 50 000 t Butter und 150 000–200 000 t Zucker zu Gemeinschaftspreisen vor. Lahr urteilte über die französischen Vorstellungen, dass sie das Arrangement ad absurdum führen würden. Der Zollabbau sei viel zu gering, im landwirtschaftlichen Bereich würden Großbritannien nur Lasten aufgebürdet, und GATT-konform sei der Vorschlag aufgrund des nicht festgelegten Zeitrahmens des Zollabbaus auch nicht. Die französischen Gedanken seien nur akzeptabel, wenn bereits vor der Gabelung nach fünf Jahren der Weg zum Beitritt beschritten werden könne und das Arrangement in einen angemessenen Zeitrahmen gestellt werde. Die Kontaktaufnahme mit Großbritannien im Technologiebereich, welche die Bundesregierung jetzt auch in ihr Papier aufgenommen hatte, hielt Brunet für verfrüht.[191]

Nachdem aus den angeschriebenen Botschaften positive Rückmeldungen über die deutschen Vorstellungen in der Zentrale eingetroffen waren, verabschiedete der Staatssekretärausschuss für Europafragen am 6. März den endgültigen Text des Arrangementvorschlags. Dieser sollte den Botschaftern der anderen Mitgliedstaaten in Bonn, der Kommission und den Ständigen Vertretern am 7. März übermittelt und anschließend auch den Beitrittskandidaten zugänglich gemacht werden.[192] Staatssekretär Carstens stoppte jedoch im Auftrag des Bundeskanzlers die für den 8. März vorgesehene Übermittlung des Papiers an die zur Zusammenarbeit aufgerufenen Staaten.[193] Das geschah offensichtlich als Reaktion auf die Vorsprache Botschafter Seydoux' bei Kiesinger. Seydoux machte am 7. März deutlich, dass sich die französische Regierung Sorgen über die Entwicklung in Brüssel mache. Das am 5. März übermittelte deutsche Papier ginge doch sehr weit. Einige Länder seien anscheinend bestrebt, Deutschland und Frankreich auseinander zu bringen. Man

[190] Runderlass des Staatssekretärs Lahr betr. deutsche Vorschläge für die Zusammenarbeit zwischen den Sechs und den beitrittswilligen Ländern auf handelspolitischem und technologischem Gebiet, 5. 3. 1968, PAAA, B150, Bd. 121, S. 1815–1825.

[191] Aufzeichnung StS 436/68 des Staatssekretärs Lahr betr. deutsch-französische Erklärung vom 16. 2. 1968, 7. 3. 1968, PAAA, B2, Bd. 181.

[192] Niederschrift über die Sitzung der Staatssekretäre für Europafragen am 6. 3. 1968 im BMF, 13. 5. 1968, BaK, B102 (BMWi), Bd. 61705.

[193] Lahr an Kiesinger, 7. 3. 1968, PAAA, B2, Bd. 181.

müsse jedoch zusammenbleiben – das gelte auch für die am 9. März anstehende Ministerratssitzung.[194]

Am 8. März besprachen Kiesinger, Carstens und Seydoux erneut die deutschen Arrangementvorschläge. Seydoux stellte fest, „Couve de Murville sei wegen des deutschen Papiers wütend, traurig und besorgt gewesen"[195]. Es enthalte zum Teil Vorschläge, die in Paris gar nicht besprochen worden seien. Kiesinger meinte, das deutsche Papier sei nur als Diskussionsgrundlage zu betrachten. Im Übrigen halte er eine Aussprache Brandts und Couves vor der Ministerratssitzung für erforderlich. Eine deutsch-französische Konfrontation müsse auf alle Fälle vermieden werden.[196]

Alarmiert schickte Kiesinger daraufhin ein Telegramm an Brandt, der sich bereits in Brüssel aufhielt, und forderte ihn auf, dringend vor der Ministerratssitzung ein Gespräch mit Couve zu führen. Der französische Botschafter sei zweimal bei ihm vorstellig geworden. Es müsse auf jeden Fall verhindert werden, dass es in der Ministerratssitzung zu einer offenen Kontroverse zwischen der deutschen und französischen Regierung komme. Er habe dem französischen Botschafter dargelegt, dass das deutsche Papier nur eine Diskussionsgrundlage sei.[197]

Auf diese Linie schwenkte Brandt dann auf der Ministerratssitzung ein. Laut Brandt habe das deutsche Papier den Zweck, „eine allseitig annehmbare Diskussionsgrundlage zu schaffen und baldige Verfahrensentscheidungen zu ermöglichen"[198]. Die deutsche Vorlage war überwiegend allgemein gehalten, so dass noch viel Spielraum zur Ausgestaltung des Arrangements blieb, ging gleichzeitig jedoch weit über die deutsch-französische Erklärung vom 16. Februar hinaus. Die Bundesregierung schlug vor, dass bis zum Zeitpunkt der Beitritte handelspolitische und technologische Maßnahmen zwischen der Gemeinschaft und den beitrittswilligen Ländern getroffen werden sollten, die den Beitritt erleichterten. Durch die handelspolitischen Maßnahmen solle eine europäische Präferenzzone geschaffen werden, in der die Handelsschranken abgebaut würden und die den Regeln des Art. XXIV GATT entspreche. Der Aufbau der Präferenzzone solle mehrere Phasen umfassen und in einer möglichst geringen Anzahl von Jahren verwirklicht werden. Im gewerblichen Bereich war ein linearer Zollabbau vorgesehen. Auch im Agrarbereich sollten die Zölle abgebaut sowie Einfuhrerleichterungen vereinbart werden. Die Bundesregierung stellte in ihrem Papier klar, dass die Präferenzzone allein auf dem Kapitel Handelspolitik (Artikel 110 ff. EWG-Vertrag) beruhe und somit keine Assoziierung im Sinne des Artikels 238 EWG-Vertrag sei. Eine Automatik von der Präferenzzone zum Beitritt gebe es nicht, dafür seien weiterhin Beitrittsverhandlungen erforderlich. Durch die Maßnahmen würde jedoch ein wirtschaftlicher Annäherungsprozess eingeleitet, der einen späteren Beitritt erleichtere. Ergänzend plädierte die Bundesregierung für eine technologische Zusammenarbeit der Gemeinschaft mit den Beitrittskandidaten. Daher müsse nach Vorlage des Berichts der „Groupe Maréchal" großzügig geprüft werden, wo eine Zusammenarbeit mit Großbritannien in den untersuchten Bereichen möglich sei. Für das weitere Verfahren schlug die

---

[194] Zusammenfassung der wichtigsten Äußerungen des Herrn Bundeskanzlers und des Botschafters Seydoux bei dem Gespräch am 7. 3. 1968, 12.00 Uhr, PAAA, B150, Bd. 121, S. 1892 f.

[195] Gespräch des Bundeskanzlers Kiesinger mit dem französischen Botschafter Seydoux, 8.3.1968, AAPD 1968, Dok. 90, S. 333 f., hier S. 333.

[196] Ebd.

[197] Kiesinger an Brandt, 8. 3. 1968, PAAA, B1, Bd. 332.

[198] Drahterlass des Ministerialdirigenten Frank, 12. 3. 1968, AAPD 1968, Dok. 93, S. 341–345, hier S. 341.

Bundesregierung vor, der Kommission die Prüfung und Vorbereitung der Fragen zu übertragen, die mit dem Rom-Vertrag zusammenhingen, und die über den Vertrag hinausgehenden Fragen im Bereich der Technologie durch die Ständigen Vertreter prüfen zu lassen. Sobald im Rat Einigkeit über ein Arrangement erzielt worden sei, könnten die Verhandlungen durch eine Ministerkonferenz der an einem Arrangement beteiligten Länder unter Hinzuziehung der Kommission eingeleitet werden.[199]

Das deutsche Papier wurde insgesamt positiv aufgenommen. Couve machte jedoch deutlich, dass der Vorschlag nicht zwischen der Bundesrepublik und Frankreich abgesprochen worden sei und die Technologie auch nicht Gegenstand der deutsch-französischen Erklärung gewesen sei. Der belgische Außenminister Harmel kritisierte, dass die Verhandlungen über ein Abkommen sehr lange dauern könnten. Es müsse sichergestellt sein, dass in der Zwischenzeit ein Kontaktmechanismus zwischen der Gemeinschaft und den Antragstellern vorhanden sei. Die Kommission begrüßte die deutschen Vorschläge. Präsident Rey lobte, dass nicht an die Schaffung einer Freihandelszone gedacht sei. Ein vollständiger Zollabbau gegenüber den Nachbarländern sei nur für Beitritte vorgesehen, denn sonst würden die Partner die Vorteile der Gemeinschaft ohne deren Lasten übernehmen. Der Belgier hob jedoch auch die voraussichtlich langen Verhandlungen hervor und kritisierte die im Technologiekapitel vorgenommene Trennung zwischen Bereichen innerhalb und außerhalb des Rom-Vertrags. Dies gefährde die Entwicklung der Gemeinschaft. Abschließend beauftragte der Ministerrat die Kommission, die Papiere der Bundesrepublik, der Benelux-Staaten und Italiens zu prüfen und mögliche Kompromisswege aufzuzeigen.[200]

Staatssekretär Lahr war mit der Haltung der Kommission auf der Ministerratstagung so unzufrieden, dass er im Anschluss EG-Botschafter Sachs anwies, bei Rey im Namen Außenminister Brandts vorstellig zu werden und ihm mitzuteilen, dass die Bundesregierung über die Kommissionshaltung am 9. März enttäuscht sei. Die grundsätzlichen Bedenken gegen eine Freihandelszone und der Verweis auf eine längere Verhandlungsdauer hätten den Eindruck eines negativen Votums hervorgerufen. Der Kommission sei schon seit längerem bekannt gewesen, dass die Bundesregierung für die Einrichtung einer Freihandelszone eintrete. Bisher habe die Kommission aber noch niemals Bedenken dagegen geäußert. Der Verweis Außenminister Brandts auf Artikel XXIV GATT habe sehr deutlich gemacht, dass nur eine Präferenzzone in Gestalt einer Freihandelszone oder Zollunion möglich sei. Außerdem solle Botschafter Sachs erläutern, dass die Bundesregierung mit ihrem Papier den Spielraum erkunden wolle, der zwischen der restriktiven französischen Position und den Bemühungen der anderen um eine Frontbildung gegen Frankreich vorhanden sei. Dadurch wolle man die Kohärenz der Gemeinschaft bewahren und hoffe, dass hierbei volle Einmütigkeit zwischen der Kommission und der Bundesregierung bestehe.[201]

Um die in der Kommission entstandenen Missverständnisse über die deutschen Arrangementvorstellungen zu beseitigen, fand ein Treffen der drei deutschen Kommissare

---

199 Vorschläge der deutschen Bundesregierung für eine handelspolitische und technologische Zusammenarbeit zwischen den Mitgliedstaaten der Europäischen Gemeinschaften und anderen europäischen Staaten, dem Rat am 9. 3. vorgelegt, in: EA 23 (1968), S. D141–D145.

200 Drahterlass des Ministerialdirigenten Frank, 12. 3. 1968, AAPD 1968, Dok. 93, S. 341–345; Bulletin der EWG 5/1968, S. 69 f.

201 Fernschreiben StS 462/68 des Staatssekretärs Lahr an Botschafter Sachs, Brüssel (EG), 12. 3. 1968, PAAA, B1, Bd. 332.

Hellwig, von der Groeben und Haferkamp mit Kiesinger, Strauß und einigen Staatssekretären im Bundeskanzleramt statt. Kiesinger erläuterte zunächst die deutschen Vorschläge, die eine extreme Auslegung der deutsch-französischen Erklärung vom 16. Februar gewesen seien.[202] Daher komme auch die heftige französische Reaktion. Kiesinger persönlich hätte es vorgezogen, wenn die deutsche Seite keine Präzisierung vorgenommen, sondern diese Aufgabe anderen überlassen hätte. So habe man nur mit Mühe einen Bruch vermeiden können. Laut Harkort, dem ebenfalls anwesenden Leiter der handelspolitischen Abteilung des Auswärtigen Amts, unterstützte Kiesinger auch die Ansicht der deutschen Kommissare, dass die deutschen Vorschläge zu wenig auf den inneren Ausbau der Gemeinschaft eingingen. Die Kommissare verwiesen außerdem auf die in der Kommission geäußerte Kritik, den deutschen Vorschlägen fehle der Zusammenhang mit dem Beitrittsvorgang. Die Kommission befürchte daneben, dass der Arrangementvorschlag „den Beginn einer Abwendung der deutschen Regierung von der Gemeinschaft und eine Hinwendung zu der alten Konzeption einer großen europäischen Freihandelszone“[203] bedeute. Die Beteiligung an einer Freihandelszone sei jedoch mit der Entwicklung der Gemeinschaft nicht vereinbar. Die Regierungsmitglieder erläuterten den deutschen Kommissaren noch einmal die eigenen Vorstellungen und widerlegten die Vorwürfe.

Am 2. April übermittelte die Kommission ihre angeforderte Stellungnahme zur Frage eines Abkommens als Vorbereitung der Beitritte[204], die am 5. April im Ministerrat diskutiert wurde. Da man sich nicht einig war, inwieweit ein solches Abkommen Teil des Beitrittsverfahrens sei oder nur in der Perspektive eines Beitritts abgeschlossen werde, und sich die Bundesregierung mit ihrem Appell, zunächst die inhaltliche Ausgestaltung zu diskutieren und dann zu den rechtlichen Fragen zurückzukehren, nicht durchsetzen konnte, wurden die Ständigen Vertreter beauftragt, die Gesamtheit der aufgeworfenen Fragen weiter zu prüfen.[205]

Im Auswärtigen Amt schien man langsam die Geduld mit dem französischen Partner zu verlieren. Staatssekretär Duckwitz appellierte nach den Erfahrungen auf der Ministerratstagung am 5. April an Minister Brandt, bei der nächsten Außenministerkonsultation ein ernstes Wort mit Couve zu sprechen. So wie jetzt gehe es nicht mehr weiter. Sonst werde „der EWG-Ministerrat zu einem handlungsunfähigen und dadurch dem Bestand der EWG gefährlich werdenden Gremium“[206]. In einer Vorbesprechung des nächsten Außenministertreffens mit Botschafter Seydoux am 16. April wies Brandt darauf hin, dass man Wege finden müsse, um aus dem „deadlock“, in dem sich die EWG zurzeit befinde, herauszu-

[202] Bereits im Gespräch mit den amerikanischen Botschaftern McGhee und Schaetzel hatte Kiesinger die deutsch-französischen Differenzen über das Handelsarrangement aus seiner Sicht interpretiert. Er erläuterte, dass man die deutsch-französische Erklärung vom 16. Februar absichtlich sehr vage gehalten habe, um überhaupt zu einem Ergebnis zu kommen. Jetzt bestehe eine Meinungsverschiedenheit über die Interpretation der Erklärung, die Frankreich sehr eng und Deutschland sehr weit auslege. Siehe Gespräch des Bundeskanzlers Kiesinger mit den amerikanischen Botschaftern McGhee und Schaetzel, 21. 3. 1968, AAPD 1968, Dok. 100, S. 368–371, hier S. 370.

[203] Aufzeichnung des Ministerialdirektors Harkort, 25. 3. 1968, AAPD 1968, Dok. 106, S. 391–394, hier S. 393.

[204] Bulletin der EG 4/1968, Sonderbeilage.

[205] Fernschreiben von Botschafter Sachs, Brüssel (EG), an das AA betr. 30. Ratstagung am 5. 4. 1968 in Luxemburg, 5. 4. 1968, PAAA, B20, Bd. 1516.

[206] Staatssekretär Duckwitz an Bundesminister Brandt, 10. 4. 1968, AAPD 1968, Dok. 125, S. 450–453, hier S. 450.

kommen. Brandt befürchtete, dass große Schwierigkeiten zu erwarten seien, wenn die weiteren Ministerratssitzungen so verliefen wie diejenige am 5. April. Darüber wolle er eine freie Aussprache mit Couve führen. Außerdem sei es dringend erforderlich, dass die beiden Regierungen zu einer gemeinsamen Interpretation der Erklärung vom 16. Februar gelangten.[207]

Parallel zur deutsch-französischen Außenministerkonsultation am 22. April tauschten sich auch Staatssekretär Lahr und sein Kollege Brunet aus. Wie Staatssekretär Lahr in der Abschlusssitzung der Konsultation hervorhob, bestünden deutsch-französische Differenzen weiterhin in der Frage des Umfangs der Zollsenkungen. Einig sei man sich, dass das Arrangement Artikel XXIV des GATT berücksichtigen müsse. Außenminister Couve hielt eine organisierte Konsultation mit den Beitrittsanwärtern für nicht vertretbar. Das berge die Gefahr in sich, dass die Beitrittskandidaten ständig in die inneren Angelegenheiten der Gemeinschaft eingriffen. Im technologischen Bereich würde Frankreich eine Ad-hoc-Zusammenarbeit an einzelnen Projekten durch interessierte Staaten einer organisierten Zusammenarbeit vorziehen. Brandt wies demgegenüber darauf hin, dass aus seiner Sicht vermutlich im Sommer der Zusammenhang zwischen der inneren Entwicklung und der Beitrittsfrage deutlich hervortreten werde. Dann müsse es gelingen, die beiden Komplexe parallel zu behandeln. Sonst drohten erhebliche Gefahren für die EWG. Brandt appellierte an Couve, erneut zu prüfen, ob die Standpunkte nicht nur bei dem Arrangement, sondern auch hinsichtlich der Frage der Konsultation und geeigneten Information zwischen der Gemeinschaft und den Beitrittskandidaten auf einen Nenner gebracht werden könnten. Schließlich würden die „Briten in augenblicklicher Situation in Europa bereits ‚mit am Tisch sitzen', auch wenn sie physisch nicht anwesend sind"[208]. Im technologischen Bereich solle man versuchen, neben der von Couve angesprochenen Zusammenarbeit bei konkreten Projekten mit Hilfe der „Groupe Maréchal" weitere Vorschläge zu erarbeiten.

Außenminister Brandt war mit dem Gespräch offensichtlich nicht zufrieden. Bereits zwei Tage später formulierte er in einem Brief an seinen französischen Kollegen unter Berufung auf die an diesem Tag stattgefundene Kabinettssitzung erneut seine Befürchtungen. Die Europäischen Gemeinschaften befänden sich in einem krisenhaften Zustand, der sich noch verschlechtern könne, wenn man dem nicht entgegenwirke. Das sei nur möglich, wenn man die Beziehungen zwischen der Gemeinschaft und den Beitrittskandidaten regele. Die Bundesregierung habe nach den deutsch-französischen Konsultationen im Februar den Eindruck gehabt, den richtigen Weg gefunden zu haben. Die Auslegungsprobleme der gemeinsamen Beschlüsse „enttäuschten hier jedoch tief und allgemein"[209]. Besonders der von Frankreich vorgeschlagene Rhythmus des Zollabbaus werde als zu gering angesehen. Ein solcher Vorschlag verstärke nur die Skepsis der anderen Länder. Außerdem müsse das Arrangement in einer eindeutigen Beitrittsperspektive stehen. Damit werde weder ein Zeitpunkt noch eine Automatik des Beitritts beschlossen. Brandt bat Couve auch im Namen des Bundeskanzlers, diese Frage erneut zu prüfen. Dabei denke

---

207 Aufzeichnung betr. deutsch-französische Konsultation der Außenminister am 22. 4. 1968 in Bonn, hier: Gespräch des Bundesministers mit dem französischen Botschafter am 16. 4. 1968, 18. 4. 1968, PAAA, B150, Bd. 125, S. 2775–2777, hier S. 2776.

208 Deutsch-französische Konsultationsbesprechung, 22. 4. 1968, AAPD 1968, Dok. 135, S. 483–494, hier S. 489.

209 Brandt an Couve de Murville, 24. 4. 1968, PAAA, B1, Bd. 332.

man auch an das deutsch-französische Verhältnis, das in der öffentlichen Meinung Schaden nehmen könne, wenn die Erwartungen, die sich an die deutsch-französische Erklärung vom 16. Februar geknüpft hätten, nicht erfüllt würden.[210]

Das war im Vergleich zu dem sonst immer sehr vorsichtigen Vorgehen der Bundesregierung starker Tobak. Umgehend traf denn auch die Antwort Couves in Bonn ein. Couve zeigte sich überrascht von dem Brief, denn er sei bei dem letzten Konsultationstreffen davon ausgegangen, dass man die eigenen Positionen „rückhaltlos zur Sprache gebracht“[211] habe. Außerdem habe man vereinbart, bis zur nächsten Ministerratssitzung die Präzisierung des Arrangements auf Beamtenebene fortzusetzen. Enttäuschung gehe nicht von der deutsch-französischen Erklärung aus, sondern von der Reaktion der anderen Partner, die diese Erklärung genauso wie Großbritannien nicht positiv aufgenommen hätten. Am 26. April habe Außenminister Stewart[212] ihm am Rande der WEU-Ministerratstagung erklärt, dass ein Arrangement nur annehmbar wäre, wenn es unlösbar mit dem Beitritt verbunden sei und von allen sechs Gemeinschaftsländern ausgehe. Couve sah darin eine höfliche Form der Ablehnung. Jedenfalls sei es widersprüchlich, die Benelux-Vorschläge, die nicht zum Beitritt führten, zu akzeptieren und die Arrangement-Pläne mit genau diesem Argument abzulehnen. Entscheidend sei, dass Großbritannien endlich die Politik des „Alles oder nichts“ aufgebe.[213]

Brandt übersandte den Briefwechsel daraufhin an Bundeskanzler Kiesinger. Dieser forderte in seiner Antwort, das Pariser Kommuniqué in konkrete Vereinbarungen umzusetzen. Paris dürfe nicht hinter der Formel vom Februar zurückbleiben; die Bundesregierung dürfe aber auch nicht darüber hinausgehen. Das Arrangement dürfe nicht in einem direkten Zusammenhang mit dem Beitritt stehen. Kiesinger schlug daher vor, den Text des Kommuniqués in die Präambel des Arrangements aufzunehmen. Für die Zollsenkungen solle man einen Kompromiss zwischen den bisherigen deutschen Vorstellungen und den französischen Überlegungen anstreben. Die Vereinbarungen über landwirtschaftliche Produkte sollten in Expertengesprächen präzisiert werden. Dabei sei die Landwirtschaftsfrage so zu behandeln, dass sie möglichst wenig zusätzliche Hindernisse für eine Vereinbarung auf handelspolitischem Gebiet aufbaue. Die technologische Zusammenarbeit und ein Konsultationsverfahren seien in der Pariser Vereinbarung nicht genannt. Deswegen müsse man diesen Komplex von den Arrangementverhandlungen trennen. Das Konsultationsverfahren zwischen der Gemeinschaft und den Antragstellern müsse so ausgestaltet sein, dass es die Arbeiten der Gemeinschaft nicht behindere. Im technologischen Bereich müsse man sich zunächst zu sechst über konkrete Projekte einigen, an denen sich dann die anderen Staaten beteiligen könnten. Kiesinger forderte den Außenminister auf, einen Vorschlag für eine Entschließung des Ministerrats zum handelspolitischen Arrangement auf dieser Grundlage für die nächste Sitzung am 30./31. Mai auszuarbeiten. Die Ausarbeitung solle interministeriell erfolgen. Eine gemeinsame deutsch-französische Initiative sei nicht zweckmäßig.[214]

---

[210] Ebd.

[211] Couve de Murville an Brandt, 1. 5. 1968, PAAA, B1, Bd. 332.

[212] Michael Stewart hatte am 15. März 1968 Außenminister George Brown abgelöst.

[213] Couve de Murville an Brandt, 1. 5. 1968, PAAA, B1, Bd. 332. Interessanterweise kam Staatssekretär Lahr nach der WEU-Ministerratssitzung zu dem umgekehrten Schluss, dass Großbritannien von der Politik des „alles oder nichts“ und der Zurückhaltung gegenüber Zwischenlösungen abgerückt sei. Siehe Vermerk StS 686/68 des Staatssekretärs Lahr betr. Beitritt Großbritanniens zur EWG, 30. 4. 1968, PAAA, B1, Bd. 333. Vgl. AAPD 1968, S. 520, Anm. 6.

[214] Kiesinger an Brandt, 13. 5. 1968, PAAA, B1, Bd. 333.

Um die deutsch-französischen Standpunkte vor der nächsten Ministerratssitzung anzunähern, trafen sich Lahr und Brunet am 27. Mai in Paris. Die beiden Spitzenbeamten einigten sich in wesentlichen Fragen. So sollte in die Präambel des Arrangements eine Formulierung in Anlehnung an das deutsch-französische Kommuniqué vom 16. Februar aufgenommen werden, die deutlich macht, dass das Arrangement dazu diene, den Beitritt Großbritanniens zu erleichtern und vorzubereiten. Außerdem solle im Text des Arrangements gemäß Art. XXIV GATT gesagt werden, dass das Arrangement auf die Beseitigung der wesentlichen Handelshemmnisse abziele. Intern solle unter den Sechs Einverständnis bestehen, dass das Ende des Zollabbaus mit dem Beitritt zusammenfalle, ohne jetzt bereits einen Zeitpunkt dafür festzulegen. Nicht einig war man sich weiterhin über die Höhe des Zollabbaus und die Vereinbarungen auf landwirtschaftlichem Gebiet.[215]

Diese Ergebnisse präsentierte Staatssekretär Lahr am 30. Mai im Ministerrat. Inhaltlich präzisierte Lahr, dass man als Wert der Zollsenkung im gewerblichen Bereich zunächst eine Senkung von 30% in drei Jahren vorsehen könne. Das gelte auch für das landwirtschaftliche Gebiet. Dabei solle der Grundsatz berücksichtigt werden, dass die Zunahme des Warenaustauschs im gewerblichen und landwirtschaftlichen Bereich in einem angemessenen Verhältnis zueinander stehen müsse. Bei der technologischen Zusammenarbeit solle zunächst der Bericht der „Groupe Maréchal" abgewartet werden. Dann müsse sich der Rat über die Beteiligung der Antragsteller einigen. Anschließend könne man eine Regierungskonferenz mit den interessierten Ländern einberufen, die über die praktische Zusammenarbeit beschließe. Als Konsultationsform mit den Antragstellern befürworte die Bundesregierung regelmäßige Kontakte auf Regierungsebene. Die anderen Regierungsvertreter äußerten sich zu diesen Vorstellungen nicht. Daraufhin wurde die Frage der Zusammenarbeit mit den Beitrittskandidaten vom Rat wieder an die Ständigen Vertreter zurückverwiesen mit dem Auftrag, bei der nächsten Ratstagung über den materiellen Inhalt eines handelspolitischen Arrangements Bericht zu erstatten.[216]

Da sich die nächsten Ministerratstagungen aber überwiegend mit dem Problem der französischen Wirtschaftsmaßnahmen befassten, rückte die Beitrittsfrage ins zweite Glied.[217] Damit waren die schärfsten Auseinandersetzungen im Ministerrat überstanden und zumindest vorläufig die Funktionsfähigkeit dieses Organs wieder hergestellt. Erst am 31. Juli wurde wieder über die Beitrittsfrage gesprochen. Da sich aber erneut zeigte, dass die Delegationen den Stellenwert der vorliegenden Vorschläge unterschiedlich beurteilten, beschloss man, erst im Oktober im Ministerrat eine ausführliche Erörterung der Beitrittsanträge auf der Grundlage der deutschen Vorschläge, des Benelux-Memorandums und des belgischen Papiers zur technologischen Zusammenarbeit vom 29. Februar vorzunehmen.[218]

---

215 Vermerk StS 851/68 des Staatssekretärs Lahr betr. Gespräch mit Generaldirektor Brunet am 27. 5. 1968 in Paris; hier: handelspolitisches Arrangement, 30. 5. 1968, PAAA, B2, Bd. 181.

216 Fernschreiben von Botschafter Sachs, Brüssel (EG), betr. 36. Tagung des Rats am 30. 5. 1968, 31. 5. 1968, PAAA, B20, Bd. 1516.

217 Die französische Regierung beschloss, im Zuge der Maiunruhen die Einfuhr von Stahlerzeugnissen, Kraftfahrzeugen, Textilien und elektrischen Haushaltsgeräten aus den anderen Mitgliedstaaten einzuschränken, um die eigene Wirtschaft zu stabilisieren. Diese Maßnahmen wurden im Ministerrat diskutiert und mussten von der Kommission genehmigt werden. Siehe Kommission der EGKS, der EWG und der EURATOM (Hrsg.), Gesamtbericht 1968, S. 39–41.

218 Runderlass des Ministerialdirigenten von Staden, 31. 7. 1968, AAPD 1968, Dok. 241, S. 935–940, hier S. 935 f.

In der Beitrittsfrage trat man also weiter auf der Stelle. Die Bundesregierung hatte versucht, die zunehmende Lähmung der Gemeinschaft durch den Vorschlag eines Handelsarrangements zwischen der Gemeinschaft und den Beitrittskandidaten aufzuhalten. Frankreich stimmte dem Vorschlag grundsätzlich zu, verhielt sich aber bei der konkreten Ausarbeitung restriktiv. Den anderen EWG-Partnern reichte der Vorschlag nicht aus, da eine Verbindung des Arrangements mit den Beitritten nicht ausreichend verankert schien. Großbritannien selbst zeigte sich nur wenig interessiert und beharrte weiter auf einer Vollmitgliedschaft in der EWG. Durch den Vorschlag und seine Behandlung im Ministerrat gelang es immerhin, die Debatten über den Beitritt zu kanalisieren und die Planung neuer Projekte oder Gemeinschaften, an denen Großbritannien statt Frankreich beteiligt sein sollte, aufzuhalten.

4. Unter Druck – Das Erreichen der Zollunion zum 1. Juli 1968 und die Weiterentwicklung der Gemeinsamen Agrarpolitik

Der 1. Juli 1968 war aufgrund der im Sommer 1966 nach der „Krise des leeren Stuhls" gefassten umfangreichen Beschlüsse ein entscheidendes Datum für die Weiterentwicklung der EWG. Zu diesem Zeitpunkt sollte der freie Warenverkehr innerhalb der Gemeinschaft für gewerbliche und agrarische Waren gewährleistet sein. Dazu sollten die letzten innergemeinschaftlichen Abschöpfungen auf dem Agrarsektor und die restlichen zwischen den EWG-Mitgliedstaaten bestehenden Zölle aufgehoben werden. Gleichzeitig sollte die letzte Anpassung an den Gemeinsamen Zolltarif (GZT) erfolgen, so dass die Gemeinschaft zum 1. Juli 1968 den Status einer Zollunion erreichen würde. Bis zu diesem Zeitpunkt sollten auch die wichtigsten noch ausstehenden Agrarmarktordnungen verabschiedet werden.[219]

Die für die Bundesregierung sensibelsten Marktordnungen waren aus unterschiedlichen Gründen die Milch- und die Rindermarktordnung. Die Übergangszeit für die Marktordnung für Milch und Milcherzeugnisse sollte laut Ratsbeschluss vom 24. Juli 1966 am 1. April 1968 enden. An diesem Tag sollten dann die gemeinsamen Preise in Kraft treten. In der Übergangszeit sollten die nationalen Richtpreise über festgelegte Ober- und Untergrenzen an den gemeinsamen Richtpreis angeglichen werden.[220] Die Milchmarktordnung war für die Bundesregierung vor allem in finanzieller Hinsicht problematisch. Der Markt für Milch- und Milcherzeugnisse in der EWG war von hoher Überproduktion gekennzeichnet. Insbesondere die Butterproduktion erreichte ungeahnte Ausmaße, so dass die häufig genannten „Butterberge" entstanden.[221] In der Übergangszeit wurden die Kosten noch national getragen, doch ging mit der Einführung gemeinsamer Preise die Finanzierung an den Europäischen Ausrichtungs- und Garantiefonds für die Landwirtschaft (EAGFL) über, an dem die Bundesrepublik zu ca. 31%[222] beteiligt war. Damit musste die Bundesregierung auch die Überschüsse in den anderen EWG-Ländern mitfinanzieren. Ziel der Bundesregie-

---

[219] Aufzeichnung des Leiters der Abteilung III des AA, Harkort, betr. zusammenfassende Darstellung der jüngsten EWG-Beschlüsse, 1. 8. 1966, PAAA, B53-IIIA2, Bd. 188. Vgl. auch Kommission der EWG (Hrsg.), Gesamtbericht vom 1. 4. 1966 bis 31. 3. 1967, S. 1–7. Zur agrarpolitischen Verhandlungssituation in der EWG der 1960er Jahre siehe auch Ludlow, The Making of the CAP.

[220] Kommission der EGKS, der EWG und der EURATOM (Hrsg.), Gesamtbericht 1967, S. 149 f.

[221] Ebd., S. 150.

[222] AAPD 1966, S. 447, Anm. 7.

rung musste es in diesem Bereich also sein, Mittel und Wege zu finden, die Milchproduktion in der EWG zu reduzieren oder auf andere Art die Marktordnungskosten zu senken.

Auch für die Rindermarktordnung sollten die gemeinsamen Preise zum 1. April 1968 in Kraft treten. Wie bei der Milchmarktordnung wurden auch in diesem Bereich die Preise über nationale Ober- und Untergrenzen an einen gemeinsamen Richtpreis angenähert.[223] Im Gegensatz zur Milchmarktordnung waren für die Bundesrepublik nicht die finanziellen Aspekte der Rindermarktordnung entscheidend, sondern die Umlenkung der traditionellen Handelsströme. So bezog die Bundesrepublik als großer Rinder- und Rindfleischimporteur unter anderem sehr viele Rinder aus Dänemark, aber auch Gefrierfleisch aus Argentinien. Im dritten Protokoll des deutsch-dänischen Abkommens über den Warenverkehr vom 8. Juli 1964 hatte die Bundesregierung erklärt, alles daransetzen zu wollen, die vereinbarten Warenkontingente, zu denen eine jährliche Einfuhr von 225 000 dänischen Rindern zählte, weiterhin zu ermöglichen.[224] Da die Politik der EWG jedoch auf eine innergemeinschaftliche Steigerung der Rinderhaltung abzielte[225], wurde es für die Bundesrepublik immer schwieriger, diesen Handel aufrechtzuerhalten. Eine Reduzierung der Rinderimporte aus Dänemark hätte jedoch, so fürchtete man in der Bundesregierung aufgrund dänischer Drohungen[226], schwere Belastungen der deutsch-dänischen Beziehungen zur Folge. Für diesen Fall prognostizierte man eine Reduzierung des deutschen Exports nach Dänemark. Immerhin war es im Rahmen der Kennedy-Runde des GATT gelungen, eine Vereinbarung zwischen der EWG und Dänemark zu treffen, die gleichzeitig mit der Rindermarktordnung in Kraft treten sollte und Abschöpfungserleichterungen für die Einfuhr dänischer Schlachtrinder vorsah. Da zur Zeit der Vereinbarung der für die Abschöpfung maßgebliche Orientierungspreis bei 265 DM/100 kg lag und mittlerweile aber auf 272 DM/100 kg angestiegen war, versuchte die Bundesregierung durchzusetzen, dass der niedrigere Orientierungspreis von 265 DM/100 kg als Basis für die vereinbarten Abschöpfungserleichterungen angewandt wird.[227]

Zur Gesamtbeurteilung der deutschen Interessenlage ist es auch nötig, einen Blick auf die wirtschaftliche Situation in der Bundesrepublik zu werfen. Bundeskanzler Erhard, der Architekt des deutschen Wirtschaftswunders, hatte der Großen Koalition ironischerweise eine zumindest stagnierende Wirtschaft und ein Haushaltsloch hinterlassen, das sich für heutige Verhältnisse zwar bescheiden ausnimmt, in der damaligen Zeit aber als bedrohlich empfunden wurde. Der Großen Koalition, und hier vor allem Wirtschaftsminister Karl Schiller und Finanzminister Franz Josef Strauß, gelang es im Jahre 1967 durch Umschichtungen im Etat, Einsparungen, Schuldenaufnahme, moderates *deficit spending* und eine gehörige Portion Psychologie, die Wirtschaftslokomotive wieder in Fahrt zu bringen.[228] Trotz dieses Erfolgs waren die Spielräume im Haushalt sehr gering. Weitere Milli-

---

223 Kommission der EGKS, der EWG und der EURATOM (Hrsg.), Gesamtbericht 1967, S. 147 f.; Kommission der EGKS, der EWG und der EURATOM (Hrsg.), Gesamtbericht 1968, S. 162 f.

224 Bundesanzeiger Nr. 157 vom 26. 8. 1964, S. 1.

225 Kommission der EWG (Hrsg.), Gesamtbericht vom 1. 4. 1966 bis 31. 3. 1967, S. 206; Kommission der EGKS, der EWG und der EURATOM (Hrsg.), Gesamtbericht 1967, S. 147 f.

226 Aufzeichnung des Referats IIIA2 des AA betr. Sitzung des Staatssekretärausschusses für Europafragen am 12. 10. 1967 im AA, hier: Die Auswirkungen der gemeinsamen Agrarpolitik auf unsere Außenhandelsbeziehungen, 25. 9. 1967, BaK, B102 (BMWi), Bd. 61704.

227 AAPD 1968, S. 484, Anm. 6.

228 Hildebrand, Große Koalition, S. 283–300; Schönhoven, Wendejahre, S. 130–149.

arden für den wenig zukunftsträchtigen Bereich der Agrarpolitik locker zu machen, ergab wenig Sinn, zumal die Bundesrepublik im öffentlichen Bewusstsein der damaligen Zeit den Anschluss im Bereich der zukunftsträchtigen Technologien zu verpassen drohte.[229]

Für die Bundesrepublik war also eine geschickte Verhandlungsführung in Brüssel vonnöten, um die eigenen Interessen durchzusetzen. Dazu musste eine enge Koordinierung der Ressorts erfolgen, denn neben dem Landwirtschaftsministerium waren natürlich vor allem das Auswärtige Amt, das Finanzministerium und das Wirtschaftsministerium an einer zufrieden stellenden Organisation der Märkte für Rindfleisch und Milch interessiert.

Der Staatssekretärausschuss für Europafragen als Koordinierungsorgan der unterschiedlichen Ressortinteressen befasste sich daher bereits frühzeitig mit dem Thema. So wurden in der Sitzung am 18. Oktober 1967 die Auswirkungen der GAP auf die deutschen Außenhandelsbeziehungen besprochen. Hierbei wurde beschlossen, das bisherige System der GAP zu überprüfen.[230] Zu diesem Zweck setzten die Staatssekretäre in der folgenden Sitzung eine Arbeitsgruppe auf Referentenebene ein. Die Prüfung sollte zunächst für den Milchsektor vorgenommen und dann sukzessive auf andere wichtige Agrarerzeugnisse erweitert werden. Dabei sollten agrarpolitische, wirtschaftspolitische, finanzwirtschaftliche, handelspolitische und außenpolitische Gesichtspunkte berücksichtigt werden.[231] Die Referentengruppe trat jedoch in den nächsten Monaten nicht zusammen, da Landwirtschaftsminister Höcherl die Zustimmung zu dieser Arbeitsgruppe verweigerte. Das Auswärtige Amt spekulierte, dass Höcherl für die Verhandlungen im Agrarministerrat freie Hand behalten wolle.[232]

Das rief natürlich das Misstrauen der anderen Ressorts hervor, die in der Sitzung am 8. Januar 1968 ohne den Staatssekretär des Landwirtschaftsministeriums, Hüttebräuker, einig waren, die anstehenden Agrarentscheidungen im allgemeinen Ministerrat unter der Leitung der Außenminister und nicht im Agrarministerrat zur Abstimmung zu stellen.[233] Außerdem wurde am 6. Februar noch einmal bekräftigt, dass die interministerielle Arbeitsgruppe jetzt endlich zusammentreten müsse, um die finanziellen Auswirkungen der Milchmarktordnung zu untersuchen.[234]

---

[229] So wies Wirtschaftsminister Schiller in der Kabinettssitzung am 22. Mai 1968 im Zusammenhang mit den Agrarmarktordnungen darauf hin, dass die Wirtschaftskraft der Bundesrepublik und der EG beschränkt sei und man sich über die Prioritäten der Finanzierung klar werden müsse. Aus seiner Sicht müssten mehr Investitionen in die Zukunft getätigt werden, damit Europa im internationalen Wettbewerb bestehen könne. Stellungnahme des Bundesministers für Wirtschaft in der Kabinettssitzung am 22. Mai 1968 zum Tagesordnungspunkt Agrarfinanzierung/Milch und Rindfleisch, o. D., BaK, B136 (Bundeskanzleramt), Bd. 3550. Zur so genannten „technological gap" zwischen Europa und den USA siehe u. a. die alarmierende Spiegel-Titelstory „Unbewältigte Zukunft", in: Der Spiegel Nr. 9 vom 24. 2. 1969, S. 38–54, hier S. 42.

[230] Niederschrift über die Sitzung der Staatssekretäre für Europafragen am 18. 10. 1967, 25. 10. 1967, BaK, B102 (BMWi), Bd. 61704.

[231] Entwurf einer Niederschrift über die Sitzung der Staatssekretäre für Europafragen am 30. 10. 1967, 2. 11. 1967, PAAA, B20, Bd. 1430.

[232] Aufzeichnung des Leiters der Abteilung III des AA, Harkort, betr. Sitzung des Staatssekretärausschusses für Europafragen am 6. 2. 1968, 2. 2. 1968, PAAA, B20, Bd. 1431.

[233] Niederschrift über die Sitzung der Staatssekretäre für Europafragen am 8. 1. 1968, 6. 2. 1968, BaK, B102 (BMWi), Bd. 61705.

[234] Niederschrift über die Sitzung der Staatssekretäre für Europafragen am 6. 2. 1968, 28. 2. 1968, BaK, B102 (BMWi), Bd. 61705.

Erschwert wurde die Positionssuche im Staatssekretärausschuss durch die Pensionierung des Staatssekretärs im Landwirtschaftsministerium, Rudolf Hüttebräuker. Er wurde zum 1. Februar 1968 durch den bisherigen Staatssekretär im Wirtschaftsministerium, Fritz Neef, ersetzt.[235] Für das Wirtschaftsministerium nahm zunächst Staatssekretär Schöllhorn und dann der neue Staatssekretär Klaus von Dohnanyi an den Ausschusssitzungen teil.

Staatssekretär Neef teilte Minister Höcherl am 1. März mit, dass sich die Lage bei Milch und Rindfleisch dramatisch zuspitze. In Brüssel drängten die Kommission und Frankreich auf eine baldige Entscheidung bei diesen beiden Produkten. Die Kommission sei bereit, wenn keine Einigung im Agrarministerrat zustande komme, diese Probleme dem allgemeinen Rat vorzulegen. Auch die anderen Bonner Ressorts würden eine Behandlung im allgemeinen Rat bevorzugen. Diese Haltung sei Ausdruck der Unsicherheit und Besorgnis im Bundeskabinett. Dort fürchte man hohe finanzielle Belastungen für die Bundesrepublik, kostspielige Überschüsse, die durch die Marktordnungstechnik nicht verhindert werden könnten, und sehe Probleme bei den Wünschen zur deutschen Verhandlungstaktik in der insgesamt schwierigen Situation der EWG. Auch die deutsche Öffentlichkeit fordere, dass die Bundesregierung kein Faustpfand aus der Hand gebe, „ohne alle Chancen der deutschen Position in Brüssel insgesamt genutzt zu haben"[236]. Neef empfahl daher ein einheitliches strategisches Verhandlungskonzept der Ressorts. Jedes Ressort müsse die Verhandlungsziele der anderen Ressorts kennen. Die bisherige Auffassung, dass es erst im Rahmen eines Gesamtpakets im Sommer zu einer Entscheidung in den Agrarfragen komme, sei unsicher geworden. Neef empfahl Höcherl, den anderen Ressorts eine ausgearbeitete Position des Landwirtschaftsministeriums vorzulegen. Bisher habe er den anderen Ressorts nur zusichern können, dass sein Minister den Marktordnungen für Milch und Rindfleisch nicht zustimmen werde, ohne die anderen Ressorts damit zu befassen.[237]

Wenige Tage später mahnte Außenamtsstaatssekretär Lahr seinen Kollegen Neef, dass die Ressortarbeitsgruppe endlich zusammentreten müsse. Lahr befürwortete erneut eine Verabschiedung der Marktordnungen im allgemeinen Rat. Im Rat der Agrarminister habe man für handelspolitische Probleme, beispielsweise für den Fall Dänemark, offenbar besonders wenig Verständnis.[238]

Erst am 22. März wurde die deutsche Verhandlungstaktik im Staatssekretärausschuss vereinbart, nachdem endlich die Referentengruppe zusammengetreten war. Um der Überproduktion bei Milch Herr zu werden, empfahl der Ausschuss, einen Plafond für die Ausgaben im Rahmen der Milchmarktordnung einzuführen. Der EAGFL solle für eine vernünftige Produktionsmenge haften, der darüber hinausgehende Teil in die Verantwortung der Erzeuger fallen. Hingegen könne der Preis von 39 Pf/kg aus innenpolitischen Gründen nicht vermindert werden.[239] Die deutsche Ratsdelegation solle sich bei der nächs-

---

[235] Zu dem Plan Höcherls, Fritz Neef zum Nachfolger Hüttebräukers zu ernennen, und zu der Zustimmung Kiesingers siehe Vermerk des Parlamentarischen Staatssekretärs im Bundeskanzleramt, Guttenberg, betr. Nachfolge für Staatssekretär Hüttebräuker, 30. 11. 1967, BaK, Nl Guttenberg, Bd. 90, S. 27.

[236] Neef an Höcherl, 1. 3. 1968, BaK, B102 (BMWi), Bd. 61705.

[237] Ebd.

[238] Fernschreiben Lahrs an Neef, 7. 3. 1968, PAAA, B2, Bd. 181.

[239] In der Bundesrepublik entfielen ca. 28% der Verkaufserlöse der Bauern auf Milch, so dass eine Senkung des Milchrichtpreises die Bauern empfindlich getroffen hätte. Pikanterweise war es v.a. die Bundesregierung gewesen, die 1966 auf einen so hohen Milchrichtpreis gedrängt hatte. Die anderen EWG-Länder und die Kommission hatten diesem Richtpreis nur unter großen Bedenken zugestimmt und darauf verwie-

ten Sitzung noch nicht zur Höhe des Plafonds äußern, denn zunächst müsse das Kabinett damit befasst werden. Die von der Kommission vorgeschlagene Fettsteuer[240] sei weiterhin abzulehnen. Entscheidungen bei Rindfleisch könne man erst nach einer Einigung im Milchsektor zustimmen. Bei der Behandlung der Rindermarktordnung solle einem generellen Abschöpfungssystem widersprochen und stattdessen eine elastische Staffelung bei den Abschöpfungen angestrebt werden. Obligatorische Interventionen seien weiterhin abzulehnen. Außerdem müsse eine Lösung für die dänischen Rindereinfuhren und die argentinische Gefrierfleischeinfuhr gefunden werden.[241]

Am 4. April bestätigte der Ausschuss diese Taktik und legte gleichzeitig fest, dass die Bundesregierung bei der Ratstagung am 8./9. April keiner Entscheidung zustimmen solle. Man stehe nicht unter Zeitdruck. Außerdem wurde eine kleine Arbeitsgruppe der Ressorts unter der Leitung des Landwirtschaftsministeriums beauftragt, bis Anfang Mai ein umfassendes Konzept für die deutsche Verhandlungsstrategie zu erarbeiten.[242]

Im Ausschuss war man sich einig, die Verhandlungen über die Milch- und Rindermarktordnungen zu nutzen, um neue Elemente in das System der Marktordnungen einzubauen. Darauf aufbauend, sollte die gesamte EWG-Agrarpolitik überprüft werden. So stellten die Staatssekretäre am 13. Mai übereinstimmend fest, dass „mit der Entscheidung über die Marktordnungen für Milch und Rindfleisch [...] ein erster Schritt in die richtige Richtung getan werden [müsse]“[243]. Das Kabinett müsse daher eine Vorstellung über die langfristigen europapolitischen Ziele der Bundesrepublik haben, so dass eine ausführliche Vorbereitung der Kabinettssitzung vom 22. Mai dringend erforderlich sei.

Zu diesem Zeitpunkt ging der Ausschuss noch davon aus, dass die Milch- und Rindermarktordnungen getrennt von der Vollendung der Zollunion behandelt werden müssten.[244] Gleichzeitig verdichteten sich aber die Hinweise darauf, dass Frankreich ein Inkrafttreten der Zollunion nur akzeptieren werde, wenn zuvor eine Einigung auf dem Agrarsektor erzielt worden sei. In diese Richtung deuteten bereits Bemerkungen Brunets in den deutsch-französischen Konsultationsgesprächen am 22. April. Nachdem Lahr die deutschen Sorgen über die zukünftige Einfuhr dänischer Rinder und die hohen Kosten der Milchmarktordnung dargelegt hatte, beharrte Brunet auf einer fristgemäßen Entscheidung in diesen beiden Bereichen, denn die Hälfte der bäuerlichen Einkommen in Frankreich beruhe auf diesen Produkten. Wenn keine Lösung zustande komme, könne man am 1. Juli nicht von der Verwirklichung des Gemeinsamen Marktes sprechen.[245]

---

sen, dass die Kosten nicht absehbar seien. Siehe Vermerk des Leiters der Gruppe II/1 im Bundeskanzleramt, Klaus Meyer, betr. EWG-Agrarverhandlungen, 22. 4. 1968, BaK, B136 (Bundeskanzleramt), Bd. 3550. Dass der Milchpreis aus innenpolitischen Gründen kaum gesenkt werden konnte, verdeutlichten auch die zahlreichen Bauernproteste gegen eine Reduzierung des Milchpreises. Siehe Kluge, Agrarpolitik, S. 56 f.

[240] Die Fettsteuer war nicht als marktpolitisches Steuerungsinstrument konzipiert, sondern nur als zusätzliche Einnahmequelle zur Reduzierung der Kosten der GAP.

[241] Niederschrift über die Sitzung der Staatssekretäre für Europafragen am 22. 3. 1968, 4. 4. 1968, PAAA, B20, Bd. 1431.

[242] Niederschrift über die Sitzung der Staatssekretäre für Europafragen am 4. 4. 1968, 13. 4. 1968, BaK, B102 (BMWi), Bd. 61706.

[243] Niederschrift über die Sitzung der Staatssekretäre für Europafragen am 13. 5. 1968, 14. 6. 1968, BaK, B102 (BMWi), Bd. 61706.

[244] Ebd.

[245] Deutsch-französische Konsultationsbesprechung, 22. 4. 1968, AAPD 1968, Dok. 135, S. 483–494, hier S. 484 f.

Nach dem erneuten Scheitern der Verhandlungen im Agrarrat am 2. Mai berichtete auch „Die Welt" ausführlich über den von Frankreich hergestellten Zusammenhang zwischen den Marktordnungen und dem Inkrafttreten der Zollunion. Frankreich sei entschlossen, die fälligen Zollsenkungen nur durchzuführen, wenn man sich über die Rinder- und Milchmarktordnung geeinigt habe.[246]

Alarmiert zeigte sich auch Staatssekretär von Dohnanyi, der am 24. Mai seinen Kollegen Lahr über ein Gespräch mit Botschafter Seydoux informierte. Seydoux habe auf die innenpolitische Situation in Frankreich hingewiesen, die eine entschiedene Haltung der französischen Delegation bei der nächsten Sitzung des Agrarministerrats Ende Mai wahrscheinlich mache. Botschaftsrat Comte Xavier Marie du Cauzé de Nazelle habe diese Ausführungen präzisiert und dargelegt, dass die französische Regierung nach seiner Auffassung „ohne eine befriedigende Vereinbarung über die Milch- und Rindermarktordnung die Verwirklichung der Zollunion nicht mitmachen werde"[247].

In der Tat erschwerte die innenpolitische Situation in Frankreich den Verhandlungsspielraum der französischen Vertreter. Ausgehend von Unruhen an der Sorbonne, hatte sich im Laufe des Frühjahrs eine studentische Protestwelle in Frankreich entwickelt, die vom 10. auf den 11. Mai in der so genannten „Nacht der Barrikaden" kulminierte. Das harte Vorgehen der Polizei gegen die Studenten führte zu einer Ausweitung des Protests auf die Arbeiter. Der Regierung gelang es zunächst nicht, die Situation in den Griff zu bekommen; im Gegenteil drohte der Kollaps der Regierung von Premierminister Pompidou. De Gaulle spielte bereits mit dem Gedanken zurückzutreten.[248] In dieser Situation musste die Regierung einen Erfolg in Brüssel erzielen. Wenn jetzt auch noch das System der GAP in Frage gestellt würde, das Frankreich hohe finanzielle Vorteile brachte, wären de Gaulle und die Regierung Pompidou noch weiter unter Druck geraten.

So deutete alles auf einen Showdown in der Sitzung vom 27.–29. Mai hin. Die allgemeine Verhandlungsposition der Bundesregierung hatte das Bundeskabinett in seiner Sitzung am 22. Mai festgelegt. Die Ausgaben der Milchmarktordnung sollten einen Plafond von 3,2 bis 3,5 Mrd. DM jährlich nicht übersteigen. Wenn die Ausgaben höher seien, solle eine Erzeugerabgabe eingeführt werden. Wenn sich diese nicht durchsetzen lasse, solle die deutsche Delegation eine umfassende Reorganisation des EWG-Agrarfonds unter Einbeziehung der anderen Produkte fordern. Die von Landwirtschaftsminister Höcherl in die Kabinettsdiskussion eingebrachte mögliche Fett-, Margarine- oder Futtermittelsteuer sowie eine Butterpreiserhöhung wurde von den sozialdemokratischen Ministern im Kabinett abgelehnt. Höcherl solle die Möglichkeit haben, während der Verhandlungen mit dem Bundeskanzler Rücksprache halten zu können, der je nach Verhandlungslage entscheiden müsse, wie weiter vorgegangen werden solle. Im Hinblick auf die Verhandlungen über die Rindermarktordnung stimmte das Kabinett einer Vorlage des Auswärtigen Amts zu, die Berechnung der Abschöpfungen auf die Einfuhr dänischer Schlachtkühe im Rahmen des zwischen der EWG und Dänemark geschlossenen Abkommens auf der Grundlage eines Orientierungspreises von 265 DM/100 kg für ausgewachsene Rinder vorzuneh-

246 Paris sieht Zollunion der Gemeinschaft durch die Agrarpolitik gefährdet. Will de Gaulle eine neue Krise heraufbeschwören?, in: Die Welt vom 4. 5. 1968, S. 10.

247 Notiz des Staatssekretärs im BMWi, von Dohnanyi, betr. EWG-Agrarverhandlungen, 24. 5. 1968, PAAA, B2, Bd. 181.

248 Zum Mai 1968 in Frankreich siehe Loth, Geschichte Frankreichs im 20. Jahrhundert, S. 206–209.

men.[249] Außerdem dürfe der Interventionspreis für Rinder nicht höher als 92% des Orientierungspreises festgesetzt werden.[250]

In einer dramatischen Sitzung einigten sich die Agrarminister in der Nacht vom 28. auf den 29. Mai 1968 über die Ausgestaltung der Rinder- und Milchmarktordnung. Für die Milchmarktordnung wurde die Obergrenze der Ausgaben auf 2,52 Mrd. DM festgelegt. Für den Fall, dass dieser Betrag überschritten werde, sollten im Rahmen einer Gesamtüberprüfung der GAP zweckdienliche Gemeinschaftsmaßnahmen ergriffen werden. Der Milchrichtpreis von 39 Pf/kg wurde beibehalten. Um diesen Richtpreis zu erreichen, wurden Interventionen bei Butter und Magermilchpulver zu festgesetzten Preisen beschlossen. Außerdem wurde eine Abgabe auf pflanzliche und tierische Fette (Margarinesteuer) eingeführt, die zur Finanzierung der Milchmarktordnung beitragen sollte. Der Bundesrepublik wurde zugestanden, diese Steuer nicht einzuführen. Stattdessen musste die Bundesrepublik den zu erwartenden Anteil an der Steuer aus Haushaltsmitteln zur Verfügung stellen. Die Marktordnung für Rindfleisch sah eine gestaffelte Abschöpfung je nach Versorgungslage in der Gemeinschaft vor. Innerhalb der Gemeinschaft waren Interventionen möglich, wenn der Preis unter 98% des Orientierungspreises fiel. Unterschritt der Preis 93% des Orientierungspreises, war die Intervention vorgeschrieben. Der Außenschutz wurde leicht verschärft. Die von der Bundesregierung angestrebte Festsetzung einer niedrigeren Bemessungsgrundlage für Abschöpfungen für Schlachtrinder zu Verarbeitungszwecken konnte nicht durchgesetzt werden. Zusätzlich beschloss der Rat, eine Gesamtüberprüfung der Agrarpolitik auf der Grundlage eines Kommissionsmemorandums über die Zukunft der Landwirtschaft vorzunehmen.[251]

Landwirtschaftsminister Höcherl wurde innerhalb der Bundesregierung für seine Zustimmung heftig gerügt. Außenminister Brandt kritisierte in einem Brief an seinen Kabinettskollegen, dass die dänischen Wünsche bei der Rindermarktordnung nicht berücksichtigt worden seien. Brandt warf Höcherl vor, die aufgrund der einzigartigen Stellung bei der Agrarfinanzierung vorteilhafte taktische Ausgangsposition der Bundesregierung nicht genutzt zu haben. Keine der deutschen Zugeständnisse bei der Rindermarktordnung, wie ein höherer Orientierungspreis, ein höherer Interventionspreis und ein Übergang zu obligatorischer Intervention, sei mit den deutschen Wünschen verbunden gewesen. Das Ergebnis sei gegenüber Dänemark nicht zu vertreten; man müsse nun nach autonomen Lösungen suchen.[252]

---

[249] Darauf hatte der dänische Ministerpräsident Baunsgaard bei seinem Besuch in Bonn am 16./17. Mai noch einmal gedrängt. Aufzeichnung des Ministerialdirektors Frank betr. Besuch des dänischen Ministerpräsidenten in Bonn, 16. 5. 1968, AAPD 1968, Dok. 163, S. 610–613, hier S. 612. Im Bundeskanzleramt stellte man fest, dass sich die deutsche Delegation in Brüssel aufgrund der deutschen Zusagen an die Dänen nachdrücklich für die dänischen Wünsche einsetzen müsse. Aufgrund der Haltung der anderen Delegationen bestehe jedoch keine Aussicht auf Erfolg. Eine andernfalls mögliche Blockierung der Rindermarktordnung würde die beschlossene Erhöhung des Rinderorientierungspreises zwar verhindern, sei aber den deutschen Bauern kaum zumutbar. Vermerk des Abteilungsleiters II, Johannes Praß, für Bundeskanzler Kiesinger betr. Orientierungspreis für Rindereinfuhren aus Dänemark, 16. 5. 1968, BaK, B136 (Bundeskanzleramt), Bd. 3554.

[250] Fernschreiben von Hardenberg an Botschafter Sachs betr. Kabinettssitzung vom 22. 5. 1968 Punkt 3 der Tagesordnung EWG-Agrarverhandlungen, 28. 5. 1968, PAAA, B150, Bd. 127, S. 3577 f.

[251] Runderlass des AA betr. Ergebnisse der Tagung des Agrarministerrats vom 27. bis 29. 5. 1968, 5. 6. 1968, PAAA, B20, Bd. 1516.

[252] Brandt an Höcherl, 29. 5. 1968, PAAA, B2, Bd. 181; auch in BaK, Nl Carstens, Bd. 668.

Höcherl entgegnete dem Außenminister, sein Brief zeige, „woran das deutsch-dänische Gespräch über die Agrarprobleme seit langem krankt“[253]. Taktische Möglichkeiten zur Umsetzung der deutschen Forderungen in Bezug auf Dänemark hätten niemals bestanden. Die Haltung der anderen fünf EWG-Länder und der Kommission sei ja schon seit langem bekannt gewesen. Letztendlich bestehe eine Lösung nur in einer dänischen Teilnahme am EWG-Agrarmarkt. Er habe den Entscheidungen im Agrarrat schließlich zugestimmt, da ihm nach intensiven Rückfragen in Bonn ein Kompromiss sinnvoller erschienen sei als das Scheitern der Verhandlungen.

Brandt ließ es nicht bei einer Kritik am Landwirtschaftsminister bewenden. Dem Bundeskanzleramt warf er vor, dass entgegen den vorher getroffenen Absprachen vor der endgültigen deutschen Zustimmung keine Fühlungnahme mit ihm erfolgt sei.[254] Staatssekretär Carstens vermerkte daraufhin für Kiesinger, dass es eine solche Absprache nicht gegeben habe. Er habe in der Nacht jedoch mit Wirtschaftsminister Schiller Kontakt aufgenommen und mit EWG-Botschafter Sachs gesprochen und daher angenommen, dass das Auswärtige Amt informiert gewesen sei.[255]

Am 11. Juli erläuterte Carstens sein Verhalten gegenüber Außenminister Brandt. Er habe ihn in der Nacht vom 29. auf den 30. Mai nicht angerufen, da sich Brandt in der vorherigen Kabinettssitzung vor allem gegen die Einführung einer Margarinesteuer ausgesprochen und Höcherl dieser Forderung entsprochen habe. Außerdem habe er Brandt mit Rücksicht auf seine Rede bei der Debatte über die Notstandsgesetze am nächsten Morgen nicht in der Nacht wecken wollen. Bundesminister Schiller, den er in der Nacht angerufen habe, habe keine Einwände gegen das Ergebnis gehabt. Brandt bemerkte daraufhin, dass er bis 3.00 Uhr morgens mit der Notstandsrede beschäftigt gewesen sei und Carstens ihn daher nicht gestört hätte.[256]

Neben dem Außenministerium kritisierte vor allem das Finanzministerium die Vereinbarungen der Agrarminister. Staatssekretär Grund hielt die in der Milchmarktordnung festgelegten Regelungen für unzulänglich. Vor allem die Regelung des Butterpreises setze weitere Anreize zur Überproduktion, die Revisionsklausel in der Milchmarktordnung sei viel zu allgemein gehalten, und ein Plafond bei den Ausgaben, in der Art wie ihn das Bundeskabinett vorgesehen habe, sei auch nicht eingeführt worden. Der Kompromiss sei eine „schwere zusätzliche Belastung finanzieller Art“[257]. Die am Schluss der Sitzung von Ratspräsident Faure gegebene Erklärung, dass mit der Vereinbarung nun die Voraussetzungen für das Inkrafttreten der Zollunion und die Einhaltung der Verpflichtungen aus der Kennedy-Runde gegeben seien, habe man teuer erkauft.[258]

Landwirtschaftsminister Höcherl rechtfertigte sich in einem Rundschreiben an seine Ministerkollegen und das Bundeskanzleramt am 18. Juni und reagierte damit auf eine Aufforderung des Bundeskanzlers und der Staatssekretäre für Europafragen, die Ergeb-

---

253 Höcherl an Brandt, 10. 6. 1968, BaK, Nl Höcherl, Bd. 26.
254 Brandt an Kiesinger, 29. 5. 1968, BaK, Nl Carstens, Bd. 668.
255 Handschriftlicher Vermerk des Staatssekretärs Carstens auf dem Brief Brandts an Kiesinger, ebd.
256 Vermerk des Staatssekretärs Carstens betr. Nachtsitzung des EWG-Ministerrats in Brüssel am 29./30. 5. 1968, 11. 7. 1968, BaK, Nl Carstens, Bd. 668.
257 Aufzeichnung des Staatssekretärs Grund für Finanzminister Strauß betr. Agrarministerrat vom 28. 5.; hier: Agrarfinanzierung; insbesondere Marktordnung Milch, 29. 5. 1968, PAAA, B2, Bd. 181.
258 Ebd.

nisse des Agrarministerrats darzulegen.[259] Er habe seine Zustimmung zu den Verhandlungsergebnissen erst nach langen nächtlichen Telefonaten mit Staatssekretär Carstens und Botschafter Sachs gegeben. Den Bedenken des Bundeskanzleramts, zum Beispiel hinsichtlich einer Sonderregelung der Margarinesteuer für die Bundesrepublik, habe er Rechnung getragen. Höcherl ging auch auf die Forderung des Bundeskabinetts nach einem Plafond bei den Ausgaben im Rahmen der Milchmarktordnung ein. Das Kabinett habe sich für den Fall, dass der Plafond überschritten wird, für die Einführung einer Erzeugerabgabe ausgesprochen; lasse sich dieser Gedanke nicht verwirklichen, müsse eine gesamte Reorganisation des Agrarfonds geprüft werden. Diesem Wunsch sei dadurch entsprochen worden, dass die Marktordnungsausgaben auf 2,5 Mrd. DM begrenzt seien und sich der Rat schon im Herbst mit der gesamten Agrarpolitik befassen werde. Zu diesem Zeitpunkt könne die Reorganisation des Agrarfonds von der deutschen Seite erneut gefordert werden. Die beteiligten Ressorts müssten sich bis dahin über die Grundsätze dieser Reorganisation einigen. Als Begründung für ein Scheitern der Verhandlungen in der achten Verhandlungsrunde habe von deutscher Seite damit nur noch auf die Behandlung der dänischen Rinderimporte verwiesen werden können. Eine solche Argumentation hätte jedoch „Zweifel an allen politischen Deklamationen für ein geeintes Europa geweckt"[260].

Mit diesem letzten Punkt hatte Landwirtschaftsminister Höcherl sicherlich Recht. Außerdem war der Zeitpunkt zur Überprüfung der GAP und zur Einführung neuer Elemente in die Marktordnungen mit dem Ziel, die Produktion zu drosseln und damit die Ausgaben zu begrenzen, sehr ungünstig. Das britische Beitrittsgesuch belastete den inneren Ausbau der EWG in zunehmendem Maße. Hinzu kam die schwierige Situation in Frankreich und damit eine Gefährdung des Inkrafttretens der Zollunion zum 1. Juli 1968. In dieser Konstellation konnte man sich einen Stopp bei der Integration des Agrarmarktes nicht erlauben. Insofern sprach vieles dafür, zu einer Vereinbarung über die Milch- und Rindermarktordnung zu kommen. Vielleicht hatten es die Agrarminister, wie man im Bundeskanzleramt vermutete, auch darauf angelegt, ihre Entscheidungen so weit nach hinten zu schieben, dass eine Verbindung zur Zollunion hergestellt werden konnte. So konnten sie ihre Forderungen innenpolitisch leichter durchsetzen.[261]

Was sich aber in den Verhandlungen zeigte, war die sehr schlechte Koordinierung der deutschen Verhandlungsposition innerhalb der Bundesregierung. Höcherl hatte eine interministerielle Abstimmung der deutschen Position lange hinausgezögert und damit das Misstrauen der anderen Ressorts gegen einen Alleingang des Landwirtschaftsministeriums geschürt. Daher war es nicht verwunderlich, dass ihm anschließend heftige Kritik entgegenschlug. Immerhin war es gelungen, eine Gesamtüberprüfung der GAP durchzusetzen. Hier kam es jedoch entscheidend darauf an, die deutsche Position langfristig unter den Ressorts abzustimmen, um mit einer einheitlichen Meinung in die Brüsseler Verhandlungen zu gehen.

---

[259] Niederschrift über die Sitzung der Staatssekretäre für Europafragen am 14. Juni 1968, 26. 8. 1968, PAAA, B20, Bd. 1431.

[260] Höcherl an den Chef des Bundeskanzleramts, die Bundesminister, den Chef des Bundespräsidialamts, das Presse- und Informationsamt der Bundesregierung betr. Ergebnis der 35. Tagung des Agrarministerrats in Brüssel, 18. 8. 1968, PAAA, B20, Bd. 1516.

[261] Zusatzvermerk für die Kabinettssitzung des Abteilungsleiters II im Bundeskanzleramt, Praß, betr. EWG-Agrarverhandlungen über die Milchmarktordnung, 20. 5. 1968, BaK, B136 (Bundeskanzleramt), Bd. 3550.

5. Nichts geht mehr – Stillstand in der politischen Einigung

Nach den Kommuniquébeschlüssen der römischen Gipfelkonferenz vom 31. Mai 1967 sollten die Staats- und Regierungschefs sich voraussichtlich im Laufe des Jahres noch einmal treffen. Außerdem waren die Außenminister beauftragt worden, zu prüfen, wie man schrittweise die politischen Beziehungen enger gestalten könne.[262] An diese Formulierungen versuchte die Bundesregierung in den nächsten Monaten anzuknüpfen. Vor allem Bundeskanzler Kiesinger drängte auf einen baldigen Beginn der Planungen für eine weitere Gipfelkonferenz. Hinsichtlich des Aufbaus einer politischen Union unter den Sechs war er jedoch skeptisch.[263] Daher ging er, als der französische Botschafter Seydoux ihn am 30. Juni fragte, ob Bonn, Rom und Paris etwas für das politische Europa tun könnten, bereitwillig auf diese Anregung ein. Kiesinger sprach sich dafür aus, nicht zu warten, bis ein institutionalisiertes politisches Europa geschaffen werde könne, sondern jetzt ohne Institutionen anzufangen. Wenn die anderen dazu nicht bereit seien, solle man zu zweit oder zu dritt beginnen. Die Franzosen, Italiener und Deutschen hätten schließlich auch bei der Gipfelkonferenz in Rom für regelmäßige Zusammentreffen votiert.[264]

In der Folgezeit versuchte der Bundeskanzler, sowohl die deutsch-französischen Beziehungen zu vertiefen als auch die Chancen für eine weitere Gipfelkonferenz auszuloten. Gegenüber de Gaulle sprach sich Kiesinger am 12. Juli für eine noch 1967 stattfindende Gipfelkonferenz in Luxemburg aus. Diese Möglichkeit wolle er bei den anderen EWG-Partnern, insbesondere den Italienern, sondieren. Außerdem zeigte Kiesinger dem französischen Staatspräsidenten zahlreiche Möglichkeiten zur Verbesserung der deutsch-französischen Kontakte auf. So schlug Kiesinger unter anderem „ein Verfahren schneller ad-hoc-Konsultationen"[265] mit dem Ziel der Harmonisierung der gegenseitigen Positionen vor. Auch ein Koordinationsgremium der verschiedenen Ressortarbeiten im Rahmen der deutsch-französischen Beziehungen wurde von Kiesinger ins Spiel gebracht. Auf den ersten Vorschlag Kiesingers ging de Gaulle überhaupt nicht ein. Der zweite Vorschlag wurde wenig später mit der Ernennung eines Koordinators für die deutsch-französischen Beziehungen auf beiden Seiten konkretisiert. Auch auf wirtschaftlichem Gebiet wurde eine engere Zusammenarbeit beschlossen.

In seinem zweiten Gespräch mit de Gaulle am nächsten Tag legte Kiesinger dem französischen Staatschef seine Sorgen über die Zukunft der Bundesrepublik in Europa dar. Kiesinger befürchtete, dass eine Erweiterung der Gemeinschaft

> „die Gefahr in sich berge, daß man eines Tages einen großen Gemeinsamen Markt, ja sogar einen wirtschaftlichen Koloß vor sich habe, der aber politisch ohnmächtig wäre und sogar wirtschaftlich

[262] Kommuniqué über die Konferenz der Staats- und Regierungschefs der Mitgliedsstaaten der EWG am 29. und 30. 5. 1967 in Rom, in: EA 22 (1967), S. D268 f., hier S. D269.

[263] Gespräch des Bundeskanzlers Kiesinger mit dem irischen Ministerpräsidenten Lynch, 27. 6. 1967, AAPD 1967, Dok. 234, S. 955–961, hier S. 959.

[264] Gespräch des Bundeskanzlers Kiesinger mit dem französischen Botschafter Seydoux, 30. 6. 1967, AAPD 1967, Dok. 241, S. 976–980, hier S. 978. Damit knüpfte Kiesinger an eine Idee Adenauers an, der bereits 1962 den Beginn einer politischen Union mit Frankreich, Italien und der Bundesrepublik vorgeschlagen hatte. Dieses so genannte FRALIT-Konzept war damals sowohl von den meisten europäischen Partnerregierungen als auch von der Opposition scharf kritisiert worden. Siehe Kramer, Politische Union, S. 123 f.

[265] Gespräch des Bundeskanzlers Kiesinger mit Staatspräsident de Gaulle, 12. 7. 1967, AAPD 1967, Dok. 261, S. 1035–1047, hier S. 1041.

unter außereuropäischen Einfluß geriete. Es entstünde somit eine paradoxe Lage, wie sie Deutschland ja schon kenne, denn es sei eine bedeutende Industrie- und Welthandelsmacht und dennoch politisch ohnmächtig."[266]

Hier wird Kiesingers Grundeinstellung zur westeuropäischen Einigung deutlich. Seine Präferenz galt nicht dem wirtschaftlichen Zusammenschluss, sondern dem politischen. Für ihn zielte der europäische Zusammenschluss auf die Rückgewinnung eines europäischen und damit auch deutschen Einflusses auf die Weltpolitik, die im Moment von den USA und der UdSSR dominiert wurde.[267] Dieses politische Konzept sah er durch eine zu rasche, nur wirtschaftlich motivierte Erweiterung in Gefahr. Weil er sich aber auch bewusst war, dass eine Erweiterung früher oder später anstand, musste er die Zeit bis dahin nutzen, um den Prozess der europäischen politischen Einigung in Gang zu bringen, wenn möglich zu sechst, wenn nicht, dann wenigstens mit Frankreich oder zu dritt mit Frankreich und Italien.

De Gaulle verwies demgegenüber auf die aus seiner Sicht bestehenden Problemfelder beim Aufbau einer politischen Union. Entscheidend sei die gemeinsame Haltung der Sechs gegenüber den USA und in der Ostpolitik. Ob sich die Sechs in diesen Fragen einigen könnten, sei nicht sicher. Daher könne man in der Zwischenzeit Treffen veranstalten, denn es sei gut, den Kontakt zu halten.[268]

Aufgrund der unterschiedlichen politischen Beurteilungen unter den Sechs gestaltete es sich aber schwierig, den von de Gaulle und Kiesinger gewünschten Kontakt auf der Ebene der Staats- und Regierungschefs aufrecht zu halten. Zunächst versuchte das Auswärtige Amt, die italienische Haltung zu einer noch 1967 stattfindenden Gipfelkonferenz in Luxemburg zu eruieren. Abteilungsleiter Meyer-Lindenberg telegrafierte am 18. Juli an Botschafter Herwarth in Rom, dass die Bundesregierung ein Gipfeltreffen für Ende November in Luxemburg anrege. Die Einladung dazu müsse dann von Luxemburg ausgehen. Gegenüber den Niederländern könne man argumentieren, dass eine Gipfelkonferenz im Spätherbst aufgrund der England-Frage dringend werden könne. Außerdem könne vorher im Oktober noch ein Treffen der Außenminister, möglichst am Rande einer Ministerratstagung, stattfinden. Bevor man mit den Benelux-Regierungen spreche, wolle man die Einstellung der italienischen Regierung zu diesen Vorschlägen kennen lernen.[269]

Am 2. August berichtete Herwarth über ein Gespräch mit Botschafter Gian Franco Pompei, dem außenpolitischen Berater Ministerpräsident Moros. Pompei habe zur Vorsicht gemahnt und empfohlen, die Gipfelkonferenz gut durch die Außenminister vorzubereiten. Hinsichtlich der Haltung Couve de Murvilles sei Pompei skeptisch gewesen, da er von den Weisungen de Gaulles abhänge. Einleuchtend erscheine ihm die Idee, die Gipfelkonferenz zur Überwindung der Schwierigkeiten in der England-Frage zu nutzen. Allerdings bestehe die Gefahr, dass sich de Gaulles Haltung dann nur verfestige.[270]

---

[266] Gespräch des Bundeskanzlers Kiesinger mit Staatspräsident de Gaulle, 13. 7. 1967, AAPD 1967, Dok. 263, S. 1052–1062, hier S. 1056.
[267] Siehe hierzu auch Storz, Außenpolitik als Gesellschaftspolitik, S. 181–187.
[268] Gespräch des Bundeskanzlers Kiesinger mit Staatspräsident de Gaulle, 13. 7. 1967, AAPD 1967, Dok. 263, S. 1052–1062, hier S. 1060.
[269] Fernschreiben Meyer-Lindenbergs an Botschafter von Herwarth, Rom, 18. 7. 1967, PAAA, B150, Bd. 107, S. 5632 f.
[270] Fernschreiben Nr. 576 der Botschaft Rom vom 2. 8. 1967, PAAA, B150, Bd. 108, S. 5942 f.

Nach dieser zurückhaltend positiven Positionierung der Italiener kam es vor allem auf die Haltung der Niederlande an. Bereits am 7. Juni hatte Botschafter Knoke aus Den Haag berichtet, jeder Beginn einer institutionalisierten politischen Zusammenarbeit ohne Großbritannien werde von den Niederlanden abgelehnt. Davon abgesehen sei die Politische Union den Niederlanden suspekt, da sie für de Gaulle das „Europe Européenne" im Gegensatz zum „Europe Atlantique" darstelle.[271] Kurz darauf machten die Niederländer deutlich, dass das auf der Gipfelkonferenz angeregte Außenministertreffen nicht der Vorbereitung einer weiteren Konferenz der Staats- und Regierungschefs dienen dürfe – das sei auch auf der Gipfelkonferenz nicht vereinbart worden. Das Auswärtige Amt formulierte auf Wunsch des Bundeskanzleramts eine Stellungnahme zu diesem niederländischen Vorbehalt. Darin beurteilte Abteilungsleiter Meyer-Lindenberg die niederländische Position zwar als formal richtig. Sie verkenne jedoch den engen Zusammenhang der Absprachen, wie er bei der Aushandlung der Kommuniquépunkte zum Ausdruck gekommen sei.[272]

In den nächsten Wochen sorgte die niederländische Regierung dann für Verwirrung. Zunächst erhielt das Auswärtige Amt die Nachricht, dass die Niederlande doch die Vorbereitung einer weiteren Gipfelkonferenz durch die Außenminister unterstützten und erst dann ein Junktim zu Fortschritten in der Beitrittsfrage herstellen würden, um wenige Tage später zu erfahren, dass die Niederlande eine Vorbereitung durch die Außenminister weiterhin ablehnten.[273] Staatssekretär Lahr forderte daraufhin am 4. September Botschafter Knoke auf, den tatsächlichen niederländischen Standpunkt herauszufinden. Lahr informierte Knoke auch, dass Brandt beabsichtige, am Rande des Ministerrats am 23./24. Oktober zu einem informellen Treffen der Außenminister in das Haus von Botschafter Sachs einzuladen. In diesem Rahmen könnten sich die Außenminister über die Vorbereitung der Gipfelkonferenz austauschen, ohne eine förmliche Außenministerkonferenz zu organisieren.[274] Knoke telegrafierte nach Rücksprache mit Staatssekretär de Koster am 6. September aus Den Haag, dass die Niederlande ihre Haltung zur Gipfelkonferenz noch nicht festgelegt hätten, die niederländische Regierung jedoch an einer Gipfelkonferenz teilnehmen würde, wenn die anderen fünf EWG-Länder dafür seien.[275]

Am 8. September wies Abteilungsleiter Meyer-Lindenberg die Botschafter in Den Haag, Brüssel, Luxemburg und Rom an, die Einstellung der Außenminister zu einem informellen Treffen am Rande der Ratstagung am 23./24. Oktober zu erkunden. Wie Meyer-Lindenberg festhielt, habe die französische Regierung bereits ihre Zustimmung signalisiert.[276] Die Botschafter berichteten in den nächsten Tagen, dass die Außenminister Belgiens und

---

[271] Botschafter Knoke, Den Haag, an das AA, 7. 6. 1967, AAPD 1967, Dok. 205, S. 867–870, hier S. 867.

[272] Aufzeichnung der Abteilung I des AA betr. Gipfelkonferenz der EWG-Staaten am 30. 5. 1967 in Rom, 29. 6. 1967, PAAA, B1, Bd. 332.

[273] Aufzeichnung StS 1750/67 des Staatssekretärs Lahr betr. Gespräch mit dem niederländischen Staatssekretär de Koster über Europafragen, 14. 8. 1967, PAAA, B150, Bd. 108, S. 6140 f.; Fernschreiben des Staatssekretärs Lahr an Botschafter Knoke, Den Haag, 4. 9. 1967, PAAA, B150, Bd. 109, S. 6430–6432.

[274] Fernschreiben des Staatssekretärs Lahr an Botschafter Knoke, Den Haag, 4. 9. 1967, PAAA, B150, Bd. 109, S. 6430–6432.

[275] Fernschreiben Nr. 269 des Botschafters Knoke, Den Haag, an das AA betr. EWG-Gipfelkonferenz, 6. 9. 1967, PAAA, B150, Bd. 109, S. 6468 f.

[276] Fernschreiben Meyer-Lindenbergs an die Botschaften in Brüssel, Den Haag, Luxemburg und Rom, 8. 9. 1967, PAAA, B150, Bd. 109, S. 6505 f.

Luxemburgs mit diesem Vorschlag einverstanden seien.[277] Probleme gab es erneut mit der niederländischen Regierung. Nachdem Staatssekretär Lahr am 18. September im Gespräch mit Botschafter Gerhard E. Baron von Ittersum erfahren hatte, dass die Niederlande einem informellen Gespräch der Außenminister am Rande der nächsten Ratstagung und einer weiteren Gipfelkonferenz voraussichtlich zustimmen würden, berichtete Knoke nach einem Gespräch mit Abteilungsleiter de Ranitz am 20. September, die Niederlande würden einem informellen Treffen der Außenminister nur zustimmen, wenn auch der Kommissionspräsident teilnähme. Außerdem sei eine niederländische Zustimmung zu einer Gipfelkonferenz nur bei Fortschritten in der Beitrittsfrage möglich.[278]

Irritiert von den widersprüchlichen Äußerungen der Niederländer, beauftragte Abteilungsleiter Meyer-Lindenberg am 22. September den deutschen Vertreter bei den Vereinten Nationen, Botschafter von Braun, den niederländischen Außenminister Luns, der sich wegen der Eröffnung der UNO-Generalversammlung in New York befand, direkt auf seine Haltung anzusprechen. Wie Meyer-Lindenberg hervorhob, sollte von Braun, falls Luns auf die Kommissionsbeteiligung an dem informellen Treffen zu sprechen komme, damit argumentieren, dass die Gipfelkonferenz und ihre Vorbereitung Sache der Regierungen sei. Außerdem würde eine Erweiterung des Teilnehmerkreises den informellen Charakter des Treffens beeinträchtigen und daher sicherlich auf Widerstand von anderer Seite stoßen.[279]

Botschafter von Braun drahtete vier Tage später an das Auswärtige Amt, dass Luns seine Teilnahme an dem informellen Außenministertreffen sofort zugesagt habe. Wie von Braun weiter berichtete, habe der niederländische Außenminister die Teilnahme eines Kommissionsmitgliedes nicht erwähnt. Er, von Braun, habe daher das Thema nicht angeschnitten. Zur Vorbereitung der Gipfelkonferenz habe Luns bemerkt, dass sie möglichst wenig durch Experten vorbereitet werden dürfe. Die Gipfelkonferenz dürfe auf keinen Fall institutionalisiert werden.[280] Am 25. September signalisierte auch die italienische Regierung ihre Bereitschaft zur Teilnahme an dem informellen Außenministertreffen.[281]

Wie das Auswärtige Amt in einer Aufzeichnung für das Bundeskanzleramt feststellte, stand das Treffen der Außenminister am 23. Oktober ganz im Zeichen des britischen Beitrittsgesuchs. Aufgrund der negativen französischen Haltung in der Beitrittsfrage waren die anderen Teilnehmer nicht bereit, mit den Vorbereitungen für eine noch 1967 stattfindende Gipfelkonferenz zu beginnen. Man einigte sich lediglich auf den Vorschlag Fanfanis, die Erörterung dieses Themas auf der übernächsten Ministerratssitzung am 15. Dezember 1967 fortzusetzen.[282]

Da sie so exemplarisch für die Schwierigkeiten beim Aufbau einer politischen Zusammenarbeit war, untersuchte das Auswärtige Amt die niederländische Position etwas genauer.

---

[277] Fernschreiben Nr. 112 des Botschafters Lüders, Luxemburg, an das AA, 12. 9. 1967, PAAA, B150, Bd. 109, S. 6535; Fernschreiben Nr. 254 des Botschafters Röhrig an das AA, 14. 9. 1967, ebd., S. 6579.

[278] Fernschreiben des Botschafters Knoke, Den Haag, an das AA betr. 2. europäische Gipfelkonferenz, 20. 9. 1967, PAAA, B150, Bd. 109, S. 6691.

[279] Ministerialdirektor Meyer-Lindenberg an Botschafter Freiherr von Braun, New York (UNO), 22. 9. 1967, AAPD 1967, Dok. 327, S. 1289–1291.

[280] Botschafter von Braun, New York (UNO), an das AA, 24. 9. 1967, PAAA, B150, Bd. 109, S. 6748 f.

[281] Aufzeichnung des Referats IA1 betr. Vorbereitung der nächsten Sechser-Gipfelkonferenz, 25. 9. 1967, PAAA, B150, Bd. 109, S. 6765.

[282] Aufzeichnung der Abteilung I des AA betr. europäische politische Zusammenarbeit, 14. 11. 1967, PAAA, B1, Bd. 324.

Die Niederlande wünschten eine sofortige Beteiligung Großbritanniens an der politischen Kooperation. Solange dieser nicht zugestimmt werde, lehnten sie jede Organisierung oder Institutionalisierung der Zusammenarbeit ab. Diese Haltung gründe auf der Befürchtung, dass bei einer politischen Zusammenarbeit der Sechs die Großen, also Frankreich und Deutschland, dominieren würden. Die Interessen der Kleinen kämen dann zu kurz. Letzten Endes werde wohl Frankreich dominieren, das die Gemeinschaft für die Durchsetzung seiner nationalen Ziele nutzen werde. Durch die Beteiligung Großbritanniens werde das Übergewicht Frankreichs austariert. Dies sei vor allem für das Verhältnis zu den USA und zur Atlantischen Allianz wichtig, denn die Niederlande teilten de Gaulles Ziel eines „europäischen Europas" mit einer spezifisch „europäischen Politik" nicht. Das Auswärtige Amt hielt weiter fest, dass das Problem nicht die supranationale oder intergouvernementale Organisierung der Zusammenarbeit sei, da zurzeit nur eine intergouvernementale Kooperation möglich sei. Entscheidend sei vielmehr die Frage nach der Ausrichtung der Zusammenarbeit. In der momentanen Situation hielt das Auswärtige Amt nur Ad-hoc-Zusammenkünfte der Regierungschefs für möglich. Selbst dabei sei mit einer Ablehnung der Niederlande zu rechnen, solange die Beitrittsproblematik nicht geklärt sei. In diesem Fall könne man der niederländischen Regierung entgegenhalten, dass eine Gipfelkonferenz zur Klärung dieser Frage und damit zur Vermeidung einer Krise beitragen könne. Auf weitere Sicht erhoffte sich das Auswärtige Amt vor allem von der Verwirklichung der gemeinsamen Handelspolitik zum 1. Januar 1970 einen Druck auf die Angleichung der nationalen Politik der Mitgliedstaaten. Ganz wesentlich hänge es jedoch von einem britischen Beitritt ab,

> „ob und wann eine politische Zusammenarbeit in Europa zustandekommt. Großbritanniens Beitritt zu den Europäischen Gemeinschaften würde – über den wirtschaftlichen Bereich hinaus – politisch wie psychologisch einen entscheidenden Impuls zur Einigung und politischen Zusammenarbeit in Europa liefern."[283]

Aufgrund der unterschiedlichen Auffassungen vor allem der Niederlande und Frankreichs in der Beitrittsfrage blieb das Thema einer weiteren Gipfelkonferenz beziehungsweise der Beginn einer politischen Zusammenarbeit in den folgenden Monaten von der Tagesordnung der EWG suspendiert. Vorschläge zur politischen Zusammenarbeit tauchten jetzt nur noch im Zusammenhang mit den diversen Vorschlägen der EWG-Länder und Großbritanniens zur Kooperation zwischen der EWG und den Beitrittskandidaten auf. So unterbreitete die britische Regierung Anfang Januar 1968 Vorschläge zur Vereinbarung von Konsultationen über Bereiche, die nicht von den EG-Verträgen abgedeckt seien. Der britische Europaminister Lord Chalfont sprach unter anderem von regelmäßigen Treffen der Außenminister mit dem Endziel einer Art politischer Union. Die Treffen sollten zwar auch Frankreich offenstehen, doch wenn Frankreich auf eine Beteiligung verzichte, sollten Gespräche der anderen fünf EG-Länder mit Großbritannien (5+1) oder allen Beitrittskandidaten (5+4) möglich sein.[284] Eine solche Neugruppierung lehnte das Auswärtige Amt ab: Die Bundesregierung wünsche die Stärkung der Europäischen Gemeinschaften und ihre Erweiterung. Die Bildung einer politischen Union als neuer Block in Überschnei-

---

[283] Ebd.

[284] Aufzeichnung der Abteilung I des AA betr. Vorschläge der britischen Regierung für eine Zusammenarbeit außerhalb der Europäischen Gemeinschaften, 12. 1. 1968, PAAA, B21, Bd. 525.

dung mit den bestehenden Gemeinschaften werde Europa erneut spalten und den Prozess der europäischen Einigung weiter erschweren.[285]

Dabei spekulierte man in der Bundesregierung durchaus über eine Trennung der wirtschaftlichen Integration und der politischen Zusammenarbeit, jedoch nicht im Sinne des britischen Vorschlags, der von einer Zusammenarbeit ohne Frankreich ausging, sondern auf der Basis der deutsch-französischen Zusammenarbeit. Kiesinger hatte schon im Februar 1967 gegenüber dem britischen Botschafter Roberts von einer möglichen Trennung der wirtschaftlichen von der politischen Zusammenarbeit gesprochen. Diesen Faden sponn Kiesinger weiter. So sprach er sich bei einer Rede vor dem National Press Club in Washington am 16. August 1967 dafür aus, den EWG-Beitritt der interessierten Länder zuzulassen und gleichzeitig eine enge politische Zusammenarbeit zwischen den Staaten aufzunehmen, die hierzu bereit seien.[286] Konkreter wurde Kiesinger gegenüber dem französischen Geschäftsträger Leprette, den er am 17. August in Washington empfing. Als Leprette um eine Interpretation der Äußerungen Kiesingers vor dem National Press Club bat, antwortete der Bundeskanzler, dass er sich einen großen europäischen Markt vorstellen könne, an dem Großbritannien, aber auch neutrale Staaten teilnähmen. Gleichzeitig könne man eine kleinere politische Gruppe bilden, mit Ländern, die eine „gewisse politische Solidarität hielten". Das solle mit der deutsch-französischen Zusammenarbeit beginnen.[287]

Das von Kiesinger angesprochene Konzept wurde im Planungsstab des Auswärtigen Amts weitergedacht. Der Leiter des Planungsstabes, Günter Diehl, ein enger Vertrauter Kiesingers, verfasste am 6. Oktober 1967 eine Aufzeichnung, in der eine Trennung zwischen einer wirtschaftlichen und einer politischen Gemeinschaft antizipiert wurde. Ausgehend von der Feststellung, dass „die Methode der supranationalen Integration auf absehbare Zeit weder unter den Sechs noch im erweiterten Teilnehmerkreis die Gewähr bietet, von der wirtschaftlichen zur militärischen und politischen Einigung fortzuschreiten"[288], schlug Diehl vor, als Nahziel die wirtschaftliche Zusammenarbeit in der bisherigen Weise auszubauen und

> „daneben für die Zusammenarbeit auf den Gebieten der Sicherheits- und Außenpolitik im Kreise der interessierten Staaten neue, nicht mehr unbedingt an Methoden und Teilnehmerkreis der wirtschaftlichen Einigung gebundene Wege zu suchen"[289].

Dadurch könnten auch diejenigen Staaten in die wirtschaftliche Zusammenarbeit einbezogen werden, die an der militärischen und politischen Zusammenarbeit aufgrund ihres Status nicht teilnehmen könnten. Diehl ging in seinem strategischen Papier davon aus,

---

[285] Aufzeichnung des Referats IA1 des AA betr. britische Vorschläge einer europäischen Zusammenarbeit außerhalb der Römischen Verträge, 23. 1. 1968, PAAA, B21, Bd. 525.

[286] Entwurf Guttenbergs für einen Brief des Bundeskanzlers an Barzel, 21. 8. 1967, ACDP, Nl Kiesinger, A002.

[287] Aufzeichnung über ein Gespräch Bundeskanzler Kiesingers am 17. 8. 1967 mit dem französischen Geschäftsträger Leprette, 18. 8. 1967, ACDP, Nl Kiesinger, A288.

[288] Aufzeichnung des Ministerialdirektors Diehl betr. deutsche Europa-Politik, AAPD 1967, Dok. 340, S. 1332–1341, hier S. 1333. Diehl hatte eine erste Fassung der Aufzeichnung bereits am 14. August erstellt. Möglicherweise hatte Diehl den Bundeskanzler noch vor dessen Abflug in die USA mit seinen Gedanken über eine Trennung zwischen der wirtschaftlichen und politischen Gemeinschaft vertraut gemacht. Zur ersten Fassung siehe Aufzeichnung des Ministerialdirektors Diehl betr. deutsche Europa-Politik, 14. 8. 1967, PAAA, B150, Bd. 108, S. 6106–6121. Vgl. Diehl, Zwischen Politik und Presse, S. 379 f.

[289] Aufzeichnung des Ministerialdirektors Diehl betr. deutsche Europa-Politik, AAPD 1967, Dok. 340, S. 1332–1341, hier S. 1333.

dass Frankreich einem britischen Beitritt zu der Wirtschaftsgemeinschaft zustimmen, die Zusammenarbeit mit Großbritannien im politischen Bereich jedoch ablehnen würde. Allerdings hoffte er in der langfristigen Perspektive, durch die Beteiligung Großbritanniens an der Wirtschaftsgemeinschaft auch die Beteiligung der Briten an der politischen Zusammenarbeit vorbereiten zu können.

Nach dem französischen Veto gegen die Aufnahme von Verhandlungen mit Großbritannien im Dezember 1967 schien die Zeit für solche Vorschläge aber nicht reif. Stattdessen konzentrierte sich die Bundesregierung darauf, durch ein Handelsarrangement die Briten näher an die EG heranzuführen und damit einen späteren Beitritt zu erleichtern.[290] Trotzdem hielt Kiesinger an seinen Vorstellungen über die fernere Zukunft der europäischen Einigung fest. Am 13. Februar 1968 führte der Bundeskanzler im Kressbronner Kreis aus,

> „daß eine atlantische Gemeinschaft in dem früher verstandenen Sinne nicht angestrebt werden sollte. Sie würde zu einer Zweiteilung der Welt führen. Die Grenze würde mitten durch Deutschland laufen. Stattdessen sollte ein einiges Europa zwischen den Titanen – aber selbstverständlich nicht mit einer Frontstellung gegen die USA – erstrebt werden."[291]

Anfang Mai 1968 traf sich die Bundesregierung auf Anregung Kiesingers zu einem außenpolitischen Kolloquium auf Schloss Heimerzheim. Wie der damalige Leiter der Politischen Abteilung I des Auswärtigen Amts, Paul Frank, spöttisch bemerkte, habe Kiesinger „eine Schwäche für historisierende Inszenierungen mit schloßartiger Kulisse. [...] Für einen im Umgang mit den großen Geistern der Geschichte geübten Staatsmann war so ein Schloß mit Wehrgraben und Rittersaal das ihm gemäße Gehäuse."[292]

Im Laufe der Klausurtagung kam natürlich auch die europäische politische Zusammenarbeit zur Sprache, wobei sich in der Diskussion noch einmal die Vielfalt der Meinungen widerspiegelte. Kiesinger betonte, dass er eine politische Zusammenarbeit unter den Sechsen für möglich halte. Für den Fouchet-Plan II werde man jedoch die Partner nicht begeistern können. Der Bundeskanzler hielt es für erforderlich, dass die Engländer in der Beitrittsfrage ihre Position des „Alles oder nichts" aufgäben. Dann könne man in europäischen Angelegenheiten weiterkommen. Staatssekretär Lahr setzte hingegen zunächst auf wirtschaftliche Fortschritte: „Die wirtschaftliche Integration ist der Vorspann des Europa-Films, und er ist noch nicht abgespult."[293] Brandt forderte, sich von „Cliché-Vorstellungen"[294] in der Europapolitik frei zu machen. Aus der wirtschaftlichen Zusammenarbeit entstehe kein Zwang zur politischen Zusammenarbeit. Daraus folgerte er, dass ein ökonomischer Zusammenschluss nicht mit einem politischen Zusammenschluss identisch sein müsse. Auch Mitteleuropa wäre eine mögliche Einheit. Brandt plädierte für die Entwicklung eigener Vorstellungen in enger Konsultation mit den anderen. Der mittlerweile zum Chef des Presse- und Informationsamts berufene Staatssekretär Diehl forderte analog zu

---

290 Siehe Kapitel III. 3.

291 Protokoll von Staatssekretär Carstens über das Koalitionsgespräch am 13. 2. 1968, 13. 2. 1968, ACDP, Nl Kiesinger, Bd. A010. Der Parlamentarische Staatssekretär Jahn notierte in seinem persönlichen Protokoll zu diesem Gespräch, der Kanzler wolle mit de Gaulle ein Europa zwischen den Titanen bauen. Siehe Handschriftliches Protokoll des Parlamentarischen Staatssekretärs Jahn über das Koalitionsgespräch am 13. 2. 1968, AdsD, Nl Jahn, Bd. 1345.

292 Frank, Botschaft, S. 213.

293 Außenpolitisches Kolloquium in Heimerzheim, 3. 5. 1968, AAPD 1968, Dok. 147, S. 533–552, hier S. 535.

294 Ebd., S. 539.

seiner früheren Aufzeichnung aus dem Planungsstab, neben der EWG als zweites Instrument eine militärische und politische Zusammenarbeit zu schaffen.[295]

Kiesinger fasste zum Abschluss den Meinungsaustausch in seiner typischen harmonisierenden Art zusammen:

> „Die innere Entwicklung und die Erweiterung der EWG sowie die politische Integration Europas sind konsequent und so zügig wie möglich weiter zu betreiben, wenngleich die Erweiterung und mehr noch die politische Integration derzeit stagnieren."[296]

Konkrete Ansätze wurden jedoch nur für einen Ausbau der EWG sichtbar. Wie ein Beginn der politischen Zusammenarbeit erreicht werden könnte, wurde auf dem Kolloquium nicht diskutiert.

Die Bundesregierung und hier vor allem das Bundeskanzleramt hatten also deutlich erfahren müssen, dass eine politische Zusammenarbeit in der momentanen Lage nicht organisiert werden konnte. Selbst der magere Beschluss der römischen Gipfelkonferenz, noch 1967 ein weiteres Gipfeltreffen abzuhalten, scheiterte. Zu deutlich dominierte das britische Beitrittsgesuch die europäische Agenda. Vor allem die Niederlande waren wie 1962 bei den Fouchet-Plänen nicht bereit, einer politischen Zusammenarbeit ohne Großbritannien zuzustimmen. Die politische Zusammenarbeit blieb zwar immer noch ein wichtiges Ziel der Bundesregierung, erhielt aber zunehmend langfristigen und eher deklamatorischen Charakter.

6. Zwischenbilanz

In der Gesamtschau der Phase von der deutschen Ratspräsidentschaft bis zum August 1968 lässt sich erkennen, dass der Optimismus, mit dem die deutsche Regierung zu Beginn ihrer Amtszeit ans Werk gegangen war, immer mehr schwand. Auf der Habenseite konnte die Große Koalition in diesem Zeitraum nur die Vollendung der Zollunion verbuchen, und das wahrscheinlich nur, weil sie im Grunde schon 1966 beschlossen worden war und jetzt nur noch vollzogen zu werden brauchte. Als der Termin aufgrund der Streitigkeiten um die Milch- und Rindermarktordnung in Gefahr geriet, gab Landwirtschaftsminister Höcherl in den EWG-Verhandlungen notgedrungen nach.

Insgesamt beurteilte die Bundesregierung die weiteren Entwicklungsmöglichkeiten der EG zunehmend desillusionierter. Die großen Hoffnungen, die man in die eigene Ratspräsidentschaft gesetzt hatte, waren rasch zerstoben, als deutlich wurde, wie wenig Fortschritt in der britischen Beitrittsfrage möglich war. Die ambitionierte Initiative, welche die Bundesrepublik im Oktober 1967 im Ministerrat präsentierte, konnte daher kaum umgesetzt werden. Weder die Fusion der Gemeinschaften noch die Erweiterung, noch der innere Ausbau kamen voran. Die Fusion, welche die Bundesregierung in enger Abstimmung mit Frankreich durchsetzen wollte, war nicht möglich, weil sowohl die Beneluxländer als auch Italien befürchteten, dass die Fusionsverhandlungen die Beitritte aufschieben würden. Auch die Kommission war skeptisch, denn die Fusion hätte im ungünstigsten Fall auch ihre eigenen Kompetenzen im Institutionengefüge der Gemeinschaften reduziert. Sie

---

295 Ebd., S. 547.

296 Ergebnisprotokoll des außenpolitischen Kolloquiums in Heimerzheim vom 2./3. 5. 1968, AAPD 1968, Dok. 147, S. 551, Anm. 27.

verzögerte daher den angeforderten Bericht über die Fusionsprobleme so lange, bis auch die Bundesrepublik aufgrund des offensichtlich nicht durchsetzbaren Zieles das Interesse verlor.

Parallel dazu blockierten vor allem die Niederlande, aber auch Italien mit Blick auf die starre französische Haltung in der Beitrittsfrage die weitere Entwicklung der Gemeinschaft im Inneren und nach außen. In dieser Phase wurde daher eines ganz deutlich: Ohne Fortschritte in der Erweiterungsfrage würde es auch in den anderen Bereichen der europäischen Integration keinen Fortschritt mehr geben. Damit war zunächst die Strategie des Bundeskanzleramts gescheitert, vor einer Erweiterung mit der politischen Zusammenarbeit der Sechs zu beginnen. Diese Perspektive war aufgrund der Auseinandersetzungen um das britische Beitrittsgesuch unrealistischer denn je. Nachdem das auf der römischen Gipfelkonferenz anvisierte weitere Treffen der Staats- und Regierungschefs der EWG-Staaten 1967 nicht mehr zustande gekommen war, versuchte niemand mehr ernsthaft Fortschritte in dieser Richtung zu erzielen. Aber auch die Strategie des Auswärtigen Amts, die vorrangig auf die Unterstützung des britischen Beitrittswunsches abzielte, hatte wegen der französischen Haltung wenig Aussicht auf Erfolg. In dieser vollständigen Blockadesituation konnte es eigentlich nur noch darum gehen, Rückschritte in der Integration oder gar ein Auseinanderbrechen der Gemeinschaften zu verhindern.

Um die Beitrittsfrage und damit die Situation in der Gemeinschaft insgesamt wieder in ruhigeres Gewässer zu manövrieren, entwickelte die Bundesregierung den Plan eines Handelsarrangements zwischen der Gemeinschaft und den Beitrittskandidaten. Hierbei setzte die Bundesregierung eindeutig auf eine deutsch-französische Initiative. Das erscheint auch nachvollziehbar, denn die Bundesregierung musste versuchen, die drohende Isolierung ihres engsten europäischen Verbündeten zu verhindern. Frankreich hatte sich bereits in der Sicherheitspolitik durch den 1966 erfolgten Rückzug aus der integrierten NATO-Struktur separiert und sollte jetzt nicht auch noch in der Europapolitik außen vor bleiben. Das Handelsarrangement diente daher nicht nur der Heranführung Großbritanniens an die Gemeinschaften in einer Phase, in der eine Vollmitgliedschaft nicht möglich war, sondern es verfolgte gleichzeitig auch den Zweck, jegliche Initiativen ohne oder gegen Frankreich, wie sie Großbritannien und die Benelux-Staaten ins Spiel brachten, im Keime zu ersticken. Diese Aufgabe wurde der Bundesregierung von französischer Seite jedoch nicht allzu leicht gemacht. So betonte die französische Regierung bei jeder sich bietenden Gelegenheit, dass sich ihre Position in der Beitrittsfrage nicht geändert habe, und provozierte damit die kleineren EWG-Länder und Großbritannien. Außerdem desavouierte sie mit diesem Verhalten die Bundesregierung, die jede kleinste Akzentverschiebung in der französischen Position als großen Fortschritt zu verkaufen versuchte. Dadurch wuchs aber auch die Ungeduld und Unzufriedenheit in der Großen Koalition mit dem westlichen Nachbarn. Im Parlament warnte man vor den Gefahren einer zu rücksichtsvollen Politik gegenüber de Gaulle. Gleichzeitig fiel es der Bundesregierung immer schwerer, auf europäischer Ebene die Konsequenzen der französischen Politik durch neue Initiativen und Interpretationen aufzufangen.

Der Stillstand, der sich immer deutlicher abzeichnete, kennzeichnete jedoch nicht nur die europäische Integration, sondern auch die Deutschland- und Ostpolitik der Bundesregierung. Nach den anfänglichen Erfolgen in diesen Bereichen hatte sich gezeigt, dass der erhoffte Fortschritt mit den bisherigen Mitteln nicht zu erreichen war. Zusammengenommen mit den Erfolgen der NPD bei den Landtagswahlen und den sich immer stärker radikalisierenden Studentenprotesten ergab sich für die führenden Politiker ein alarmierendes Bild. Immer wieder wurden Parallelen zur Endphase der Weimarer Republik gezogen, deren Zerreiben zwischen rechts- und linksradikalen Gruppierungen viele der Politiker aus der Großen Koalition noch miterlebt hatten. Aus dieser Perspektive erschien es durchaus angebracht, die krisenhafte Situation auf europäischer Ebene zu kaschieren. Vor allem Kiesinger sah in dem Vorschlag des Handelsarrangements auch ein Sedativum für die Öffentlichkeit, der man somit vorgaukeln konnte, dass es in der europäischen Politik doch vorangehe. Trotz des Stillstands konnte man dann immerhin auf das eigene Engagement verweisen, wohl wissend, dass Fortschritte eigentlich kaum möglich waren.

Immerhin hatte die Große Koalition mit ihrer „Maklerrolle" in der Beitrittsfrage auch etwas erreicht: Die EWG zerbrach vorläufig nicht, und man konnte die Schaffung neuer Organisationen ohne Frankreich zunächst verhindern. Der Preis war eine Stagnation im europäischen Einigungsprozess, denn die Alltagsgeschäfte liefen zwar weiter, aber die Dynamik erlahmte, und neue Integrationsimpulse konnten kaum noch gesetzt werden. Das wird auch deutlich, wenn man sich die beiden wichtigsten Erfolge der EWG in den Jahren 1967/68 anschaut. Sowohl der Abschluss der Kennedy-Runde als auch das Inkrafttreten der Zollunion zum 1. Juli 1968 waren nur der Höhepunkt von Entwicklungen und Weichenstellungen, die bereits Jahre zuvor beschlossen worden waren. Die EWG zehrte also in diesen Jahren von der bereits vorher aufgebauten Substanz. Durch die vorsichtige und vermittelnde Politik der Großen Koalition blieb die EWG aber in ihrem Bestand erhalten, den man in günstigeren Konstellationen später vielleicht ausbauen konnte.

IV. Stagnation und neue Impulse für die Zukunft Europas – Die Europapolitik der Großen Koalition von der Niederschlagung des „Prager Frühlings" im August 1968 bis zum Rücktritt de Gaulles im April 1969

1. Eine neue deutsche Initiative – Willy Brandt vor dem Ministerrat am 27. September 1968

Nach der Vollendung der Zollunion zum 1. Juli 1968, die man bisher von deutscher Seite als zentrales Datum der EWG-Entwicklung herausgestellt hatte, suchte die Bundesregierung ein neues Zugpferd für die Integration. Am 14. Juni 1968 waren sich die Staatssekretäre für Europafragen daher einig, neue öffentlichkeitswirksame Ziele nach dem 1. Juli herauszustellen.[1] Staatssekretär Lahr vermerkte, dass diese Ziele nicht zu allgemein sein dürften, wie beispielsweise der Ausbau der Gemeinschaften, aber auch nicht zu speziell, wie zum Beispiel das Europäische Patent. Außerdem sollten die Ziele in einer für die öffentliche Meinung leicht verständlichen Weise formuliert werden.[2]

Im Wirtschaftsministerium konzipierte das Referat E3 eine Aufzeichnung über neue EWG-Initiativen nach dem 1. Juli 1968, die am 12. Juni Staatssekretär von Dohnanyi vorlag. Generell erachtete man konkrete Initiativen für den inneren Ausbau der Gemeinschaften als sinnvoll. In der Aufzeichnung wurden als Themen unter anderem eine verstärkte Zusammenarbeit auf währungspolitischem Gebiet, die Entwicklung einer gemeinsamen Energiepolitik und eine Gesamtüberprüfung der Gemeinsamen Agrarpolitik genannt.[3]

Auch das Bundeskanzleramt sah einen günstigen Zeitpunkt für die Präsentation einer deutschen Initiative im EWG-Ministerrat. Klaus Meyer, Leiter der Gruppe II/1 im Bundeskanzleramt, wies Bundeskanzler Kiesinger auf eine Verbesserung des Klimas in den Gemeinschaften hin. Die EWG-Partner seien bereit, an der Wirtschaftsintegration weiterzuarbeiten. Außerdem könne sich eine deutsche Initiative auf die zu erwartenden Vorschläge der Kommission stützen, die für den Herbst Anregungen für eine Weiterentwicklung der Gemeinschaften vorlegen wolle.[4]

Der Staatssekretär des Auswärtigen Amts, Rolf Lahr, verband mit der vom ihm forcierten Initiative auch ganz persönliche Motive. Sein Wechsel von der Bonner Zentrale auf den Botschafterposten nach Rom war für das Frühjahr 1969 vorgesehen. Daher wollte er, wie er Brandt am 8. August schrieb, seinem Nachfolger den europapolitischen Bereich „in einem übersehbaren Zustand"[5] hinterlassen. Lahr führte weiter aus, dass die deutsche Initiative „ein schwieriges und vielschichtiges Unternehmen" sein werde, da die zentralen

---

[1] Niederschrift über die Sitzung der Staatssekretäre für Europafragen am 14. 6. 1968 im AA, 26. 8. 1968, PAAA, B20, Bd. 1431.

[2] Vermerk des Staatssekretärs Lahr betr. neue Europa-Initiative nach dem 1. 7. 1968, 14. 6. 1968, PAAA, B2, Bd. 181.

[3] Aufzeichnung des Referats E3 im BMWi betr. neue Europainitiativen nach dem 1. 7. 1968, 12. 6. 1968, BaK, B102 (BMWi), Bd. 61706.

[4] Aufzeichnung der Gruppe II/1 im Bundeskanzleramt betr. Lage der Europäischen Gemeinschaften, 7. 8. 1968, BaK, B136 (Bundeskanzleramt), Bd. 7955.

[5] Lahr an Brandt, 8. 8. 1968, AdsD, WBA, Bestand Außenminister, Mappe 7. Daraus auch die folgenden Zitate.

Fragen eng zusammenhingen. Hierbei gehe es um die Zusammenarbeit mit den Beitrittskandidaten, die Weiterentwicklung der Gemeinschaften zur Wirtschaftsunion, die Fusion der Gemeinschaften „mit dem praktischen Ziel der Erleichterung einer gemeinsamen Energiepolitik und einer Ausweitung der technologischen Zusammenarbeit" sowie um die Revision der Agrarpolitik. Komme man in diesen Punkten voran, müsse auch die Frage der politischen Zusammenarbeit der Sechs beziehungsweise eines erweiterten Kreises aufgegriffen werden. Mit wesentlichen Fortschritten in diesen Bereichen sei zwar bis Jahresende nicht zu rechnen, vielleicht gelänge es jedoch, „die Wege festzulegen, auf denen weiter zu arbeiten ist". Dieses Ergebnis wolle er noch erreichen, bevor er sein Amt dem Nachfolger überlasse.

Noch am selben Tag trafen sich die Staatssekretäre Carstens, Lahr und Dohnanyi im Bundeskanzleramt, um eine mögliche deutsche Initiative zu besprechen. Aus dem Gespräch hielt Carstens für Kiesinger fest, dass das Auswärtige Amt und das Wirtschaftsministerium Vorschläge für die Ministerratssitzung Ende September vorbereiten würden. Gleichzeitig versicherten die beiden Staatssekretäre, die Vorschläge intern so rechtzeitig vorzulegen, dass sie für die Vorbereitung des gleichzeitig stattfindenden De-Gaulle-Besuchs verwendet werden könnten. Als Themen für eine deutsche Initiative nannte Staatssekretär Lahr das handelspolitische Arrangement und die Beitrittsverhandlungen, die Fusion der Gemeinschaften als Voraussetzung für eine gemeinsame Energiepolitik, die Revision der bisherigen EWG-Agrarpolitik und Fragen des politischen Zusammenschlusses.[6]

Die Europa-Staatssekretäre waren sich einig, in der deutschen Initiative die Erweiterung und den Ausbau der Gemeinschaft zur Wirtschaftsunion anzusprechen. Außerdem stimmten sie einer Revision der Agrarpolitik zu. Staatssekretär Lahr stellte fest, dass es Ziel der Bundesregierung in diesem Bereich sein müsse, die Gesamtlasten der Agrarpolitik zu begrenzen, die Verteilung der Lasten unter den Mitgliedsländern zu verbessern und die Handelspolitik stärker zu berücksichtigen. Staatssekretär Dohnanyi hielt es jedoch für bedenklich, diese Thematik in die deutsche Initiative einzubeziehen. Er befürchtete, dass der gesamten deutschen Initiative mit Misstrauen begegnet werde, wenn sie mit der Forderung nach einer Senkung der deutschen Lasten bei der Agrarfinanzierung verbunden sei. Finanzstaatssekretär Grund befand diese Frage im Gegensatz zu Dohnanyi für so wichtig, dass sie nicht aus dem Gesamtvorschlag herausgenommen werden dürfe. Die Lösung dieser strittigen Frage könnte laut Staatssekretär Lahr darin bestehen, in die Initiative einen kurzen Hinweis auf die Notwendigkeit einer Reform der Agrarfinanzregelung aufzunehmen und das Thema ansonsten gesondert weiterzuverfolgen.[7]

Als am 21. August der „Prager Frühling" durch die Sowjetunion und ihre Verbündeten niedergeschlagen wurde, bekam die geplante Europainitiative eine neue Bedeutung. Reflexartig riefen alle Parteien und führenden Politiker der Bundesrepublik nach einem beschleunigten Zusammenschluss Westeuropas.[8] Als der Pulverdampf verraucht war, stell-

---

[6] Vermerk des Staatssekretärs Carstens betr. Europapolitik, 8. 8. 1968, BaK, B136 (Bundeskanzleramt), Bd. 7955.

[7] Aufzeichnung des Staatssekretärs Lahr betr. deutsche Initiative in den Europäischen Gemeinschaften, 14. 8. 1968, PAAA, B1, Bd. 333.

[8] Siehe dazu u. a.: Interview des Bundeskanzlers Kiesinger für das deutsche Fernsehen vom 21. August 1968; Erklärung des Bundesministers Brandt zur militärischen Besetzung der CSSR vom 22. August 1968; Interview des Bundesministers Wehner für die „Stuttgarter Zeitung" vom 24. August 1968; Entschließung des Parteivorstandes und des Fraktionsvorstandes der SPD zur militärischen Besetzung der CSSR vom

te man jedoch fest, dass sich in der europapolitischen Konstellation sehr wenig geändert hatte, denn Frankreich sah die Ereignisse in der CSSR nur als „Verkehrsunfall" und war nicht bereit, die eigene Europakonzeption zu modifizieren. Das Auswärtige Amt warnte daher vor einer groß angelegten „relance européenne", die nur die Gegensätze zwischen den europäischen Partnern verdeutlichen werde. Erfolgversprechender sei hingegen eine verstärkte Bemühung um den Ausbau und die Erweiterung der EWG.[9] In diesem Kontext konnte die Bundesregierung daher mit ihrer Initiative Tatkraft demonstrieren und der Öffentlichkeit zeigen, dass sie gewillt war, sich nach der Krise in der CSSR noch engagierter für die Einigung Europas einzusetzen.

Trotz der intensiven interministeriellen Diskussion im Staatssekretärausschuss über die EWG-Initiative unternahm das Wirtschaftsministerium wie schon im Juli 1967 wieder einen Alleingang. Am 4. September übersandte Wirtschaftsminister Schiller einen Vorschlag für eine deutsche Europainitiative an Bundeskanzler Kiesinger, der von Staatssekretär Dohnanyi ausgearbeitet worden war.[10] Schiller begründete sein Schreiben mit der anstehenden Auslandsreise Kiesingers, den bevorstehenden deutsch-französischen Konsultationen und der für den 9. September angekündigten Pressekonferenz de Gaulles. Schiller verwies zunächst auf den von Kiesinger bereits im Juli angeregten neuen Anlauf in der Europapolitik. Die Ereignisse in der CSSR hätten die „Aktualität dieser Fragen dramatisch unterstrichen"[11]. Schiller plädierte für einen weiteren Ausbau der Gemeinschaft und einen wirkungsvollen Einsatz nationaler Mittel in der europäischen technologischen Entwicklung. Fortschritte würden jedoch nur gelingen, wenn das Beitrittsproblem gelöst werde. Da Frankreich das britische Beitrittsgesuch, gestützt auf wirtschaftliche Argumente, ablehne und die Niederlande dem Handelsarrangement ohne Beitrittsklausel nicht zustimmen würden, solle neben das Handelsarrangement ein deutscher Vorschlag für eine institutionalisierte politische Kooperation mit Großbritannien treten. Dann sei auch ein Handelsarrangement ohne eine Festlegung des Beitritts durchführbar. Zur Ausarbeitung dieses Vorschlags könne man auf die Fouchet-Pläne und die deutsche Initiative von 1964 zurückgreifen. Abschließend verwies Schiller auf die schwierige Lage in Westeuropa: „Die Gefahr, daß die EWG stagniert und Europa ökonomisch auf lange Sicht in zwei Lager geteilt wird, daß die westeuropäische Bevölkerung an Europa zweifelt und Großbritannien sich wieder vom Kontinent abwendet [...] ist nicht zu übersehen."[12] Der deutschen Regierung komme daher eine besondere Verantwortung zu. Eine deutsche Initiative könne „die Einheit Europas vorantreiben und dem europäischen Gedanken neue Kraft geben"[13].

---

27. August 1968; Erklärung der Regierung der Bundesrepublik Deutschland zur Lage in der Tschechoslowakei; alle in: Dokumente zur Deutschlandpolitik, V. Reihe, Bd. 2/1968, 2. Halbband, S. 1104 ff. Vgl. Taschler, Herausforderungen, S. 278 f.

[9] Aufzeichnung des Ministerialdirigenten von Staden über Voraussetzungen für politische Zusammenarbeit in Europa, 3. 9. 1968, PAAA, B150, Bd. 133, S. 5894–5904, hier S. 5894; Aufzeichnung des Ministerialdirektors Paul Frank betr. europäische politische Zusammenarbeit, 4. 9. 1968, PAAA, B1, Bd. 325, und B21, Bd. 525. Siehe hierzu auch ausführlicher Kap. IV. 3.

[10] Hierzu und zu dem Folgenden: Schiller an Kiesinger, 4. 9. 1968, BaK, B136 (Bundeskanzleramt), Bd. 6415. Zu der Ausarbeitung von Dohnanyis siehe Aufzeichnung von Staatssekretär Lahr betr. Aufzeichnung des Staatssekretärs von Dohnanyi zur Europa-Politik, 29. 8. 1968, PAAA, B2, Bd. 181.

[11] Schiller an Kiesinger, 4. 9. 1968, BaK, B136 (Bundeskanzleramt), Bd. 6415.

[12] Ebd.

[13] Ebd.

In den Stellungnahmen des Bundeskanzleramts und des Auswärtigen Amts zu diesem Vorschlag wurde deutlich, dass man dort die Prämissen des Wirtschaftsministers nicht teilte. Staatssekretär Lahr vertrat gegenüber Carstens die Meinung, dass Frankreich den Beitritt aus politischen und nicht aus wirtschaftlichen Gründen ablehne. Daher sei mit einer französischen Zustimmung zu einer politischen europäischen Union der Sieben nicht zu rechnen.[14] Diesem Votum schlossen sich die Leiter der Abteilungen II und III des Bundeskanzleramts, Osterheld und Praß, an. Sie hielten den von Schiller vorgeschlagenen Weg in der Beitrittsfrage für nicht aussichtsreich.[15]

Die im Staatssekretärausschuss erarbeitete Europainitiative, die Außenminister Brandt am 27. September 1968 dem Ministerrat vorstellte, bewegte sich letztlich in den bisherigen Bahnen und nahm den bereits unter der deutschen Ratspräsidentschaft im Oktober 1967 angeschlagenen Dreiklang aus Erweiterung, innerem Ausbau und Verschmelzung der Gemeinschaften wieder auf. In seiner Einleitung verwies Brandt auf die schwierige Situation der Gemeinschaften nach dem Ministerrat vom 19. Dezember 1967. In der Zwischenzeit hätten die Ereignisse in der CSSR unterstrichen, dass „die Einigung des westlichen Europa heute wichtiger denn je“[16] sei. Man müsse dahin kommen, „gemeinsame europäische Interessen gemeinsam zu vertreten“[17]. Dafür sei es notwendig, die Europäischen Gemeinschaften zu stärken und zu erweitern. Das deutsche Aktionsprogramm sei kein Idealbild, es solle aber für alle lohnend und annehmbar sein. Die Anregungen im Bereich der Erweiterung, des inneren Ausbaus und der Verschmelzung der Gemeinschaften seien als Ganzes zu werten, denn die drei Bereiche stünden in einem engen Zusammenhang.

Anschließend ging Brandt ausführlich auf die Erweiterung ein. Er präsentierte die deutschen Überlegungen für das Handelsarrangement, sprach sich für eine Zusammenarbeit mit den Beitrittskandidaten in der Technologiepolitik aus und befürwortete verstärkte Kontakte der Gemeinschaft mit den Beitrittskandidaten. Auch für den inneren Ausbau der Gemeinschaften legte Brandt konkrete Vorschläge vor. Es solle eine intensivere Abstimmung der Wirtschafts- und Währungspolitik unter den sechs Mitgliedsländern erfolgen. Außerdem sei eine moderne Finanzverfassung für die Gemeinschaften zu erarbeiten. Im Bereich der Agrarpolitik müsse eine harmonische Entwicklung angestrebt werden. Aus Sicht der Bundesregierung müssten dabei vor allem das Überschussproblem, die sprunghafte Steigerung der Lasten und die Schwierigkeiten im Handel mit Drittstaaten beraten werden. Für Fortschritte in der Technologiepolitik sei eine Fortsetzung der Arbeiten der „Groupe Maréchal“ notwendig, die in ihrem Abschlussbericht auch Möglichkeiten für die Zusammenarbeit mit den Beitrittskandidaten aufzeigen müsse. Darauf aufbauend könne der Rat dann die entsprechenden Maßnahmen einleiten. Außerdem solle den Bürgern der Gemeinschaft die Grenzüberschreitung im Gemeinsamen Markt erleichtert werden.[18]

---

[14] Vermerk des Staatssekretärs Carstens, 5. 9. 1968, BaK, B136 (Bundeskanzleramt), Bd. 6415.

[15] Aufzeichnung der Abteilungsleiter II und III, Osterheld und Praß, betr. Europa-Initiative der Bundesregierung, 20. 9. 1968, BaK, B136 (Bundeskanzleramt), Bd. 6415.

[16] Rede des deutschen Bundesministers des Auswärtigen, Willy Brandt, vor dem Ministerrat der Europäischen Gemeinschaften in Brüssel am 27. 9. 1968, in: EA 23 (1968), S. D604–D609, hier S. D604.

[17] Ebd.

[18] Dieser Vorschlag entstammte der Initiative von Wirtschaftsminister Schiller. Siehe Schiller an Kiesinger, 4. 9. 1968, BaK, B136 (Bundeskanzleramt), Bd. 6415.

Zum Schluss seiner Ausführungen kam Brandt auf die Verschmelzung der Verträge zu sprechen. Diese sei notwendig, um Fragen, die mehr als einen Vertrag berühren, einheitlich behandeln zu können.

In der anschließenden Ratsdiskussion, die vor allem um die deutschen Vorschläge in der Erweiterungsfrage kreiste, wurde deutlich, dass die französische Delegation das deutsche Aktionsprogramm ablehnte, weil man eine Verbindung von Erweiterung und innerem Ausbau nicht akzeptierte. Die anderen Delegationen stimmten den Ausführungen Brandts zu, hielten sie jedoch für die kleinstmögliche Lösung, die ein unteilbares Ganzes bilde.[19] Im Anschluss an die Diskussion im Rat schlug Brandt für die weitere Arbeit vier Schritte vor:

1. Die Kommission und die Ständigen Vertreter könnten das deutsche Papier prüfen.
2. Die Kommission solle Verfahrensvorschläge für das Handelsarrangement und für die agrarpolitischen Anregungen vorlegen.
3. Der Rat könne bei seiner nächsten Sitzung die Sachprobleme diskutieren.
4. Die Arbeiten der „Groupe Maréchal" sollten entsprechend den deutschen Vorschlägen fortgesetzt werden.

Dieser Vorschlag Brandts wurde von der italienischen Delegation abgelehnt, da man erst einheitliche Vorstellungen über die deutsche Initiative im Ministerrat erarbeiten müsse, bevor man sie an die Ständigen Vertreter überweise. Dem schlossen sich die niederländische und belgische Delegation an. Ratspräsident Giuseppe Medici stellte daher fest, dass es dem Rat nicht gelungen sei, sich über die deutsche Initiative zu einigen, und sich der Rat auf der nächsten Sitzung weiter damit befassen müsse.[20]

Damit war das deutsche Aktionsprogramm zunächst verpufft. Dabei hatte es erneut verdeutlicht, dass die Beitrittsfrage mittlerweile so dominant die Arbeiten der Gemeinschaft beherrschte, dass für die Weiterentwicklung der Gemeinschaft kein Raum mehr blieb. Neue Bereiche und Politikfelder, deren Integration aufgrund der Gemeinschaftsentwicklung anstand, konnten nicht erschlossen werden, da die unterschiedlichen Auffassungen in der Beitrittsfrage den Weg versperrten. Insofern lag im Scheitern der Initiative auch ein Erkenntnisgewinn. Folgt man jedoch Kiesingers Einschätzung der eigenen Initiative, drängt sich der Verdacht auf, dass die ganze Aktion eine Alibiveranstaltung war. Im Gespräch mit de Gaulle, das parallel zu der Ministerratssitzung in Bonn stattfand, bekannte der Bundeskanzler, dass er sich persönlich von diesem Aktionsprogramm nie sehr viel versprochen habe. Das Ganze sei nur für die deutsche Öffentlichkeit notwendig gewesen.[21] Also alle Arbeit nur, um gegenüber der Öffentlichkeit darauf verweisen zu können, dass man doch etwas tue? Kiesingers Europapolitik drohte langsam, aber sicher ins Virtuelle hinüberzugleiten. Dann wäre der Preis allerdings sehr hoch gewesen, denn durch die Auseinandersetzungen im Ministerrat wurde auch für die Öffentlichkeit erneut deutlich, wie groß die Differenzen in der Beitrittsfrage waren.

---

19 Botschafter Sachs, Brüssel (EG), an das AA, 27. 9. 1968, AAPD 1968, Dok. 315, S. 1227–1236, hier S. 1227 f.

20 Ebd., S. 1234–1236.

21 Gespräch des Bundeskanzlers Kiesinger mit Staatspräsident de Gaulle, 27. 9. 1968, AAPD 1968, Dok. 312, S. 1200–1212, hier S. 1211.

2. Die Politik der kleinen Schritte – Das Handelsarrangement zwischen den Beitrittsanwärtern und der EWG

Als die Bundesregierung am 27. September 1968 ihre neue Europainitiative im Ministerrat präsentierte, stand die Erweiterung der Gemeinschaften, neben der Vertragsfusion und dem inneren Ausbau, im Mittelpunkt des deutschen Programms.[22] Außenminister Brandt ging in diesem Kontext ausführlich auf das von der Bundesregierung vorgeschlagene Handelsarrangement ein. Einleitend betonte Brandt, dass die vorgeschlagenen Interimsmaßnahmen in der Perspektive des Beitritts getroffen werden müssten und diesen nicht ersetzten. Im handelspolitischen Bereich solle der Warenverkehr zwischen der Gemeinschaft und den beitrittswilligen Staaten erleichtert werden. Dazu sollten die beteiligten Länder, im Einklang mit Art. XXIV des GATT, „die den Außenhandel beschränkenden Bestimmungen für den Hauptteil ihres Handels“[23] beseitigen. Teilnehmer des Arrangements sollten zunächst die EWG-Länder und die beitrittswilligen Staaten sein. Vor dem Abschluss der Verhandlungen solle jedoch geprüft werden, inwieweit die Staaten, die Assoziierungen beantragt haben, an den Vereinbarungen beteiligt werden könnten. Konkret schlug Brandt für eine erste Phase von drei Jahren eine jährliche Reduzierung der Zölle um 10% im gewerblichen Bereich ausgehend von den Zöllen vor der Zollsenkung durch die Kennedy-Runde vor. Für den Agrarbereich sah der deutsche Vorschlag gegenseitige Einfuhrerleichterungen vor, die in einem angemessenen Verhältnis zu den Vereinbarungen im gewerblichen Sektor stehen müssten. Vor Ablauf dieser ersten Phase sollten Beratungen über die weiteren Schritte aufgenommen werden. Im Bereich der Technologie solle eine Erörterung der Kooperationsmöglichkeiten zwischen den EWG-Ländern und den beitrittswilligen Staaten auf der Basis des Abschlussberichts der „Groupe Maréchal“ erfolgen. Außerdem sollten die beitrittswilligen Staaten an der Erarbeitung eines europäischen Patent- und Gesellschaftsrechts beteiligt werden. Um eine engere Verbindung zwischen der EWG und den Beitrittskandidaten herzustellen, schlug Brandt vor, zunächst die bestehenden Kontakte zu vertiefen. Daneben solle man auch das Einsetzen einer Arbeitsgruppe erörtern, die sich mit möglichen Beitrittsproblemen und Fragen der Zusammenarbeit befassen solle. Die Beitrittsanwärter könnten ihre Positionen dort durch Sachverständige vertreten lassen. Wenn sich zu diesem Gesamtkomplex unter den Sechs eine Einigung abzeichne, könne eine Außenministerkonferenz der EWG-Länder mit den beitrittswilligen Staaten und der Kommission einberufen werden, auf der Richtlinien erarbeitet werden könnten und die sich später wiederholen ließe.[24]

Insgesamt betrachtet, ging der Vorschlag Brandts in einem Punkt weiter als die Anregungen für ein zukünftiges Handelsarrangement, welche die Bundesregierung am 30. Mai im Ministerrat[25] präsentiert hatte: bei der Einrichtung einer Arbeitsgruppe für Beitritts- und Kooperationsfragen. Diesen Punkt hatte die Bundesregierung sicherlich als Konzession an die Benelux-Staaten in ihr Konzept aufgenommen. Trotzdem hielt sich die Begeisterung der anderen Mitgliedsländer über die deutschen Vorstellungen in Grenzen. Vor

---

[22] Zu der deutschen Initiative siehe auch Kap. IV. 1.

[23] Rede des deutschen Bundesministers des Auswärtigen, Willy Brandt, vor dem Ministerrat der Europäischen Gemeinschaften in Brüssel am 27. 9. 1968, in: EA 23 (1968), S. D604–D609, hier S. D606.

[24] Ebd., S. D606–D608.

[25] Vgl. Kap. III. 3.

allem der neue französische Außenminister Debré, der den zum Premierminister berufenen Couve de Murville am 1. Juni 1968 ersetzt hatte, übte vehement Kritik an den deutschen Vorstellungen. Einen Zusammenhang von Erweiterung und innerem Ausbau lehnte er ab. Frankreich sei zwar mit einem Handelsarrangement einverstanden. Es dürfe jedoch nicht mit der Beitrittsfrage verbunden werden. Außerdem solle der Teilnehmerkreis nicht auf die Gemeinschaft und die Beitrittskandidaten beschränkt werden. Die anderen Minister stimmten den deutschen Vorschlägen halbherzig zu. Durch das provozierende Auftreten Debrés gelang es noch nicht einmal, das zwischen der Bundesregierung und der italienischen Ratspräsidentschaft verabredete weitere Procedere durchzusetzen. Ein Auftrag an die ständigen Vertreter und die Kommission zur Prüfung der deutschen Vorschläge wurde vom Ministerrat abgelehnt, da nach italienischer, belgischer und niederländischer Auffassung, auf politischer Ebene noch keine einheitlichen Vorstellungen vorlägen.[26]

Einen Tag nach der EWG-Ministerratssitzung hatten Brandt und Debré Gelegenheit, ihre Positionen in der Beitrittsfrage im Rahmen der halbjährlichen deutsch-französischen Gipfelkonsultationen erneut auszutauschen. Debré stellte unter Verweis auf die Ratstagung fest, dass die deutsche und die französische Position in Bezug auf die Verknüpfung von Handelsarrangement und Beitrittsfrage nicht identisch seien. Die deutsche Formulierung, dass das Arrangement in der „Perspektive des Beitritts" geschlossen werde, lege nahe, dass der Beitritt bereits als sicher erscheine. Frankreich sei jedoch nur bereit, ein Handelsarrangement auf der Basis der deutsch-französischen Erklärung vom 16. Februar zu akzeptieren. Brandt erklärte dazu völlig undogmatisch, dass die deutsche Seite mit der Erklärung vom 16. Februar leben könne. Man solle jetzt anfangen, über praktische Dinge zu sprechen und sich zu einigen. Auf den Hinweis Debrés, dass Frankreich Verhandlungen zwischen allen interessierten Staaten wünsche, entgegnete Brandt, zwischen dem deutschen und dem französischen Standpunkt bestehe kein prinzipieller, sondern nur ein prozeduraler Unterschied. Sofort mit allen interessierten Ländern zu sprechen, würde viel Zeit in Anspruch nehmen. Deswegen erscheine es der Bundesregierung sinnvoller, zunächst mit den Beitrittskandidaten zu verhandeln und dann mit den anderen interessierten Ländern.[27]

Gerade für Brandt und das Auswärtige Amt nahmen die neben den Beitrittskandidaten an einer engeren Verbindung zur EWG interessierten Länder, insbesondere Österreich, Schweden, Schweiz und Spanien, in der europapolitischen Konzeption eine wichtige Rolle ein. Wie Staatssekretär Lahr in einem zur Verteidigung des handelspolitischen Arrange-

---

[26] Botschafter Sachs, Brüssel (EG), an das AA, 27. 9. 1968, AAPD 1968, Dok. 315, S. 1227–1236.

[27] In dieser Frage hatte es bei der Ausarbeitung des Arrangementvorschlags einen Dissens zwischen dem Wirtschaftsministerium und dem AA gegeben. Das Wirtschaftsministerium wünschte, das Arrangement auf die EWG-Mitglieder und die Beitrittskandidaten zu beschränken. Für die anderen interessierten Staaten, zum Beispiel die Schweiz oder Österreich, sollten Sonderabmachungen getroffen werden. Dadurch sollte der Beitrittsperspektive stärker Rechnung getragen werden. Das AA mit Unterstützung der anderen Ressorts wollte hingegen das Problem einer handelspolitischen Verbindung Österreichs mit der EWG, das schon seit Jahren auf der Tagesordnung der EWG stand und bisher vor allem von Frankreich und Italien blockiert worden war, im Rahmen des Handelsarrangements mitlösen. Der Staatssekretärausschuss für Europafragen entschied daraufhin, dass Verhandlungen über das Arrangement zunächst die EWG-Länder und die Beitrittskandidaten umfassen sollen. Die anderen an Assoziierungen interessierten europäischen Länder sollten dann in den sich daran anschließenden Überlegungen berücksichtigt werden. Siehe Aufzeichnung des Leiters der Abteilung III des AA, Günther Harkort, betr. Sitzung des Staatssekretär-Ausschusses für Europafragen am 28. 2. 1968, 24. 2. 1968, PAAA, B20, Bd. 1431; Niederschrift über die Sitzung der Staatssekretäre für Europafragen am 28. 2. 1968 im AA, 6. 3. 1968, BaK, B102 (BMWi), Bd. 61705.

ments veröffentlichten Aufsatz ausführte, sei „für die wirtschaftliche Einigung des freien Europas“[28] die Teilnahme aller Länder, die sich zu Europa bekennen, erforderlich. Hier zeigte sich deutlich, dass die Bundesregierung nicht an einer Neugruppierung der wirtschaftlichen Zusammenschlüsse in Europa interessiert war, sondern die EWG als alleinige Wirtschaftsgemeinschaft, mit der alle westeuropäischen Länder in der einen oder anderen Form verbunden sein sollten, ausbauen wollte. Das sollte die EWG natürlich auch für die osteuropäischen Staaten attraktiver machen und eine spätere wirtschaftliche Kooperation zwischen Ost- und Westeuropa ermöglichen.[29] Doch zunächst galt es, im Konkreten einen Konsens mit Frankreich herzustellen. Debré kritisierte im Gespräch mit Brandt den deutschen Vorschlag eines Außenministertreffens. Damit verlasse man in der Beitrittsfrage das Wartestadium. Brandt entgegnete, dass an ein Außenministertreffen aus deutscher Sicht bestimmte Voraussetzungen gebunden seien, unter anderem eine vorherige Einigkeit unter den Sechs. Insgesamt würde ein Außenministertreffen die Lage aber entspannen.[30]

In der Abschlusssitzung der deutsch-französischen Konsultation wenige Stunden später verwies Debré erneut auf deutsch-französische Differenzen im Hinblick auf das Handelsarrangement. Forsch appellierte der französische Außenminister an die deutsche Seite, auf der Basis der deutsch-französischen Erklärung vom 16. Februar 1968 eine neue Stellungnahme vorzulegen.[31]

Brandt plante daraufhin, einen Brief an Debré zu schreiben, der zum Ausdruck bringen sollte, dass die deutsche Europainitiative nicht im Widerspruch zu der deutsch-französischen Erklärung vom Februar 1968 stehe. Dem widersetzte sich der Parlamentarische Staatssekretär im Bundeskanzleramt Guttenberg mit der Begründung, dass die Europainitiative nicht von der Februarabsprache gedeckt sei, sondern eine Weiterentwicklung darstelle. In der deutsch-französischen Konsultation am 27./28. September sei man übereingekommen, die deutsch-französische Erklärung vom Februar als Grundlage für die Weiterbehandlung der Beitrittsfrage zu nehmen. Der geplante Brief Brandts könne den Eindruck erwecken, dass die deutsche Regierung jetzt wieder von dieser Vereinbarung abrücke. Außerdem könne sich die französische Regierung fragen, warum die deutsche Seite nicht schon in den deutsch-französischen Konsultationen ihre Position dargelegt habe, sondern dies nachträglich in einem Brief tue. Guttenberg empfahl Kiesinger, in seinem nächsten Gespräch mit Brandt den Außenminister zu bitten, keinen Brief zu schreiben.[32]

---

[28] Lahr, Für und wider das handelspolitische Arrangement EWG-Großbritannien.

[29] Willy Brandt hatte diesen Zusammenhang bereits am 13. Oktober 1967 im Bundestag deutlich angesprochen: „Für die Bundesregierung besteht kein Gegensatz zwischen ihren Bemühungen um die Einigung der westeuropäischen Länder und dem Ziel der Zusammenarbeit mit Osteuropa. Nach wie vor handelt es sich darum, daß die Europäischen Gemeinschaften wirtschaftlich und politisch gestärkt werden. Aber die durch die Einigung vergrößerte Potenz soll dem Dialog zwischen Ost- und Westeuropa dienen mit dem Ziel, über die unterschiedlichen Systeme hinweg eine auf gesunden Interessen beruhende Zusammenarbeit einzuleiten.“ Siehe Ausbau und Erweiterung der EWG. Erklärung der Bundesregierung in der 126. Sitzung des Deutschen Bundestages am 13. 10. 1967, in: Brandt, Außenpolitik, Deutschlandpolitik, Europapolitik, S. 124–130, hier S. 129.

[30] Gespräch des Bundesministers Brandt mit dem französischen Außenminister Debré, 28. 9. 1968, AAPD 1968, Dok. 317, S. 1241–1248, hier S. 1242–1245.

[31] Zusammengefasste Ergebnisniederschrift der gemeinsamen Abschlusssitzung der deutsch-französischen Konsultationen vom 27./28. 9. 1968, o. D., PAAA, B150, Bd. 136, S. 6703–6712, hier S. 6709.

[32] Vermerk des Parlamentarischen Staatssekretärs im Bundeskanzleramt, Guttenberg, für den Herrn Bundeskanzler betr. 1. Sitzung des Auswärtigen Ausschusses des Bundestages am 3. 10. 1968; 2. Schreiben

Kiesinger legte Brandt daraufhin nahe, auf den Brief zu verzichten und stattdessen das Gespräch mit Debré zu suchen.[33] Eine Gelegenheit dazu ergab sich am Rande der UNO-Tagung in New York. Dort vereinbarten die beiden Außenminister, dass Debré einen Brief an Brandt schicken solle, in dem er die französische Haltung zum Handelsarrangement präzisierte.[34] Der Brief, der am 24. Oktober im Auswärtigen Amt eintraf, fasste die französische Position zusammen. Zunächst stellte der französische Außenminister fest, dass das Handelsarrangement allen interessierten europäischen Staaten offen stehe. Die französische Seite schlug eine Zollsenkung über vier Jahre gestaffelt von 5% bis 30% vor. Ausgangsbasis der Zollsenkung sollten, im Gegensatz zu den deutschen Vorstellungen, die Zölle nach der Durchführung der Beschlüsse der Kennedy-Runde sein. Im Agrarsektor sollten bilaterale Vereinbarungen zwischen den Arrangementteilnehmern und der Gemeinschaft getroffen werden. Debré unterstrich das große Interesse Frankreichs an der technologischen Zusammenarbeit. Dazu solle die „Groupe Maréchal" ihre Arbeiten wieder aufnehmen. In diesem Rahmen könne auch bereits die mögliche Zusammenarbeit mit Nicht-Gemeinschaftsländern untersucht werden. Auf mögliche Kontakte zwischen den EWG-Ländern und den Beitrittskandidaten ging Debré überhaupt nicht ein.[35]

Die Stellungnahme des Auswärtigen Amts fiel sehr kritisch aus. Die vorgeschlagene Zollsenkung sei „so gering, daß sie den mit dem Arrangement verfolgten Zielen kaum entspricht"[36]. Schwierigkeiten im Ministerrat seien auch dadurch zu erwarten, dass Frankreich das Arrangement allen interessierten europäischen Staaten anbieten wolle. Hingegen zeige Debré bei der technologischen Zusammenarbeit größere Flexibilität.[37]

Mit der Beurteilung der französischen Vorstellungen durch das Auswärtige Amt war das Bundeskanzleramt nicht einverstanden. Der Leiter der Gruppe III/1, Klaus Meyer, vermerkte am 28. Oktober nach einer Ressortbesprechung über die anstehende Konsultation Lahr/Brunet, dass das Auswärtige Amt weiterhin dazu neige, „den Divergenzen in den verschiedenen Einzelfragen große Bedeutung beizumessen"[38]. Außerdem habe er nicht erreichen können, dass Staatssekretär Lahr hinsichtlich der Zollsenkungen auf die deutsche „unrealistische Maximalforderung"[39] verzichte.

Bundesminister Brandts an Außenminister Debré zur deutschen Europainitiative, 2. 10. 1968, BaK, Nl Guttenberg, Bd. 91, S. 92 f.

[33] Vermerk Kiesingers betr. Unterredung mit Brandt am 3. 10. 1968, ACDP, Nl Kiesinger, Bd. A009.

[34] Fernschreiben von Brandt, z.Zt. Santiago de Chile, an den Staatssekretär betr. New Yorker Besprechungen über Fragen der europäischen Zusammenarbeit, 12. 10. 1968, PAAA, B150, Bd. 138, S. 7035–7039, hier S. 7035.

[35] Debré an Brandt (ungeprüfte Rohübersetzung), 24. 10. 1968, PAAA, B1, Bd. 333. Für einen Auszug aus dem Schreiben siehe AAPD 1968, S. 1420, Anm. 7.

[36] Aufzeichnung der Abteilung I und der Abteilung III des AA betr. Interimslösungen gegenüber Großbritannien und anderen beitrittswilligen Staaten im handelspolitischen und technologischen Bereich, hier: Schreiben des französischen Außenministers zur Präzisierung der französischen Haltung, 25. 10. 1968, PAAA, B1, Bd. 333.

[37] Ebd.

[38] Aufzeichnung der Gruppe III/1 des Bundeskanzleramts betr. handelspolitisches Arrangement; hier: Brief Außenministers Debré an Außenminister Brandt vom 24. 10. 1968, 28. 10. 1968, BaK, B136 (Bundeskanzleramt), Bd. 7955.

[39] Ebd.

Die deutsch-französischen Differenzen über die Höhe der Zollsenkungen ließen sich auch im Gespräch Lahrs mit Brunet nicht ausräumen. Lahr betonte, dass die anstehende Ministerratssitzung am 5. November nicht in einen deutsch-französischen Dialog über die noch bestehenden Abweichungen münden dürfe, sondern jetzt die anderen Länder ihre Vorstellungen zum Handelsarrangement präzisieren müssten.[40]

Nach dem Treffen Lahr/Brunet drängte das Bundeskanzleramt erneut darauf, im Hinblick auf die Präsentation der französischen Vorschläge auf der nächsten Ministerratssitzung am 5. November die eigenen Vorschläge abzuschwächen und sich der französischen Position anzunähern. Staatssekretär Lahr hielt dem entgegen, dass die Bundesregierung ihr Gesicht verlöre, wenn sie jetzt ihre Forderung bei der Zollpräferenz reduzieren würde.[41]

Debré stellte die in dem Brief an Brandt ausgebreiteten französischen Überlegungen zum Handelsarrangement am 5. November dem Ministerrat vor.[42] Brandt begrüßte die französischen Vorstellungen, die zusammen mit den anderen Vorschlägen eine Grundlage für weitere Untersuchungen bilden könnten. Die anderen Delegationen bemängelten, wie vorauszusehen, dass Frankreich nicht auf einen Konsultationsmechanismus zwischen der Gemeinschaft und den Beitrittsländern eingehe und dass das Arrangement allen interessierten Ländern offen stehe. Debré unterstrich im Laufe der Diskussion noch einmal, dass sich die französische Regierung gegen eine Koppelung der Erweiterungsfrage mit dem inneren Ausbau ausspreche. Die beiden Komplexe sollten getrennt behandelt werden. Hierzu erklärte sich Außenminister Brandt bereit. Debré und Brandt schlugen anschließend vor, die Ständigen Vertreter und die Kommission damit zu beauftragen, auf der Basis der vorherigen Diskussion Untersuchungen anzustellen und dem Rat vorzulegen. Der niederländische Außenminister Luns stimmte unter der Bedingung zu, dass auch die italienischen Vorschläge, die Anregungen der Kommission und das Benelux-Papier in die Diskussion einbezogen würden. Italien erklärte, dass man lieber über Erweiterung und inneren Ausbau gleichzeitig verhandeln würde. Harmel forderte, dass auch die Frage der Kontakte zwischen der EWG und den beitrittswilligen Staaten geprüft werden müsse. Letztlich rangen sich die Minister dazu durch, die Ständigen Vertreter in enger Zusammenarbeit mit der Kommission damit zu beauftragen, im Lichte der Ratsdiskussionen alle Vorschläge zu handelspolitischen Arrangements und der technologischen Zusammenarbeit zu prüfen und Vorschläge zu machen, wie in den beiden Bereichen eine Zusammenarbeit mit den beitrittswilligen Staaten aussehen könne.[43]

Das Auswärtige Amt war mit dem Verlauf der Ratstagung zufrieden und bewertete das Ergebnis als Fortschritt.[44] Die positive Stimmung hielt jedoch nicht lange an, denn jetzt traten die USA auf den Plan. Außenminister Brandt hatte bereits bei seinem UN-Besuch

---

[40] Staatssekretär Lahr an Bundesminister Brandt, z.Zt. Berlin (West), 30. 10. 1968, AAPD 1968, Dok. 362, S. 1417–1421, hier S. 1420.

[41] Vermerk des Abteilungsleiters III, Praß, für den Herrn Bundeskanzler betr. handelspolitisches Arrangement und innerer Ausbau der Gemeinschaften, 31. 10. 1968, BaK, B136 (Bundeskanzleramt), Bd. 7955.

[42] Programm der französischen Regierung zur Stärkung der EWG, dem Rat der Europäischen Gemeinschaften am 5. 11. 1968 vorgelegt, in: EA 23 (1968), S. D612–D615.

[43] Botschafter Sachs, Brüssel (EG), an das AA, 6. 11. 1968, AAPD 1968, Dok. 366, S. 1429–1434.

[44] Runderlass des Abteilungsleiters Frank betr. politische Bewertung des Ergebnisses der Ratstagung zur Frage der Beitrittsanträge, 8. 11. 1968, PAAA, B20, Bd. 1518. Für Auszüge daraus siehe AAPD 1968, S. 1434, Anm. 13.

in New York Anfang Oktober festgestellt, dass es in der amerikanischen Administration starke Bedenken gegen das Handelsarrangement gab.[45] Diese amerikanischen Bedenken wurden jetzt massiv in Bonn und Brüssel vorgetragen. Mit ihrer Offensive gegen das Handelsarrangement hatte die amerikanische Regierung wohl so lange gezögert, weil sie zunächst davon ausging, dass der Vorschlag eines Handelsarrangements keine Aussicht auf Erfolg haben werde.[46]

So legte die US-Regierung am 11. November dem Auswärtigen Amt ein Aide-Mémoire vor. Darin kritisierte sie die fehlende Verbindung zwischen einem Handelsarrangement und den Beitritten, zumal das Handelsarrangement auch Ländern offen stünde, die keinen Beitritt wünschten. Das Handelsarrangement stelle somit keinen Fortschritt in Richtung einer europäischen Einigung dar. Die handelspolitische Diskriminierung der USA werde nicht durch einen politischen Vorteil aufgewogen. In seiner jetzigen Ausgestaltung widerspräche ein Handelsarrangement außerdem dem Art. XXIV des GATT. Die USA drohten auch offen mit politischen Konflikten in anderen Bereichen, sollte das Handelsarrangement durchgesetzt werden.[47]

Wenige Tage später nutzte der amerikanische Außenminister Rusk die Gelegenheit, seinem deutschen Amtskollegen im Rahmen eines Aufenthalts in Brüssel die Bedenken persönlich vorzutragen. Rusk sah in dem geplanten Handelsarrangement „einen doppelten Schlag gegen amerikanische Interessen“[48], da die EWG offensichtlich von ihren europäischen Partnern erwarte, dass sie landwirtschaftliche Erzeugnisse der EWG über dem Weltmarktpreis ankauften und dafür die Möglichkeit erhielten, zu günstigeren Bedingungen gewerbliche Güter in die EWG zu exportieren. Die USA erhielten dafür kein politisches Äquivalent. Man sei nicht bereit „[to pay] the prize without getting the horse“[49].

Am 29. November beantwortete das Auswärtige Amt die amerikanischen Sorgen mit einem eigenen Aide-Mémoire. Zunächst ging das Auswärtige Amt auf die Motivation für das handelspolitische Arrangement ein. Da der Beitritt zurzeit nicht erreichbar und die Eröffnung von Beitrittsverhandlungen nicht möglich sei, stagniere der innere Ausbau der EWG nun schon seit Monaten. Wenn diese Stagnation andauere, sei das Schicksal der Gemeinschaften bedroht. Offensichtlich könne die innere Entwicklung erst wieder in Gang kommen, wenn Schritte in Richtung Erweiterung getan würden. In dieser Hinsicht sei der Vorschlag des handelspolitischen Arrangements bisher der aussichtsreichste gewesen. Das handelspolitische Arrangement könne jedoch keinen automatischen Beitritt vorsehen, da vor diesem Schritt laut § 237 EWG-Vertrag Beitrittsverhandlungen erfolgen müssten. De facto werde ein solches Arrangement einen späteren Beitritt vorbereiten und erleichtern. Abschließend empfahl die Bundesregierung, vor weiteren Schritten zunächst die Behand-

---

[45] Außenminister Brandt, z.Zt. Santiago de Chile, an Staatssekretär betr. New Yorker Besprechungen über Fragen der europäischen Zusammenarbeit, 12. 10. 1968, PAAA, B150, Bd. 138, S. 7035–7039, hier S. 7038 f.

[46] Botschafter Sachs, Brüssel (EG), an das AA betr. Beitrittsanträge, hier: amerikanische Haltung zum Handelsarrangement, 13. 11. 1968, PAAA, B150, Bd. 140, S. 7675–7678, hier S. 7678.

[47] Aide-Mémoire der Botschaft der Vereinigten Staaten von Amerika (Übersetzung), 11. 11. 1968, PAAA, B2, Bd. 194.

[48] Ministerialdirigent Ruete, z.Zt. Brüssel, an das AA, 14. 11. 1968, AAPD 1968, Dok. 375, S. 1463–1465, hier S. 1465.

[49] Ebd., S. 1464.

lung der verschiedenen Vorschläge im Ausschuss der Ständigen Vertreter abzuwarten. Dann werde es leichter sein, die Auswirkungen für Drittstaaten zu erkennen.[50]

Wenige Tage später vermerkte Staatssekretär Lahr für den Leiter der Handelspolitischen Abteilung des Auswärtigen Amts, Günther Harkort, dass es zu begrüßen sei, wenn die Diskussion mit den USA jetzt erst einmal einschliefe.[51]

Damit lag es jetzt am Ausschuss der Ständigen Vertreter, einen sinnvollen und alle Seiten zufrieden stellenden Vorschlag für ein Handelsarrangement zu erarbeiten. Auf diese Weise war zunächst der Hauptkonfliktpunkt „Beitrittsfragen", der die Arbeit des Ministerrats zunehmend belastet hatte, vom Ministerrat auf die Ebene der Ständigen Vertreter verlagert worden. Im Ausschuss der Ständigen Vertreter gelangen zumindest Fortschritte im Bereich der Technologie. So zeigte sich schnell, dass lediglich zwischen den Niederlanden und Frankreich ein Dissens über das Procedere der technologischen Zusammenarbeit bestand. Frankreich wünschte, dass erst der Rat den Bericht der „Groupe Maréchal" prüfen und über eine mögliche Zusammenarbeit mit Drittstaaten auf den einzelnen Gebieten entscheiden müsse. Dann könne der Bericht an die entsprechenden Drittstaaten weitergeleitet werden. Demgegenüber forderte der niederländische Vertreter, dass der Abschlussbericht der „Groupe Maréchal" sofort an die interessierten Drittstaaten weitergeleitet werden solle. Eine Erörterung im Rat solle dann unter Einbeziehung der Stellungnahmen aus den Drittstaaten erfolgen. Als Kompromissvorschlag erwog die Bundesregierung, dass der Rat nach einer kurzen Sachprüfung den Bericht an die Drittstaaten weiterleiten könne. Über konkrete Projekte werde dann erst nach Eingang der verschiedenen Stellungnahmen verhandelt.[52] Am 10. Dezember gelang auf Grundlage der Erörterungen im Ausschuss der Ständigen Vertreter eine Einigung im Rat. Die „Groupe Maréchal" sollte bis spätestens 1. März 1969 ihre Ergebnisse unter Berücksichtigung einer Beteiligung von Drittstaaten an der technologischen Zusammenarbeit vorlegen. Anschließend solle der Rat den Bericht prüfen und erste Schlussfolgerungen über eine Zusammenarbeit mit Drittstaaten ziehen. Daraufhin werde der Rat den interessierten Ländern Vorschläge über eine Zusammenarbeit unterbreiten, die dann ihrerseits Stellungnahmen zu den vorgeschlagenen Projekten abgeben können. Unter Einbezug der Stellungnahmen werde der Rat erneut über die Projekte beraten und Sitzungen von Sachverständigen der Regierungen und der Kommission einberufen, auf denen die Projekte konkret geprüft werden können.[53]

---

[50] Aide-Mémoire des AA an die Regierung der Vereinigten Staaten von Amerika, 29. 11. 1968, PAAA, B2, Bd. 182. Der Staatssekretär des Bundeskanzleramts Carstens reagierte sehr verärgert darauf, dass das AA das Aide-Mémoire, ohne die Reaktion des Bundeskanzleramts abzuwarten, abgeschickt hatte. Wie Carstens vermerkte, behaupte Staatssekretär Lahr, ihm am 28. November während eines Frühstücks für den Staatspräsidenten von Gabun mitgeteilt zu haben, dass Änderungswünsche bis zum nächsten Tag vorliegen sollten. Daran könne er sich jedoch nicht erinnern. Er habe Staatssekretär Lahr telefonisch mitgeteilt, dass er diese Behandlung des Aide-Mémoires unmöglich finde. Zudem seien die Franzosen nicht konsultiert worden. Den letzten Punkt bestritt Lahr. Die Franzosen seien voll einverstanden gewesen. Siehe Vermerk des Staatssekretärs Carstens betr. handelspolitisches Arrangement – Deutsche Antwort auf das amerikanische Aide-Mémoire, 9. 12. 1968, BaK, Nl Carstens, Bd. 668.

[51] Vermerk des Staatssekretärs Lahr betr. Haltung der USA zum Handelspolitischen Arrangement, 5. 12. 1968, PAAA, B2, Bd. 182.

[52] Aufzeichnung der Abteilung I des AA betr. Europa-Staatssekretäre, hier: Interimslösungen im Verhältnis Europäische Gemeinschaften/Beitrittsanwärter, 2. 12. 1968, PAAA, B20, Bd. 1431.

[53] Rat der Europäischen Gemeinschaften, Mitteilungen an die Presse 1865/68, 10. 12. 1968, PAAA, B20, Bd. 1518; Kommission der EGKS, der EWG und der EURATOM (Hrsg.), Gesamtbericht 1968, S. 217 f. und S. 366.

Dagegen wurde das Handelsarrangement noch eine Ebene tiefer herabgestuft. Nachdem der Ausschuss der Ständigen Vertreter dem Ministerrat am 10. Dezember 1968 einen Zwischenbericht vorgelegt hatte und beauftragt worden war, die Prüfung fortzusetzen, beschloss der Ausschuss, eine Arbeitsgruppe mit der Prüfung der technischen Aspekte des Handelsarrangements zu betrauen.[54] Diese sollte dem Ausschuss am 23. Januar 1969 Bericht erstatten. Die Beratungen im Ausschuss und der Arbeitsgruppe zogen sich dann über die ersten Monate des Jahres 1969 hin.[55]

Damit war es gelungen, die Lähmung, die den Ministerrat aufgrund der blockierten Beitrittsfrage immer stärker befallen hatte, wieder etwas aufzuheben, denn das leidige Beitrittsthema war zunächst beiseite geschoben. Der Chef des Bundeskanzleramts, Staatssekretär Carstens, verwies gegenüber dem französischen Botschafter Seydoux denn auch darauf, dass der Vorzug des Handelsarrangements darin bestehe, die Diskussionen über die Beitrittsfrage zu entschärfen.[56] Deutlicher formulierte der Leiter der Gruppe III/1 im Bundeskanzleramt, Klaus Meyer, in einem Vermerk für den Parlamentarischen Staatssekretär Guttenberg im Februar 1969 die Funktion des Handelsarrangements: Solange sich an der französischen Haltung in der Beitrittsfrage nichts ändere,

> „haben wir jedes Interesse daran, eine erneute Diskussion der Beitrittsfrage zu verhindern, um das deutsch-französische Verhältnis und die Beziehungen zwischen den Sechs nicht noch stärker zu belasten. Gegenwärtig wird die offene Kontroverse über den Beitritt dadurch vom Ministerrat der EG ferngehalten, daß in verschiedenen Ausschüssen zu Sechs eine Prüfung der Vorschläge für ein handelspolitisches Arrangement stattfindet. Diese Sperrwirkung ist gegenwärtig die Hauptfunktion des handelspolitischen Arrangements. Es liegt in unserem Interesse, diese so lange wie möglich andauern zu lassen."[57]

3. Umweg WEU – Ausbau der politischen Konsultationen mit Großbritannien

Nach der Niederschlagung des „Prager Frühlings" wurde in Westeuropa und vor allem auch in der Bundesrepublik der Ruf nach einem politischen Zusammenschluss Westeuropas wieder laut. Die italienische Regierung trat bereits am 22. August 1968 an den amtierenden Ratsvorsitzenden der WEU, Bundesaußenminister Brandt, mit dem Vorschlag eines außerordentlichen WEU-Ministerrats zur Lage nach den Ereignissen in der CSSR heran.[58] Brandt stimmte sofort zu und lud die WEU-Außenminister zu einer Sondersitzung für den

---

[54] Kommission der EGKS, der EWG und der EURATOM (Hrsg.), Gesamtbericht 1968, S. 365; Fernschreiben von Botschafter Sachs, Brüssel (EG), an das AA, BMWi, BMF, BML betr. 496. Sitzung des Ausschusses der Ständigen Vertreter Teil 2, hier: Erweiterung und innerer Ausbau der Gemeinschaften, 8. 1. 1969, BaK, B102 (BMWi), Bd. 61708.

[55] Kommission der EGKS, der EWG und der EURATOM (Hrsg.), Gesamtbericht 1969, S. 359. Siehe hierzu auch die Zusammenfassungen der Ministerratstagungen am 27./28. 1. 1969, 3. 3. 1969, 25. 3. 1969, 12. 5. 1969, von Botschafter Sachs, Brüssel (EG), alle in PAAA, B20, Bde. 1519 und 1520.

[56] Gespräch des Bundeskanzlers Kiesinger mit dem französischen Botschafter François Seydoux, 30. 1. 1969, AAPD 1969, Dok. 35, S. 123–131, hier S. 130.

[57] Aufzeichnung des Leiters der Gruppe III/1 im Bundeskanzleramt, Klaus Meyer, für den Parlamentarischen Staatssekretär im Bundeskanzleramt, Guttenberg, betr. Entwurf der Erklärung des Komitees für die Vereinigten Staaten von Europa, 20. 2. 1969, BaK, B136 (Bundeskanzleramt), Bd. 6410.

[58] Aufzeichnung der Abteilung I des AA betr. Sondersitzung des WEU-Ministerrats anlässlich der sowjetischen Besetzung der Tschechoslowakei, 22. 8. 1968, PAAA, B150, Bd. 133, S. 5578–5580.

28. August nach Bonn ein.[59] Diesen Vorschlag unterstützten alle WEU-Mitglieder bis auf Frankreich.[60] Der französische Außenminister Debré meinte, diese Sitzung werde nur Schaden anrichten. Die französische Haltung zur Lage in der CSSR habe man bereits deutlich gemacht, und das Territorium der WEU-Staaten sei durch die Vorgänge nicht bedroht. Der Hinweis Botschafter von Brauns an Debré, dass es aus deutscher Sicht nötig sei, die Angelegenheit auch in einem europäischen Rahmen zu diskutieren, fruchtete nichts.[61] Brandt schickte Botschafter von Braun daraufhin nochmals zu Debré, um ihm die Vorteile dieses Treffens vor Augen zu führen. Alle Mitglieder außer Frankreich hätten der Sitzung zugestimmt. Man sei sehr daran interessiert, auf Ministerebene „über mögliche Konsequenzen und Schlußfolgerungen der tschechischen Ereignisse für die zukünftige Politik gerade der westeuropäischen Länder zu sprechen“[62]. Brandt bat Debré „persönlich und sehr herzlich“[63], die französische Entscheidung zu überprüfen. Ein Fernbleiben Frankreichs werde „sicherlich als Rückschlag für die europäische Solidarität verstanden und bedauert“[64]. Trotz dieses Appells blieb Debré bei seinem Nein. Mit einer solchen Sitzung werde man den Tschechoslowaken nur in den Rücken fallen, da Moskau dann in den Gesprächen mit der tschechoslowakischen Führung auf die westliche Unterstützung für die CSSR verweisen könne. Außerdem könne eine solche Sitzung zum jetzigen Zeitpunkt keinen Beschluss fassen.[65] Mit dieser französischen Absage hatte sich aus Sicht des Auswärtigen Amts der Plan einer WEU-Sondersitzung erledigt. Den niederländischen Alternativvorschlag, ohne Frankreich zu tagen, lehnte die Bundesregierung umgehend ab.[66]

In den nächsten Wochen widmete man sich im Auswärtigen Amt auch konzeptionell vermehrt der politischen Zusammenarbeit in Westeuropa. Der Leiter der Unterabteilung A der Politischen Abteilung I, Berndt von Staden, konzipierte eine Aufzeichnung über die Voraussetzungen für eine politische Zusammenarbeit in Europa, in der er die Chancen für eine Initiative zu einer „Relance politique“[67] beleuchtete. Von Staden verwies vor allem auf die sicherheitspolitischen Differenzen zwischen den meisten westeuropäischen Partnern und Frankreich, insbesondere in Bezug auf die Rolle der USA, da Frankreich im Verteidigungsbereich auf die größtmögliche Unabhängigkeit bedacht sei. Die Ereignisse in der CSSR hätten in diesem Bereich „nicht als Ansporn zur Einigkeit, sondern eher als ein Katalysator, der die Geister erst richtig scheidet“[68], gewirkt. Daher sei, wenn die Bundesrepublik daran festhalte, dass „ein Zerwürfnis mit Frankreich jede europäische Chance

---

[59] Runderlass des Ministerialdirektors Frank betr. WEU-Sondersitzung, 23. 8. 1968, PAAA, B150, Bd. 133, S. 5621 f.

[60] Vermerk des Leiters des Ministerbüros, Ritzel, für Außenminister Brandt, 24. 8. 1968, PAAA, B150, Bd. 133, S. 5642.

[61] Botschafter von Braun, Paris, an das AA betr. geplante Tagung des WEU-Ministerrats, 24. 8. 1968, PAAA, B150, Bd. 133, S. 5664 f.

[62] Drahterlass des Ministerialdirektors Frank an Botschafter von Braun, Paris, 24. 8. 1968, PAAA, B150, Bd. 133, S. 5646 f., hier S. 5646.

[63] Ebd., S. 5647.

[64] Ebd.

[65] Botschafter von Braun, Paris, an das AA, 26. 8. 1968, PAAA, B150, Bd. 133, S. 5660 f.

[66] Drahterlass des Ministerialdirektors Frank an die Botschaft Paris betr. WEU-Sitzung, 26. 8. 1968, PAAA, B150, Bd. 133, S. 5678f.; Vermerk des Staatssekretärs Duckwitz, 26. 8. 1968, PAAA, B150, Bd. 133, S. 5656 f.

[67] Aufzeichnung des Ministerialdirigenten von Staden über Voraussetzungen für politische Zusammenarbeit in Europa, 3. 9. 1968, PAAA, B150, Bd. 134, S. 5894–5904, hier S. 5894.

[68] Ebd., S. 5902.

zerstören würde“[69], von einer Initiative abzuraten. Aussichtsreicher sei im Augenblick ein konsequenter Ausbau der bestehenden Europäischen Gemeinschaften. Von Staden brachte noch ein weiteres Argument gegen eine groß angelegte deutsche Initiative vor: Zum jetzigen Zeitpunkt und im Zusammenhang mit der tschechoslowakischen Krise wirke jede Initiative als Gegenaktion. Dadurch werde die europäische Idee erneut in Beziehung zum Ost-West-Konflikt gebracht, von dem sie jedoch getrennt werden müsse, um Widersprüche in der Europa- und Deutschlandpolitik der Bundesregierung aufzulösen.[70]

Der Leiter der Politischen Abteilung I, Paul Frank, legte seinem Minister am 5. September eine Aufzeichnung über die europäische politische Zusammenarbeit vor. Auch Frank betonte die divergierenden Vorstellungen der sechs EWG-Staaten in Grundsatzfragen einer europäischen Außenpolitik, wie dem Verhältnis zu den USA und der Einstellung zur Deutschlandfrage. Daher sei eine „relance européenne“ zum jetzigen Zeitpunkt wenig aussichtsreich. Man könne lediglich versuchen, die bestehenden Möglichkeiten zur politischen Konsultation, insbesondere in der WEU, besser zu nutzen und Fortschritte in den Europäischen Gemeinschaften zu erzielen.[71]

Folgerichtig hielt sich die Bundesregierung mit einer groß angelegten Offensive zur politischen Einigung Westeuropas zurück. Stattdessen regte Brandt in Gesprächen mit seinen Außenministerkollegen Medici und Debré im September vorsichtig eine Verstärkung der politischen Kontakte in der WEU an.[72]

Wesentlich energischer ging Brandts belgischer Kollege Pierre Harmel die zukünftige Verstärkung der politischen Zusammenarbeit an. Außenminister Harmel präsentierte am 3. Oktober 1968 in einer Rede vor der Organisation europäischer Journalisten ein umfangreiches Programm für die europäische Einigung. Er schlug vor, in den kommenden Monaten eine enge Kooperation in den Bereichen politische Zusammenarbeit, Verteidigung, Technologie und Währung gemeinsam mit Großbritannien zu prüfen. Eine besondere Rolle käme hierbei der WEU zu. Harmel deutete mit einem Seitenhieb auf Frankreich an, dass man, falls eine Einigung zu siebt nicht zustande komme, auch mit den Teilnehmern zusammenarbeiten könne, die in den genannten Bereichen vorangehen wollten.[73]

Die Vorschläge Harmels wurden am Rande der UN-Vollversammlung vom 7.–11. Oktober in New York ausführlich zwischen den WEU-Außenministern debattiert. Harmel informierte Außenminister Brandt am 7. Oktober darüber, dass er die von ihm angeregte politische und militärische Zusammenarbeit im europäischen Rahmen auf der WEU-Ministerratssitzung in Rom am 19./20. Oktober diskutieren wolle. Einen Tag später erläuterte der Kabinettschef Harmels, Étienne Davignon, dem deutschen Botschafter bei den UN, Alexander Böker, dass sich die drei Benelux-Außenminister darüber verständigt hätten, die Überlegungen Harmels als Benelux-Vorschlag zu präsentieren. Ziel sei es, auf der

---

[69] Ebd.

[70] Ebd., S. 5903.

[71] Aufzeichnung des Ministerialdirektors Paul Frank betr. europäische politische Zusammenarbeit, 4. 9. 1968, PAAA, B1, Bd. 325, und B21, Bd. 525.

[72] Gespräch des Bundesministers Brandt mit dem italienischen Außenminister Medici in Genf, 4. 9. 1968, AAPD 1968, Dok. 279, S. 1079–1081, hier S. 1079; Gespräch des Bundesministers Brandt mit dem französischen Außenminister Debré in Paris, 7. 9. 1968, AAPD 1968, Dok. 287, S. 1108–1115, hier S. 1112.

[73] Rede des belgischen Außenministers, Pierre Harmel, vor der Organisation europäischer Juristen [d.i. Journalisten, H.T.] in Val Duchesse am 3. 10. 1968 (Auszug), in: EA 23 (1968), S. D609–D612. Zu den Harmel-Vorschlägen und ihrer Diskussion in der WEU siehe die ausführliche Darstellung in Dujardin, Harmel, S. 469–538, und Dransfeld, Westeuropäische Union, S. 252–257.

WEU-Tagung die Prüfung der Möglichkeiten einer engeren politischen und militärischen Zusammenarbeit im europäischen Rahmen zu beschließen. Damit solle nicht der WEU-Rat beauftragt werden, sondern eine spezielle Arbeitsgruppe der Regierungen. Die Arbeitsgruppe könne ihre Studie dann dem nächsten WEU-Ministerrat im Februar 1969 vorlegen.[74] Mit der Beauftragung einer Arbeitsgruppe wollten die Benelux-Staaten offensichtlich das Einstimmigkeitsprinzip des WEU-Rats umgehen.

Außenminister Brandt erläuterte im Gespräch mit dem britischen Außenminister Stewart am 11. September die deutsche Position. Es sei keine schlechte Idee, bis zur nächsten Ministerratstagung ein Mandat zu erteilen; die Erfolgsaussichten seien jedoch nicht allzu hoch. Stewart hoffte, dass Frankreich kein Veto einlegen werde. Brandt wies in diesem Zusammenhang noch einmal auf das besondere deutsch-französische Verhältnis und die psychologische Situation in der Bundesrepublik hin: „[N]ach den Ereignissen in der Tschechoslowakei, den sowjetischen Drohungen und den Unklarheiten in unserem Verhältnis zu den USA"[75] könne man dem deutschen Volk jetzt nicht auch noch eine Enttäuschung über Frankreich zumuten. Brandt forderte Stewart zu mehr britischen Initiativen auf, da das Verhältnis zu Frankreich so schwierig geworden sei. Die deutsche Seite könne keine Vorschläge unterbreiten, die den Eindruck erweckten, als wolle man Frankreich ausschließen. Über Vorschläge von anderer Seite werde man jedoch nach Maßgabe der eigenen Interessen entscheiden.[76]

Brandt resümierte die New Yorker Gespräche anschließend für die Staatssekretäre des Auswärtigen Amts. Er habe deutlich gemacht, dass die Bundesregierung gegen die Schaffung neuer Institutionen sei, man jedoch die Stärkung des WEU-Generalsekretariats für sinnvoll halte. Die Staatssekretäre wies Brandt darauf hin, dass man das eigene Verhalten nicht allein an Paris ausrichten dürfe. Die Haltung der Bundesregierung auf der nächsten WEU-Sitzung sei auch als ein Test der Briten, Italiener und Amerikaner zu sehen, ob die Bundesregierung bereit sei, eine selbständige Außenpolitik zu betreiben. Brandt warnte davor, sich in ein „Intrigenspiel"[77] verwickeln zu lassen.

War Brandt langsam geneigt, den Druck auf Frankreich zu verstärken? Deprimiert berichtete der Außenminister nach Bonn, wie enttäuschend die französische Haltung zur Bundesrepublik auf der UN-Versammlung gewesen sei. Débres Beitrag in der Generaldebatte sei durch eine „hervorgehobene Distanzierung"[78] zur Bundesrepublik charakterisiert gewesen. Außerdem habe Debré in Gesprächen erneut der Bundesrepublik die Mitschuld an den Prager Ereignissen zugewiesen.[79] Zusammengenommen mit den erbärmlichen Ergebnissen der deutsch-französischen Konsultationen von Ende September und dem kühlen Abblitzen der deutschen EWG-Initiative vom 27. September durch Debré[80], muss der Frust in der Bundesregierung sehr groß gewesen sein.

---

[74] Drahtbericht des Botschafters Böker und des VLR I Behrends, New York, an das AA betr. belgische Initiative zur Belebung der Westeuropäischen Union, 8. 10. 1968, PAAA, B21, Bd. 736.

[75] Botschafter Böker, New York, an das AA, 11. 10. 1968, AAPD 1968, Dok. 336, S. 1321–1324, hier S. 1323.

[76] Ebd.

[77] Drahtbericht Brandts, z.Zt. Santiago de Chile, an die Staatssekretäre des AA betr. New Yorker Besprechungen über Fragen der europäischen Zusammenarbeit, 12. 10. 1968, PAAA, B150, Bd. 138, S. 7035–7039, hier S. 7037.

[78] Ebd., S. 7039.

[79] Zu den französischen Vorwürfen siehe ausführlicher das Kap. IV. 4.

[80] Siehe hierzu ausführlich die Kap. IV. 1. und IV. 2.

Am 17. Oktober überreichte die belgische Botschaft dem Auswärtigen Amt ein Aide-Mémoire, in dem die Grundzüge der Ausführungen Harmels auf der WEU-Sitzung in Rom dargelegt waren. Harmel forderte die WEU-Minister auf, eine Sondergruppe mit der Untersuchung von Fortschritten in der europäischen Zusammenarbeit zu beauftragen. Diese könne im Januar 1969 ihren Bericht präsentieren, so dass die Ergebnisse auf der Ministerratstagung im Februar diskutiert werden könnten. Insbesondere sollte eine verstärkte Zusammenarbeit in der Außen- und Verteidigungspolitik geprüft werden. Für den Bereich der Außenpolitik schlug Harmel obligatorische Konsultationen über Themen aus einer jährlich festzulegenden Liste vor, die den Stellungnahmen der Regierungen vorangehen sollten. Dies könne beispielsweise die Beziehungen zu anderen westeuropäischen Staaten, die Haltung zu den osteuropäischen Staaten oder internationale Krisen betreffen. In der Verteidigungspolitik könne eine enge technische Zusammenarbeit erfolgen, aber auch eine verstärkte Zusammenarbeit der europäischen Staaten in der Allianz organisiert werden.[81]

Noch am selben Tag übermittelte Staatssekretär Duckwitz Außenminister Brandt, der an seinen Aufenthalt in New York noch eine Südamerikareise angeschlossen hatte, die vorgesehene Haltung der deutschen Delegation auf der WEU-Ministerratstagung in Rom zur Genehmigung. Die Bundesregierung begrüße den Harmel-Vorschlag grundsätzlich und sei zu einer verstärkten Zusammenarbeit bereit. Einer Studiengruppe könne man zustimmen, wenn sie durch den Ministerrat eingesetzt werde und diesem auch Bericht erstatte. Der Vorschlag müsse somit einstimmig angenommen werden. Außerdem solle das Mandat so allgemein formuliert sein, dass ihm alle zustimmen könnten. Für den Fall, dass keine Einigung zustande komme, solle die deutsche Delegation eine erneute Behandlung bei der nächsten Ministerratstagung vorschlagen oder zumindest auf einer „Reflexionspause" der Regierungen bestehen. Der Vorschlag, neue Institutionen zu schaffen, werde abgelehnt, stattdessen solle die WEU und ihr Apparat besser genutzt werden. Eine Verstärkung der politischen Konsultationen sei auch ein Anliegen der Bundesregierung. Diese solle langfristig zu einer abgestimmten Haltung in bestimmten Fragen führen. Eine verbesserte verteidigungspolitische Zusammenarbeit werde unterstützt, dürfe jedoch die NATO nicht beeinträchtigen.[82]

Brandt modifizierte die Verhandlungsposition in einem entscheidenden Punkt. Danach solle, auch wenn es wahrscheinlich nicht nötig sei, der Studiengruppe die Möglichkeit eingeräumt werden, organisatorisch-institutionelle Neuerungen zu erörtern. Abschließend wies Brandt mit einer Spitze gegen Frankreich erneut darauf hin, dass man in Rom nicht den Eindruck einer Abhängigkeit von anderen erwecken dürfe. Auch dürfe man nicht wortbrüchig erscheinen.[83]

Um deutsch-französische Differenzen in Rom zu vermeiden, diskutierte Ministerialdirektor Frank in Paris mit seinem französischen Kollegen Jacques de Beaumarchais die Vorgehensweise in der WEU. Beaumarchais unterstrich, dass man von französischer Seite einer Aufnahme der Vorschläge Harmels in die Tagesordnung nur zustimmen werde, wenn damit keine Einsetzung einer Studiengruppe verbunden sei. Dies habe Debré bereits Harmel mitgeteilt. Falls doch über die Studiengruppe abgestimmt werde, stimme

---

[81] Aide-Mémoire der belgischen Regierung, 17. 10. 1968, PAAA, B150, Bd. 138, S. 7110–7124.

[82] Staatssekretär Duckwitz an Außenminister Brandt betr. Harmel-Vorschläge zur Europapolitik, 15. 10. 1968, PAAA, B150, Bd. 138, S. 7063–7066.

[83] Außenminister Brandt, z.Zt. Santiago de Chile, an Staatssekretär Duckwitz und Botschaft Paris, 17. 10. 1968, PAAA, B150, Bd. 138, S. 7125 f.

Frankreich dagegen. Abteilungsleiter Frank erklärte daraufhin, dass die Bundesregierung eine Studiengruppe befürworte. Interesse der Bundesregierung sei es, in Rom eine „6 zu 1"-Gruppierung und den dazugehörigen Eklat zu vermeiden. Dazu müsse Frankreich aber auch Entgegenkommen zeigen und einem Kompromiss zustimmen. Die beiden erörterten daraufhin die Möglichkeit, die Studiengruppe fest im WEU-Rahmen zu verankern, wodurch Frankreich sich jederzeit in die Diskussion einschalten könne. Eventuell könne man auch die Ständigen Vertreter, statt einer Studiengruppe, mit der Ausarbeitung der Studie beauftragen. Beaumarchais machte deutlich, dass auf keinen Fall Verteidigungsfragen diskutiert werden könnten, wollte aber ansonsten den Vorschlag seinem Außenminister vorlegen. Am nächsten Morgen präsentierte Beaumarchais ein Mandat an die Ständigen Vertreter, auf dem Gebiet der Außenpolitik verbesserte Konsultationsmöglichkeiten in der WEU zu untersuchen. Die Ständigen Vertreter sollten die Ergebnisse dann ihren Regierungen vorlegen. Frank bezeichnete das Mandat als positiven Schritt. Es sei jedoch zu wenig, wenn nur der jeweiligen Regierung berichtet werde. Am Ende müsse ein gemeinsamer Bericht stehen. In seiner Stellungnahme empfahl Frank, der das französische Mandat als nicht substanziell genug ansah, nach der Anhörung Harmels auf der Ratstagung eine genaue Prüfung der Vorschläge durch die Regierungen anzuregen. Das Einsetzen einer Studiengruppe solle solange zurückgestellt werden.[84]

Die Bundesregierung befand sich also wieder in einer prekären Lage. Die vom Parlamentarischen Staatssekretär im Auswärtigen Amt, Gerhard Jahn, geleitete deutsche Delegation hatte die Anweisung, das Einsetzen einer Studiengruppe zu befürworten, obwohl sich dagegen französischer Widerstand abzeichnete. Um Frankreich von deutscher Seite entgegenzukommen, durfte die deutsche Delegation auch einem Prüfauftrag an die Ständigen Vertreter zustimmen.[85] Eine zu deutliche Entscheidung für die französische Seite oder aber für die anderen Fünf musste aber auf jeden Fall vermieden werden, denn die Bundesregierung setzte große Hoffnungen in die Weiterbehandlung der deutschen EWG-Initiative im Ministerrat am 5. November. Ein Eklat auf der WEU-Tagung, eventuell sogar ein Bruch zwischen den WEU-Mitgliedern hätte die deutsche Initiative in der EWG erledigt. Die Strategie der Bundesregierung wurde daher vom Auswärtigen Amt so vorsichtig konzipiert, „daß Voraussetzungen für die Erörterung unserer Vorschläge am 4./5. 11. nicht verbaut werden dürfen"[86]. Die deutsche Delegation musste also versuchen, die Behandlung der Fragen unter Wahrung des Einstimmigkeitsprinzips im WEU-Rahmen zu halten und, wenn dies nicht gelingen sollte, eine Vertagung anzuvisieren.[87]

Die Ministerratstagung in Rom wurde zusätzlich durch ein belgisches Manöver belastet, das aus französischer Sicht sehr zwielichtig erscheinen musste.[88] Davignon hatte vor der

---

84 Drahtbericht des Ministerialdirektors Frank an die Staatssekretäre des AA betr. Harmel-Initiative zur Verstärkung der europäischen Zusammenarbeit, 18. 10. 1968, PAAA, B150, Bd. 138, S. 7164–7167.

85 Aufzeichnung des Botschafters von Braun, Paris, 18. 10. 1968, PAAA, Nl von Braun, Bd. 124; Staatssekretär Duckwitz an Staatssekretär Carstens, Bundeskanzleramt, 23. 10. 1968, AAPD 1968, Dok. 353, S. 1371–1374, hier S. 1373.

86 Aufzeichnung des Ministerialdirigenten von Staden betr. handelspolitisches Arrangement – Westeuropäische Union – Regierungserklärung vom 18. 10. 1968, 17. 10. 1968, PAAA, B2, Bd. 182; Vermerk des Ministerialdirigenten von Staden betr. Initiative des belgischen Außenministers zur Verstärkung der europäischen Zusammenarbeit, 15. 10. 1968, PAAA, B21, Bd. 736.

87 Ebd.

88 Hierzu und zu dem Folgenden: Staatssekretär Lahr an Bundesminister Brandt, z.Zt. Berlin (West), 30. 10. 1968, AAPD 1968, Dok. 362, S. 1417–1421; Aktenvermerk des Botschafters von Braun, Paris,

Konferenz mit Beaumarchais vereinbart, aus Rücksicht auf die französische Haltung keine Studiengruppe vorzuschlagen, sondern die Ständigen Vertreter mit der Prüfung der Fragen zu beauftragen. Diese Vorgehensweise konnten die Belgier jedoch offensichtlich nicht bei den Niederländern und Briten durchsetzen, so dass sie fünf Minuten vor der entscheidenden Sitzung den französischen Vertreter Jean de Lipkowski informierten, jetzt doch wieder einen Antrag auf Einsetzung einer Studiengruppe zu stellen. Die französische Regierung fühlte sich dadurch hintergangen und legte erwartungsgemäß ihr Veto ein. Durch diese Vorgehensweise und die anschließende öffentliche Kritik an der starren Haltung Frankreichs sah sich die französische Regierung absichtlich an den Pranger gestellt und warf einigen Partnern „diplomatischen Terrorismus"[89] vor. Als Ergebnis der römischen Ratstagung ließ sich nur erreichen, dass der nächste Ministerrat in Luxemburg am 6./7. Februar 1969 in angemessener Weise vorbereitet werden sollte.[90]

Am Abend nach diesem WEU-Debakel versammelte der italienische Außenminister Medici die Vertreter der anderen WEU-Mitglieder außer Frankreich zu einem informellen Gespräch in einem Saal des italienischen Außenministeriums. Dort warb der britische Außenminister Stewart für die Einsetzung einer Arbeitsgruppe zu sechst außerhalb der WEU. Die deutsche Delegation, deren Mandat eine solche Aktion nicht abdeckte, erklärte daraufhin, dass ein solcher Schritt eine Kabinettssache sei und man sich daher nicht beteiligen könne. Auch Belgien und Luxemburg äußerten Vorbehalte. Der belgische Vertreter schlug schließlich vor, dass sich die sechs Außenminister am Rande der NATO-Ministerratstagung im November in Brüssel über das weitere Vorgehen absprechen sollten.[91]

Nach diesen ständigen Querelen mit der französischen Regierung in den europäischen Institutionen verlor Außenminister Brandt langsam die Geduld mit dem französischen Partner. Am 23. Oktober schrieb Brandt an Kiesinger, dass ihm die weitere Entwicklung der deutschen Europapolitik nach Ost und West Sorgen bereite. Insbesondere hinsichtlich der Westeuropapolitik gebe es noch Klärungsbedarf. Er lehne zwar nach wie vor eine anti-französische Orientierung ab, man dürfe sich jedoch nicht von Paris abhängig machen.[92] Staatssekretär Lahr wies am 29. Oktober seinen französischen Kollegen de Lipkowski darauf hin, dass man in der Bundesrepublik sehr enttäuscht über die Entwicklung der europäischen Einigung nach dem WEU-Treffen sei. Dabei überwiege der Eindruck, dass Frankreich an der Stagnation schuld sei. Man fordere immer stärker ein Vorgehen zu sechst ohne Frankreich.[93] Vertraulich berichtete Staatssekretär Lahr am folgenden Tag dem deutschen Botschafter in Paris, von Braun, dass Außenminister Brandt „mehr und mehr zu der Ansicht neige, dass man ohne Frankreich vorgehen solle. Inwieweit sich der Kanzler zu dieser Ansicht durchgerungen habe, sei noch offen."[94]

Als am 26. Oktober der britische Außenminister Stewart Brandt kontaktierte und ihm den 14. November als Termin für ein Treffen der Sechs am Rande der NATO-Tagung vor-

über ein Gespräch mit Staatssekretär de Lipkowski am 17. 12. 1968, 19. 12. 1968, PAAA, Nl von Braun, Bd. 124.

89 So Staatssekretär de Lipkowski vor der Presse, AAPD 1968, S. 1417 f., Anm. 2.

90 Aufzeichnung des Ministerialdirektors Frank betr. WEU/Harmel-Vorschläge, 2. 1. 1969, PAAA, B1, Bd. 326.

91 Ebd.; „WEU-Tagung. Schöne Dinge", in: Der Spiegel Nr. 44 vom 28. 10. 1968, S. 29.

92 Brandt an Kiesinger, 23. 10. 1968, PAAA, B150, Bd. 139, S. 7238 f.

93 Aktenvermerk von Botschafter von Braun, 30. 10. 1968, PAAA, Nl von Braun, Bd. 124.

94 Ebd.

schlug, wartete Brandt zunächst das französische Verhalten auf der EWG-Ministerratstagung am 4./5. November ab.[95] Durch die konstruktive Haltung der französischen Delegation auf der EWG-Ministerratstagung, die einen kleinen Fortschritt für den deutschen Vorschlag eines Handelsarrangements ermöglichte, gelang es der französischen Regierung, die Wogen wieder etwas zu glätten.[96] Brandt antwortete daraufhin dem britischen Außenminister am 5. November, dass seiner Meinung nach auch der französische Außenminister zu dem Treffen am Rande der NATO-Tagung eingeladen werden müsse. Es gelte, den Eindruck einer Gruppenbildung zu sechst in der WEU zu vermeiden.[97]

Am 14. November trafen sich dann die Außenminister ohne den französischen Kollegen Debré, der eine sehr kurzfristige Einladung nicht angenommen hatte, während der NATO-Tagung in der britischen Botschaft in Brüssel. Dort waren die Briten, Niederländer und Italiener bereit, ohne Frankreich mit einer Zusammenarbeit in der Außen- und Verteidigungspolitik zu beginnen. Brandt wünschte dagegen eine Weiterbehandlung der Harmel-Vorschläge im Rahmen der WEU. Die Bundesregierung sei zu einer verstärkten außenpolitischen Zusammenarbeit bereit; Verteidigungsfragen seien jedoch in der NATO besser aufgehoben. Die Außenminister waren sich einig, dass die Luxemburger Ratstagung sehr gut vorbereitet werden müsse, so dass eine substanzielle Erörterung der Harmel-Vorschläge möglich sei. Die Briten schlugen daraufhin vor, dass die italienische Seite die Ergebnisse des Außenministertreffens als Unterlage für die weiteren Gespräche fixieren solle. Dabei könnten die Italiener von den anderen Ländern unterstützt werden. Dieser Vorschlag wurde akzeptiert, wobei Brandt betonte, dass es sich bei der Ausarbeitung um ein italienisches Papier handeln müsse, da es nicht hilfreich sei, ein Papier der Sechs in der WEU vorzulegen. Die Bundesrepublik stehe den Italienern für Konsultationen zur Verfügung, sei aber nicht bereit, an einer organisierten Arbeitsgruppe der Sechs teilzunehmen.[98]

Nachdem Frankreich seine Teilnahme an der Beratung des italienischen Papiers abgesagt hatte, präsentierte die italienische Seite am 25. November ihren ersten Entwurf den Vertretern der anderen fünf Regierungen. Das Auswärtige Amt, das von Botschafter Herwarth vertreten wurde, war geschockt über die „[e]hrgeizige Anlage des italienischen Papiers“[99], das die Vorschläge Harmels paraphrasierte und nicht die Ergebnisse des Außenministertreffens in Brüssel zusammenfasste. Ministerialdirektor Frank sah das italienische Papier auf einer Linie mit der bisherigen Haltung der Niederlande und Großbritanniens, „es bei der Ratstagung in Luxemburg zu einem großen ‚show-down‘ kommen zu lassen, um Zusammenarbeit gegebenenfalls ohne Frankreich zu organisieren“[100].

Die Italiener überarbeiteten das Papier daraufhin. Die neue Fassung sah immer noch obligatorische Konsultationen in bestimmten außenpolitischen Fragen vor, die in einer umfangreichen Themenliste zusammengefasst werden sollten. Vor einer Stellungnahme einer einzelnen Regierung sollten abgestimmte Äußerungen angestrebt werden. Politische Aspekte der Verteidigungsfragen sollten im WEU-Rat geprüft werden. Außerdem

95 Stewart an Brandt, 26. 10. 1968, PAAA, B1, Bd. 325.
96 Siehe hierzu Kap. IV. 2.
97 Brandt an Stewart, 5. 11. 1968, PAAA, B1, Bd. 325.
98 Aufzeichnung des Ministerialdirektors Frank betr. WEU/Harmel-Vorschläge, 2. 1. 1969, PAAA, B1, Bd. 326. Vgl. dazu Kramer, Politische Union, S. 241, die behauptet, die Arbeitsgruppe sei trotz eines französischen Vetos eingesetzt worden.
99 Ebd.
100 Ebd.

strebte man eine Standardisierung der Waffen und eine gemeinsame Rüstungsproduktion an. Daneben sollte der WEU-Rat auch eine regelmäßige Überprüfung der Konjunktur vornehmen.[101]

Die weitere Vorgehensweise in der WEU besprach Außenminister Brandt am 10. Dezember am Rande der EWG-Ratstagung mit den Außenministern Harmel und Debré. Dabei betonte Brandt im Hinblick auf die vorgesehenen obligatorischen Konsultationen, dass es aus seiner Sicht sinnvoller sei, wenn jeder Staat die politischen Themen, die ihn interessierten, ohne Veto diskutieren lassen könne. Außerdem wies Brandt noch einmal darauf hin, dass man nur die außenpolitische Zusammenarbeit verstärken solle. Die anderen angesprochenen Themen seien in anderen Institutionen besser aufgehoben.[102]

Gegenüber den Italienern legte das Auswärtige Amt am 14. Dezember dar, dass man das italienische Papier „als Beitrag für die Fortsetzung der Behandlung der Harmel-Vorschläge"[103] betrachte. Das Papier erleichtere es dem Rat, „im freien und substantiellen Gedankenaustausch möglichst zu Fortschritten zu gelangen"[104]. Damit wollte die Bundesregierung verhindern, dass die italienische Ausarbeitung als von allen gebilligt interpretiert würde. Die italienische Regierung reagierte darauf sehr enttäuscht. Die „[d]eutsche Stellungnahme höhle italienisches Papier [sic!] soweit aus, daß von wirklicher Unterstützung oder gemeinsamer Position kaum gesprochen werden könne"[105]. Diese Reaktion, die auch von den Briten geteilt wurde, habe laut Ministerialdirektor Frank deutlich gemacht, dass man in Italien geglaubt habe, das Papier sei nur formal ein italienisches. Anscheinend hätten die Italiener in dem Beschluss vom 14. November deutscherseits einen Ersatz für die nicht zustande gekommene Arbeitsgruppe zu sechst gesehen.[106]

Die Bedenken gegen das italienische Papier übermittelte die deutsche Botschaft in Paris am 18. Dezember auch dem französischen Außenministerium. Der deutsche Botschaftsmitarbeiter unterstrich dabei, dass es sich um ein italienisches Papier handele. Albert Fequant, der Unterabteilungsleiter Westeuropa am Quai d'Orsay, betonte, das italienische Papier übernehme im Kern die Harmel-Vorschläge, und nach den Vorfällen auf der römischen WEU-Tagung sei in der französischen Regierung alles, was mit dem Namen Harmel zusammenhänge, ein rotes Tuch. Außenminister Debré bezeichnete das italienische Papier gegenüber Botschafter von Braun als indiskutabel.[107]

Anfang Januar 1969 trat die Debatte um die Harmel-Vorschläge kurzzeitig zurück, denn aus den Niederlanden kamen Gerüchte über eine große europäische Außenministerkonferenz als „zweite Messina-Konferenz" auf. Außenminister Luns plante, im Frühjahr 1969 eine solche Konferenz nach Den Haag einzuberufen. Teilnehmen sollten die sechs EWG-Länder, die vier Beitrittskandidaten sowie Schweden, die Schweiz und Österreich.

---

[101] Ebd.; für Auszüge aus dem italienischen Papier siehe AAPD 1968, S. 1566, Anm. 8.
[102] Aufzeichnung des Ministerialdirektors Frank betr. WEU/Harmel-Vorschläge, 2. 1. 1969, PAAA, B1, Bd. 326; Gespräch des Bundesministers Brandt mit dem französischen Außenminister Debré in Brüssel, 10. 12. 1968, AAPD 1968, Dok. 405, S. 1565–1570, hier S. 1566 f.
[103] Aufzeichnung des Ministerialdirektors Frank betr. WEU/Harmel-Vorschläge, 2. 1. 1969, PAAA, B1, Bd. 326.
[104] Ebd.
[105] Ebd.
[106] Ebd.
[107] Drahtbericht des Botschafters von Braun, Paris, betr. WEU/Harmel-Vorschläge, 20. 12. 1968, PAAA, B21, Bd. 717.

Als Ausgangspunkt der Konferenz sollten die Beschlüsse des Europäischen Parlamentarier-Kongresses vom 8./9. November 1968[108] dienen. Die niederländische Regierung wollte zunächst die Bereitschaft der anderen Regierungen zu einer solchen Konferenz in Erfahrung bringen und dann die weitere Ausgestaltung der Konferenz vornehmen.[109]

Staatssekretär Duckwitz legte in einem Drahterlass vom 10. Januar 1969 die deutsche Haltung fest. Die Bundesregierung stehe dem Gedanken einer europäischen Außenministerkonferenz positiv gegenüber. Eine endgültige Entscheidung könne man jedoch erst treffen, wenn nähere Einzelheiten über den Ablauf der Konferenz bekannt seien. Aus Sicht der Bundesregierung komme es wesentlich darauf an, dass eine solche Konferenz gut vorbereitet werde und zu konkreten Ergebnissen führe. Ansonsten werde dem Gedanken der europäischen Einigung durch eine solche Aktion Schaden zugefügt.[110]

Außenminister Luns erläuterte wenige Tage später dem deutschen Botschafter Arnold, dass er seinen Vorschlag nicht nur aus persönlichem Engagement, sondern auch aufgrund des parlamentarischen Drucks ins Spiel gebracht habe. Alle Regierungen hätten sich grundsätzlich positiv geäußert bis auf Frankreich und Großbritannien. Wie Luns weiter ausführte, fürchteten die Briten durch eine niederländische Initiative zum jetzigen Zeitpunkt negative Auswirkungen auf die bevorstehende Luxemburger WEU-Ministerratstagung. Von niederländischer Seite sehe man der Luxemburger Tagung zwar skeptisch entgegen, sei jedoch bereit, den Vorschlag einer großen europäischen Außenministerkonferenz zunächst ruhen zu lassen und erst nach der Luxemburger Tagung mit konkreten Angaben an die anderen Regierungen heranzutreten.[111]

Unterdessen hatten die Italiener ihr WEU-Papier noch einmal überarbeitet und am 9. Januar eine neue Version präsentiert. Das Papier sah immer noch obligatorische Konsultationen zu außenpolitischen Fragen vor, die vorher festgelegt werden sollten. Italien legte dafür eine umfangreiche Themenliste vor, zu der unter anderem die politische Organisation Westeuropas, das Verhältnis zu den USA und zu der UdSSR, europäische Aspekte der Sicherheit und Verteidigung sowie die Rolle der europäischen Kernwaffenstaaten bei der europäischen Verteidigung gehörten.[112] Bei einer solchen Liste war klar, dass das auf seine verteidigungspolitische Unabhängigkeit bedachte Frankreich keinesfalls mitmachen würde. Dementsprechend verdeutlichte das Auswärtige Amt in einer Stellungnahme gegenüber der italienischen Regierung, dass das italienische Memorandum den deutschen Bedenken überwiegend nicht Rechnung trage. Insbesondere treffe dies

---

[108] Die Parlamentarier forderten in einer Erklärung einen Ausbau der Europäischen Gemeinschaften, zu dem auch eine Erweiterung um Großbritannien und andere interessierte Staaten gehören müsse. Wenn dies nicht möglich sei, sollten die Regierungen nach Möglichkeiten suchen, in Bereichen außerhalb der Römischen Verträge eine Zusammenarbeit durch die Schaffung neuer Organe herbeizuführen. Siehe Erklärung des Europäischen Parlamentarier-Kongresses am 8. und 9. November 1968, in: EA 23 (1968), S. D616 f. Zur Vorbereitung und zum Ablauf des Kongresses durch die Bundesregierung, für die Außenminister Brandt sprach, siehe die entsprechenden Aufzeichnungen in PAAA, B1, Bd. 326; BaK, B136 (Bundeskanzleramt), Bd. 6415, sowie das Gespräch des Bundeskanzlers Kiesinger mit dem britischen Abgeordneten Sandys, 23. 10. 1968, AAPD 1968, Dok. 352, S. 1368–1370. Die Rede Brandts, der sich zum Unmut vieler Parlamentarier für ein vorsichtiges, nicht gegen Frankreich gerichtetes Vorgehen in der Erweiterungsfrage einsetzte, findet sich in Auszügen in: Brandt, Reden und Interviews 1968–1969, S. 90 f.

[109] Drahtbericht des Botschafters Arnold, Den Haag, an das AA, 3. 1. 1969, PAAA, B150, Bd. 144, S. 42 f.

[110] Drahterlass des Staatssekretärs Duckwitz, 10. 1. 1969, PAAA, B150, Bd. 144, S. 201f.; Vermerk Brandts über ein Gespräch mit Bundeskanzler Kiesinger, 7. 1. 1969, AdsD, WBA, Bestand Außenminister, Mappe 18.

[111] Drahtbericht des Botschafters Arnold, Den Haag, an das AA, 21. 1. 1969, PAAA, B150, Bd. 145, S. 466 f.

[112] AAPD 1969, S. 63, Anm. 18.

für die deutsche Anregung zu, dass jede Regierung in der Auswahl der zu konsultierenden Themen frei sein müsse.[113]

Auf dieser Linie argumentierte auch Staatssekretär Duckwitz gegenüber den Briten. Man halte von deutscher Seite eine Liste für obligatorische Konsultationen nicht für sinnvoll. Man könne Konsultationen nicht erzwingen. Stattdessen solle jedes Mitglied selbst entscheiden, was es diskutieren wolle. Den Briten, die auf eine deutsche Unterstützung für das italienische Papier drängten, gestand Duckwitz zumindest zu, dass man mit einer Vorlage der italienischen Ausarbeitung in Luxemburg einverstanden sei. Eine Abstimmung darüber wünsche man jedoch nicht.[114]

Staatssekretär Lahr beriet am Rande des EWG-Ministerrats am 27. Januar 1969 mit dem belgischen Außenminister Harmel die anstehende Luxemburger WEU-Tagung. Lahr sprach sich für eine Verstärkung der außenpolitischen Konsultation aus, warnte aber vor Kampfabstimmungen und „Sonderbündelei"[115]. Frankreich werde sicherlich gegen das italienische Papier stimmen, so dass man besser auf eine Abstimmung verzichte. Die Bundesregierung werde aber zustimmen, wenn Belgien eine verstärkte außenpolitische Konsultation der interessierten Mitglieder vorschlage. Lahr verhehlte auch nicht, dass es zu Schwierigkeiten kommen könne, wenn Frankreich auch diesen Weg ablehne „und auf die Unvereinbarkeit einer Gruppenbildung mit dem Unionsgedanken hinweise"[116].

Das italienische Papier wurde dann auf der Sitzung in Luxemburg diskutiert, für die Außenminister Brandt gegenüber Kiesinger resigniert „wieder ein schreckliches Gewürge"[117] vorausgesagt hatte. Die Ständigen Vertreter wurden vom Ministerrat beauftragt, alle Vorschläge zur Verbesserung der Konsultation zu überprüfen und darüber bei der nächsten Ministertagung zu berichten. Im Verlaufe der Sitzung kam es wieder zu heftigen Kontroversen über eine Verstärkung der außenpolitischen Zusammenarbeit. Die Benelux-Staaten erklärten sich bereit, bei Entscheidungen auf bestimmten Gebieten anhand einer Themenliste die WEU vorher zu konsultieren. Dem schlossen sich die Briten und Italiener an. Die deutsche Delegation erklärte sich zu freiwilligen Vorab-Konsultationen bereit. Zu obligatorischen Konsultationen könne man sich nicht äußern, solange die Liste dafür nicht bekannt sei. Der französische Vertreter de Lipkowski erklärte sich mit dem Vorschlag nicht einverstanden. Aus französischer Sicht müsse nach wie vor jeder Themenvorschlag für die Tagesordnung zunächst geprüft werden. Konsultationen ohne französische Beteiligung seien wohl denkbar, befänden sich dann aber nicht mehr im Rahmen der WEU. Die Briten erklärten sich daraufhin noch auf der Ministerratssitzung dazu bereit, sich vor der anstehenden Besprechung der vier ständigen Mitglieder des UN-Sicherheitsrats Großbritannien, USA, UdSSR und Frankreich über den Nahost-Konflikt mit den Ständigen WEU-Vertretern in London zu konsultieren. Lipkowski kritisierte das Angebot Stewarts, da eine Diskussion darüber ja im Ministerrat stattfinden könne. Frankreich sei jedoch bereit, einer Einberufung von Sondersitzungen im Krisenfall zuzustimmen.[118]

---

113 AAPD 1969, S. 166, Anm. 7.

114 Deutsch-britische Regierungsgespräche in London, 16. 1. 1969, AAPD 1969, Dok. 15, S. 58–65, hier S. 63–65.

115 Aufzeichnung des Staatssekretärs Lahr betr. außenpolitische Konsultationen in der WEU, 29. 1. 1969, PAAA, B2, Bd. 167.

116 Ebd.

117 Brandt an Kiesinger, 4. 2. 1969, ACDP, Nl Kiesinger, Bd. A001.

118 Runderlass des Staatssekretärs Lahr, z.Zt. Luxemburg, 7. 2. 1969, AAPD 1969, Dok. 50, S. 165–167.

In den nächsten Tagen machte die französische Regierung noch einmal deutlich, dass sie gegen die von Stewart angebotene Nahost-Konsultation sei.[119] Als der WEU-Generalsekretär Maurice Iweins d'Eeckhoutte am 10. Februar auf britischen Antrag hin eine Sitzung des Ständigen Rats für den 14. Februar einberief, lehnte die französische Botschaft ihre Teilnahme ab. Sie begründete diesen Schritt mit der bereits erfolgten Aussprache über das Thema in Luxemburg und machte deutlich, dass es sich bei der Sitzung aufgrund der französischen Abwesenheit um keine WEU-Sitzung handeln könne. Daraufhin lud der WEU-Generalsekretär am 12. Februar auf Bitten der britischen Delegation erneut, jedoch dieses Mal unter Hinweis auf die Dringlichkeit der Sitzung, zu einem Gedankenaustausch am 14. Februar ein. Nachdem die französische Delegation wiederum klar gemacht hatte, dass die Besprechung nicht als WEU-Sitzung ablaufen dürfe, also nicht am WEU-Sitz und ohne WEU-Generalsekretär, erkundigte sich Eeckhoutte bei den anderen sechs Regierungen, ob sie weiterhin zu einer Teilnahme bereit seien. Staatssekretär Duckwitz informierte Bundeskanzler Kiesinger am Rande eines Essens mit dem britischen Premierminister Wilson, der gerade in Bonn weilte, über die aktuelle Lage. Kiesinger entschied, dass die Bundesregierung die Einladung durch den Generalsekretär weiterhin annehme.[120] Da alle sechs Regierungen zusagten, berief der Generalsekretär die Sitzung ein, die als 362. Sitzung des Rats stattfand – ohne Frankreich.

Die Entscheidung Kiesingers ist sicherlich nur im Kontext der Ereignisse um den Wilson-Besuch zu verstehen. Wilson hatte Kiesinger über das Angebot de Gaulles an die Briten vom 4. Februar unterrichtet, in bilateralen Gesprächen die Zukunft Europas zu erörtern.[121] Kiesinger war verärgert, dass ihn die Franzosen nicht über diese weitreichende Entscheidung informiert hatten, wo er sich doch seit Beginn der Kanzlerschaft für die deutsch-französischen Beziehungen eingesetzt hatte. Außerdem sah Kiesinger in dem Schritt de Gaulles einen Gegenstand der vertraglich vorgesehenen Konsultationen zwischen Paris und Bonn, der somit zumindest die Information des Bonner Partners erfordert hätte.[122]

Nach der WEU-Sitzung über den Nahen Osten in London entbrannte ein heftiger Streit um die Legalität dieser Sitzung. Frankreich hielt die Sitzung für einen Bruch der WEU-Bestimmungen, da zu ihrer Einberufung Einstimmigkeit erforderlich gewesen sei. Dagegen berief sich die Bundesrepublik offiziell auf Art. 8, Abs. 3 des WEU-Vertrags, nach dem ein Partner das Recht hatte, eine Einberufung des Rats zu verlangen, wenn eine friedensbedrohende Situation vorlag. Die Bundesregierung verwies darauf, dass die Sitzung durch den Generalsekretär als dringlich eingestuft worden war. Pikanterweise sahen die Engländer, die aus Sicht der Bundesregierung aufgrund der friedensbedrohenden Lage eine Einberufung der Sitzung verlangt hatten, in der Sitzung keine Sondersitzung nach Art. 8, Abs. 3, sondern beriefen sich auf die in Art. 8, Abs. 2 festgelegte Bestimmung, dass der Rat ständig funktionieren muss.[123] Die Briten zielten mit ihrer Interpretation anscheinend darauf ab, weiterhin auch Tagungen abhalten zu können, an denen ein Vertragspartner

---

119 Hierzu und zu dem Folgenden: Aufzeichnung des Ministerialdirektors Frank betr. WEU, 21. 2. 1969, PAAA, B1, Bd. 327.
120 Ministerialdirektor Frank an Bundesminister Brandt und Botschaft London, 14. 2. 1969, PAAA, B150, Bd. 146, S. 1038.
121 Zur „Soames-Affäre" siehe Kap. IV. 4.
122 Gespräch des Bundeskanzlers Kiesinger mit dem französischen Außenminister Debré, 10. 3. 1969, ACDP, Nl Kiesinger, Bd. 290.
123 Aufzeichnung des Ministerialdirektors Frank betr. WEU, 21. 2. 1969, PAAA, B1, Bd. 327.

nicht teilnahm. Kiesinger, geschockt von der heftigen Reaktion der Franzosen, ruderte auch gleich wieder zurück. Im Gespräch mit Botschafter Seydoux am 18. Februar zog er die juristische Interpretation des Auswärtigen Amts in Zweifel. Der Rat könne zwar in einer friedensbedrohenden Situation ohne Einstimmigkeit einberufen werden, doch neige er in der Frage, ob diese Situation gegeben sei, eher der französischen Auffassung zu.[124]

Die französische Regierung war die Auseinandersetzungen um die WEU leid und zog am 19. Februar die Konsequenzen. Sie erklärte, so lange den Sitzungen fernzubleiben, bis die Einstimmigkeitsregel wieder von allen Partnern akzeptiert werde.[125] Die französische Regierung hoffte, dass sich die Bundesregierung ihrer Haltung anschließen werde und auch an den zweiwöchentlichen WEU-Routinesitzungen nicht mehr teilnehmen werde. Die Bundesregierung stellte sich jedoch auf den Standpunkt, dass über die Routinesitzungen bereits vor einiger Zeit eine einstimmige Übereinkunft erzielt worden sei, so dass die Routinesitzungen gedeckt seien. Eine einstimmige Beschlussfassung sei daher nur für Sitzungen, die außerhalb des regelmäßigen Turnus stattfänden, erforderlich.[126] Mit dieser Begründung nahm die Bundesregierung in der Folgezeit weiterhin an den Sitzungen teil. Dort schlug sie sich jedoch nicht auf die Seite ihrer anderen Partner, sondern nahm auch hier wieder eine vermittelnde Rolle ein. Solange Frankreich den WEU-Sitzungen fernblieb, verhinderte die Bundesregierung substanzielle Beschlüsse der WEU, indem sie ihren Vertreter anwies, nur Beschlüssen zuzustimmen, die französische Interessen nicht verletzten.[127] Vor allem die von ihren Partnern angestrebte Koordinierung der Außenpolitik hielt die Bundesregierung ohne Frankreich nicht für sinnvoll.[128] Sie versuchte daher, die vorhandenen Ansätze „auszutrocknen"[129]. Damit muss auch der kürzlich vorgetragenen Behauptung widersprochen werden, die französische Blockadepolitik habe Fortschritte in der politischen Konsultation nicht verhindert.[130] Parallel zu ihrer Verhinderungstaktik im Bereich der politischen Konsultationen bemühte sich die Bundesregierung immer wieder vergeblich, die Franzosen zu einer Mitarbeit an den Sitzungen zu bewegen.[131] Frankreich beteiligte sich aber erst ab Juni 1970 wieder an den Ratssitzungen.[132]

---

[124] Gespräch des Bundeskanzlers Kiesinger mit dem französischen Botschafter Seydoux, 18. 2. 1969, AAPD 1969, Dok. 67, S. 223–232, S. 223.

[125] AAPD 1969, S. 216, Anm. 4.

[126] Gespräch des Staatssekretärs des Bundeskanzleramts Karl Carstens mit dem französischen Botschafter Seydoux, 19. 2. 1969, BaK, B136 (Bundeskanzleramt), Bd. 6926.

[127] Drahterlass des Staatssekretärs Duckwitz an die Botschaft in London betr. WEU/Weiterarbeit des Rats ohne französische Teilnahme, 25. 3. 1969, BaK, B136 (Bundeskanzleramt), Bd. 6926.

[128] Aufzeichnung des Ministerialdirigenten von Staden, 5. 5. 1969, AAPD 1969, Dok. 143, S. 539–544, hier S. 540 f.

[129] Aufzeichnung der Gruppe II/1 des Bundeskanzleramts betr. WEU; hier: Ratssitzung am 26. März 1969, 26. 3. 1969, BaK, B136 (Bundeskanzleramt), Bd. 6926. Vgl. Drahterlass des Staatssekretärs Duckwitz an die Botschaft in London betr. WEU/Weiterarbeit des Rats ohne französische Teilnahme, 25. 3. 1969, BaK, B136 (Bundeskanzleramt), Bd. 6926; Carstens an Duckwitz, 5. 9. 1969, BaK, B136 (Bundeskanzleramt), Bd. 6926; Duckwitz an Carstens, 10. 9. 1969, BaK, B136 (Bundeskanzleramt), Bd. 6926.

[130] Pine, British Personal Diplomacy, S. 75 f. Diese These begründet Melissa Pine mit dem Verweis auf eine Behandlung des nigerianischen Bürgerkriegs im WEU-Rat am 12. März 1969. Die WEU hatte jedoch auch schon vorher außenpolitische Themen diskutiert. Das Neue an den Harmel-Vorschlägen und der Entscheidung auf der Luxemburger Ratstagung war jedoch, dass sich die Länder verpflichten sollten, sich zu bestimmten Themen vor einer Entscheidung zu konsultieren. Dazu kam es aber nicht.

[131] Siehe hierzu u. a. das Gespräch des Bundesministers Brandt mit dem Staatssekretär im französischen Außenministerium, de Lipkowski, in Paris, 13. 3. 1969, AAPD 1969, Dok. 102, S. 392–402, hier S. 395–397.

[132] Kramer, Politische Union, S. 248.

Der begrenzte Konflikt, den die Bundesregierung in der WEU-Frage mit Frankreich gesucht hatte, erwies sich insgesamt als völlig kontraproduktiv. Die Bundesrepublik, die sich seit längerem um einen Ausbau der WEU bemühte, hatte zunächst versucht, die Harmel-Initiative zu entschärfen, aber gleichzeitig eine vorsichtige Verstärkung der politischen Konsultationen in der WEU herbeizuführen. Diese sollten so ausgestaltet sein, dass sie auch für Frankreich akzeptabel waren. Unter dem Eindruck der Bewegungslosigkeit in der französischen Europapolitik näherte sich Außenminister Brandt jedoch in einem gewissen Rahmen den Positionen der anderen fünf WEU-Partner an. Die vermittelnde Tendenz der Bundesregierung, verbunden mit einer vorsichtigen Distanzierung von Frankreich, wurde jedoch immer mehr durch den offensichtlichen Konfrontationskurs erschwert, den vor allem die Briten und die Italiener gegen die Franzosen steuerten. Die in Frankreich geäußerte Befürchtung, dass die WEU zu einer „Berufungsinstanz für britische Wünsche in Bezug auf die EWG“[133] umfunktioniert werden solle, ist daher nicht ganz von der Hand zu weisen. Somit mussten auch die Vermittlungsversuche der Bundesregierung und das Brückenbauen in beide Richtungen scheitern. Trotz der Warnungen aus Paris hatte man in der Bundesregierung eine erneute französische „Politik des leeren Stuhls“, dieses Mal in der WEU, als unwahrscheinlich angesehen. Die französische WEU-Blockade hatte zur Folge, dass eine Verstärkung der WEU ad acta gelegt werden musste, denn für die Bundesrepublik kam ein Ausbau der WEU ohne den französischen Partner nicht mehr in Frage. Damit war auch dieser Weg für eine Verstärkung der europäischen Einigung verbaut. Nach dem Rücktritt de Gaulles im April 1969 schrumpfte die zwischenzeitliche Bedeutung der WEU wieder, denn jetzt schien der Weg für einen Ausbau der Europäischen Gemeinschaften inklusive einer Erweiterung frei, so dass der Umweg über die WEU unnötig wurde.

4. Der Paukenschlag de Gaulles – Die „Soames-Affäre“ im Spannungsfeld der deutsch-britisch-französischen Beziehungen

Am 4. Februar 1969 wartete Staatspräsident de Gaulle mit einem überraschenden Angebot an die Briten auf. Der General schlug dem manchmal etwas übereifrigen britischen Botschafter in Paris und Schwiegersohn Winston Churchills, Christopher Soames, vor, in britisch-französischen Gesprächen auszuloten, wie ein zukünftiges Europa organisiert sein könnte. Dabei wiederholte de Gaulle seine alte Argumentation, dass ein Beitritt Großbritanniens und der anderen Beitrittskandidaten zum Gemeinsamen Markt dessen Charakter ändern werde. Das sei an sich nichts Schlechtes und könne zwischen Frankreich und Großbritannien besprochen werden. Im Laufe seines Gesprächs mit Soames, dessen genauer Wortlaut bisher noch nicht bekannt ist, entwickelte de Gaulle anscheinend auch wieder seine langfristige Vision eines geeinten, von den USA unabhängigen Europas, das über eine eigene Verteidigung verfügen werde. Dann sei die NATO überflüssig.[134]

---

[133] Gespräch des Bundesministers Brandt mit dem Staatssekretär im französischen Außenministerium, de Lipkowski, in Paris, 13. 3. 1969, AAPD 1969, Dok. 102, S. 392–402, hier S. 397.

[134] Zur französischen Darstellung des Gesprächsinhalts siehe Botschafter Freiherr von Braun, Paris, an das AA, 24. 2. 1969, AAPD 1969, Dok. 77, S. 267–270; Vaïsse, La grandeur, S. 607–614. Die britische

Die Bundesregierung erfuhr trotz der Konsultationsbestimmungen des deutsch-französischen Vertrages zunächst nichts von diesem Angebot. Erst der britische Premierminister Wilson informierte im Rahmen seines Besuches in der Bundesrepublik am 12. Februar den Bundeskanzler. Diesem britischen Schritt war ein langer Diskussionsprozess in der britischen Regierung vorausgegangen, denn man wusste zunächst nicht, wie man mit diesem Vorschlag umgehen sollte. Die britische Regierung befand sich hier in einem Dilemma: Ging man auf den Gesprächsvorschlag de Gaulles ein, könnte der französische Staatspräsident die britische Reaktion publik machen, damit die fünf, das britische Beitrittsgesuch unterstützenden EWG-Mitglieder gegen Großbritannien aufbringen und die britische Europapolitik, die in den letzten Jahren immer einen EWG-Beitritt favorisiert hatte, desavouieren. Veröffentlichte man das Angebot, könnte man die Möglichkeit einer Zustimmung de Gaulles zum britischen EWG-Beitritt wohl endgültig ad acta legen. Die britische Regierung entschied sich letztlich, de Gaulles Offerte als Falle zu interpretieren und ihre Unterstützer in der EWG über das Angebot de Gaulles in Kenntnis zu setzen. Damit nahmen die Briten eine drastische Verschlechterung des britisch-französischen Verhältnisses in Kauf.[135] Premierminister Wilson interpretierte gegenüber Kiesinger die Gedankengänge de Gaulles jedoch offensichtlich weit über das Gespräch mit Soames hinaus: De Gaulle denke anscheinend an ein Auslaufen der EWG, an deren Stelle eine Freihandelszone treten könne. Die wirtschaftlichen und politischen Weichenstellungen würden dann von einer Führungsgruppe der Franzosen, Italiener, Briten und Deutschen vorgenommen.[136] Kiesinger, für den nicht immer deutlich wurde, was dem Gespräch de Gaulle-Soames entnommen und was britische Interpretation war, zeigte sich überrascht, dass de Gaulle sich so nachdrücklich für die Auflösung der EWG eingesetzt habe. Eine Auflockerung der Gemeinschaft sei „eine schreckliche Gefahr“[137].

Mit Befriedigung nahm man auf deutscher Seite das Verhalten der Briten in dieser Angelegenheit zur Kenntnis. Die Briten hatten mit ihrer Informationspolitik unterstrichen, dass sie die „Friendly Five“ nicht hintergehen wollten und vor allem auf die Europäischen Gemeinschaften setzten. Der Besuch Wilsons in der Bundesrepublik war ein voller Erfolg, der von einer gemeinsamen deutsch-britischen Erklärung gekrönt wurde. Darin bekannten sich beide Länder zu dem gemeinsamen Ziel, die Einheit und Sicherheit Europas zu gewährleisten. Ein vereintes Europa sei ohne Großbritannien nicht denkbar. Überraschend stark waren die konkreten Passagen zum britischen Beitritt formuliert. Beide Länder verpflichteten sich, für die Verwirklichung des britischen Beitritts einzutreten. Außerdem sollten gemeinsam mit den anderen europäischen Regierungen Möglichkeiten erarbeitet werden, „die der politischen Einheit Europas neuen Auftrieb geben kön-

---

Sicht vermittelt das Gespräch des Bundeskanzlers Kiesinger mit Premierminister Wilson, 12. 2. 1969, AAPD 1969, Dok. 56, S. 186–193. Aus dem Gespräch Soames-de Gaulle entwickelten sich zahlreiche Gerüchte bis hin zu der Behauptung, de Gaulle habe die sofortige Auflösung der NATO und der EWG gefordert. Siehe dazu die diversen Aufzeichnungen des Botschafters in Paris, von Braun, PAAA, Nl von Braun, Bd. 125, passim, sowie die Berichte der anderen Botschafter, PAAA, B150, Bde. 146 und 147, passim.

135 Zur britischen Position siehe Pine, British Personal Diplomacy, S. 59–76.

136 Gespräch des Bundeskanzlers Kiesinger mit Premierminister Wilson, 12. 2. 1969, AAPD 1969, Dok. 56, S. 186–193, hier S. 187.

137 Ebd., S. 190.

nen"[138]. Im Licht der „Soames-Affäre" erhielt diese Erklärung eine besondere Bedeutung. Wie Botschafter Blankenhorn vermerkte, zeichne sich das Kommuniqué „durch eine bemerkenswerte Festigkeit des Tones"[139] aus. Insgesamt sei das deutsch-britische Treffen das bisher beste in der Kanzlerschaft Kiesingers gewesen.[140]

Damit befanden sich die deutsch-britischen Beziehungen eindeutig im Aufwind. Nicht nur die deutsch-britischen Konsultationen waren für beide Seiten äußerst befriedigend verlaufen, auch in der technologischen Zusammenarbeit zeichnete sich seit Monaten ein spektakuläres deutsch-britisches Kooperationsprojekt gemeinsam mit den Niederländern ab. Seit dem Herbst 1968 liefen bereits Gespräche über den Bau einer Gasultrazentrifuge zur Anreicherung von Uran zu friedlichen Zwecken.[141]

Dagegen hatte die „Soames-Affäre" ein merkwürdiges Licht auf die deutsch-französischen Beziehungen geworfen. Aus Sicht der Bundesregierung stand im Hintergrund der „Soames-Affäre" die französische Furcht vor einer wirtschaftlichen und damit auch politischen Dominanz der Bundesrepublik in Westeuropa.[142] Der Botschafter in Frankreich, von Braun, hielt die Stimmung gegenüber der Bundesrepublik am 26. Februar 1969 in einem Aktenvermerk fest: Seit der französischen Krise im Frühjahr 1968, den wirtschaftlichen Bemühungen der Bundesrepublik in der Tschechoslowakei und südosteuropäischen Staaten und vor allem seit der Bonner Währungskonferenz vom November 1968 werde die Bundesrepublik in Frankreich aus einem anderen Blickwinkel betrachtet. Man habe dort das Gefühl, „es mit einem potenteren und daher immer unabhängiger werdenden Deutschland zu tun zu haben"[143], das dazu auch noch in vielen Bereichen eine Zusammenarbeit mit den USA der deutsch-französischen Kooperation vorziehe. Den General habe bei seiner Ouvertüre gegenüber Soames sicherlich auch der unbehagliche Gedanke bewegt, allein mit den Deutschen im Markt zu sein. Von Braun befürchtete, dass trotz des momentan schlechten britisch-französischen Verhältnisses zukünftig doch eine Verständi-

---

[138] Gemeinsame Erklärung des britischen Premierministers Harold Wilson und des deutschen Bundeskanzlers Kurt Georg Kiesinger vom 13. Februar 1969 anlässlich des Besuchs von Wilson in Bonn, in: EA 24 (1969), S. D144 f., hier S. D145. Die deutsch-britische Erklärung kam auf Initiative des AA zustande, das gemeinsam mit den Briten das Kommuniqué vor dem Besuch Wilsons in seinen Grundzügen ausarbeitete. Dabei verzichtete die Bundesrepublik wegen des britischen Einspruchs auf die Erwähnung des Handelsarrangements. Außerdem setzten die Briten die Formulierung durch, dass beide Länder sich verpflichten, für einen britischen Beitritt einzutreten. Andererseits war die Bundesregierung nicht bereit, dem britischen Vorschlag zuzustimmen, dass „keine der beiden Regierungen Schritte ergreifen würde, die die Erweiterung – der Gemeinschaft – erschweren könnten". Siehe Vermerk Brandts über ein Gespräch mit dem Bundeskanzler am 7. 1. 1969, AdsD, WBA, Bestand Außenminister, Mappe 18; Gespräch des Bundeskanzlers Kiesinger mit dem Vorsitzenden Monnet, Aktionskomitee für die Vereinigten Staaten von Europa, 14. 1. 1969, AAPD 1969, Dok. 11, S. 44–48, hier S. 44; Tagebucheintrag Blankenhorns, 16. 1. 1969, BaK, Nl Blankenhorn, Bd. 224, S. 68; Aufzeichnung des Staatssekretärs Duckwitz, 20. 1. 1969, AAPD 1969, Dok. 25, S. 96 f.; Staatssekretär Duckwitz an die deutsche Botschaft in London, 28. 1. 1968, PAAA, B150, Bd. 145, S. 599–606; Von Staden und Wickert, London, an das AA, 4. 2. 1969, PAAA, B150, Bd. 146, S. 750–752; Staatssekretär Duckwitz an Staatssekretär Carstens, 5. 2. 1969, PAAA, B150, Bd. 146, S. 789–791.

[139] Tagebucheintrag Blankenhorns, 13. 2. 1969, BaK, Nl Blankenhorn, Bd. 226, S. 89–91, hier S. 91.

[140] Ebd., S. 89.

[141] Siehe hierzu die zahlreichen Aufzeichnungen in den AAPD 1968/1969, im Bestand B150 des AA sowie Schrafstetter/Twigge, Spinning into Europe.

[142] Aufzeichnung des Ministerialdirigenten von Staden betr. deutsch-französische Konsultationen in Paris am 13./14. 3. 1969; hier: Vorbesprechung beim Herrn Staatssekretär am 27. 2.; Mögliche Hintergründe des Gesprächs de Gaulle/Soames, PAAA, B20, Bd. 1436.

[143] Aktenvermerk von Brauns, 26. 2. 1969, PAAA, Nl von Braun, Bd. 131.

gung der beiden Länder auf Kosten des Gemeinsamen Marktes oder der Bundesrepublik zustande kommen könne.

Was veranlasste den Botschafter zu dieser pessimistischen Einschätzung, und wie war es zu dieser Abkühlung des deutsch-französischen Verhältnisses gekommen? Um die Entwicklungslinien zur „Soames-Affäre“ aufzeigen zu können, muss man zunächst bis in den August 1968 zurückgehen. Ausgangspunkt ist das Scheitern des „Prager Frühlings“ in der CSSR. Nach der militärischen Aktion der Warschauer-Pakt-Staaten fühlte sich die Bundesrepublik wieder stärker von der Sowjetunion bedroht. Immerhin war die Zahl der an der Grenze zu Bayern stationierten Divisionen des Warschauer Pakts drastisch erhöht worden, was die Verletzlichkeit der Bundesrepublik an der Grenze des Eisernen Vorhangs deutlich demonstrierte.[144] Aus einem Schutzbedürfnis heraus wollte die Bundesregierung daher die westeuropäischen Länder und die amerikanische Schutzmacht wieder enger zusammenführen. Kiesinger schlug dafür eine außerordentliche NATO-Sitzung vor; Brandt bevorzugte die WEU.[145] Beides wurde von Frankreich als Verhärtung der Blöcke abgelehnt.[146] Neben eine Stärkung der atlantischen Komponente sollte aus Sicht der Bundesregierung eine neue Dynamik im europäischen Einigungsprozess treten, auch wenn hier kaum mit einer veränderten französischen Position zu rechnen war.

Ganz anders als Frankreich reagierten hingegen die Engländer, sicherlich auch mit einem Auge auf das französische Verhalten blickend, auf die Ereignisse in der CSSR. Premierminister Wilson sandte am 26. September, einen Tag vor dem turnusmäßigen Treffen Kiesingers mit de Gaulle, einen Brief an den deutschen Bundeskanzler.[147] Darin zeigte er sich beeindruckt von der „fundamental identity of views between our two governments“[148]. Wilson folgerte aus der Krise in der CSSR, ähnlich wie die Bundesrepublik, dass Fortschritte hin zur europäischen Einigung gemacht werden müssten. Dazu schlug er eine zukünftige Abstimmung der europäischen Position in der NATO vor. Außerdem müssten die Europäischen Gemeinschaften wirtschaftlich und politisch weiterentwickelt werden. Das war ein geschickter Schachzug der britischen Regierung, in einem Moment, in dem das deutsch-französische Verhältnis schweren Belastungen ausgesetzt war, eine solche enge Interessengemeinschaft zwischen der Bundesrepublik und Großbritannien zu proklamieren.

Als de Gaulle mit Premierminister Couve de Murville und Außenminister Debré am 27. September 1968 zu dem regelmäßigen deutsch-französischen Gipfeltreffen in Bonn eintraf, standen die Ereignisse in der CSSR erwartungsgemäß im Mittelpunkt der Besprechungen. Die Franzosen erhoben die schwersten Vorwürfe an die deutsche Seite, mit ihrer offensiven Politik in Prag die Reaktion Moskaus mitverursacht zu haben.[149] De Gaulle machte in den Gesprächen unmissverständlich klar, dass die Bundesrepublik und Frank-

[144] Kroegel, Anfang, S. 254.

[145] Siehe dazu ausführlicher Kap. IV. 3.

[146] Siehe dazu auch die Einschätzung des deutschen Botschafters in Frankreich, Sigismund Freiherr von Braun, Aufzeichnung betr. deutsch-französische Konsultationen am 27./28. 9. 1968, 30. 9. 1968, PAAA, Nl von Braun, Bd. 137. Vgl. Seydoux, Botschafter, S. 144.

[147] Auszüge aus dem Schreiben des britischen Premierministers an den deutschen Bundeskanzler vom September 1968, BaK, Nl Blankenhorn, Bd. 222, S. 113 f. Für einen kurzen Auszug aus der deutschen Übersetzung des AA siehe AAPD 1968, S. 1197, Anm. 2.

[148] Auszüge aus dem Schreiben des britischen Premierministers an den deutschen Bundeskanzler vom September 1968, BaK, Nl Blankenhorn, Bd. 222, S. 113.

[149] Zu einer Einschätzung der deutschen Politik gegenüber der CSSR auf der Grundlage der AAPD-Bände siehe Schwarz, Die Regierung Kiesinger und die Krise in der CSSR 1968.

reich außenpolitisch eine völlig unterschiedliche Interessenlage hätten.[150] In der Abschlusssitzung hob de Gaulle sogar hervor, dass die Zusammenarbeit der beiden Länder nicht auf ihrem Höhepunkt stehe und daran die deutsche Seite schuld sei.[151] Kiesinger hingegen versuchte trotz dieser niederschmetternden Beurteilung de Gaulles, die deutsch-französischen Beziehungen zu vertiefen. Hierbei setzte Kiesinger vor allem auf eine deutsch-französische Vorabstimmung in Gemeinschaftsfragen. Wenn man mit einer koordinierten deutsch-französischen Position in die Verhandlungen gehe, sei „dies natürlich für die betreffenden Beschlüsse von größter Bedeutung"[152]. In diesem Zusammenhang versprach Kiesinger auch, sich nicht an Bestrebungen zu beteiligen, Europa ohne Frankreich zu bauen. Der Bundeskanzler wies gegenüber de Gaulle auch darauf hin, dass die Bundesregierung im politischen, wirtschaftlichen, militärischen und technologischen Bereich bereit sei, enger mit Frankreich zusammenzuarbeiten:

> „Aus der heutigen Lage ziehe er die Konsequenz, daß die beiden Länder ihre politische Zusammenarbeit verstärken müßten, die es in Europa leider nicht gebe, wo jedes Land seine eigene Politik verfolge. Frankreich und Deutschland hätten niemals ernsthaft den Versuch zu einer Koordinierung ihrer Politik gemacht, die es ihnen doch ermöglichen würde, als beachtliche Kraft der Welt zu handeln. Dies wäre etwas was man tun könne, und das sei schon beim letzten Gespräch gesagt worden."[153]

Kiesinger bat de Gaulle anschließend, konkrete Felder zu nennen, in denen eine deutsch-französische Kooperation aus seiner Sicht wünschenswert sei.[154] Auf diese Vorstellungen ging de Gaulle kaum ein, sondern sprach in der Abschlusssitzung allgemein von einer „solidarité préferentielle"[155], die es zwischen den beiden Ländern zu entwickeln gelte. Kiesinger ließ er mit leeren Händen zurück.[156]

Nach dem deutsch-französischen Gipfelgespräch zeigten die europäischen Partner wieder die üblichen Reflexe. Dort befürchtete man eine deutsch-französische Dominanz durch die von Kiesinger angeregte Vorabstimmung mit Frankreich in Gemeinschaftsfragen. Das Auswärtige Amt hatte alle Hände voll zu tun, Kiesingers Vorschlag abzuschwächen und vorsichtig zu interpretieren. So führte Brandt gegenüber dem belgischen Bot-

---

[150] De Gaulle hatte schon in der Vorbesprechung zu seinem Besuch in der Bundesrepublik auf die unterschiedliche außenpolitische Interessenlage der beiden Länder hingewiesen. Seydoux, Botschafter, S. 145.

[151] Zusammengefasste Ergebnisniederschrift der gemeinsamen Abschlusssitzung der deutsch-französischen Konsultationen vom 27./28. 9. 1968, o. D., PAAA, B150, Bd. 136, S. 6703–6712, hier S. 6707 f. Vgl. dazu auch die Niederschrift Botschafter von Brauns, PAAA, Nl von Braun, Bd. 137.

[152] Deutsch-französische Konsultationsbesprechung, 27. 9. 1968, AAPD 1968, Dok. 314, S. 1219–1227, hier S. 1223.

[153] Deutsch-französische Konsultationsbesprechung, 27. 9. 1968, AAPD 1968, Dok. 312, S. 1200–1212, hier S. 1210 f.

[154] Ebd., S. 1211.

[155] Niederschrift über die Abschlusssitzung der deutsch-französischen Konsultationen am 27./28. 9. 1968, o. D., PAAA, Nl von Braun, Bd. 137. Vgl. dazu auch die zusammengefasste Ergebnisniederschrift der gemeinsamen Abschlusssitzung der deutsch-französischen Konsultationen vom 27./28. 9. 1968, o. D., PAAA, B150, Bd. 136, S. 6703–6712, hier S. 6707.

[156] Im Gegensatz zur bisherigen Forschungsmeinung drängt sich hier, wie auch in den vorangehenden Gesprächen zwischen Kiesinger und de Gaulle der Eindruck auf, dass es immer wieder der deutsche Bundeskanzler war, der für eine Verstärkung und Vertiefung der deutsch-französischen Beziehungen warb. Auf diese Angebote ging de Gaulle, dem die Interessenunterschiede zwischen Frankreich und der Bundesrepublik sehr bewusst waren, kaum ein. Zu den anders lautenden Urteilen siehe: Lappenküper, Auswärtige Angelegenheiten, S. 109; Kroegel, Anfang, S. 332.

schafter Loridan aus, dass man keinesfalls an ein „Sonderbündnis in der EWG“[157] denke. Bilaterale Gespräche über EWG-Fragen seien schließlich nichts Neues. Auch in den Niederlanden läuteten wieder die Alarmglocken, nachdem Kiesinger in einem Interview „die ganz besonders enge und ganz besonders hervorgehobene Zusammenarbeit mit Frankreich“[158] betont hatte.

Nicht nur aus dem Ausland, sondern auch aus den eigenen Reihen wurde Kiesinger nach dem deutsch-französischen Gipfeltreffen heftig angegriffen. Zahlreiche Bundestagsabgeordnete und die öffentliche Meinung kritisierten den Kurs der Regierung gegenüber de Gaulle. Vor allem Kiesingers Zusage, sich nicht an europäischen Projekten ohne Frankreich zu beteiligen, sorgte für einen Sturm der Entrüstung in den Parteien und der Öffentlichkeit. Dort wurde Kiesingers Politik als Freibrief an Frankreich verstanden.[159]

Nach dem niederschmetternden Gipfeltreffen stand Kiesinger vor den „Trümmern seiner Frankreichpolitik“[160]. Im Kreßbronner Kreis bilanzierte Kiesinger am 1. Oktober, dass das Treffen nicht erfreulich gewesen sei.[161] Wie tief das Misstrauen gegenüber Frankreich mittlerweile saß, verdeutlicht eine Bemerkung Brandts, der fragte, ob nicht möglicherweise „eine Übereinkunft zwischen Frankreich und der Sowjetunion über eine Verhinderung der Erweiterung der EWG“[162] bestehen könne. Der SPD-Fraktionsvorsitzende Helmut Schmidt brachte drei Alternativen für die Europapolitik der Bundesregierung ins Spiel: Man könne entweder die gegenwärtigen politischen Positionen bewahren und de Gaulle aussitzen, sich mit aller Energie einer europäischen Initiative widmen oder eine deutsch-amerikanische „fall-back-position“ anvisieren.[163] Diese Alternativen wurden zwar nicht weiter diskutiert, jedoch war deutlich, dass in der momentanen Lage der Bundesregierung nur die erste Lösung in Frage kam. Eine deutsche Initiative auf europäischer Ebene hätte wenig Aussicht auf Erfolg gehabt, und eine einseitige Präferenz der USA war schon unter Erhard gescheitert, denn die Bundesrepublik war auch auf gute Beziehungen zu Frankreich angewiesen. Kiesinger machte denn auch deutlich, dass man die Zusammenarbeit mit Frankreich fortsetzen müsse.[164]

Hier zeigte sich, wie eng mittlerweile der Spielraum der Bundesregierung in ihrer Frankreich- und Europapolitik geworden war. Eine weitere Vertiefung der deutsch-französischen Beziehungen wäre sowohl im In- als auch im Ausland nicht hingenommen wor-

---

157 Aufzeichnung betr. Gespräch des belgischen Botschafters Loridan mit dem Herrn Bundesaußenminister am 1. 10. 1968, 2. 10. 1968, PAAA, B150, Bd. 137, S. 6817 f., hier S. 6817.

158 Botschafter Arnold, Den Haag, an das AA, 3. 10. 1968, PAAA, B150, Bd. 137, S. 6847–6850, hier S. 6848.

159 Kiesingers Zusagen an de Gaulle stoßen in Bonn auf Kritik. Abgeordnete wollen harte Fragen stellen, in: Die Welt vom 30. 9. 1968, S. 1; Zusagen an de Gaulle sind zu weitgehend. Parteien kritisieren Bundeskanzler Kiesinger, in: Die Welt vom 1. 10. 1968, S. 6; „Letztes Alibi“, in: Der Spiegel Nr. 41 vom 7. 10. 1968, S. 28 f.; Taschler, Herausforderungen, S. 283–287, schildert zwar auch die Kritik aus der CDU/CSU-Fraktion, zeigt aber nicht auf, wie arg Kiesinger durch die innerparteiliche Opposition gegen seine Frankreich-Politik in Bedrängnis gebracht wurde.

160 So charakterisierte der stellvertretende Regierungssprecher Ahlers den Zustand des Bundeskanzlers nach dem deutsch-französischen Gipfeltreffen. Siehe die Aufzeichnung des Ministerialdirektors Bahr, 1. 10. 1968, AAPD 1968, Dok. 322, S. 1271 f.

161 Vermerk des Staatssekretärs im Bundeskanzleramt, Carstens, betr. Koalitionsgespräch am 1. 10. 1968, 1. 10. 1968, ACDP, Nl Kiesinger, Bd. A010.

162 Ebd.

163 Ebd. Vgl. Schönhoven, Wendejahre, S. 416.

164 Vermerk des Staatssekretärs im Bundeskanzleramt, Carstens, betr. Koalitionsgespräch am 1. 10. 1968, 1. 10. 1968, ACDP, Nl Kiesinger, Bd. A010.

den. Vor allem die Regierungsfraktionen waren nicht mehr bereit, den Annäherungskurs an de Gaulle weiter zu tragen, ohne dass konkrete Erfolge sichtbar wurden. Gleichzeitig schreckte die Bundesregierung vor einer Konfrontation mit de Gaulle zurück, da die Wiederherstellung eines intakten deutsch-französischen Verhältnisses eine der außenpolitischen Legitimationsgrundlagen für die Regierungsbildung gewesen war. Somit blieb der Großen Koalition in dieser Situation kaum etwas anderes übrig, als nach außen guten Willen zu demonstrieren, sich aber intern schon auf die Zeit nach de Gaulle einzustellen.

Die deutsch-französischen und die deutsch-britischen Beziehungen wurden wenige Wochen später durch die Bonner Währungskonferenz der so genannten Zehnergruppe[165] am 20./21. November 1968 einer starken Belastung ausgesetzt. Die Konferenz der Wirtschafts- und Finanzminister war kurzfristig von Wirtschaftsminister Schiller, der Präsident der Zehnergruppe war, einberufen worden, nachdem spekulatives Kapital in hohem Ausmaß in die Bundesrepublik geflossen war. Dieses „hot money" war überwiegend aus Frankreich transferiert worden, weil der Franc nach den Mai-Unruhen und aufgrund der schwierigen wirtschaftlichen und innenpolitischen Lage Frankreichs zunehmend an Vertrauen verloren hatte. Dagegen erschien die Bundesrepublik als Hort der Preisstabilität und Währungsstärke. Gerüchte wiesen auf eine bevorstehende Aufwertung der D-Mark hin und heizten die Spekulationswelle damit erst richtig an. Durch die Kapitalflucht stieg das französische Zahlungsbilanzdefizit rapide an, und der Franc verlor rasch an Wert. Der französischen Regierung gelang es nur mit Hilfe eines alarmierenden Abbaus der Währungsreserven, den Franc zu stabilisieren.[166] Durch die Entscheidungen der Bonner Zehnerkonferenz sollten diese internationalen Währungsturbulenzen, die auch noch das britische Pfund miterfasst hatten, beruhigt werden.[167]

---

165 Die Zehnergruppe umfasste diejenigen Länder, die 1963 mit dem IWF ein Kreditabkommen abgeschlossen hatten, durch das es dem IWF bei Liquiditätsengpässen erlaubt war, sich bei diesen Ländern bis zu einer Höhe von 6 Mrd. Dollar zu refinanzieren. Daraus hatte sich ein Steuerungsorgan der internationalen Währungspolitik entwickelt. Neben der Bundesrepublik gehörten der Zehnergruppe die USA, Frankreich, Großbritannien, Kanada, Italien, Belgien, Japan, die Niederlande und Schweden an. Vgl. AAPD 1968, S. 1510, Anm. 9.

166 Zur Ausgangssituation siehe Lucas, Europa vom Atlantik bis zum Ural?, S. 380 f.

167 Außenminister Brandt hatte bereits Anfang Mai 1968 im Gespräch mit dem irischen Außenminister Aiken erwogen, in Anknüpfung an das Projekt der Europäischen Zahlungsunion von Anfang der 1950er Jahre ein Arrangement zu treffen, das Großbritannien und Frankreich in ihrer schwierigen Währungslage geholfen hätte und damit eine engere Verbindung der beiden Länder eingeleitet hätte. Brandt ließ das Projekt über den Leiter des Kabinetts- und Parlamentsreferats Bock am 9. Juli noch einmal mit Aiken sondieren, der eng mit dem Projekt der Europäischen Zahlungsunion zu tun gehabt hatte. Auch Jean Monnet versuchte, die Währungsprobleme zu nutzen. Am 9. Juli schlug Monnet Brandt, Wehner, Duckwitz und von Dohnanyi den Aufbau einer europäischen Währungsorganisation mit einem Reservefonds unter Beteiligung Großbritanniens vor. Monnet sah nach den Mai-Unruhen in Frankreich einen günstigen Zeitpunkt, um über die Währungspolitik eine Annäherung Großbritanniens an die EWG herbeizuführen. Der Leiter der handelspolitischen Abteilung des AA, Harkort, hielt in Abstimmung mit dem Wirtschaftsministerium den Vorschlag Monnets jedoch für verfrüht und nicht realisierbar. Auch Lahr und Duckwitz schlossen sich diesem Votum an, so dass Brandt am 17. September Monnet mitteilte, dass „zur Zeit – leider – eine deutsche Initiative auf diesem Gebiet keinen Erfolg verspricht". Aufzeichnung des Vortragenden Legationsrat I. Klasse Bock, 8. 7. 1968, AAPD 1968, Dok. 217, S. 850–855, hier S. 854 f.; Aufzeichnung des Leiters der handelspolitischen Abteilung III des AA, Harkort, betr. Vorsprache von M. Jean Monnet – Währungsfragen, 15. 7. 1968, PAAA, B150, Bd. 130, S. 4802 f.; Aufzeichnung des Referats IIIA1 des AA betr. Memorandum über Währungsfragen von Jean Monnet, 7. 8. 1968, PAAA, B150, Bd. 132, S. 5251–5256; Aufzeichnung des Ministerialdirektors Harkort, 15. 8. 1968, AAPD 1968, Dok. 255, S. 998–1004; Brandt an Monnet, 17. 9. 1968, PAAA, B150, Bd. 135, S. 6319–6321. Vgl. Wilkens, Werner-

Bereits im Vorfeld der Währungskonferenz sah sich die Bundesrepublik starkem Druck der USA, Großbritanniens und Frankreichs ausgesetzt, die D-Mark aufzuwerten. So bestellte der britische Premierminister Wilson in der Nacht vor Beginn der Währungskonferenz überraschend Botschafter Blankenhorn ein, um ihm klar zu machen, dass nur eine Aufwertung der D-Mark in Frage komme. Wenn die Bundesrepublik sich dem verweigere, sehe er sich zu einer grundsätzlichen Überprüfung der britischen Verteidigungspolitik gezwungen.[168] Dieses Gespräch sickerte in den nächsten Tagen aus deutschen Regierungskreisen an die Presse, was starke deutsch-britische Verstimmungen hervorrief.[169]

Auch die französische Regierung versuchte frühzeitig, die Bundesregierung zu einer Aufwertung zu bewegen. Botschafter Seydoux gelang es jedoch am 9. November aufgrund eines Missverständnisses in der Bundesregierung nicht, eine dringende Botschaft Couve de Murvilles in der Währungsfrage an Kiesinger zu überbringen. Stattdessen wurde er an Vizekanzler Brandt weiterverwiesen, der sich mit Schiller in Verbindung setzte. Die Bundesregierung beschloss daraufhin, Wirtschaftsstaatssekretär Schöllhorn zu Währungsgesprächen nach Paris zu entsenden.[170] Dort herrschte, wie Schöllhorn berichtete, eine „eisige Atmosphäre“[171], denn man hatte von französischer Seite mit einem höherrangigen Besuch gerechnet.[172] Schöllhorn hatte offensichtlich nur einen geringen Verhandlungsspielraum und kehrte unverrichteter Dinge nach Bonn zurück – verärgerte Franzosen zurücklassend, die gehofft hatten, sich mit der Bundesregierung in der Währungsfrage einigen zu können.

Die Bundesregierung wertete trotz des Drucks ihrer drei engsten Verbündeten nicht auf und führte stattdessen Einfuhrerleichterungen und Exportbelastungen auf steuerlicher Basis ein. Außerdem wurden die Bildung von Guthaben Gebietsfremder bei Kreditinstituten der Bundesrepublik sowie die Aufnahme von Krediten im Ausland genehmigungspflichtig.[173] Da diese Position der Bundesrepublik bereits einen Tag vor der Zehnerkonferenz offiziell verkündet und auf der Konferenz als „fait accompli auf den Tisch gelegt“[174] wurde, konnte auf der Zehnerkonferenz nur ein Swap-Kredit in Höhe von 2 Mrd. Dollar für Frankreich eingeräumt werden, der mit der Aussicht auf eine Franc-Abwertung neben die französischen Ziehungsrechte beim Internationalen Währungsfonds (IWF) trat.[175] Wenige Tage später machte de Gaulle jedoch unmissverständlich klar, dass der

---

Plan, S. 222; ders., L'Europe, S. 337 f.; Bossuat, Drei Wege nach dem Gipfel von Den Haag, S. 355–357; Husson: Willy Brandt et Jean Monnet, S. 221–224.

[168] Tagebucheintrag Blankenhorns, 20. 11. 1968, BaK, Nl Blankenhorn, Bd. 223, S. 11–13; Blankenhorn, Verständnis, S. 543 f.; Botschafter Blankenhorn, London, an den Staatssekretär des Bundeskanzleramts Carstens, den Außenminister, den Finanzminister und den Wirtschaftsminister, AAPD 1968, Dok. 385, S. 1498–1500. Siehe dazu auch die lebhafte Schilderung dieses Vorfalls durch den damaligen Gesandten der deutschen Botschaft in London, Erwin Wickert, Die glücklichen Augen, S. 286–288.

[169] Siehe dazu die Tagebucheinträge Blankenhorns vom 24.–27. 11. 1968, BaK, Nl Blankenhorn, Bd. 223, S. 102 f., 127–129, und den Artikel „Harold Wilson bedauert Indiskretion in Bonn. Blankenhorn: Drohungen wurden nicht ausgesprochen“, in: Die Welt vom 27. 11. 1968, S. 3.

[170] Gespräch des Bundeskanzlers mit dem französischen Botschafter François Seydoux, 29. 11. 1968, AAPD 1968, Dok. 396, S. 1530–1538.

[171] Ebd., S. 1534.

[172] Seydoux, Botschafter, S. 151.

[173] Bundesgesetzblatt 1968, Teil I, S. 1197 und S. 1255–1262.

[174] Emminger, D-Mark, Dollar, Währungskrisen, S. 143. Otmar Emminger war zu diesem Zeitpunkt Direktoriumsmitglied der Deutschen Bundesbank.

[175] Panek, Währungskrisen, S. 112.

Franc nicht abgewertet werde. Stattdessen führte Frankreich wieder die Devisenzwangsbewirtschaftung ein, senkte das für 1969 geplante Haushaltsdefizit, schaffte die indirekte Lohnsummensteuer ab und erhöhte die Mehrwertsteuersätze.[176]

Vom Ergebnis der Konferenz her gesehen, hatte sich die Zusammenkunft auf so hoher politischer Ebene nicht gelohnt. Den Kredit hätten auch die Zentralbankgouverneure beschließen können. Den Konferenzteilnehmern und der Presse erschien die ganze Veranstaltung nur als Demonstration der deutschen Stärke, die Schiller und Strauß auch permanent vor der Öffentlichkeit unterstrichen.[177]

Die Standhaftigkeit der Bundesregierung in der Aufwertungsfrage gegen den geballten internationalen Druck hatte eines schlaglichtartig deutlich gemacht: Die Bundesrepublik war zu einer so starken wirtschaftlichen Macht aufgestiegen, dass sie auch politisches Selbstbewusstsein aus dieser Rolle zog. Da Schiller seine Leitungsfunktion auf der Konferenz auch noch in oftmals schulmeisterlicher Haltung ausübte, wurde die deutsche Regierung im Ausland heftig attackiert. So bedauerte der französische Außenminister Debré die „exzessive Publizität“[178] der Währungskrise. Besonders unangenehm für Frankreich sei das Gefühl gewesen, „es mit einer regelrechten Inszenierung zu tun zu haben.“[179] Noch deutlicher offenbarte der damalige französische Botschafter in Bonn, François Seydoux, die französischen Gefühle nach der Währungskonferenz:

> „Die Germanen drückten ihren Brustkorb wieder heraus. [...] Wir wurden erbarmungslos gebeutelt. [...] [D]ie Bundesrepublik nahm Frankreichs Platz ein und übernahm die Führung in Westeuropa!“[180]

Ähnlich urteilte die „Times“ im Anschluss an die Konferenz: Das Machtzentrum in Westeuropa sei von Paris nach Bonn gewechselt. Es sei durchaus symbolisch zu sehen, dass die Finanzminister der Zehnergruppe zu einem Zeitpunkt nach Bonn hätten pilgern müssen, als die wirtschaftliche und politische Führung der Bundesrepublik in Westeuropa am deutlichsten geworden sei.[181] In der französischen Tageszeitung „L'Humanité“ warf man Finanzminister Strauß vor, den Franzosen eine Abwertung diktieren zu wollen. Der Wert des Franc werde in Bonn bestimmt.[182]

Zu diesen Dissonanzen gesellte sich noch eine weitere deutsch-französische Auseinandersetzung, die aus Sicht Frankreichs einen schweren Schatten auf die offiziell verkündete enge Zusammenarbeit der beiden Nachbarn warf: Die Verhandlungen über ein Aktienpaket der Gelsenkirchener Bergwerks AG (GBAG), das die französische Compagnie Française des Pétroles (CFP) von der Dresdner Bank übernehmen wollte. Die GBAG verfügte durch ihre Anteile an der Aral über ein umfangreiches Tankstellennetz in der Bundesrepublik, besaß Raffinerien in Deutschland und Ölfelder in Libyen.[183] Die CFP erhoffte sich, über die GBAG eigenes Mineralöl in der Bundesrepublik abzusetzen. Wirt-

---

176 Ebd., S. 120 f.
177 Ebd., S. 112–115.
178 Gespräch des Bundesministers Brandt mit dem französischen Außenminister Debré in Brüssel, 10. 12. 1968, AAPD 1968, Dok. 405, S. 1565–1570, hier S. 1565.
179 Ebd.
180 Seydoux, Botschafter, S. 152.
181 The Times Nr. 57415 vom 22. 11. 1968, S. 11, zitiert nach AAPD 1968, S. 1512, Anm. 13.
182 Drahtbericht des Botschafters von Braun, Paris, an das AA, 23. 11. 1968, AAPD 1968, S. 1512, Anm. 14. Weitere Reaktionen der internationalen Presse zitiert Emminger, D-Mark, Dollar, Währungskrisen, S. 148 f.
183 „Gelsenberg. Rangeln ohne Ende“, in: Der Spiegel Nr. 51 vom 16. 12. 1968, S. 58.

schaftsminister Schiller legte, nachdem bereits ein Vorvertrag unterzeichnet war, sein Veto gegen diesen Deal ein, denn das Wirtschaftsministerium versuchte zu diesem Zeitpunkt, die deutsche Mineralölindustrie neu zu ordnen.[184] Die Streitigkeiten eskalierten im Dezember 1968, als die französische Regierung in einem Aide-Mémoire die Haltung der Bundesregierung scharf attackierte.[185] Der Parlamentarische Staatssekretär im Wirtschaftsministerium Arndt warf den Franzosen daraufhin „Kanonenboot-Diplomatie“[186] vor. Trotz weiterer Interventionen von Botschafter Seydoux setzte sich die Bundesregierung auch in dieser Frage durch.[187] Mit tatkräftiger Hilfe des Wirtschaftsministeriums wurde das GBAG-Aktienpaket an die RWE verkauft, die zusammen mit den anderen sieben deutschen Ölfirmen eine schlagkräftige deutsche Mineralölindustrie aufbauen sollte.[188]

De Gaulle verhehlte seine Enttäuschung über den Stand der deutsch-französischen Beziehungen nicht. In einem von ihm gewünschten Gespräch mit dem deutschen Botschafter von Braun am 14. Januar 1969 offenbarte de Gaulle, dass er seit einiger Zeit, vor allem aber seit der Währungskonferenz, den Eindruck habe, es gebe gewisse Störungen im deutsch-französischen Verhältnis. Die Meinungen der beiden Länder gingen in vielen Bereichen auseinander. So sei man sich nicht einig über die Zukunft Europas, „über Europas Verhältnis zu Amerika; über die Zukunft der Entspannungspolitik gegenüber dem Osten; über die Methoden zur Lösung der wirtschaftlichen, finanziellen und Währungsfragen“[189]. Er sehe im Moment keine Möglichkeit, die Auffassungsunterschiede zu bereinigen.

Mit Sorge registrierte man innerhalb der Bundesregierung die Nachrichten aus Frankreich über eine drastische Verschlechterung des Verhältnisses zur Bundesrepublik. Am 2. Dezember 1968 schnitt Kiesinger im Gespräch mit Brandt den „Ausblutungsprozess“[190] in den deutsch-französischen Beziehungen an. Kiesinger kritisierte, dass die zuständigen Ressorts nicht frühzeitig darauf hingewiesen hätten, sondern es erst einer Intervention Dritter bedurft habe, um die Bundesregierung darauf aufmerksam zu machen. Das musste auch als Seitenhieb auf das Auswärtige Amt aufgefasst werden. Kiesinger und Brandt verständigten sich darauf, die Beziehungen zu Frankreich nicht zu ändern, aber jede Verbesserung der Beziehungen Frankreichs zu den USA und Großbritannien von deutscher Seite zu begrüßen.[191] Zwei Tage später wandte sich Kiesinger auf der Regierungsbank im

---

[184] Brief Schillers an den französischen Wirtschafts- und Finanzminister Ortoli, 12. 9. 1968, BaK, B102 (BMWi), Bd. 120154; Aufzeichnung über ein Gespräch Kiesingers mit dem französischen Botschafter Seydoux am 23. 9. 1968, 24. 9. 1968, ACDP, Nl Kiesinger, Bd. 289; „Gelsenberg. Rangeln ohne Ende“, in: Der Spiegel Nr. 51 vom 16. 12. 1968, S. 58, und „Schluss und Sorry“, in: Der Spiegel Nr. 3 vom 13. 1. 1969, S. 22 f.

[185] AAPD 1969, S. 39, Anm. 5.

[186] AAPD 1969, S. 38, Anm. 4.

[187] Gespräch des Bundesministers Brandt mit dem französischen Botschafter Seydoux, 13. 1. 1969, AAPD 1969, Dok. 9, S. 38–40; Gespräch des Bundeskanzlers Kiesinger mit dem französischen Botschafter Seydoux, 30. 1. 1969, AAPD 1969, Dok. 35, S. 123–131.

[188] „Besuch auf Schloß Ernich“, in: Der Spiegel Nr. 7 vom 10. 2. 1969, S. 52 f.; „Platz an der Quelle“, in: Der Spiegel Nr. 10 vom 3. 3. 1969, S. 49 f. Vgl. dazu auch die verfälschende Schilderung Seydoux' (Botschafter, S. 151 f.), der behauptet, Frankreich habe das Interesse an der GBAG verloren, nachdem man von einer Beteiligung der amerikanischen Mobiloil an der GBAG erfahren habe.

[189] Botschafter Freiherr von Braun, Paris, an Bundesminister Brandt, 14. 1. 1969, AAPD 1969, Dok. 13, S. 51–55, hier S. 51.

[190] Aufzeichnung des Bundeskanzlers Kiesinger, 2. 12. 1968, AAPD 1968, Dok. 399, S. 1546–1548, hier S. 1547.

[191] Ebd.

Bundestagsplenum erneut an Brandt und forderte ihn auf, „den deutsch-französischen Beziehungen seine besondere Aufmerksamkeit zu schenken. Der französische Botschafter habe [...] einen sehr düsteren Stimmungsbericht aus Paris gegeben."[192] Außerdem bat der Parlamentarische Staatssekretär im Bundeskanzleramt, Guttenberg, den Kabinettschef Couve de Murvilles, Bruno de Leusse, dafür zu sorgen, dass der Bundeskanzler sofort erfahre, „wenn es brennt". Guttenberg verwies darauf, dass er und Staatssekretär Carstens für diese Kontakte immer zur Verfügung stünden. Für den Bundeskanzler sei „die Pflege des deutsch-französischen Verhältnisses nach wie vor eine Sache allerersten Ranges"[193]. Große Hoffnungen verband man in der Bundesregierung jedoch mit den deutsch-französischen Beziehungen jetzt nicht mehr. Kiesinger bemerkte gegenüber seinem Bekannten und damaligen Gesandten an der deutschen Botschaft in London, Erwin Wickert, dass man das, was man gemeinsam mit Frankreich erreicht habe, jetzt „in die Nach-de-Gaulle-Zeit hinüberretten"[194] müsse.

Nach diesen Entwicklungen scheint die Interpretation Botschafter von Brauns, dass sich die von de Gaulle durch das Soames-Gespräch anvisierte britisch-französische Annäherung aus der Unzufriedenheit mit dem deutsch-französischen Verhältnis speise, nur folgerichtig. Von Braun gewann dem Verlauf der „Soames-Affäre" aber auch positive Aspekte ab: Die „Soames-Affäre" habe den Versuch einer französisch-britischen Annäherung zunichte gemacht. Das werte den deutschen Bundesgenossen für Frankreich wieder etwas auf.[195] Die Bundesregierung musste daher die anstehenden deutsch-französischen Konsultationen nutzen, um herauszufinden, welche Perspektiven de Gaulle für Europa entwickelte. Wenn möglich, musste sie gleichzeitig versuchen, die Überlegungen de Gaulles in ihrem Sinne zu lenken.

5. Neue Perspektiven für Europa? – Die deutsch-französischen Konsultationen im März 1969 und der Rücktritt de Gaulles

Nach den turbulenten Ereignissen in den letzten Monaten, den Diskussionen um Fortschritte in der EWG, den Kontroversen um die Erweiterungsfrage in der EWG und der WEU, den bi- und multilateralen Auseinandersetzungen um die Währungszusammenarbeit, den deutsch-französischen Differenzen in der industriellen Kooperation und dem spektakulären Gesprächsangebot de Gaulles an die Briten, hatte sich ein enormer Gesprächsstoff für die vertraglich vorgesehenen deutsch-französischen Gipfelkonsultationen am 12. und 13. März 1969 angesammelt. Vor allem hoffte die Bundesregierung von de Gaulle Genaueres über seine Europavorstellungen zu erfahren.

Das Treffen wurde nach den Ereignissen der letzten Monate von beiden Seiten sehr sorgfältig vorbereitet. Am 10. März suchte Außenminister Debré Bundeskanzler Kiesinger und Außenminister Brandt in Bonn auf und erörterte bereits die möglichen Konsulta-

---

[192] Notiz Kiesingers über eine Unterhaltung mit dem Bundesaußenminister, 4. 12. 1968, ACDP, Nl Kiesinger, Bd. A009.

[193] Vermerk Guttenbergs für Bundeskanzler Kiesinger, 20. 12. 1968, BaK, Nl Guttenberg, Bd. 91, S. 3 f.

[194] Wickert, Die glücklichen Augen, S. 294.

[195] Aufzeichnung der Botschaft Paris „Die deutsch-französischen Beziehungen Anfang 1969", o. D. [Anfang März 1969; H.T.], PAAA, Nl von Braun, Bd. 131.

tionsthemen. Debré kritisierte im Gespräch mit Kiesinger zum einen, dass die praktische Zusammenarbeit zwischen der Bundesrepublik und Frankreich nicht so funktioniere, wie Frankreich es sich wünsche, und zum anderen, dass die allgemeine Ausrichtung der Politiken nicht übereinstimme. Kiesinger verwies auf die deutschen Bemühungen in den letzten Jahren, alle Versuche, einen Beitritt Englands zu erzwingen oder Druck auf Frankreich auszuüben, abzuwehren. Dafür habe die Bundesregierung einige Kritik geerntet. Er halte diese Position für einen im Geiste des deutsch-französischen Vertrags geleisteten Beitrag. In der Englandfrage gebe es ohne Zweifel Differenzen. Die Bundesregierung wolle auf Druck der öffentlichen Meinung einen Beitritt, könne sich aber nicht über den französischen Einspruch hinwegsetzen. Debré entgegnete, dass sich de Gaulle seit einigen Monaten Gedanken über das Beitrittsproblem mache. Der General sei der Meinung, dass die EWG, wenn England beitrete, nicht mehr das sei, was Frankreich sich darunter vorstelle. Das liege daran, dass England auf der Seite der USA stehe und außerdem dem britischen Beitritt auch noch die Beitritte Norwegens, Dänemarks, Irlands und später vielleicht auch Spaniens und Portugals folgen würden.[196]

Im Gespräch mit Außenminister Brandt kritisierte Debré die deutsche Haltung zu den europäischen Problemen, vor allem in Bezug auf die WEU. Brandt regte daraufhin eine engere deutsch-französische Abstimmung in der EWG und der WEU an. Was das Beitrittsproblem anbelange, so bestünden auf kurze Sicht unterschiedliche Auffassungen. Deswegen, folgerte Brandt etwas vage, solle man so vorgehen, dass die Dinge, die inzwischen geschehen müssten, nicht gestört werden.[197]

Wenige Tage später wurden in zwei großen interministeriellen Gesprächsrunden im Bundeskanzleramt die Konsultationsthemen besprochen.[198] In der Diskussion konnte sich das Wirtschaftsministerium nicht mit dem Vorschlag durchsetzen, eine deutsch-französische Ad-hoc-Kommission zur Vorabsprache von Gemeinschaftsentscheidungen einzurichten. Das Auswärtige Amt befürchtete eine „Erosion der Sechser-Konsultationen in Brüssel“[199], und das Landwirtschaftsministerium sah dadurch seine eigene Verhandlungsfreiheit in den anstehenden EWG-Verhandlungen über die Agrarpolitik bedroht. Bundeskanzler Kiesinger griff in der Vorbesprechung auch die Beitrittsfrage auf. Er wies unter Rückgriff auf sein vorheriges Gespräch mit Debré darauf hin, dass es der schwächste Punkt der eigenen Argumentation sei, einerseits an der Integration festhalten zu wollen, andererseits aber auch die Beitritte zu verlangen. Wenn de Gaulle eine Charakteränderung der Gemeinschaft durch die Beitritte voraussage, habe man ihm bisher immer entgegengehalten, dass der englische Beitritt den Charakter der Gemeinschaft nicht ändere. Andererseits sei aber klar, dass England nicht alleine beitreten werde. Aus diesem Grund

---

196 Gespräch des Bundeskanzlers Kiesinger mit dem französischen Außenminister Debré in Bonn, 10. 3. 1969, ACDP, Nl Kiesinger, Bd. 290.

197 Gespräch des Bundesministers Brandt mit dem französischen Außenminister Debré, 10. 3. 1969, AAPD 1969, Dok. 94, S. 338–354, hier S. 344–352.

198 Aktenvermerk des Botschafters von Braun, Paris, betr. Vorbesprechungen im Bundeskanzleramt, Dienstag, den 11. 3. 1969, 18. 3. 1969, PAAA, Nl von Braun, Bd. 138; Aktenvermerk des Botschafters von Braun, Paris, betr. Vorbesprechungen zu den deutsch-französischen Konsultationen, 2. Runde, Bundeskanzleramt, am Mittwoch, den 12. 3. 1969, 18. 3. 1969, PAAA, Nl von Braun, Bd. 138.

199 Aktenvermerk des Botschafters von Braun, Paris, betr. Vorbesprechungen zu den deutsch-französischen Konsultationen, 2. Runde, Bundeskanzleramt, am Mittwoch, den 12. 3. 1969, 18. 3. 1969, PAAA, Nl von Braun, Bd. 138.

lasse sich „die These der Fortsetzung einer integrierten Gemeinschaft"[200] nicht mehr vollauf vertreten.

Damit näherte sich Kiesinger den Gedankengängen de Gaulles an, wie sich in den Gesprächen mit dem französischen Staatspräsidenten zeigte. Zunächst schilderte Kiesinger in seinem ersten Gespräch mit de Gaulle am 13. März die deutsche Europapolitik seit seiner Regierungsübernahme. Die Regierung der Großen Koalition sei von Anfang an übermäßig mit dem britischen Beitrittsproblem beschäftigt gewesen. Obwohl die Situation auf europäischer Ebene von Anfang an klar gewesen sei, hätte die Betriebsamkeit von allen Seiten den Fortschritt in der Gemeinschaft verhindert. Seine Regierung sei permanent damit beschäftigt gewesen, neue Konstruktionen, Organisationen oder Pläne abzuwehren, die auf eine Isolierung Frankreichs aus gewesen seien. Dann ging Kiesinger auf die „Soames-Affäre" ein und bat de Gaulle, seine Gedanken näher zu erläutern. De Gaulle entwarf nun sein Tableau eines „europäischen Europas". Man müsse Europa in der Zukunft im wirtschaftlichen, politischen und verteidigungspolitischen Bereich zusammenführen. Dieses Europa müsse selbständig, also vollständig getrennt von Amerika sein. Solange man noch von der UdSSR bedroht werde, müsse Europa als Verbündeter Amerikas agieren, jedoch nicht unter amerikanischem Oberbefehl. Im wirtschaftlichen Bereich habe man mit der Einigung bereits angefangen. Die Sechsergemeinschaft arbeite in der augenblicklichen Situation recht zufriedenstellend. Wolle man aber ein größeres Europa wirtschaftlich organisieren, so müsse man die Gemeinschaft durch etwas anderes ersetzen. Diese Perspektive müsse man in Ruhe prüfen, zunächst beginnend unter den Sechs. Dann käme man vielleicht zu dem Ergebnis, dass man eine präferenzielle Freihandelszone mit Sonderabmachungen im Agrarbereich organisieren müsse. „Inzwischen aber gebe es die Gemeinschaft der Sechs, die weiterhin funktionieren müsse."[201] Politisch müsse man eine vereinheitlichte Haltung schaffen. Im verteidigungspolitischen Bereich sei ein Bündnis mit den USA natürlich. Die europäische Verteidigung stünde dann neben der amerikanischen und sei ihr nicht untergeben. Auch eine Abstimmung mit dem Osten könne durch die europäische Gemeinschaft, die er sich vorstelle, erfolgen. Dann kam de Gaulle auf das „Problem England" zu sprechen. Er erhob massive Vorwürfe gegen die britische Vorgehensweise in der „Soames-Affäre". Er habe dem britischen Botschafter das Gleiche dargelegt, wie jetzt dem Bundeskanzler. Das hätten die Briten ausgeschlachtet und gelogen, um die anderen Länder gegen Frankreich aufzuwiegeln. Wilson habe „eine Partie gegen Frankreich gespielt"[202], damit Frankreich einer Aufnahme der Briten in die EWG zustimme. Wilson habe das Metier ausgeübt, das die Engländer schon so oft ausgeübt hätten – „die Europäer und insbesondere Deutsche und Franzosen zu spalten"[203].

Kiesinger ging über diese Vorwürfe an die Briten hinweg und erklärte sich mit de Gaulles Ziel eines „europäischen Europas" einverstanden. Auch er habe „niemals das Heil Europas unter einer europäischen Kommission gesehen"[204]. Auch die NATO sei für ihn kein

---

[200] Aktenvermerk des Botschafters von Braun, Paris, betr. Vorbesprechungen im Bundeskanzleramt, Dienstag, den 11. 3. 1969, 18. 3. 1969, PAAA, Nl von Braun, Bd. 138.

[201] Gespräch des Bundeskanzlers Kiesinger mit Staatspräsident de Gaulle in Paris, 13. 3. 1969, AAPD 1969, Dok. 99, S. 367–377, hier S. 371.

[202] Ebd.

[203] Ebd.

[204] Ebd.

Dogma. Sie sei nur „ein Mittel, um in einer gegebenen Situation die Sicherheit zu gewährleisten“[205]. Nach deutscher Auffassung sei die NATO jedoch für die nähere Zukunft lebenswichtig. Was ihm Sorge bereite, sei, wie ein von de Gaulle geschildertes lose organisiertes Europa genügend Gewicht in der Welt bekommen könne, um zwischen den Supermächten zu bestehen. Daraufhin verwies de Gaulle auf die Fouchet-Pläne. Diese seien an den unterschiedlichen politischen Auffassungen der Länder gescheitert, so dass es unnütz gewesen sei, diesen Weg weiterzugehen. Vielleicht stehe ein amerikanisch-sowjetisches Arrangement vor der Tür, das auch den Status quo in Europa umfassen könne. Dann würden die Amerikaner sich aus ihren Verpflichtungen zurückziehen und den Europäern würde gar nichts anderes übrig bleiben, als sich zu einigen. Kiesinger bedauerte das Scheitern der Fouchet-Pläne und meinte, dass es einem heute ähnlich ergehen würde, wenn man einen neuen Versuch starten würde. Dem pflichtete de Gaulle bei. Frankreich habe sich darauf eingestellt.

Auch im Gespräch Kiesingers mit dem französischen Premierminister Couve de Murville stand die Europathematik an erster Stelle. Couve hielt die Auffassungsunterschiede zwischen Deutschland und Frankreich über die England-Frage für die „Quelle der Schwierigkeiten zwischen Frankreich und Deutschland“[206]. Kiesinger verwies darauf, dass sich die Gemeinschaftsqualität nicht ändere, wenn Großbritannien beitrete. Er müsse jedoch zugeben, dass dies eintrete, wenn auch Irland, Dänemark, Norwegen und später vielleicht Schweden, Spanien und Portugal dazukämen. Damit ergebe sich ein Problem, das man gemeinsam prüfen müsse. Couve de Murville zeigte daraufhin zwei Alternativen auf. Zum einen könne man Großbritannien und alle interessierten Länder in den Gemeinsamen Markt aufnehmen. Dann entstehe eher eine Freihandelszone und keine Wirtschaftsunion. Die andere Möglichkeit wäre es, den Gemeinsamen Markt zu erhalten und um ihn herum eine Freihandelszone zu schaffen. Diese Möglichkeiten müsse man studieren.

In seinem Gespräch mit de Gaulle am 14. März kam Kiesinger erneut auf die Zukunft Europas zurück. Kiesinger stimmte de Gaulle zu, dass Europa nicht als von einer Kommission beherrschter „europäischer Eintopf“[207] organisiert sein könne. Die europäischen Völker müssten ihre eigene Persönlichkeit bewahren. Daher komme der Methode einer engeren Zusammenarbeit eine große Bedeutung zu. Dann könne man sich in allen Bereichen aneinander gewöhnen.

In der Abschlusssitzung verwies de Gaulle auf die aus seiner Sicht bevorstehende Verständigung der USA mit der UdSSR. Daher sei es notwendig, ein geeintes „europäisches Europa“ zu schaffen. Dazu genüge die Sechsergemeinschaft nicht. Man müsse alle interessierten Länder in eine neue europäische Organisation einbauen. De Gaulle resümierte, dass er „den Ausbau der Gemeinschaft, die Fortsetzung der Entspannung gen Osten und die langsame Geburt eines grösseren Europas“[208] wolle. Über diese Perspektiven wolle Frankreich zusammen mit der Bundesrepublik nachdenken. Kiesinger stimmte de Gaulle

---

205 Ebd.

206 Gespräch des Bundeskanzlers Kiesinger mit Ministerpräsident Couve de Murville in Paris, 13. 3. 1969, AAPD 1969, Dok. 101, S. 385–392, hier S. 387.

207 Gespräch des Bundeskanzlers Kiesinger mit Staatspräsident de Gaulle in Paris, 14. 3. 1969, AAPD 1969, Dok. 103, S. 402–410, hier S. 409.

208 Aktenvermerk des Botschafters von Braun, Paris, betr. Niederschrift über die Abschlusssitzung bei den deutsch-französischen Konsultationen am 14. 3. 1969, 11 Uhr, PAAA, Nl von Braun, Bd. 138.

zu. Auch die Bundesrepublik wolle ein „europäisches Europa", das sein eigenes Schicksal selbst bestimme. Dazu gehöre auch das Bündnis mit den USA. Obwohl man in der Frage des britischen Beitritts verschiedener Meinung sei, erscheine es ihm notwendig, darüber nachzudenken, wie sich die europäische Einigung entwickele, wenn vier bis acht Länder beitreten. Man müsse „ohne Übereilung und ohne doktrinäre Voreingenommenheit ein Bild dieser Dinge ausarbeiten"[209]. Für die Bundesrepublik sei die Gemeinschaft jedoch weiterhin „wertvoll und kostbar"[210]. Zum Schluss bedankte sich de Gaulle für die Gespräche, die er mit dem Bundeskanzler habe führen können. „Die Betrachtungen der augenblicklichen Lage durch den Herrn Bundeskanzler und sein Weitblick hätten ihn auf das tiefste beeindruckt."[211] Die Besprechungen seien ein Erfolg gewesen.

Kiesinger hatte offensichtlich in seinen Gesprächen mit de Gaulle den richtigen Ton getroffen. Wie Botschafter von Braun unter Berufung auf ein Gespräch mit Staatssekretär de Lipkowski wenige Tage später dem Bundeskanzler mitteilte, habe Kiesinger vor allem in seinem letzten Gespräch mit de Gaulle „den Schlüssel zur Entzifferung des Generals gefunden"[212]. Man habe de Gaulle nur selten so gelockert und warmherzig gesehen wie während der Abschlusssitzung. Lipkowski habe noch nie erlebt, dass sich de Gaulle öffentlich so positiv über einen Gesprächspartner geäußert habe wie am Schluss der Sitzung.

Neben einer Auflockerung der Atmosphäre in den spannungsreichen deutsch-französischen Beziehungen hatte das Konsultationstreffen auch einen Erkenntnisgewinn gebracht. De Gaulle wollte anscheinend das Gespräch, das er bereits mit den Engländern begonnen hatte, jetzt mit der Bundesrepublik weiterführen. In der Bundesregierung stellte man sich daher auf umfangreiche deutsch-französische Gespräche über die zukünftige Gestaltung Europas ein. Diese Aussicht wurde durch weitere Nachrichten untermauert. So berichtete Botschafter von Braun über ein Gespräch mit dem Generalsekretär des französischen Außenministeriums Hervé Alphand. Dieser habe vorgeschlagen, den in den Konsultationen gesponnenen Faden nicht abreißen zu lassen. Von Braun empfahl, den Dialog mit den Franzosen weiterzuführen, ohne eigene Initiativen ins Spiel zu bringen oder mit Planungen, die ein Minus gegenüber dem jetzigen Zustand darstellten, zu beginnen.[213]

Botschafter Sachs teilte dem Auswärtigen Amt wichtige Erkenntnisse aus seinem Gespräch mit dem französischen EWG-Botschafter Boegner mit. Seit einiger Zeit mache man sich in der Pariser Regierung Gedanken über die zukünftige Gestaltung Europas. Zurzeit entwickele man erste Grundvorstellungen. Boegner habe davon gesprochen, dass man nicht um einen festen Kern eine lose Gemeinschaft legen wolle, sondern über eine Änderung der Gemeinschaftskonstruktion nachdenke. Die Überlegungen seien aber noch in vollem Gange.[214]

Im Gegensatz zu der Information von Botschafter Sachs sah der aus der Brüsseler Kommission ins Auswärtige Amt zurückgekehrte Leiter der Abteilung Handel und Entwick-

---

209 Ebd.

210 Ebd.

211 Ebd.

212 Botschafter Freiherr von Braun, Paris, an Bundeskanzler Kiesinger, 17. 3. 1969, PAAA, Nl von Braun, Bd. 142.

213 Drahtbericht des Botschafters von Braun, Paris, an das AA betr. deutsch-französische Konsultationen vom 13. und 14. 3. 1969, 18. 3. 1969, PAAA, B150, Bd. 149, S. 1879 f.

214 Drahtbericht des Botschafters Sachs, Brüssel (EG), an das AA betr. Perspektiven der europäischen Entwicklung, 20. 3. 1969, PAAA, B150, Bd. 149, S. 1917–1919.

lung, Axel Herbst, in den Andeutungen de Gaulles eher „die Gemeinschaft als ‚harten Kern' einer europäischen Zusammenarbeit im geographisch erweiterten Raum"[215]. Herbst empfahl aufgrund der unterschiedlichen Informationen, diesen Punkt mit den Franzosen vordringlich zu klären. Dem Gespräch mit Frankreich über diese Thematik solle man nicht ausweichen, auch wenn es einige Gefahren in sich berge. Je nach Gesprächsverlauf könne man schon frühzeitig mit einer partiellen oder sogar völligen Negoziabilität der Gemeinschaft konfrontiert sein. Damit gerate aber auch die bisherige Europapolitik der Bundesregierung ins Wanken. Auch die anderen Länder würden besorgt auf diese Perspektive reagieren. Der Nachfolger von Rolf Lahr, Staatssekretär Günther Harkort, vermerkte zu dieser Aufzeichnung, dass man in dem Gespräch mit Frankreich von vornherein darauf hinweisen müsse, dass man die EWG nicht durch etwas anderes ersetzen wolle. Außerdem solle man deutlich machen, dass sich Großbritannien sicher nicht mit einem Platz in der zweiten Reihe zufrieden geben werde.[216]

Auf die Aussicht umfangreicher Gespräche mit Frankreich reagierte das Auswärtige Amt mit der Einrichtung einer Arbeitsgruppe. Nach Rücksprache von Staatssekretär Harkort mit dem Staatssekretär im Wirtschaftsministerium, Klaus von Dohnanyi, wurde auch das Wirtschaftsministerium beteiligt. Die Arbeitsgruppe sollte eine dreiteilige Konzeption untersuchen, die für ein zukünftiges Europa einen inneren Ausbau der EWG, eine Freihandelszone für die anderen und den Europarat als Forum für die politische Zusammenarbeit vorsah. Dieser Vorschlag beruhte auf einem Konzept des Leiters der Politischen Abteilung I, Paul Frank, das Brandt genehmigt hatte.[217]

Wirtschaftsstaatssekretär von Dohnanyi sah jetzt eine Möglichkeit, seine Vorschläge vom Herbst 1968[218] neu einzubringen. In einem Schreiben an Außenminister Brandt wies Dohnanyi darauf hin, dass seine damalige Analyse richtig gewesen sei. Nach Gesprächen mit zahlreichen Politikern habe er sein Konzept in der folgenden Weise weiterentwickelt: Der britische Beitrittsantrag werde aufrechterhalten, aber vorerst nicht weiter diskutiert. Die EWG trete geschlossen in eine Freihandelszone ein. Daneben werde der Fouchet-Plan mit den für die Verteidigung vier wichtigsten Ländern Frankreich, Großbritannien, Italien und der Bundesrepublik verwirklicht. Die Regierungsarbeit solle durch einen Europaminister verstärkt werden. Außerdem müsse die bilaterale Konsultation und die Industriepolitik verbessert werden. In Frankreich denke man offensichtlich in eine ähnliche Richtung, wobei man dort anscheinend bereit sei, sogar die EWG in ihrer jetzigen Form aufzugeben. Jetzt, da die „europäische Frage ins Rollen"[219] komme, müsse man sich klar werden, ob „wir innen- und außenpolitisch dabei eine maßgebliche Rolle spielen wollen"[220]. Er selbst würde das für richtig halten.

Zu diesen Vorschlägen nahm Ministerialdirektor Frank Stellung. Frank hielt es für falsch, von deutscher Seite einen Verzicht auf die Beitrittsdiskussion vorzuschlagen. Wenn Frankreich jedoch, wie zu erwarten, mit neuen Vorstellungen an die Öffentlichkeit trete,

---

215 Aufzeichnung des Ministerialdirigenten Herbst, 20. 3. 1969, AAPD 1969, Dok. 108, S. 420–422, hier S. 421.

216 AAPD 1969, S. 422, Anm. 13.

217 Vermerk von Ministerialdirigent von Staden betr. Vorbereitung der deutsch-französischen Konsultation am 9. 5. 1969, 27. 3. 1969, PAAA, B20, Bd. 1436.

218 Siehe Kap. IV. 1.

219 Staatssekretär von Dohnanyi (BMWi) an Außenminister Brandt, 26. 3. 1969, PAAA, B1, Bd. 327.

220 Ebd.

werde die Beitrittsdiskussion automatisch in den Hintergrund gedrängt. Die Schaffung einer Freihandelszone mit der EWG als Mitglied berge erhebliche Schwierigkeiten. Zum einen sei noch nicht klar, wie der Agrarmarkt geregelt werden könne, zum anderen werde sich Großbritannien sicher nicht „mit einem ‚Stehplatz' in der europäischen wirtschaftlichen Zusammenarbeit zufrieden"[221] geben. Am stärksten kritisierte Frank die Vorschläge Dohnanyis zur politischen Zusammenarbeit. Diese dürfe nicht auf die vier größeren Länder beschränkt sein. Es dürfe nicht zu einer machtpolitischen Unterordnung der kleinen Länder kommen. Frank begründete seine Einstellung mit der historischen Rolle Deutschlands in Europa:

> „Deutschland hat mehr als einmal bewiesen, daß es in dem Konzert der europäischen Machtpolitik keine glückliche Hand hat. Die Bundesrepublik Deutschland muß in den machtpolitisch verkleinerten Anzug hineinwachsen, den ihr der zweite Weltkrieg und alles, was davor war, übriggelassen hat. Die deutsche Europa-Konzeption darf sich nicht inspirieren lassen von dem Wunsch, daß Deutschland wieder eine machtpolitische Rolle in Europa spielen möge (wie das für die französische Europa-Konzeption zutrifft). Sie sollte ganz bewußt von der Interessenlage der europäischen Kleinstaaten ausgehen und sich die Belange der Kleinen in Europa zu eigen machen. Die Bundesrepublik hat noch einen langen Weg vor sich, bis zu einer endgültigen Lösung der deutschen Frage. Sie wird dabei auf die Sympathie aller europäischen Länder, vor allem der kleinen und neutralen, angewiesen sein."[222]

Wenn man das Interesse der deutschen Politik und das Ziel einer europäischen Friedensordnung zugrunde lege, komme für die Europapolitik der Bundesrepublik nur eine möglichst umfassende Konzeption in Frage. Die politische Zusammenarbeit aller westeuropäischen Staaten könne daher sinnvollerweise im Rahmen des Europarats organisiert werden, so dass man keine neuen Organisationen aufbauen müsse. Dort könne man die europäischen Aktivitäten „nach dem Prinzip des Menu à la carte" organisieren – also „wechselnde Kombinationen und Mitgliedschaften je nach dem Gegenstand der Zusammenarbeit".

Zum Zeitplan der nächsten Wochen hielt Frank fest, dass man in der deutsch-französischen Direktorenkonsultation am 9. Mai Gelegenheit haben werde, Genaueres über die französischen Vorstellungen zu erfahren. Drei Tage später folge dann die deutsch-britische Direktorenkonsultation. Außerdem sei für den 12. Mai ein Treffen der sechs EWG-Außenminister vorgesehen. Bis dahin könne die neu gegründete Arbeitsgruppe erste Ergebnisse vorlegen, die auch auf der vom Auswärtigen Amt geplanten Botschafterkonferenz der westeuropäischen Länder am 2./3. Juni erörtert werden könnten. Eine vorherige öffentliche Erörterung der Vorstellungen sei nicht opportun.[223]

Als Ende April 1969 de Gaulle sein Amt nach einem gescheiterten Referendum über eine Regionalreform zur Verfügung stellte, war das Auswärtige Amt überrascht. Der Botschafter in Paris, von Braun, war noch am 22. April in einem Drahtbericht über die französische Europapolitik selbstverständlich weiterhin von der entscheidenden Rolle Präsident de Gaulles ausgegangen.[224] Nach dem Abgang de Gaulles war klar, dass zunächst eine neue Regierung in Frankreich gewählt werden musste und damit eine französische Initia-

[221] Vermerk des Ministerialdirektors Paul Frank betr. Stellungnahme zum Vermerk des Staatssekretärs von Dohnanyi vom 26. 3. 1969 über die Europa-Politik, 9. 4. 1969, PAAA, B1, Bd. 327. Daraus auch die folgenden Zitate.

[222] Ebd.; Unterstreichung im Original.

[223] Ebd.

[224] Drahtbericht des Botschafters von Braun, Paris, betr. gegenwärtige französische Vorstellungen über Weiterentwicklung der Europäischen Gemeinschaften, 22. 4. 1969, PAAA, B150, Bd. 151, S. 2386–2389.

tive in der Europapolitik zurückgestellt war. Die bisherigen Planungen des Auswärtigen Amts, das seine konzeptionelle Überprüfung der Europapolitik nur unter dem Druck der französischen Überlegungen zur Zukunft der europäischen Einigung begonnen hatte, waren damit obsolet geworden. Anstatt die konzeptionelle Arbeit voranzutreiben und eine klare deutsche Position aufzubauen, stellte man jetzt auch im Auswärtigen Amt die Arbeit an neuen Europakonzeptionen ein. Man wollte zunächst die Entwicklungen in Frankreich abwarten und dann auf die neuen Vorstellungen reagieren.[225]

In der Bundesregierung war man nach dem Rücktritt de Gaulles merklich erleichtert. Die Entwicklungen in Frankreich eröffneten vielleicht die Möglichkeit, doch an der bisherigen Europakonzeption festhalten zu können, die ganz auf den Ausbau und die Erweiterung der EWG ausgerichtet war. Die Aussichten, die Periode der Stagnation in den Europäischen Gemeinschaften überwinden zu können, wurden sehr positiv eingeschätzt. Vielleicht fühlte man sich auch von der schwierigen Aufgabe erlöst, über neue Europakonzeptionen verhandeln zu müssen. Da die bisherige Europapolitik der Bundesregierung darauf ausgerichtet war, die Europäischen Gemeinschaften als Basis für die europäische Einigung zu erhalten und auszubauen sowie alle an der westeuropäischen Einigung interessierten Seiten zu befriedigen, hatte eine Neuausrichtung die Gefahr in sich geborgen, andere Länder zu verärgern und damit deren Unterstützung und Verständnis für die prekäre Situation der Bundesrepublik im Ost-West-Konflikt zu verlieren.

6. Zwischenbilanz

In der Gesamtbetrachtung des Zeitraums zwischen August 1968 und April 1969 zeigt sich die zunehmende Frustration über den europapolitischen Stillstand in der Regierung der Großen Koalition. Nach der Vollendung der Zollunion zum 1. Juli 1968 wollte man ein neues zugkräftiges Integrationsziel formulieren und in einer deutschen Initiative im EWG-Ministerrat vorstellen. In diesem Vorhaben wurde die Bundesregierung durch die Niederschlagung des „Prager Frühlings" bestärkt, denn aus ihrer Sicht musste das westliche Europa als Reaktion auf die sowjetische Bedrohung enger zusammenrücken. Die Initiative der Bundesregierung fiel dann viel bescheidener aus als ursprünglich geplant. Aufgrund der weiterhin vorhandenen Divergenzen in der Lagebeurteilung zwischen der Bundesrepublik, den Benelux-Ländern und Italien auf der einen sowie Frankreich auf der anderen Seite hatte eine große Initiative keine Chance. Vielmehr galt es weiterhin, in kleinen Schritten mühsam voranzukommen. Letztlich fiel man daher wieder auf den bereits aus den vorherigen Ministerratsinitiativen der Bundesregierung bekannten Dreischritt aus Erweiterung, Fusion und innerem Ausbau der Gemeinschaften zurück. Das ließ sich natürlich, entgegen der ursprünglichen Konzeption, nicht besonders publikumswirksam verkaufen. Immerhin konnte man darauf verweisen, überhaupt Möglichkeiten zum Fortschritt auf europäischer Ebene präsentiert zu haben. Selbst die bescheidenen Vorschläge der Bundesregierung waren in der EWG schwer durchzusetzen. Sie boten der einen Seite zu wenig und waren der anderen Seite zu viel. Erst im zweiten Anlauf gelang es, im Ministerrat aufgrund einer flexibleren französischen Position einen Prüfauftrag an die Ständi-

225 Vermerk des Abteilungsleiters E des BMWi, Jentsch, für Staatssekretär von Dohnanyi, 30. 4. 1969, BaK, B102 (BMWi), Bd. 130568.

gen Vertreter zu vergeben. In der Folge zeigten sich auch die Niederländer wieder kompromissbereiter, so dass immerhin auch die Arbeiten über die technologische Zusammenarbeit wieder aufgenommen werden konnten.

Parallel zu diesen bescheidenen Aktivitäten in der EWG startete Belgien eine Offensive zum Aufbau einer politischen Zusammenarbeit in der WEU mit Großbritannien. Prinzipiell stimmte die Bundesregierung und hier vor allem das Auswärtige Amt diesem Vorschlag zu. In realistischer Einschätzung des französischen Widerstands versuchte man jedoch, den ambitionierten Vorschlag der Belgier so zu stutzen, dass er auch für die französische Seite annehmbar wäre. Die Bundesregierung musste diese vermittelnde Position in der WEU einnehmen, da sie ihre Initiative in der EWG nicht gefährden wollte. Dass man sich von deutscher Seite dann vorsichtig auf eine Zusammenarbeit mit den anderen WEU-Partnern ohne Frankreich einließ, lag zum einen daran, dass das Auswärtige Amt nicht länger bereit war, den Pariser Wünschen zu folgen, und zum anderen wollte man so den Fortgang der Harmel-Initiative im eigenen Sinne beeinflussen. Auch als Frankreich nach der trotz eines französischen Vetos abgehaltenen Sondersitzung der WEU am 18. Februar 1969 ein weiteres Mal eine „Politik des leeren Stuhls" – dieses Mal in der WEU – praktizierte, nahm die Bundesregierung eine Zwischenposition ein. Auf der einen Seite beteiligte sie sich weiterhin an den Sitzungen ohne Frankreich. Auf der anderen Seite stimmte sie keinen Beschlüssen zu, die französischen Interessen widersprachen. Außerdem verweigerte sie den von den anderen fünf WEU-Mitgliedern geplanten Ausbau der politischen Konsultationen, da diese für die Bundesregierung ohne Frankreich wertlos waren.

Begleitet wurden diese multilateralen Auseinandersetzungen von Verschiebungen in den bilateralen Beziehungen der Bundesrepublik zu Frankreich und Großbritannien. Aufgrund von Missverständnissen, äußeren Zwängen und ungeschicktem Verhalten beider Partner entwickelten sich die deutsch-französischen Beziehungen immer unbefriedigender. Nach der unterschiedlichen Beurteilung der Rolle der Bundesrepublik in der CSSR war es vor allem die Bonner Währungskonferenz, welche die Franzosen verärgerte. Auch in der technologischen Zusammenarbeit knirschte es gewaltig, da sich Bonn für den Bau einer Gasultrazentrifuge mit Großbritannien und den Niederlanden und gegen eine Kooperation mit Frankreich entschied. In der industriellen Zusammenarbeit war die Bundesregierung nicht gewillt, einen französischen Einstieg in den deutschen Mineralölmarkt zu akzeptieren. Aber auch die Bundesregierung war enttäuscht über den geringen Erfolg des Annäherungskurses an Paris. Eine weitere Vertiefung der deutsch-französischen Beziehungen, wie sie vor allem Kiesinger immer noch anzustreben schien, war daher nicht mehr geboten und stieß auf starken parlamentarischen Widerstand. Da die Große Koalition aber auch nicht gewillt war, de Gaulle herauszufordern, blieb ihr nur abzuwarten, bis de Gaulle aus dem Amt des Staatspräsidenten ausschied. Insgesamt wurde deutlich, dass trotz der Freundschaftsrhetorik eine konkrete Zusammenarbeit der beiden Nachbarländer schwierig zu gestalten war. Beide Seiten gaben sich hier keinen Illusionen mehr hin.

Dagegen entwickelten sich die deutsch-britischen Beziehungen wesentlich besser. Die beiden Regierungen zogen die gleichen Schlüsse aus der Krise in der CSSR, nämlich dass eine Verstärkung der europäischen Einigung nötig sei. Die Auseinandersetzungen um die Währungskonferenz waren schnell vergessen, zumal sich mit dem gemeinsamen Bau der Gasultrazentrifuge eine spektakuläre technologische Kooperation abzeichnete. Auch der Besuch Wilsons in Bonn brachte sehr positive Erkenntnisse und verdeutlichte den deutsch-britischen Schulterschluss in einer gemeinsamen Erklärung.

In dieser Situation platzte die Bombe des Gesprächsangebots de Gaulles an die Briten, das er am 4. Februar 1969 dem britischen Botschafter Christopher Soames gemacht hatte. De Gaulle wollte gemeinsam mit den Briten die Zukunft Europas diskutieren. Die Gerüchteküche, die, wie in solchen Fällen üblich, Wahres mit Falschem vermengte, servierte in den folgenden Tagen Unangenehmes für die Bundesregierung. De Gaulle habe eine sofortige Auflösung der NATO und der EWG gefordert. Stattdessen solle eine europäische Freihandelszone mit einer verteidigungspolitischen Zusammenarbeit durch ein Viererdirektorium aus Großbritannien, Frankreich, Italien und der Bundesrepublik entstehen. Auch wenn de Gaulle in seinem letzten deutsch-französischen Konsultationsgespräch glaubhaft versichern konnte, dass er nur seine hinlänglich bekannte Vision eines „europäischen Europas" geschildert habe, wurde für die Bundesregierung deutlich, dass der französische Staatspräsident seine bisherige Europapolitik mit noch ungewissem Ausgang überprüfte. Die Bundesregierung ging daher selbst daran, neue Modelle für die europäische Einigung zu entwerfen, um, sobald die französischen Überlegungen abgeschlossen seien, den französischen Modellen eigene gegenüberstellen zu können.

Alle Planungen wurden jedoch durch den Ende April 1969 erfolgten überraschenden Rücktritt de Gaulles über den Haufen geworfen. Man schien in der Bundesregierung erleichtert zu sein, nun voraussichtlich doch an der bisherigen Europakonzeption festhalten zu können, welche die EWG ausbauen, erweitern und als mögliche Ausgangsbasis für eine politische Zusammenarbeit erhalten wollte. Die konzeptionellen Überlegungen innerhalb der Bundesregierung wurden zunächst zurückgestellt, da man die Regierungsbildung in Frankreich abwarten wollte. Hier zeigt sich einmal mehr die reaktive Komponente der deutschen Europapolitik.

V. Europapolitische Profilierung im Bundestagswahlkampf und Vorbereitung auf die EWG-Verhandlungsrunde zum Jahresende – Die deutsche Europapolitik nach dem Rücktritt de Gaulles

1. Verwässerung oder Stärkung der EWG? – Zum Verhältnis von Erweiterung und politischer Zusammenarbeit

Das Auswärtige Amt hatte nach den Anregungen de Gaulles im Soames-Gespräch und in den deutsch-französischen Konsultationen begonnen, Alternativszenarien für die Weiterentwicklung der europäischen Einigung zu entwerfen. Der defensiven Strategie des Auswärtigen Amts setzte Bundeskanzler Kiesinger einen offensiven Umgang mit den Vorstellungen de Gaulles entgegen. Kiesinger hielt den Zeitpunkt für günstig, seine eigenen europäischen Pläne zu konkretisieren und mit einer Initiative an die Öffentlichkeit zu treten. In einem Hintergrundgespräch mit ausgewählten Journalisten, dem so genannten „Ruderklub", offenbarte Kiesinger am 17. April 1969, dass er ein Europaprojekt plane. Ausgangspunkt seiner Überlegungen war die bereits in seinen letzten Gesprächen mit de Gaulle angeklungene Einsicht, dass der EWG-Beitritt aller interessierten Länder, also Irlands, der skandinavischen Länder, Österreichs, der Schweiz sowie Spaniens und Portugals zu einer Qualitätsänderung der Gemeinschaften führen würde. Kiesinger machte deutlich, dass er die Alternative de Gaulles, entweder eine Freihandelszone zu schaffen oder es bei der Gemeinschaft der Sechs zu belassen, ablehne. Stattdessen müsse man zwei Dinge gleichzeitig schaffen: „die ‚Große Koalition' und daneben oder als Kern eine Gemeinschaft mit dem Ziel auf eine politische Union"[1]. Dabei rechnete er fest mit einer positiven französischen Reaktion. Auf die Frage, wie es denn mit den Franzosen sei, antwortete Kiesinger: „De Gaulle macht mit."[2] Der Streit um die Beteiligung Englands sei nur eine Zeitfrage, denn dass man einen britischen Beitritt generell wünsche, habe man ja schon in der deutsch-französischen Erklärung vom Februar 1968 konzediert.

In dem Hintergrundgespräch stand Kiesinger noch ganz unter dem positiven Eindruck, den seine Ideen in der vorangegangenen Unterhaltung mit dem schwedischen Ministerpräsidenten Tage Erlander hinterlassen hatten. Erlander war sehr interessiert an Kiesingers Plan eines europäischen Kerns mit einem äußeren Ring von Ländern, die sich nicht politisch verbinden wollten, und wies darauf hin, dass 95% der Schweden dieselben Ansichten vertraten wie der deutsche Bundeskanzler. Erlander versicherte dem deutschen Bundeskanzler, diese Überlegungen im Gespräch mit den Briten zu erörtern.[3] Einen Tag später bedeutete Kiesinger dem französischen Botschafter Seydoux, dass die Zeit gekommen sei, um nach neuen Lösungen zu suchen. Die Gemeinschaft müsse weiterentwickelt und daneben mit den anderen Staaten etwas geschaffen werden. Man müsse die Stagna-

[1] Hintergrundgespräch Kiesingers mit deutschen Journalisten (Ruderklub) im Bundeskanzleramt, 17. 4. 1969, ACDP, Nl Kiesinger, Bd. A008. Zu diesen Überlegungen Kiesingers siehe auch Türk, Kerneuropakonzept.

[2] Ebd.

[3] Gespräch des Bundeskanzlers Kiesinger mit dem schwedischen Ministerpräsidenten Erlander, 17. 4. 1969, AAPD 1969, Dok. 128, S. 493–498, hier S. 495.

tion überwinden, wobei die Gemeinschaft nicht durch eine Freihandelszone ersetzt werden dürfe.[4]

Nach dem Rücktritt de Gaulles Ende April 1969 erschien es Kiesinger noch dringender, seine Europavorstellungen durchzusetzen, denn mit dem französischen Staatspräsidenten verlor Kiesinger seinen Mitstreiter für ein politisches Europa. In Bonn erwartete man, dass sich die neue französische Regierung in der Erweiterungsfrage flexibler verhalten werde. Kiesinger befürchtete jedoch eine Verwässerung des politischen Gehalts der Europäischen Gemeinschaften durch zu rasche und zahlreiche Beitritte. So hatte Kiesinger bereits in der Nachbesprechung der letzten Konsultation mit de Gaulle im März 1969 die Ansicht geäußert, vielleicht könne Großbritannien alleine beitreten. Für die anderen Staaten müsse man dann eine andere Lösung finden.[5]

Kiesinger bat den deutschen Botschafter in Paris, von Braun, um seine Stellungnahme, wie man in Frankreich eine Europainitiative des Bundeskanzlers zum jetzigen Zeitpunkt aufnehmen werde. Von Braun warnte am 5. Mai vor einer Erklärung in der momentanen Situation. Die Hoffnungen auf eine französische Zustimmung zum Erhalt der EWG hätten sich nach dem Rücktritt de Gaulles verbessert. Vor allem starke Gruppen jüngerer französischer Politiker sähen jetzt die Chance, sich für einen Erfolg der Beitrittsanträge einzusetzen. Wenn sich die Bundesregierung in einem solchen Moment für eine schwächere Form des Ausbaus der EWG ausspräche, zum Beispiel einer Erweiterung nur um Großbritannien und um arrangementähnliche Lösungen für die anderen Antragsteller, würde die Position dieser Gruppen geschwächt werden. Auch aus Sicht der anderen Regierungen, die sich in jüngster Zeit erneut für einen Beitritt aller Antragsteller ausgesprochen hätten, erschiene eine solche Position der Bundesregierung als Aufgeben der bisherigen Haltung. Außerdem würde die jetzige Verhandlungsbasis der Bundesregierung, nach der die Ausarbeitung für Pläne zur Weiterführung der Gespräche über Europa bei Frankreich liege, entkräftet werden. Abschließend wies der Botschafter noch darauf hin, dass man in Frankreich jede amtliche deutsche Äußerung zu diesem Thema in einem Augenblick, in dem sich alles auf die Lösung der schwerwiegenden innenpolitischen Probleme konzentriere, als „Versuch zur Festlegung künftiger französischer Entscheidungen in einem Moment der Schwäche Frankreichs“[6] auslegen und verübeln werde.

Trotz der Warnungen des Botschafters veröffentlichte Kiesinger am 6. Mai 1969 einen programmatischen Aufsatz in der CDU/CSU-nahen Zeitschrift „Politisch-Soziale Korrespondenz“. Darin rechtfertigte der Bundeskanzler seine bisherige Regierungspolitik und entwickelte ausführlich seinen Europaplan. Unter Hinweis auf seine Gespräche mit skandinavischen, österreichischen und Schweizer Politikern, die eine handelspolitische Verbindung ihrer Länder zur Gemeinschaft wünschten, schlug Kiesinger vor, ein Europa aufzubauen,

> „in dessen Kern der Gedanke der Wirtschaftsgemeinschaft mit der Zukunftsoption einer politischen Gemeinschaft erhalten bleibt und gekräftigt wird, und um den herum eine ökonomisch-organisatorische Lösung gefunden wird, die es auch den anderen Ländern erlaubt, an den wirtschaftlichen Vorteilen eines solchen Europas teilzunehmen“[7].

---

[4] Gespräch des Bundeskanzlers Kiesinger mit dem französischen Botschafter Seydoux, 18. 4. 1969, AAPD 1969, Dok. 129, S. 498–503, hier S. 501.

[5] Vermerk des Außenamtsstaatssekretärs Harkort, 28. 4. 1969, PAAA, B2, Bd. 182.

[6] Botschafter von Braun, Paris, an Außenminister Brandt, betr. Haltung der Bundesregierung zu Europa-Fragen, 5. 5. 1969, PAAA, B150, Bd. 152, S. 2597 f., hier S. 2598.

[7] Kiesinger, Grundprobleme der deutschen Politik.

Gegenüber Außenamtsstaatssekretär Harkort führte Kiesinger während der Kabinettssitzung am 7. Mai aus, dass er durchaus für Beitritte zur EWG sei, aber nicht aller interessierten Länder. Als Harkort konkret nachfragte, für welche Länder Beitritte in Frage kämen, stimmte Kiesinger einem britischen und dänischen Beitritt zu. Laut Harkort habe sich Kiesinger bei Irland und Norwegen zögerlich verhalten, ohne einen Beitritt auszuschließen.[8]

Selbst in Kiesingers Gesprächen mit dem japanischen Ministerpräsidenten Eisako Sato während seiner Japanreise im Mai 1969 nahm die Zukunft Europas breiten Raum ein. Kiesinger sah in einem politischen Zusammenschluss die Hauptaufgabe Europas. Seine Europapolitik stellte der Bundeskanzler ganz in die Tradition Adenauers, der ihn noch auf seinem Sterbebett feierlich verpflichtet habe, seine Europapolitik fortzuführen.[9] In seinem zweiten Gespräch mit Sato entwickelte Kiesinger, angespornt von Satos Frage nach Kiesingers Beurteilung einer politischen Integration Europas, in aller Ausführlichkeit sein Europakonzept. Kiesinger hielt eine Lösung der Beitrittsfrage unter einer neuen französischen Regierung für möglich. Die politische Gemeinschaft sei aber nicht das Endergebnis der wirtschaftlichen Integration. Ein Umschlagen von der wirtschaftlichen in die politische Integration sei zweifelhaft, denn das würde die Rolle der neutralen Staaten zu wenig berücksichtigen. Er halte aber auch die von de Gaulle ausgesprochene Lösung, dass das politische Europa nur wenige Mitglieder haben solle, für bedenklich. Großbritannien und Dänemark müssten mindestens noch zum europäischen Bundesstaat gehören. Den anderen Ländern bleibe dann die Assoziation. Alle Länder, die den Wunsch hätten, an der Integration teilzunehmen, müssten teilnehmen können. De Gaulles Ziel eines „Europas vom Atlantik bis zum Ural" habe man nur als Fernziel akzeptiert. Ein solches Europa könne „bestenfalls nach Gründung eines vereinigten Westeuropa und nach Überwindung des politisch-ideologischen Antagonismus verwirklicht werden"[10].

Einige Tage später erschien in der von der europäischen Kommission herausgegebenen Zeitschrift „Die europäische Gemeinschaft" ein Aufsatz des Bundeskanzlers mit dem Titel „Endziel Politische Union", in dem er eine Differenzierung des europäischen Integrationsprozesses forderte. Zunächst stellte er fest, dass eine Erweiterung der Europäischen Gemeinschaften um Großbritannien erwünscht sei und die deutsche Regierung nicht die Auffassung teile, dass sich bei einem britischen Beitritt der Charakter der Gemeinschaft ändern würde. Eine neue Lage trete aber durch die Beitrittswünsche anderer Staaten, wie Irland, Dänemark, Norwegen, aber auch durch das Interesse Schwedens, Österreichs, Portugals und Spaniens ein, da die Politische Union als Endziel der Gemeinschaften nicht den Wünschen aller dieser Länder entspreche. Aus diesem Grund plädierte der deutsche

---

[8] Vermerk des Staatssekretärs Harkort, 7. 5. 1969, PAAA, B2, Bd. 182.

[9] Gespräch des Bundeskanzlers Kiesinger mit Ministerpräsident Sato in Tokio, 19. 5. 1969, AAPD 1969, Dok. 162, S. 603–610, hier S. 607. Auch im Rückblick auf seine Zeit als Bundeskanzler verwies Kiesinger auf das politische Vermächtnis Adenauers an ihn, sich auf der Basis der deutsch-französischen Freundschaft für eine Einigung Europas einzusetzen. Siehe Kurt Georg Kiesinger: So war es (Teil I), in: Bild am Sonntag vom 17. 11. 1974, S. 23ff. Das Urteil Kroegels, Kiesinger habe sich nur für die politische Union Europas eingesetzt, um Adenauer vorzutäuschen, dass er seine europapolitischen Anliegen teile, ist jedoch unlogisch. Dann hätte Kiesinger seine Bemühungen um den Beginn einer außenpolitischen Zusammenarbeit nach dem Tod Adenauers im April 1967 einstellen können. Siehe Kroegel, Anfang, S. 332 f.

[10] Gespräch des Bundeskanzlers Kiesinger mit Ministerpräsident Sato in Tokio, 20. 5. 1969, AAPD 1969, Dok. 165, S. 613–617, hier S. 614 f.

Bundeskanzler für die Bewahrung und politische Weiterentwicklung der Gemeinschaft als Kern, um den herum sich jene Länder gruppieren sollten, die sich nicht politisch engagieren, aber wirtschaftlich partizipieren wollten. Um dem Vorwurf dieser Länder zu entgehen, dass sie von Beschlüssen abhängig seien, welche die Länder des Kerns getroffen hätten, müsse man einen Konsultationsapparat schaffen, der diese Länder an den Beschlüssen teilnehmen lasse. Der politische Kern müsse jetzt mit dem Aufbau eines solidarischen weltpolitischen Verhaltens als erstem Schritt auf dem Weg zu einer politischen Union mit einer gemeinsamen Außenpolitik beginnen. Dazu sei ein bewusster politischer Akt erforderlich, denn einen Automatismus von der Wirtschaftsunion hin zur politischen Union gebe es nicht.[11]

Auch Willy Brandt zeigte sich aufgeschlossen gegenüber einer differenzierten Integration. So betonte er am 3. Juni 1969 auf der Sitzung des „Kreßbronner Kreises", dass sich seiner Meinung nach die wirtschaftliche und politische Integration nicht völlig zu decken bräuchten.[12] Eine Woche später kam Brandt in derselben Runde darauf zurück:

> „Ferner gebe es das 2-Kreise-Problem. Vielleicht könne man die europäische Lösung sich so vorstellen, daß die 4 großen sowie ferner alternierend ein Beneluxland und ein skandinavisches Land den politischen Kreis bildeten. Der andere größere Kreis werde dann der wirtschaftliche sein."[13]

Auf die Nachfrage des Bundeskanzlers, warum nicht alle Länder, die es wünschten, in die politische Gemeinschaft aufgenommen werden sollten, antwortete Brandt, dass man es mit Partnern vergleichbarer Größe zu tun haben müsse, wenn auch die Sicherheitspolitik mit einbezogen werde.[14]

Brandt zog also den Kreis enger, als es dem Bundeskanzler in seinen Überlegungen vorschwebte. Der Äußerung Brandts scheint allerdings kein ausgearbeitetes Konzept zugrunde gelegen zu haben. Es handelte sich allem Anschein nach um einen spontanen Einfall des Außenministers, den Brandt nicht weiterverfolgte. Öffentlich engagierte sich Brandt für einen anderen Weg, um die westeuropäische Einigung voranzutreiben. Auf der WEU-Ministerratssitzung am 5. Juni 1969 regte Brandt eine Gipfelkonferenz der Sieben noch vor Jahresende an. Die wirtschaftliche und die politische Einigung bräuchten sich nicht notwendigerweise zu decken; sicher sei jedoch, dass die sieben WEU-Mitglieder an beidem teilnehmen müssten. Daher sei eine Zusammenkunft der sieben Regierungschefs und Außenminister sinnvoll.[15] Dieses Treffen sollte als Ad-hoc-Konferenz unabhängig vom EWG- oder WEU-Rahmen stattfinden und „die Grundlinien für die weitere europäische Einigung vorgeben"[16]. Dadurch könnten die offene Krise in der WEU und die verdeckte Krise in der EWG gelöst werden.

Außenamtsstaatssekretär Harkort nahm am 12. Juni in einer Aufzeichnung für den Chef des Bundeskanzleramts, Karl Carstens, zu den vom Bundeskanzler befürchteten Pro-

---

[11] Kiesinger, Endziel Politische Union.

[12] Vermerk des Staatssekretärs im Bundeskanzleramt, Karl Carstens, betr. Koalitionsgespräch, 3. 6. 1969, ACDP, Nl Kiesinger, Bd. A010.

[13] Vermerk des Staatssekretärs im Bundeskanzleramt, Karl Carstens, betr. Koalitionsgespräch, 10. 6. 1969, ACDP, Nl Kiesinger, Bd. A010

[14] Ebd.

[15] Rede Brandts auf der WEU-Ministerratstagung am 5. 6. 1969 in Brüssel, AAPD 1969, S. 693, Anm. 2.

[16] Entwurf einer Aufzeichnung des Referats IA2 betr. Unterlage für die bilateralen Kontakte des Herrn Bundesministers des Auswärtigen zur Vorbereitung einer Gipfelkonferenz der Sieben; hier: Vorschläge für die Argumentation und das Verfahren, 19. 6. 1969, PAAA, B1, Bd. 334.

blemen bei zu vielen Beitritten Stellung. Zunächst konstatierte Staatssekretär Harkort, dass eine mögliche Charakteränderung der Gemeinschaft in der EWG bisher noch nicht erörtert worden sei. Das habe den Vorteil gehabt, die Gemeinschaftsarbeit nicht durch eine in diesem Fall unausweichliche Diskussion über die Anwendung des Luxemburger Kompromisses vom Januar 1966 über Mehrheitsentscheidungen zu lähmen. Staatssekretär Harkort hielt eine Vertiefung und einen Ausbau der Integration im Zuge der Beitritte für wahrscheinlich. Durch die Auflösung der Blockade in der Beitrittsfrage könnte eine Integrationsdynamik entstehen, „die den notwendigen Willen der Regierungen zur Entwicklung gemeinsamer Politiken und zur Verstärkung der Institutionen aktivieren könnte."[17] Diese notwendige Dynamik könne man nicht erwarten, wenn nur Großbritannien beitrete. Zudem sei die Bundesrepublik unter handelspolitischen Aspekten an einer Aufrechterhaltung ihres umfangreichen Handels mit Dänemark und Norwegen interessiert, der wohl nur bei einem Beitritt der beiden Länder in dieser Größenordnung weiterbestehen könne. Letztlich werde es sich bei der Beitrittsentscheidung jedoch um eine politische und nicht um eine wirtschaftliche handeln. Hier sei zu beachten, dass sich die Bundesregierung aus guten Gründen immer für die Berücksichtigung der kleineren europäischen Staaten eingesetzt habe. Gerade in der besonderen Lage der Bundesrepublik und mit Blick auf die künftige Entwicklung einer europäischen Friedensordnung habe der „Gleichheitsgrundsatz" eine wichtige Bedeutung. Eine etwaige Verhinderung der Beitritte kleinerer Länder könnte von diesen „als Ausdruck einer neuen Machtpolitik der Bundesrepublik interpretiert werden [...] und müßte negative Auswirkungen auf andere deutsche Interessen in der gesamten europäischen Politik haben". Zudem würden alle Ersatzlösungen die Probleme nur verschieben. Die entstehenden Schwierigkeiten seien zum Teil kaum lösbar, und die Beitrittswünsche blieben bestehen. Vorstellbar sei allerdings eine Differenzierung in den Beitritten. Bei einem „qualifizierten Beitritt" würden Staaten, die bestimmten Zielen nicht entsprechen können, in bestimmten Bereichen materielle und institutionelle Ausnahmen erhalten. „In einer derart qualifizierten Mitgliedschaft entspräche dem zunehmenden Souveränitätsverzicht ein zunehmendes Mitbestimmungsrecht in der Gemeinschaft."

Auf der von Brandt einberufenen Konferenz der Botschafter der Bundesrepublik in den westeuropäischen Ländern vom 30. Juni bis 2. Juli in Bonn wurde die Europapolitik ausführlich erörtert. Brandt führte aus, dass noch in diesem Jahr Fortschritte in der europäischen Einigung erkennbar werden müssten. Man dürfe jedoch keine große deutsche Initiative erwarten. Die Empfindlichkeit der anderen Länder müsse berücksichtigt werden, und man dürfe nicht den Eindruck erwecken, dass die Bundesrepublik die Führung in Europa übernehmen wolle. Aufgabe der Bundesrepublik sei es im Moment, vor allem zu sondieren. Brandt regte an, auf der Botschafterkonferenz unter anderem zu eruieren, „ob es zutrifft, daß die Bereiche der ökonomischen Integration und der qualifizierten politischen Zusammenarbeit nicht unbedingt deckungsgleich sind"[18]. Analog zu Kiesingers Europavorstellungen und deutlich von der Erfahrung mit der Europapolitik in den 1960er Jahren geprägt, stellte Brandt fest, dass es kein automatisches Umschlagen in der

[17] Günther Harkort an Karl Carstens, 12. 6. 1969, BaK, B136 (Bundeskanzleramt), Bd. 7883. Daraus auch die folgenden Zitate.

[18] Rede Brandts auf der Konferenz der westeuropäischen Botschafter am 30. 6. 1969 im AA in Bonn, PAAA, B2, Bd. 213. Daraus auch die folgenden Zitate.

Integration vom wirtschaftlichen zum politischen Bereich gebe. Unter dieser Prämisse falle es leichter, das Verhältnis der Neutralen zur europäischen Einigung zu regeln. In der Beitrittsdiskussion solle auf keinen Fall der Eindruck entstehen, dass man sich zu wenig für die kleineren Staaten Dänemark, Norwegen und Irland einsetze. Prinzipiell solle man die Beitrittsverhandlungen mit allen Antragstellern parallel führen. Die Bundesrepublik sei ein „Verfechter der intereuropäischen Demokratie". Man müsse die Rolle des europäischen Parlaments stärken, denn durch „die Zunahme der Befugnisse der europäischen Organe wird eine parlamentarische Kontrolle immer wichtiger".

Wenige Tage später versuchte Brandt, der neuen französischen Regierung eine Absichtserklärung zur Erweiterung zu entlocken, hatte damit jedoch keinen Erfolg.[19] Kiesinger hingegen eruierte die Reaktionen des Auslands auf seine eigenen Pläne. Positive Signale kamen erwartungsgemäß vor allem aus der Richtung der neutralen Staaten, denen die Teilnahme an einer politischen Union ohnehin verwehrt war, die aber ein großes Interesse an einer engen wirtschaftlichen Verbindung mit den Europäischen Gemeinschaften hatten.

Der schwedische Ministerpräsident Erlander hatte bereits im April seine Unterstützung signalisiert. Mitte Juli besprach Erlander die Überlegungen Kiesingers mit dem britischen Premierminister Wilson in London. Erlander offenbarte Wilson vertraulich, dass Schweden am liebsten nur den Beitritt Großbritanniens zur EWG sehen würde. Alle anderen Länder sollten eine Art Assoziationsverhältnis mit der Gemeinschaft abschließen. So bliebe auch der Zusammenhalt der nordischen Länder gewahrt. Wilson betonte, dass es aus britischer Sicht jedem Land offen stehe, sein zukünftiges Verhältnis zu den Europäischen Gemeinschaften zu bestimmen. Die britische Regierung werde niemanden beeinflussen.[20]

In Österreich propagierte man ähnliche Gedanken wie Kiesinger. Der damalige SPÖ-Vorsitzende Bruno Kreisky, Außenminister bis 1966 und ab 1970 österreichischer Bundeskanzler, trat schon seit längerem für das so genannte „Brückenschlag-Konzept" zwischen EWG und EFTA ein. Danach solle die EWG als Kern oder europäisches Zentrum fungieren und die Staaten, die sich nicht zur Mitgliedschaft entschließen könnten, sollten als äußerer Ring einer Freihandelszone organisiert sein.[21]

Skeptisch reagierte man hingegen in Dänemark und Norwegen auf den Vorschlag Kiesingers, denn dort argwöhnte man, nicht zum inneren Kern zu gehören, sondern auf den äußeren wirtschaftlichen Ring verwiesen zu werden. Entsprechend negativ beurteilte man den Artikel des Bundeskanzlers in der Zeitschrift „Europäische Gemeinschaft", aus dem man eine Unterteilung der Länder in verschiedene Kategorien je nach Größe und Bündniszugehörigkeit herauslas. Letztlich befürchtete man dort, dass die großen Staaten der Europäischen Gemeinschaften nur einen britischen Beitritt zulassen wollten.[22]

Insgesamt bezeichnete der Bundeskanzler in einem Hintergrundgespräch mit Journalisten am 12. Juni 1969 die Reaktion des Auslands als schwach. Nach dem Rücktritt de Gaulles hoffe man jetzt, dass es vorwärts gehe; günstig sei die Reaktion aber nur auf den fran-

[19] Gespräch des Bundesministers Brandt mit Staatspräsident Pompidou in Paris, 4. 7. 1969, AAPD 1969, Dok. 221, S. 774–780, hier S. 777.

[20] Drahtbericht des Botschafters Blankenhorn, London, an das AA, 14. 7. 1969, PAAA, B150, Bd. 156, S. 4022–4024.

[21] Kreisky, Im Strom der Politik, S. 168.

[22] Schutzsack, Axel: Schlägt die Tür vor Skandinavien zu? Mißtrauen gegen „Rangordnung" bei künftigen Beitrittsverhandlungen zur EWG, in: Die Welt vom 13. 6. 1969, S. 2.

zösischen Vorschlag einer neuen Gipfelkonferenz gewesen.[23] Auch das Auswärtige Amt stellte fest, dass der eigene Vorschlag einer Siebener-Konferenz aufgrund der französischen Vorstellungen über einen Sechser-Gipfel in den Hintergrund getreten sei. Der neue französische Staatspräsident Pompidou hatte bereits im Wahlkampf eine Gipfelkonferenz der EWG-Staats- und Regierungschefs angeregt. Außenminister Schumann präsentierte den französischen Vorschlag offiziell dem EWG-Ministerrat am 22. Juli.[24] Die Gipfelkonferenz solle sich der Vollendung, Vertiefung und Erweiterung der EWG widmen.[25] Die Bundesregierung hatte schon in ihren ersten Kontakten mit der neuen französischen Regierung Unterstützung für den französischen Vorschlag signalisiert und stimmte ihm in der Ministerratssitzung am 22. Juli zu.[26] Im Auswärtigen Amt registrierte man aber auch die Schwierigkeiten einer solchen Veranstaltung. Ministerialdirigent von Staden sah in dem französischen Vorschlag einen Versuch, den Siebener-Gipfel mit Großbritannien zu verhindern. Die französische Idee wecke außerdem Assoziationen an den Fouchet-Plan. Dessen Wiederbelebung werde aber nicht glücken, da die Beneluxländer und Italien zu einer solchen Initiative im Sechser-Rahmen nicht bereit wären. Von Staden empfahl, vorsichtig positiv zu reagieren und in den weiteren Verhandlungen die deutschen Interessen durchzusetzen: Zum einen sollten regelmäßige Wiederholungen der Gipfelkonferenz vom Erfolg des geplanten Gipfels abhängig gemacht werden. Zum anderen solle man auf gründlicher Vorbereitung durch die Außenminister bestehen. Außerdem müsse die Kommission zur Beratung von Gemeinschaftsthemen auf der Gipfelkonferenz herangezogen werden. Insgesamt solle das Gipfeltreffen nur Orientierungen geben und sich nicht in technischen Verhandlungen verlieren. Auf dieser Basis könne man auf der Gipfelkonferenz ergründen, welchen Zusammenhang Frankreich zwischen Ausbau, Erweiterung und Vertiefung sehe, und erste Orientierungen für das innergemeinschaftliche Gespräch über die Beitritte entwickeln.[27]

Unterdessen versuchte Bundeskanzler Kiesinger, die Möglichkeiten einer Trennung zwischen wirtschaftlicher und politischer Gemeinschaft weiter auszuloten. Aus diesem Grund beauftragte er das Auswärtige Amt, eine Aufzeichnung zu diesem Themenkomplex anzufertigen.[28] Der Leiter der Politischen Abteilung des Auswärtigen Amts, Paul Frank, reichte daraufhin am 18. Juni 1969 seine Überlegungen zum Verhältnis Wirtschaftsintegration und Politische Union über Staatssekretär Harkort zunächst an Außenminister Willy Brandt weiter.[29] In dieser Abfassung benannte Ministerialdirektor Frank die Schwierigkei-

---

23 Hintergrundgespräch Kiesingers mit deutschen Journalisten im Bundeskanzleramt, 12. 6. 1969, ACDP, Nl Kiesinger, Bd. A008.

24 Runderlass des AA betr. wichtigste Ergebnisse der 76. Tagung des Rats der Europäischen Gemeinschaften am 22./23. 7. 1969, 24. 7. 1969, PAAA, B1, Bd. 334. Vgl. AAPD 1969, S. 843, Anm. 7.

25 Zu dem französischen Vorschlag eines 6er-Gipfels und seiner inhaltlichen Ausgestaltung siehe Bitsch, Le sommet de La Haye.

26 Gespräch des Bundesministers Brandt mit Staatspräsident Pompidou in Paris, 4. 7. 1969, AAPD 1969, Dok. 221, S. 774–780, hier S. 776; Gespräch des Bundesministers Brandt mit Ministerpräsident Chaban-Delmas in Paris, 4. 7. 1969, AAPD 1969, Dok. 222, S. 780–785, hier S. 781f.; Runderlass des AA betr. wichtigste Ergebnisse der 76. Tagung des Rats der Europäischen Gemeinschaften am 22./23. 7. 1969, 24. 7. 1969, PAAA, B1, Bd. 334.

27 Aufzeichnung des Ministerialdirigenten von Staden, 1. 8. 1969, AAPD 1969, Dok. 253, S. 873–876.

28 Hintergrundgespräch Kiesingers mit deutschen Journalisten im Bundeskanzleramt, 12. 6. 1969, ACDP, Nl Kiesinger, Bd. A008.

29 Hierzu und zu dem Folgenden: Aufzeichnung des Leiters der Abteilung I im AA, Paul Frank, betr. Wirtschaftsintegration und Politische Union, 18. 6. 1969, PAAA, B1, Bd. 334.

ten des Kerneuropakonzepts. Unter dem Hinweis auf den politischen Gehalt gemeinsam zu entwickelnder Politiken (z. B. einer allgemeinen Wirtschafts- und Währungspolitik) machte er deutlich, dass eine verbindliche Teilnahme neutraler Staaten an „‚gemeinsamen Politiken' im wirtschaftlichen Bereich" erst möglich sein werde, „wenn die allgemeine politische Zielsetzung der europäischen Einigungsbestrebung durch die zunächst Beteiligten genau definiert ist". Die andere Alternative, die Schaffung eines großen gemeinsamen Marktes als Freihandelszone ohne gemeinsame Politiken, hielt Frank nicht für praktikabel: „Das Risiko von Störungen durch divergierende Politiken im wirtschaftlichen und sozialen Bereich wäre bei diesem Grad von Interdependenz zu groß." Frank sah daher die Abstufung der Anträge von Vollmitgliedschaft für Großbritannien, Irland, Dänemark und Norwegen über einen besonderen Status Schwedens bis hin zu Assoziierungen durch die Schweiz und Österreich als eine Möglichkeit, die unterschiedlichen Bedürfnisse zu befriedigen.

Realistisch schätzte der Leiter der Politischen Abteilung ein, dass eine politische Union nach der herrschenden Auffassung pragmatisch entwickelt werden müsste, also ohne supranationale Institutionen. Daraus folgerte er, dass die politische Union bis auf weiteres dann auch nicht über die Verteidigungs- und Sicherheitspolitik ihrer Mitglieder verfügen würde. „Ebensowenig würde die Union, wenn der Teilnehmerkreis sich von dem der ‚Wirtschaftsunion' zu weit entfernte, über die Wirtschafts- und Außenwirtschaftspolitik ihrer Mitglieder verfügen." Daher stellte sich für Frank die Frage, was der politischen Union überhaupt an Substanz bliebe, um zu einer kontinuierlichen Vereinheitlichung der Außenpolitik zu gelangen, denn es bedürfe immer noch eines bewussten politischen Aktes, um von unverbindlichen Konsultationen zu der Entwicklung einer echten politischen Union zu gelangen. Dafür wäre aber ein Sachzwang erforderlich, der es den verantwortlichen Politikern erlauben würde, diesen bewussten Schritt zu gehen. Aus diesem Grund plädierte der Diplomat dafür, dass sich die politische Union auf die Wirtschaftsgemeinschaft stützen muss, um wenigstens noch über die gemeinsame Wirtschaftskraft ihrer Mitglieder verfügen zu können. Da er bei den Antragstellern auf einen Beitritt auch die politischen Voraussetzungen gegeben sah, an einer politischen Union teilzunehmen, hielt er eine annähernde Deckungsgleichheit zwischen der wirtschaftlichen Gemeinschaft und der politischen Union für möglich. Soweit die neutralen Staaten nicht bereit seien, an einer politischen Union teilzunehmen, sollte die Verbindung zur Wirtschaftsunion so flexibel gehalten werden, dass die politische Union nicht der Verfügung über die Wirtschaftskraft ihrer Mitglieder beraubt würde. Somit entstünde als äußerer Ring ein Freihandelsring, dessen Mitglieder allerdings keinem Zwang ausgesetzt sein dürften, sich den in der Wirtschaftsunion entwickelten gemeinsamen Politiken anzupassen, denn daraus könnte ein Mitspracherecht abgeleitet werden, das die annähernde Deckungsgleichheit der Teilnehmer an der politischen und der wirtschaftlichen Einigung wieder aufbrechen würde.

In seiner Beurteilung dieser komplexen und sehr differenzierten Analyse Franks nahm Staatssekretär Harkort besonderen Anstoß an der von Frank begrenzt eingeräumten Möglichkeit, nur Teilnehmer der Wirtschaftsunion zu sein, ohne sich an der politischen Union zu beteiligen. Diese Staaten müssten sich dann den Entscheidungen der politischen Union fügen, denn jedes Mitglied der Wirtschaftsunion wäre damit auch politisch gebunden.[30]

---

[30] Aufzeichnung des Staatssekretärs im AA, Günther Harkort, betr. Aufzeichnung Dg IA-IA2 vom 18. 6. 1969, 14. 7. 1969, PAAA, B2, Bd. 182.

Trotz dieser skeptischen Beurteilung des Auswärtigen Amts hielt Kiesinger an seinen Überlegungen fest. In einem Hintergrundgespräch mit deutschen Journalisten am 8. August in Washington auf seine Überlegungen angesprochen, konkretisierte er seine Forderung nach einem solidarischen weltpolitischen Verhalten der Gemeinschaftsmitglieder. Ablehnend stand der Bundeskanzler „diese[m] verdammten Perfektionalismus und Institutionalismus"[31] gegenüber. Stattdessen plädierte er zunächst für regelmäßige Konsultationen, die durch eine ständige Gruppe von hochrangigen Beamten der verschiedenen Ministerien vorbereitet werden sollten. Auf diesem Weg sollten die beteiligten Länder allmählich zusammenwachsen und die Konsultationen im Laufe der Zeit weiter ausbauen.

Kiesingers und Brandts europapolitische Profilierung stand natürlich auch im Zeichen des Wahlkampfs um die im September anstehende Bundestagswahl. Das Wahlkampfthema „Europa" versuchten beide Parteien frühzeitig zu besetzen. In einem Schreiben von Egon Heinrich, des für die Europapolitik zuständigen Mitarbeiters des Arbeitskreises I der SPD-Fraktion, an den SPD-Bundesgeschäftsführer Hans-Jürgen Wischnewski vom 10. Dezember 1968 wies Heinrich darauf hin, dass bereits viele Anzeichen dafür erkennbar seien, dass die CDU im kommenden Wahlkampf „ihren Führungsanspruch in der Europapolitik mit Nachdruck geltend machen wird"[32]. Dafür spreche, dass in dem Anfang November 1968 verabschiedeten CDU-Parteiprogramm der Europapolitik ein eigenes Kapitel gewidmet sei, dass der frühere Kommissionspräsident Hallstein die CDU-Landesliste Rheinland-Pfalz anführen werde und dass die CDU bereits einen Startschuss für den Wahlkampf mit dem „Europaforum 68" des CDU-Wirtschaftsrates im Frühjahr 1968[33] gegeben habe, auf dem das Kommissionsmitglied Hans von der Groeben besonders in Erscheinung getreten sei. Unter Hinweis auf die Einschätzung der Wähler, dass die SPD eine „weniger europäische" Partei als die CDU sei, die Heinrich auf die Europapolitik der SPD in den 50er Jahren und die Identifizierung Adenauers und der CDU mit den großen Erfolgen der Europapolitik zurückführte, schlug er vor, den schon lange geplanten Europa-Kongress der SPD jetzt endlich durchzuführen, um der Partei ein stärkeres europapolitisches Profil zu geben.

Auf das von Heinrich angesprochene Problem der Wahrnehmung der SPD als weniger europäisch denn die CDU wies auch der Parlamentarische Staatssekretär im Auswärtigen Amt, Gerhard Jahn, seinen Außenminister und Parteivorsitzenden Brandt hin.[34] Nach der Auswertung dreier infratest-Untersuchungen kam er zu dem Schluss, dass ein besonderes Gewicht auf die Betonung der Bemühungen um Fortschritte in der Einigung Westeuropas gelegt werden müsse, da es dort nach den Untersuchungen Defizite gebe.

Auf der Präsidiumssitzung am 11. Juni 1969 beschloss die SPD, am 20./21. Juli eine Europa-Konferenz durchzuführen, um das europapolitische Profil der SPD zu schärfen. Basierend auf den Erörterungen der geplanten Europa-Konferenz sollte ein Beitrag Gerhard Jahns zur Europapolitik veröffentlicht werden, der am 21. August als Artikel der Partei er-

[31] Hierzu und zu dem Folgenden: Hintergrundgespräch Kiesingers mit deutschen Journalisten in Washington am 8. 8. 1969, ACDP, Nl Kiesinger, Bd. A008.

[32] Hierzu und zu dem Folgenden: Egon Heinrich an Hans-Jürgen Wischnewski betr. Europa-Kongress der SPD-Europapolitik im Wahlkampf 1969, 10. 12. 1968, AdsD, Bestand Helmut Schmidt, Bd. 5085.

[33] Siehe hierzu u. a. „Leitsätze des CDU-Wirtschaftsrats zur Europa-Politik", 26. 1. 1968, BaK, B102 (BMWi), Bd. 130568. Dort auch eine Bewertung der CDU-Vorschläge durch die Abteilung E des BMWi.

[34] Gerhard Jahn an Willy Brandt, 31. 1. 1969, AdsD, Nl Jahn, Bd. 1242.

schien.[35] Darin wurde recht allgemein die europapolitische Grundeinstellung der SPD umrissen. Neben der Bekräftigung der wirtschaftlichen und politischen Einigung Europas als Hauptziel der Außenpolitik der SPD plädierte die Partei für einen Ausbau der Gemeinschaften zur Wirtschaftsunion, für eine Erweiterung um die beitrittswilligen Länder und für eine demokratische Entwicklung der Gemeinschaften. Aber auch in anderen Bereichen wie der Außenpolitik, der Kultur- und Forschungspolitik müssten die Bemühungen um eine gemeinsame Politik fortgesetzt werden. Abschließend stellt die SPD fest, dass die Einigung Westeuropas ein wesentlicher Beitrag zu einer gesamteuropäischen Friedensordnung sei, von der auch die Lösung der deutschen Frage abhänge. Zentraler Leitgedanke des SPD-Europakongresses war die so genannte „pragmatische Politik".[36] So warnte Staatssekretär von Dohnanyi vor „der Suche nach der blauen Blume Europas"[37] und Willy Brandt betonte in einem Interview mit der französischen Zeitung „L'Aurore", dass der Begriff „Politische Union" zurzeit nicht weiterhelfe[38].

Die CDU/CSU setzte hingegen ganz auf die Schaffung eines starken Europas. Am 19. Juni 1969 stellte die CDU/CSU-Bundestagsfraktion der Öffentlichkeit ein Aktionsprogramm unter dem Titel „Fünf Schritte nach Europa" vor.[39] Kernpunkte waren unter anderem die Einrichtung eines europäischen Verteidigungsrats und einer europäischen Rüstungsbehörde als Bestandteil einer politischen Union sowie regelmäßige Treffen der Botschafter in den EWG-Hauptstädten zur Vorbereitung einer gemeinsamen Außenpolitik.

Auf Anregung Kiesingers fand dann am 22. August im Bundeskanzleramt ein Europa-Kolloquium führender Europapolitiker der CDU zur Vorbereitung der künftigen Europapolitik statt, dessen wahlkampftaktische Bedeutung der Vorsitzende der CDU/CSU-Fraktion Rainer Barzel in einem Brief an Kiesinger hervorhob.[40] Auf diesem Treffen forderten die Politiker den Ausbau des Gemeinsamen Marktes zur Wirtschaftsunion, die Erweiterung durch die beitrittswilligen Mitglieder sowie die Definierung der Etappen zu einer europäischen Währungsunion. Von der von Frankreich vorgeschlagenen Gipfelkonferenz erwarte man, dass sie sich vorrangig mit der Frage beschäftige, wie eine Abstimmung der sechs Regierungen in außenpolitischen Fragen zu erreichen sei. Im Fernsehen erläuterte Kiesinger die Beschlüsse dahingehend, dass als neue Elemente eine gemeinsame Außenpolitik und im Rahmen der NATO eine gemeinsame Verteidigungspolitik der Europäer entwickelt werden müssten.[41]

Neue Erkenntnisse brachte die USA-Reise Kiesingers im August 1969. Im Gespräch mit US-Präsident Richard Nixon am 8. August wurde die Zukunft Europas ausführlich thema-

---

[35] Hierzu und zu dem Folgenden: SPD-Pressemitteilungen und Informationen Nr. 279/69 vom 21. 8. 1969, in: AdsD, Bestand Helmut Schmidt, Bd. 5192. Zu dem Entwurf dieses Artikels siehe Gerhard Jahn an Willy Brandt, 24. 7. 1969, AdsD, Nl Jahn, Bd. 1242.

[36] Loch, Ausgangspositionen für die europäische Gipfelkonferenz, S. 712.

[37] Ebd.

[38] Ebd.; Nachrichtenspiegel II des Presse- und Informationsamts der Bundesregierung Nr. 165/69 vom 2. 9. 1969, S. 1.

[39] Fünf Schritte nach Europa – Aktionsprogramm der CDU/CSU-Fraktion für die Europapolitik, 19. 6. 1969, BaK, B102 (BMWi), Bd. 130568. Vgl. Taschler, Herausforderungen, S. 355, sowie „CDU/CSU-Fraktion schlägt fünf Schritte nach Europa vor", in: Die Welt vom 20. 6. 1969, S. 1.

[40] Barzel an Kiesinger, 1. 8. 1969, ACDP, Nl Kiesinger, Bd. A002.

[41] Anregungen der CDU/CSU für Aktivierung der Europa-Politik, in: Die Welt vom 23. 8. 1969, S. 6. Zum Gesprächsverlauf und einem Entwurf der auf dem Europa-Kolloquium erarbeiteten Entschließung siehe die handschriftlichen Notizen des Chefs des Bundeskanzleramts Karl Carstens, BaK, Nl Carstens, Bd. 593.

tisiert. Auf die Frage Nixons, „ob sich die frühere Vision eines geeinten Europa abgenutzt habe“[42], entgegnete Kiesinger, dass in dieser Hinsicht Frustration vorherrsche. Man müsse den jungen Menschen klar machen, dass sich Europa nicht nur in Einzelfragen wie der Landwirtschaft verliere. Man müsse eine neue Konzeption für Europa entwickeln. Er wolle hierzu einen Anstoß geben. De Gaulle habe Recht gehabt, als er eine Charakteränderung der Gemeinschaft für den Fall prophezeit habe, dass alle interessierten Länder in die Gemeinschaften einträten. Seiner Meinung nach müsse man eine weite Wirtschaftsgemeinschaft mit einem engeren politischen Kern schaffen. Dagegen gebe es jedoch, wie ihm gesagt worden sei, von amerikanischer Seite Widerstand.[43] Der Sicherheitsberater Nixons, Henry Kissinger, entgegnete, dass viele „Experten noch einer sehr stark föderalistischen Auffassung anhingen, die vom Präsidenten keineswegs geteilt werde“[44]. Präsident Nixon ergänzte, dass es Sache der Europäer sei, wie sie das politische Europa gestalteten. Das müssten hauptsächlich die Deutschen, Franzosen und Engländer untereinander ausmachen. Die Europa-Idee sei jedoch vor allem für die Deutschen wichtig, „denn gerade das deutsche Volk brauche ein solches Ventil. Man könne ein großes und vitales Volk nicht inmitten Europas isoliert stehen lassen, ohne daß es Anteil an einer größeren Sache habe.“[45] Kiesinger verwies auf die langfristigen Aspekte der europäischen Einigung. Wenn Europa sich nicht weiter einige, gebe es in zwanzig Jahren „ein gewaltiges industrialisiertes China“[46], die Sowjetunion und die USA. Wie sich Indien, Afrika und Südamerika entwickeln werden, könne man nicht vorhersagen. „Europa müsse seine Stimme zum Tragen bringen. Um in dieser Zukunft bestehen zu können, müßten Amerika und Europa ihre Kräfte miteinander verbinden.“[47] Kissinger warf ein, dass er die Unterscheidung „zwischen einem politisch organisierten europäischen Kern und einem weiteren wirtschaftlichen Europa für außerordentlich interessant“[48] halte. Kiesinger erwiderte, dass man eine gemeinsame, langfristige Vision haben müsse. „In 10 bis 20 Jahren werde man in einer sehr gefährlichen Welt leben.“[49] Man sei zur Weitsicht verpflichtet, auch wenn sich nicht alles so verwirklichen lasse, wie man sich das wünsche.[50]

Die USA-Reise bestärkte aber auch Kiesingers Befürchtungen vor einem Truppenrückzug der USA aus Europa, der ein Vakuum hinterlassen würde, das die Westeuropäer ohne eine gemeinsame Außen- und Sicherheitspolitik nicht füllen könnten.[51] Kissinger hatte im

---

42 Gespräch des Bundeskanzlers Kiesinger mit Präsident Nixon in Washington, 8. 8. 1969, AAPD 1969, Dok. 259, S. 906–909, hier S. 907.

43 Der Gesandte Dirk Oncken hatte aus Washington berichtet, in der US-Regierung sei man besorgt über die deutschen Äußerungen zu der Rolle der neutralen Länder. Das Problem werde zu früh aufgeworfen. Stattdessen solle man alle Kraft auf die Beitritte konzentrieren. Drahtbericht des Gesandten Oncken, Washington, an das AA betr. Europäische Einigung und neutrale Länder, 5. 8. 1969, PAAA, B150, Bd. 158, S. 4389 f.

44 Siehe Anm. 42, S. 908.

45 Ebd.

46 Ebd.

47 Ebd., S. 909.

48 Ebd.

49 Ebd.

50 Außenamtsstaatssekretär Duckwitz fasste die Besprechungen Kiesingers mit Nixon anhand der Dolmetscherprotokolle für Außenminister Brandt zusammen, der Kiesingers Ausführungen zur Zukunft Europas mit einigen Fragezeichen markierte. Siehe Vermerk des Staatssekretärs Duckwitz für Außenminister Brandt, 25. 8. 1969, PAAA, B150, Bd. 159, S. 4613–4618.

51 Les cauchemars du chancelier Kiesinger, afp-Meldungen Nr. 203–205, Krefeld, 3. 9. 1969, PAAA, Nl von Braun, Bd. 35.

Gespräch mit dem Bundeskanzler darauf hingewiesen, dass man die jetzige Position noch ein bis zwei Jahre halten könne. Man solle jedoch deutsch-amerikanische Expertengespräche aufnehmen, in denen erörtert werde, was man in vier oder fünf Jahren tun könne. Nixon ergänzte, dass man eine „fall-back-position" erarbeiten müsse. Man könne schließlich nicht sagen, dass sechs amerikanische Divisionen ewig in Deutschland blieben.[52]

Als Kiesinger am 28. August mit dem neuen Oberbefehlshaber der Alliierten Streitkräfte in Europa Andrew J. Goodpaster zusammentraf, betonte er seine Sorge über einen amerikanischen Truppenrückzug aus Europa. Aus diesem Grund sei „die Schaffung einer nicht nur wirtschaftlichen, sondern auch politisch und verteidigungsmäßig orientierten europäischen Union lebenswichtig"[53]. Er hoffe, dass die für Ende des Jahres geplante Gipfelkonferenz der Sechs hier Fortschritte bringen werde.

Den Beginn der politischen Zusammenarbeit, den Bundeskanzler Kiesinger so stark in den Vordergrund seiner Europapolitik rückte, sah man im Auswärtigen Amt nur taktisch als eine Rückfallposition im Falle eines Scheiterns der britischen EWG-Beitrittsbemühungen. Ministerialdirektor Frank hielt fest, dass nicht mit einer französischen Zustimmung zur Eröffnung von Beitrittsverhandlungen zu rechnen sei, wenn man sich nicht auf eine endgültige Agrarfinanzierung in der EWG bis zum Ende des Jahres geeinigt habe. Halte diese Blockade in den nächsten 12 bis 18 Monaten an, seien „Auflösungserscheinungen in der europäischen Zusammenarbeit insgesamt nicht zu vermeiden"[54]. In dieser Situation könne man den Gedanken einer politischen Zusammenarbeit mit Großbritannien ins Spiel bringen. Die neue französische Regierung werde diesen Gedanken womöglich positiv aufnehmen, da sie dadurch Zeit für ihre eigenen wirtschaftlichen Reformen erhalte und von dem Druck des britischen Beitritts befreit würde. Die Warnungen des US-Verteidigungsministers vor einem Truppenrückzug aus Europa seien Grund genug, um eine solche Initiative zu rechtfertigen.

Wie paranoid mittlerweile die Situation in der Großen Koalition geworden war, offenbarte eine Mitteilung von Franz Josef Strauß. Der Finanzminister berichtete Kiesinger am 3. September aufgebracht über Informationen von französischer Seite, dass die SPD mit den italienischen und britischen Sozialisten gemeinsame Sache mache mit dem Ziel, eine SPD-geführte Bundesregierung und eine italienische Regierung aus Sozialisten und Kommunisten zu bilden. Wilson fördere diese Pläne. Der englische Geheimdienst habe zahlreiche Gespräche zwischen der SPD und der FDP in der Bundesrepublik arrangiert. Darüber hinaus sei die SPD zu einem Arrangement mit der Sowjetunion auf Kosten Westeuropas bereit. Als Beweis führte Strauß das Interview Brandts mit der französischen Zeitschrift L'Aurore an.[55]

---

[52] Gespräch des Bundeskanzlers Kiesinger mit Präsident Nixon in Washington, 7. 8. 1969, AAPD 1969, Dok. 257, S. 887–898, hier S. 895.

[53] Gespräch des Bundeskanzlers Kiesinger mit dem Oberbefehlshaber der Alliierten Streitkräfte in Europa, Goodpaster, 28. 8. 1969, AAPD 1969, Dok. 271, S. 939–941, hier S. 940.

[54] Aufzeichnung des Ministerialdirektors Frank, 26. 8. 1969, AAPD 1969, Dok. 267, S. 929 f., hier S. 929.

[55] Vermerk des Staatssekretärs Carstens betr. Vortrag von Bundesminister Strauß bei Bundeskanzler Kiesinger, 3. 9. 1969, ACDP, Nl Kiesinger, Bd. A009. Hier spielte wohl u. a. der Besuch Helmut Schmidts in London sowie das inoffizielle Treffen führender sozialistischer Politiker am 7. Juli in Schweden eine Rolle. In London waren u. a. gemeinsame Arbeitsgruppen von SPD und Labour vereinbart worden, die sich zum einen der Zukunft Europas nach de Gaulle und zum anderen dem Thema „Europäische Sicherheit nach den Budapester Vorschlägen" widmen sollten. Siehe Vermerk Helmut Schmidts betr. Gespräche in London vom 19.–21. 5. 1969, 27. 5. 1969, AdsD, WBA, Bestand Außenminister, Mappe 9. Mit Argwohn

Kiesinger schenkte diesem kruden Gemisch aus Gerüchten und Halbwahrheiten offensichtlich teilweise Glauben, denn der stellvertretende Regierungssprecher Conrad Ahlers berichtete Außenminister Brandt am nächsten Tag, Kiesinger habe ihm in einem Vier-Augen-Gespräch seine Sorgen „über angebliche neue außenpolitische Überlegungen im Führungskreis der SPD vorgetragen"[56]. Danach sei die SPD bereit,

> „den Gedanken an einen westeuropäischen Staatenbund mit politischer Exekutive und europäischen militärischen Streitkräften fallen zu lassen, zugunsten eines europäischen Sicherheitssystems, welches der Sowjetunion die Beibehaltung des Status quo in Europa und die Sicherung ihrer Westflanke garantiere".

Als Vorleistung dafür werde die SPD die Oder-Neiße-Grenze und die DDR anerkennen. Ahlers führte weiter aus, dass Kiesinger besorgt sei „im Hinblick auf die Koalitionsverhandlungen und auf sein Vertrauensverhältnis zu Dir".

Umso engagierter ging Kiesinger in die entscheidenden Gespräche mit dem französischen Staatspräsidenten Pompidou am 8./9. September 1969. Nachdem sich Kiesinger nachdrücklich für den Aufbau einer politischen Union eingesetzt hatte, meldete Pompidou an Kiesingers Überlegungen starke Zweifel an:

> „Er habe von den Vorstellungen des Bundeskanzlers gelesen und stehe ihnen keineswegs a priori ablehnend gegenüber. Er habe aber seine Zweifel, ob die Partner dafür zu begeistern seien, insbesondere wenn man den Eindruck erwecke, als wollten Frankreich und Deutschland sie dazu zwingen. Sei es, weil Frankreich jetzt mit schweren Wirtschaftsproblemen zu kämpfen habe, sei es, daß er aufgrund seiner eigenen Herkunft dahin tendiere, der wirtschaftlichen Neugestaltung Frankreichs die Priorität zuzumessen. Tatsache sei jedenfalls, daß er den Eindruck habe, daß man über das wirtschaftliche Europa zu einem politischen Europa gelangen werde."[57]

Pompidou stellte anschließend noch einmal deutlich heraus, „daß er für den Augenblick einem schnellen und vollständigen Eintritt des Gemeinsamen Marktes in die Endphase die Priorität zuweise"[58].

Auf eine weitere Schwierigkeit wies noch am gleichen Tag der französische Premierminister Jacques Chaban-Delmas in seinem Gespräch mit dem Bundeskanzler hin:

> „Wolle man die bestmöglichen Chancen für einen Beitritt Großbritanniens zum Gemeinsamen Markt erarbeiten, sei es wichtig, die Verhandlungen zwischen den Sechs und Großbritannien nicht mit politischem Gewicht zu belasten, weil es sonst, so bedauerlich dies sei, zu einer Verlangsamung des Tempos komme."[59]

Hier wurde deutlich, dass die französische Strategie auf die wirtschaftliche Konsolidierung Frankreichs mit Hilfe der EWG abzielte. Wenn dies gelang, war man von französischer Seite auch bereit, über den britischen Beitritt zu reden. Die politische Zusammenarbeit war für die neue französische Regierung zweitrangig.

---

hatte man von CDU/CSU-Seite auch den Besuch Helmut Schmidts, Alex Möllers und Egon Frankes vom 20.–22. August in Moskau betrachtet. Zum Verlauf der Reise und der anschließenden Polemik der CDU/CSU siehe Soell, Helmut Schmidt, S. 822–832.

56 Stellvertretender Regierungssprecher Ahlers an Bundesminister Brandt, 4. 9. 1969, AAPD 1969, Dok. 278, S. 961 f., hier S. 961. Dort auch die folgenden Zitate.

57 Gespräch des Bundeskanzlers Kiesinger mit Staatspräsident Pompidou, 8. 9. 1969, AAPD 1969, Dok. 279, S. 962–973, hier S. 964 f.

58 Ebd., S. 965.

59 Gespräch des Bundeskanzlers Kiesinger mit Ministerpräsident Chaban-Delmas, 8. 9. 1969, AAPD 1969, Dok. 280, S. 973–978, hier S. 974.

Damit war klar erkennbar, dass Kiesingers Überlegungen niemanden locken konnten. In Frankreich und den anderen EWG-Ländern konzentrierte man sich zunehmend auf eine Lösung der Beitrittsfrage und den inneren Ausbau der EWG. Die politische Zusammenarbeit spielte dagegen keine große Rolle. Auch für die Beitrittskandidaten waren Kiesingers Gedankenspiele nicht attraktiv, bargen sie doch zumindest für Dänemark, Norwegen und Irland die Gefahr, Mitglieder zweiter Klasse zu werden. Lediglich die neutralen Länder konnten sich einige Hoffnung machen, durch eine differenzierte Integration näher an die EWG heranzurücken. So war es nur folgerichtig, dass nach der Bildung der sozialliberalen Koalition im Oktober 1969 zunächst niemand mehr von einem „Politischen Kern" oder der „Politischen Union" sprach. Stattdessen setzte sich die pragmatische Politik in den folgenden Monaten durch. Bundeskanzler Brandt legte den Schwerpunkt der deutschen Europapolitik eindeutig auf eine positive Lösung der Beitrittsproblematik und war dafür auch bereit, Frankreich bei den Verhandlungen über die Agrarfinanzierung entgegenzukommen.[60] Dementsprechend wurde auf dem Haager Gipfel Anfang Dezember 1969 der wirtschaftliche Ausbau und die endgültige Regelung der für Frankreich vorteilhaften Agrarfinanzierung beschlossen; Frankreich sicherte im Gegenzug die Eröffnung von Beitrittsverhandlungen mit Großbritannien innerhalb von sechs Monaten zu. Auch die Prüfung einer politischen Zusammenarbeit wurde vereinbart – hier lag die Geburtsstunde der späteren Europäischen Politischen Zusammenarbeit (EPZ).[61]

2. „Umfassende Darstellung der deutschen EWG-Politik unter besonderer Berücksichtigung der Agrarpolitik" – Eine Kabinettsvorlage als europapolitisches Vermächtnis der Großen Koalition

Aufgrund der blockierten Situation auf EWG-Ebene hatten sich mittlerweile zahlreiche Probleme aufgestaut. Durch das in § 8 EWG-Vertrag festgelegte Ende der Übergangszeit des Gemeinsamen Marktes zum 31. Dezember 1969, die nur einstimmig vom Rat verlängert werden konnte, wurde ein gewisser Druck auf die Mitgliedstaaten ausgeübt, diesen Problemstau aufzulösen. Das betraf vor allem die Fragen der zukünftigen Agrarfinanzierung und der Übertragung eigener Einnahmen auf die Gemeinschaft. Mit der Verordnung Nr. 25 hatte der Rat zwar 1962 den Rahmen für die Finanzierung der EWG-Agrarpolitik durch die Schaffung eines Europäischen Ausrichtungs- und Garantiefonds für die Landwirtschaft (EAGFL) gesetzt, für die Endphase des Gemeinsamen Marktes jedoch nur festgelegt, dass die Abschöpfungen dem Fonds als eigene Einnahmen der Gemeinschaft zufließen sollten.[62] Die Abschöpfungen reichten zur Deckung des Agraretats bei weitem nicht aus, so dass geregelt werden musste, wie die ungedeckten Ausgaben in der Endphase des Gemeinsamen Marktes finanziert werden sollten. Von dem für die Übergangszeit beschlossenen Finanzierungssystem hatte Frankreich bisher am stärksten profitiert. In der

---

[60] Zur Vorbereitung der Bundesregierung auf die Haager Gipfelkonferenz siehe Hiepel, Hague Summit; Germond/Türk, Staatssekretärausschuss, S. 73–79; Rücker, Willy Brandt, Georges Pompidou et le sommet de La Haye.

[61] Kommuniqué der Konferenz der Staats- und Regierungschefs der Mitgliedsstaaten der Europäischen Gemeinschaften in Den Haag am 1. und 2. 12. 1969, in: EA 25 (1970), S. D42–D44.

[62] Verordnung Nr. 25 über die Finanzierung der gemeinsamen Agrarpolitik, in: Amtsblatt der Europäischen Gemeinschaften vom 20. 4. 1962, S. 991 f.

Bundesregierung ging man daher davon aus, dass die französische Regierung dem Erhalt des bisherigen agrarpolitischen Finanzierungssystems die höchste Priorität einräumte. Die Unterabteilung EA im Wirtschaftsministerium bemerkte dazu am 27. Juni 1969, dass sich als Ausgleich für deutsche Zugeständnisse im Finanzierungsbereich eine Erweiterung der EG anbieten würde. Unterabteilungsleiter Everling forderte daher eine sorgfältig ausgearbeitete taktische Konzeption für die bevorstehenden Verhandlungen.[63]

Die Verhandlungssituation in der EWG war auch das zentrale Gesprächsthema zwischen den Europa-Staatssekretären und den deutschen Mitgliedern der EG-Kommission am 1. Juli 1969. Vor allem die Frage der zukünftigen Agrarfinanzierung bereitete den Gesprächsteilnehmern Sorge. Finanzstaatssekretär Grund wies auf das Problem der ungedeckten Ausgabenspitze hin. Man müsse die Ausgabenseite beschränken. Dazu müsse man die Ausgaben des Garantiefonds begrenzen und den Plafond bei der Abteilung Ausrichtung beibehalten. Agrarstrukturpolitik sei außerdem nicht Sache der Gemeinschaft. Der Staatssekretär des Auswärtigen Amts, Günther Harkort, stellte unter Hinweis auf die Haltung seines Ministers fest, dass die Agrarfinanzierung erst von der neuen Bundesregierung geregelt werden könne. Man solle die Agrarfinanzierung dann zunächst nur für eine begrenzte Zeit festlegen. Das französische Drängen auf eine Festschreibung der Agrarfinanzierung vor Beginn der Beitrittsverhandlungen sei unannehmbar. Die Kommissare empfahlen, die Diskussionen in der EWG nicht von der Finanzierungsfrage her anzugehen, sondern politische Argumente vorzubringen. Kommissar von der Groeben riet den Staatssekretären dringend, ein europapolitisches Gesamtkonzept zu erarbeiten, um dem steigenden Druck im Herbst konkrete Vorschläge entgegensetzen zu können. Staatssekretär Neef und Staatssekretär von Dohnanyi plädierten für eine Gesamtrevision der Agrarpolitik. Die bisherige Ausgestaltung der Agrarpolitik allein über den Preis sei gescheitert.[64]

In der einen Tag später stattfindenden Sitzung des Gesamtkabinetts wurde die Diskussion wieder aufgenommen. Brandt sprach sich zunächst für einen baldigen Verhandlungsbeginn mit Großbritannien aus. Dies sei wichtiger als die eigentliche Verhandlungsdauer. In der Frage der zukünftigen Agrarfinanzierung könne man zurzeit nur sondieren, um der neuen Regierung nicht vorzugreifen. Man solle in der Diskussion nicht auf die Kosten des Agrarmarktes verweisen. Wenn man in der europäischen Einigung vorankommen wolle, müsse man auch bereit sein, Opfer zu bringen. Diese würden später politisch wieder ausgeglichen. Das gegenwärtige Agrarsystem solle man um einige Jahre verlängern. Allerdings dürfe keine sinnlose Überproduktion finanziert und ein bestimmter Selbstversorgungsgrad der Gemeinschaft nicht überschritten werden. Staatssekretär Neef (BML) hielt

---

[63] Aufzeichnung des Leiters der Unterabteilung EA (BMWi), Everling, für das Gespräch der Europastaatssekretäre mit den deutschen Mitgliedern der Kommission am 1. 7. 1969 betr. zusammenfassende Bemerkungen zur Verhandlungssituation am Jahresende 1969, 27. 6. 1969, PAAA, B20, Bd. 1593. Staatssekretär Lahr hatte bereits am 16. November 1967 für Außenminister Brandt notiert, dass aus deutscher Sicht die Beitritte und die Agrarfinanzierung simultan in Angriff genommen werden müssten. Siehe Aufzeichnung des Staatssekretärs Lahr, 16. 11. 1967, AAPD 1967, Dok. 394, S. 1522 f.

[64] Aufzeichnung über das Gespräch der Europa-Staatssekretäre mit den deutschen Mitgliedern der EG-Kommission, 4. 7. 1969, BaK, B102 (BMWi), Bd. 61710. Die Diskussion über eine Gesamtrevision der EWG-Agrarpolitik in der Bundesregierung lässt sich über längere Zeit zurückverfolgen, ohne dass es der Bundesregierung gelungen war, eine einheitliche Position für Brüssel aufzubauen. Im Laufe des Jahres 1968 hatten sich die Streitigkeiten zwischen dem BMWi und dem BML, vor allem über die Agrarstrukturpolitik, so weit verschärft, dass Bundeskanzler Kiesinger sich gezwungen sah, ein Agrarkabinett einzurichten. Zu den Auseinandersetzungen zwischen dem BMWi und dem BML siehe Kluge, Agrarpolitik, S. 75 f.

die Vorschläge der Kommission zur Agrarpolitik für nicht mehr kalkulierbar. Da die Agrarpolitik der Schlüssel zu den Gemeinschaften sei und die Kommission das Vorschlagsrecht besitze, müsse man die Vorstellungen der Kommission durch eine geschicktere Personalpolitik steuern. Staatssekretär Grund verteidigte die Äußerungen seines Ministers Strauß, der vor dem Deutschen Bauernverband (DBV) ein Ende der deutschen „Reparationszahlungen“[65] an Brüssel gefordert hatte. Hierauf schaltete sich Bundeskanzler Kiesinger in die Diskussion ein und bat, „über diese schwierige Frage keine improvisierte Debatte zu führen“[66]. Auf Vorschlag Kiesingers wurde daraufhin der Staatssekretärausschuss für Europafragen beauftragt, dem Kabinett „eine umfassende Darstellung über die deutschen Vorstellungen zur EWG-Politik, insbesondere zur Agrarfinanzierung“[67] vorzulegen.

Der Staatssekretärausschuss setzte zunächst eine Arbeitsgruppe auf Ministerialdirigentenebene, das heißt der zuständigen Unterabteilungsleiter, ein. Auf der ersten Sitzung der Dirigentengruppe am 10. Juli wurde eine Referentenarbeitsgruppe gebildet, die einen Entwurf der Vorlage erarbeiten sollte. Uneinig waren sich die Ministerialdirigenten jedoch über den Inhalt und den Aufbau der Vorlage. Das Finanzministerium forderte, dass alle Maßnahmen des inneren Ausbaus der EWG nach Dringlichkeit geordnet und auf ihre Finanzierung hin geprüft werden sollten. Dieser Vorschlag, in den Augen des Auswärtigen Amts „eine Art mittelfristiger Finanzplanung“[68], wurde vom Wirtschaftsministerium und vom Auswärtigen Amt abgelehnt. Vor allem das Wirtschaftsministerium wünschte eine europapolitische Handlungsanweisung für die bestehende und die neue Bundesregierung 1969/1970. Auf Vorschlag des Auswärtigen Amts einigte man sich darauf, dass die Ressorts die in ihren Zuständigkeitsbereich fallenden Themen darauf überprüfen sollten, was der Vertrag vorschreibe, wo das deutsche Interesse und das der Mitgliedstaaten liege, wie relevant das Thema für die Beitritte und wie die Thematik zeitlich einzuordnen sei.[69] Als zentrale Bereiche der zukünftigen Europapolitik, die in der Vorlage zu behandeln seien, hielt die Dirigentenbesprechung die Agrarpolitik, die Agrarfinanzierung, den inneren Ausbau mit einem besonderen Schwerpunkt auf der Harmonisierung der Konjunktur- und Währungspolitik, die Handelspolitik und die Erweiterung der Gemeinschaften fest.[70]

Während in den folgenden Wochen die Arbeitspapiere der Ressorts auf Referentenebene diskutiert wurden, warf die französische Franc-Abwertung vom 8. August die Ausarbeitungen des Landwirtschaftsministeriums für die zukünftige Agrarpolitik über den Haufen. Der EWG-Agrarmarkt, dessen Preise in an den Dollar gekoppelten Rechnungseinheiten (RE) festgelegt waren, geriet durch die französische Abwertung aus den Fugen. Die Verbilligung der französischen Agrarexporte hätte durch eine Erhöhung der französischen Agrarpreise um den Abwertungssatz ausgeglichen werden müssen. Frankreich wurde jedoch vom Rat zugestanden, eine Anpassung der Preise erst bis zum Wirtschaftsjahr

---

[65] Auszug aus dem Kurzprotokoll über die 172. Kabinettssitzung der Bundesregierung am 2. Juli 1969; außerhalb der Tagesordnung – Bericht des Bundesministers des Auswärtigen über die Botschafterkonferenz unserer westeuropäischen Vertretungen, 22. 7. 1969, PAAA, B20, Bd. 1595.

[66] Ebd.

[67] Ebd.

[68] Vermerk des Referats IA2 betr. Kabinettsbeschluss vom 2. 7. 1969 zum Thema „Deutsche Vorstellungen zur EWG-Politik“, 11. 7. 1969, PAAA, B20, Bd. 1594.

[69] Ebd.

[70] Vermerk der Gruppe III/1 im Bundeskanzleramt betr. EWG-Politik, 18. 7. 1969, BaK, B136 (Bundeskanzleramt), Bd. 7883.

1971/72 vorzunehmen. Bis dahin sollten französische Agrarexporte durch einen Ausgleichsbetrag auf das EWG-Preisniveau angehoben werden, wohingegen bei der Einfuhr von französischer Seite eine Beihilfe gewährt wurde.[71]

Das Landwirtschaftsministerium zog daraufhin sein Papier in der letzten Sitzung des Referentenausschusses am 19. August zurück. Laut Landwirtschaftsministerium sei nach der Franc-Abwertung deutlich, dass mit den bisher erarbeiteten Methoden die Produktion nicht zu steuern sei. Ein neues System habe man jedoch noch nicht erstellt. Möglicherweise würde der freie Warenverkehr im Agrarmarkt durch in den folgenden Wochen anstehende weitere Veränderungen der Währungsparitäten erneut eingeschränkt. Der Vertreter des Landwirtschaftsministeriums stellte die Frage, ob es überhaupt Sinn mache, einen gemeinsamen Agrarmarkt mit einer gemeinsamen Agrarfinanzierung aufzubauen, wenn die Währungsparitäten weiterhin autonom verändert würden. In der anschließenden Diskussion zeigte sich zwar, dass das Landwirtschaftsministerium weiterhin an der GAP festhalten wollte, aber darauf drängte, die Integration in den anderen Bereichen beschleunigt voranzutreiben. Vor allem die Wirtschafts- und Währungspolitik müsse aus Sicht des Landwirtschaftsministeriums vergemeinschaftet werden, eine Koordinierung genüge nicht. Gegen die Vorstellungen, zunächst zu einer solchen Koordinierung der Wirtschafts- und Währungspolitik zu kommen, legte aber bereits das Finanzministerium einen Generalvorbehalt ein. Auch über den Zusammenhang zwischen Agrarfinanzierung und Erweiterung bestanden Differenzen. So wollte das Finanzministerium die Agrarfinanzierung und das Beitrittsproblem unabhängig voneinander behandeln. Dagegen wollten Wirtschaftsministerium und Auswärtiges Amt zunächst Klarheit über die Anzahl der Beteiligten an der GAP erhalten, bevor man über die endgültige Agrarfinanzierung beschließe.[72]

Damit blieb noch genügend Arbeit für die Ministerialdirigenten, die sich am 26./27. August zu einer Klausurtagung in Bad Neuenahr trafen und am 28. und 29. August zu weiteren Besprechungen zusammenkamen. Die Dirigenten fassten die Einzelvorschläge und Sachstände zu einer Gesamtausarbeitung zusammen. Dabei bestanden jedoch weiterhin Differenzen zwischen den Ressorts. Im Kapitel Wirtschafts- und Währungspolitik gab es zahlreiche Vorbehalte. So plädierte das Wirtschaftsministerium für eine starke Koordinierung der Politiken in diesem Bereich mit einem Stufenplan zur Währungszusammenarbeit. Das Finanzministerium sah eine Koordinierung der Währungspolitik skeptisch. Zusätzlich belastet wurde die Ausarbeitung dieses Punktes durch die im Wahlkampf eskalierende Auseinandersetzung um eine Aufwertung der D-Mark. So sprach sich Wirtschaftsminister Schiller mit Unterstützung der SPD immer wieder öffentlich für eine Aufwertung aus, wohingegen Kiesinger und Strauß und mit ihnen die CDU/CSU eine Aufwertung ablehnten. Im Juli und August eskalierte der „Aufwertungskrieg"[73] und wurde trotz der komplizierten Materie zum dominierenden Wahlkampfthema.[74] Somit war eine abwägende Behandlung dieser Thematik in der Kabinettsvorlage kaum möglich.

Auch im Bereich der Agrarpolitik war man noch nicht sehr weit gekommen. Unter Hinweis auf die französische Franc-Abwertung sprach sich das Landwirtschaftsministerium für

---

[71] Kommission der EGKS, der EWG und der EURATOM (Hrsg.), Gesamtbericht 1969, S. 161–163. Vgl. Wilkens, Werner-Plan, S. 220; Tracy, Government and Agriculture, S. 268 f.

[72] Vermerk von Frau Schmidhuber betr. Kabinettsvorlage zur Europapolitik, 22. 8. 1969, BaK, B102 (BMWi), Bd. 229764.

[73] Schönhoven, Wendejahre, S. 459.

[74] Ebd., S. 466.

eine Änderung des bisherigen Agrarsystems aus, ohne konkrete Vorschläge für eine Alternativkonzeption vorzulegen. In der Agrarfinanzierungsfrage war man sich immerhin einig, dass eine Zustimmung zur Finanzierung nur gegeben werden könne, wenn die Märkte stabilisiert würden und ein Plafond für die Abteilung Ausrichtung vorgesehen sei. Außerdem dürften die Beschlüsse zur Agrarfinanzierung die Beitritte nicht verhindern. Die Bundesregierung könne den Beschlüssen zur Agrarfinanzierung nur zustimmen, wenn gewisse Fortschritte in der Beitrittsfrage erzielt worden seien. Von den Ressorts abgelehnt wurde ein Vorschlag des Bundeskanzleramts, die Fusion der Gemeinschaften in den Beitrittszusammenhang einzubetten.[75]

Auf der Staatssekretärssitzung am 1. September wurde der Entwurf beraten. Die Staatssekretäre einigten sich in zahlreichen strittigen Punkten und verwiesen das Papier an die Ministerialdirigenten mit dem Auftrag zurück, die Reformvorstellungen des Landwirtschaftsministeriums zur Agrarpolitik einzuarbeiten. In dieser Form sei die Ausarbeitung für die nächste Kabinettssitzung noch nicht vorlagereif.[76] Die Ministerien konnten jedoch vor der Wahl die Differenzen über die umstrittene Agrarpolitik nicht mehr überbrücken.[77] Zu einer Vorlage im Kabinett kam es daher nicht mehr.

Damit blieb das von den Staatssekretären am 1. September korrigierte Papier in seiner Fassung vom 3. September die letzte Version der Kabinettsvorlage. Die Ausarbeitung setzte vier Schwerpunkte: die Wirtschafts- und Währungspolitik; die Agrarpolitik; die Finanzierung der Gemeinschaft, insbesondere ihrer Agrarpolitik, sowie die Erweiterung, und postulierte einen engen Zusammenhang zwischen diesen Bereichen. In der Wirtschaftspolitik diagnostizierten die Ressorts eine disparate Entwicklung der Volkswirtschaften in den letzten Jahren. Das habe zu wachsenden staatlichen Interventionen in den Kapital- und Warenverkehr, zu einer Funktionsstörung des Gemeinsamen Agrarmarktes und „zu einer Erschwerung der Stabilitätspolitik in den relativ stabilen Ländern geführt“[78]. Um die zunehmenden Disparitäten zwischen den Volkswirtschaften in den Griff zu bekommen, habe der Rat auf der Grundlage eines Kommissionsvorschlags am 17. Juli 1969 ein umfangreiches Maßnahmenpaket beschlossen.[79] Das sei zwar ein erster Schritt in Richtung Wirtschafts- und Währungsunion, gewährleiste jedoch nicht die Beseitigung der bestehenden Disparitäten. Hierzu sei eine vorherige Abstimmung der Wirtschaftspolitik der Mitglied-

---

[75] Aufzeichnung der Unterabteilung EA des BMWi betr. Kabinettsvorlage über die deutschen Vorstellungen zur EWG-Politik, insbesondere zur Agrarfinanzierung, 29. 8. 1969, BaK, B102 (BMWi), Bd. 61710. Die Ausarbeitung der Ministerialdirigenten gelangte durch Indiskretionen an den Informationsdienst „Agra-Europe“, der den Entwurf als Leitlinien auch für die zukünftige Koalition in einer Sonderbeilage am 30. September 1969 veröffentlichte. Siehe „Umfassende Darstellung der deutschen EWG-Politik unter besonderer Berücksichtigung der Agrarpolitik“, in: Agra-Europe Nr. 40 vom 30. 9. 1969, Sonderbeilage.

[76] Entwurf einer Niederschrift über die Sitzung der Staatssekretäre für Europafragen am 1. 9. 1969 im BMWi, 2. 9. 1969, BaK, B102 (BMWi), Bd. 61710.

[77] Zu den unterschiedlichen Einschätzungen einer zukünftigen GAP siehe: Vermerk der Abteilung E des BMWi betr. deutsche Vorstellungen zur Europapolitik, 10. 9. 1969, BaK, B102 (BMWi), Bd. 229764; Aufzeichnung des Leiters der Unterabteilung IA des AA, von Staden, betr. Bericht der Bundesregierung „Umfassende Darstellung der deutschen EWG-Politik unter besonderer Berücksichtigung der Agrarfinanzierung“, 11. 9. 1969, PAAA, B1, Bd. 334.

[78] Entwurf einer „umfassenden Darstellung der deutschen EWG-Politik unter besonderer Berücksichtigung der Agrarpolitik“ für das Bundeskabinett, 3. 9. 1969, BaK, B102 (BMWi), Bd. 61710.

[79] Entscheidung Nr. 69/227/EWG, Amtsblatt L 183 vom 25. 7. 1969, S. 41. Vgl. Kommission der EGKS, der EWG und der EURATOM (Hrsg.), Gesamtbericht 1969, S. 131 f.

staaten notwendig. Realistischerweise konzedierte die Ausarbeitung, dass für eine Übergangsphase so weitgehende Fortschritte nicht erzielt werden können. Daher schlugen die Ministerien vor, die Beschlüsse vom 17. Juli zügig umzusetzen und weiterzuentwickeln. Dazu müsse eine rasche Aussprache im Rat über die Abstimmung der mittelfristigen wirtschaftspolitischen Ziele stattfinden. Außerdem müsse das vom Rat bereits beschlossene Verfahren „über gegenseitige Vorkonsultationen bei wichtigen Maßnahmen zur kurzfristigen Wirtschaftspolitik"[80] effektiv ausgestaltet werden. Auch die Zusammenarbeit auf währungspolitischem Gebiet müsse intensiviert werden. In diesem Zusammenhang regten die Ressorts an, innerhalb der Bundesregierung unverzüglich eine interministerielle Arbeitsgruppe mit der Ausarbeitung eines Stufenplans zur Verwirklichung der Wirtschafts- und Währungsunion zu beauftragen.

In der Agrarpolitik sei die Lage durch die Abwertung des französischen Franc verkompliziert worden. Durch den Grenzausgleich werde der innergemeinschaftliche Warenverkehr belastet. Außerdem würde das anstehende Heraufsetzen der Agrarpreise in Frankreich die Preise so erhöhen, dass die Kommission gezwungen wäre, die gemeinsamen Agrarpreise herabzusetzen. Alle bisher vorgeschlagenen Ansätze zur Produktionssenkung würden damit nicht zu Lasten Frankreichs, sondern allein der anderen Mitgliedstaaten ausfallen. Lösungen zum Abbau der Überschüsse seien im Rahmen des bisherigen Systems nicht mehr erkennbar. Aufgrund der mangelnden Koordinierung der Wirtschafts- und Währungspolitik sei mit weiteren Wechselkursänderungen in den Mitgliedstaaten und damit einer immer komplizierteren Lage auf dem Gemeinsamen Agrarmarkt zu rechnen. Von den drei Lösungsmöglichkeiten Renationalisierung der Agrarpolitik, Weiterführen des bestehenden Agrarsystems oder Anpassung der geltenden Marktorganisationen sprachen sich die Ministerien für die dritte Variante aus. Dabei müsse bei den einzelnen Produkten nach Lösungsmöglichkeiten gesucht werden.

Die Agrarfinanzierung wurde gemeinsam mit der geplanten Neuregelung der Gemeinschaftsfinanzierung behandelt. Voraussetzung für die deutsche Zustimmung zu den diesbezüglichen Kommissionsplänen[81] sei eine Begrenzung der Ausgaben für die Agrarfinanzierung durch die Stabilisierung der Märkte über die Beherrschung der Produktion und ein Plafond bei der Abteilung Ausrichtung. Diese Bedingungen müssten vom Rat verbindlich festgelegt werden, bevor die Finanzbeiträge der Gemeinschaft durch eigene Einnahmen ersetzt würden. Die Übernahme bestimmter Strukturmaßnahmen im Sinne des Mansholt-Plans[82] in die Finanzierung durch die Abteilung Ausrichtung sei abzulehnen. Außerdem müsse das Agrarfinanzierungssystem so gestaltet sein, dass eine Erweiterung nicht verhindert werde, die möglicherweise eine Entlastung der Bundesrepublik bei der Agrarfinanzierung zur Folge haben könnte.

---

80 Entwurf einer „umfassenden Darstellung der deutschen EWG-Politik unter besonderer Berücksichtigung der Agrarpolitik" für das Bundeskabinett, 3. 9. 1969, BaK, B102 (BMWi), Bd. 61710.

81 Zu den Vorschlägen der Kommission für die endgültige Regelung der Gemeinschaftsfinanzierung siehe Kommission der EGKS, der EWG und der EURATOM (Hrsg.), Gesamtbericht 1969, S. 172 f.

82 Die Kommission hatte im Dezember 1968 ein „Memorandum zur Reform der Landwirtschaft in der Europäischen Wirtschaftsgemeinschaft" vorgelegt. Dieser so genannte „Mansholt-Plan" empfahl, den Schwerpunkt der EWG-Agrarpolitik zukünftig auf die Struktur- und Sozialpolitik zu legen. Das Memorandum ist abgedruckt in: Bulletin der EG 1/1969, Sonderbeilage. Vgl. Kommission der EGKS, der EWG und der EURATOM (Hrsg.), Gesamtbericht 1969, S. 132 f.; Tracy, Government and Agriculture, S. 266–268; Kluge, Agrarpolitik, S. 76–86.

Die Erweiterung der EG hielten die Ressorts aus politischen und wirtschaftlichen Gründen für dringend notwendig. Die Mitgliedsländer seien nur bereit, die erforderlichen Beschlüsse über die Weiterentwicklung der EWG zur Wirtschaftsunion und den Beginn einer politischen Zusammenarbeit zu treffen, wenn es in der Beitrittsfrage Fortschritte gebe. Die Bundesregierung habe ein vorrangiges politisches Interesse daran, neben Großbritannien auch die Verbündeten Norwegen und Dänemark in die EG einzubeziehen. Die deutsche Stellung in Europa wäre gefährdet, wenn der Eindruck entstünde, man wolle die kleineren europäischen Staaten nicht in die politische Zusammenarbeit einbeziehen. Da auch den neutralen Staaten in der von der Bundesregierung anvisierten europäischen Friedensordnung eine besondere Bedeutung zukomme, müsse man die zukünftige Stellung dieser Länder beachten. Durch die Erweiterung der EG werde der Raum für Arbeitsteilung und Spezialisierung vergrößert. Gleichzeitig zwinge der zusätzliche Wettbewerb zu höherer Produktivität und damit zu wirtschaftlichem Wachstum. Durch die Bündelung der Kräfte in Forschung und Technologie werde die Stellung Europas gegenüber den Weltmächten gestärkt. Ein britischer Beitritt werde außerdem den Agrarmarkt der EWG entlasten. Vor übertriebenen Hoffnungen in diesem Zusammenhang sei jedoch zu warnen. Gesamtziel der Erweiterungen und Assoziierungen sei „die Überwindung der Spaltung Europas in zwei Wirtschaftsregionen“[83]. Daher dürfe die Aufnahme neuer Mitglieder in die EG nicht zu einer Neugruppierung der Wirtschaftsregionen führen. Als Ausweg empfahlen die Ministerien eine gleichzeitige Assoziierung Schwedens, Österreichs und der Schweiz. Haupthindernis für die Erweiterung sei nach wie vor die französische Haltung. Die neue französische Regierung habe bereits verdeutlicht, dass sie eine Stärkung und Vertiefung des Integrationsprozesses vor der Erweiterung wünsche. Dieser Reihenfolge könne die Bundesregierung nicht zustimmen. Das französische Hauptinteresse liege zurzeit in der dauerhaften Sicherung der für Frankreich vorteilhaften Agrarpolitik und ihrer Finanzierung. Dazu solle die Bundesregierung ihre Zustimmung geben, unter der Voraussetzung, dass die Entwicklung in der Beitrittsfrage überschaubar sei.

Die Schlussfolgerungen des Entwurfs waren dann recht allgemein gehalten. Die Ressorts verwiesen noch einmal auf den engen sachlichen und politischen Zusammenhang zwischen der Gemeinschaftsfinanzierung, der Reform der Agrarpolitik, der Schaffung einer Wirtschafts- und Währungsunion sowie der Erweiterung. In diesem Gesamtkomplex zu vertretbaren Lösungen zu kommen, sei die große Aufgabe der Bundesregierung gegen Jahresende. Die Schwierigkeiten in den Teilbereichen der Integration, insbesondere auf dem Gebiet der Agrarpolitik, seien nur durch den Ausbau der EG zur Wirtschafts- und Währungsunion lösbar. Die dafür erforderlichen langfristigen und tief greifenden Entscheidungen setzten „den politischen Willen zu enger und vertrauensvoller Zusammenarbeit voraus“[84]. Aufgrund der gesammelten Erfahrung der letzten Jahre sei deutlich, dass dieser Wille nur aufgebracht werden könne, wenn Fortschritte in der Beitrittsfrage erzielt werden könnten.

Damit lieferten die Staatssekretäre der neuen Regierung einen guten Überblick über den Gesamtkomplex der anstehenden europapolitischen Probleme in den nächsten Mona-

---

[83] Entwurf einer „umfassenden Darstellung der deutschen EWG-Politik unter besonderer Berücksichtigung der Agrarpolitik“ für das Bundeskabinett, 3. 9. 1969, BaK, B102 (BMWi), Bd. 61710.

[84] Ebd.

ten. Deutlich wurde, dass der Schlüssel für eine Weiterentwicklung der EG über die vertraglich geregelten Bereiche hinaus in der Lösung der Beitrittsfrage lag. In diesem Zusammenhang wiesen die Ministerien auch auf den möglichen Hebel der Agrarpolitik und ihrer Finanzierung gegenüber Frankreich hin. Offen blieb die genaue Strategie zur Umsetzung dieser Taktik. Hier öffnete sich ein weites Feld für die neugewählte sozialliberale Koalition.

3. Zwischenbilanz

Im Zeitabschnitt zwischen dem Rücktritt de Gaulles Ende April 1969 und der Bundestagswahl im September 1969 waren entscheidende Fortschritte bei der Erweiterung und anderen zentralen Themen nicht zu erwarten. Zunächst musste eine neue französische Regierung, dann eine neue bundesrepublikanische Regierung abgewartet werden. Für Kiesinger und Brandt, die Kanzlerkandidaten der beiden Volksparteien, bot diese Phase die Möglichkeit, sich europapolitisch zu profilieren. Kiesinger gerierte sich in der Europapolitik als Erbe Adenauers und propagierte ein starkes Europa mit einer gemeinsamen Außen- und Verteidigungspolitik. Dazu strebte der Bundeskanzler eine Verbindung der Erweiterung mit der politischen Zusammenarbeit an. Die EWG sollte als politischer Kern fungieren, um den sich die wirtschaftlich interessierten Länder herumgruppierten. Dieser konzeptionell eher unscharfe Vorschlag Kiesingers, der im Grunde auf eine politische Gemeinschaft mit Großbritannien und eine wirtschaftliche Gemeinschaft unter Einschluss der neutralen Länder zielte, war jedoch von vornherein zum Scheitern verurteilt, denn er befriedigte lediglich die Bedürfnisse der Neutralen. In den anderen Ländern konzentrierte man sich nach dem Rücktritt de Gaulles bereits voll auf die Frage, wie die Beitrittsproblematik im Rahmen der EWG gelöst werden könnte. Pläne zur politischen Zusammenarbeit waren in diesem Kontext sekundär. Kiesingers Einsatz für den Beginn einer politischen Zusammenarbeit hing jedoch nicht nur mit dem Wahlkampf zusammen, sondern auch mit seiner Furcht vor einem US-amerikanischen Truppenrückzug aus Europa. Brandt hingegen zeigte sich in der Europapolitik sehr pragmatisch. Er setzte vor allem auf die Erweiterung und hielt den dauernden Verweis auf das „Endziel Politische Union" nicht für förderlich. Sein Vorschlag einer Gipfelkonferenz der Sieben scheiterte an den französischen Vorstellungen, die weitere Entwicklung der europäischen Einigung zunächst unter den EWG-Ländern abzusprechen.

Die als Vorarbeiten für die EWG-Verhandlungen zum Jahresende erstellten internen Analysen der Ministerien zeigten, in Übereinstimmung mit Brandts Schwerpunktsetzung, dass der Schlüssel zur Weiterentwicklung der europäischen Einigung in der Erweiterung der Gemeinschaften lag. Als möglicher Hebel für eine französische Zustimmung zur Erweiterung bot sich ein deutsches Entgegenkommen bei der Beendigung der Übergangszeit des Gemeinsamen Marktes und damit bei der endgültigen Regelung der Agrarfinanzierung an. Gleichzeitig war der Agrarmarkt insgesamt aus deutscher Sicht dringend reformbedürftig. Zudem erschien der bisher erreichte Integrationsstand den Ressorts aufgrund der veränderten Wechselkurse gefährdet, so dass man eine rasche Weiterentwicklung der EG zur Wirtschafts- und Währungsunion empfahl. Wie man diese zentralen Punkte in eine konsistente Taktik für die Haager Gipfelkonferenz umsetzen konnte, blieb bis zum Ende der Großen Koalition offen.

Schlussbetrachtung

Die Große Koalition versuchte, die europäische Einigung zwischen 1966 und 1969 in ihrer ganzen Breite voranzutreiben. Erweiterung und innerer Ausbau sollten die Position der Bundesrepublik Deutschland im westeuropäischen Gefüge stärken und die Attraktivität der EWG für Osteuropa erhöhen. In ihren konkreten Zielen in der EWG – Abschluss der Kennedy-Runde des GATT, Zollunion, innerer Ausbau und Erweiterung – war die Kontinuität zur Vorgängerregierung deutlich. Ganz offensichtlich veränderte sich aber die Prioritätensetzung durch die bilaterale Neujustierung der deutschen Außenpolitik. Als Allheilmittel, um die Bundesrepublik aus ihrer außenpolitischen Isolierung herauszuführen, erschien die Wiederannäherung an Frankreich. Man nahm die französische Hilfe zur Absicherung einer dem internationalen Entspannungstrend angepassten flexibleren Ostpolitik in Anspruch und erhoffte sich von einer besser abgestimmten deutsch-französischen Westeuropapolitik Fortschritte in der europäischen Einigung. Das zwischen der Bundesrepublik und Frankreich umstrittene Beitrittsthema musste daher zunächst ausgeklammert und später, als es sich nicht mehr ausklammern ließ, auf die lange Bank geschoben werden. Im Gegensatz zur Regierung Erhard stand die Erweiterungsfrage für die Regierung der Großen Koalition keinesfalls im Vordergrund ihrer Europapolitik, sondern allenfalls gleichrangig neben dem inneren Ausbau der EWG und ihrer Fusion. Daneben setzte vor allem das Bundeskanzleramt auf den Beginn einer politischen Zusammenarbeit – zunächst unter den sechs EWG-Ländern.

Nach dem Beitrittsantrag Großbritanniens, Dänemarks und Irlands vom Mai 1967, dem später noch der Antrag Norwegens folgte, bildeten sich rasch klare Fronten in der EWG. Frankreich lehnte die Beitritte ab, wohingegen die Beneluxländer und Italien die Erweiterung befürworteten. Die Bundesregierung versuchte zu vermitteln – obwohl sie sicherlich nicht neutral war. Aus politisch-wirtschaftlichen Gründen war auch sie an einem britischen Beitritt interessiert; darauf wiesen das Auswärtige Amt und das Wirtschaftsministerium immer wieder hin. Dort erhoffte man sich ein stärkeres Gewicht Westeuropas gegenüber den osteuropäischen Ländern, aber auch gegenüber den USA. Außerdem sah man einen vergrößerten Absatzmarkt für die eigenen Produkte und ging aufgrund der hohen britischen Agrarimporte von einem sinkenden Beitrag der Bundesrepublik zum Agrarfonds aus. Im Bundeskanzleramt beugte man sich trotz starken Misstrauens gegenüber den britischen Absichten dem Druck der pro-britischen öffentlichen Meinung und der beteiligten Ministerien.

In der Folgezeit ging es der Bundesregierung darum, die Differenzen über die Beitrittsfrage innerhalb der EWG unter Kontrolle zu halten und ein von ihr befürchtetes Auseinanderbrechen der EWG zu verhindern. Nachdem de Gaulle einen britischen Beitritt im November 1967 in einer seiner berüchtigten Pressekonferenzen erneut abgelehnt hatte und man sich im EWG-Ministerrat aufgrund der harten französischen Haltung nicht auf den Beginn der Beitrittsverhandlungen verständigen konnte, entwickelte die Große Koalition daher das Konzept eines Handelsarrangements zwischen der EWG und den beitrittswilligen Staaten mit dem Ziel, einen späteren Beitritt dieser Länder zu erleichtern und negative Rückwirkungen der Auseinandersetzungen um den britischen Beitritt auf den inneren Ausbau der EWG und die deutsch-französischen Beziehungen zu verhindern.

Die Position der Bundesregierung als konstruktive Vermittlerin zwischen den verschiedenen Parteien wurde der Regierung Kiesinger/Brandt regelrecht aufgezwungen, denn die Bundesrepublik war aufgrund ihrer fragilen Position an der Nahtstelle des Ost-West-Konflikts auf gute Beziehungen zu den beiden wichtigen Verbündeten Frankreich und Großbritannien angewiesen. Zudem benötigte die Bundesregierung für ihre Neuansätze in der Ostpolitik eine möglichst breite Unterstützung ihrer westlichen Partnerländer und setzte vor allem auf den französischen Einfluss in Osteuropa. Auch aus regierungsinternen Gründen bot sich die Vermittlerrolle für die Bundesregierung an, denn so brauchte man die Differenzen zwischen dem Bundeskanzleramt und dem Auswärtigen Amt über die Beitritte nicht zu vertiefen.

Dass das Ziel des Bundeskanzleramts, zunächst eine politische Kooperation zu sechst einzuleiten, keine Aussicht auf Erfolg hatte, wurde bereits 1967 mehr als deutlich. Die römische Gipfelkonferenz Ende Mai 1967, auf der sich Kiesinger zusammen mit de Gaulle für den vorsichtigen Beginn der politischen Zusammenarbeit einsetzte, endete zwar mit dem mühsam ausgehandelten Kompromiss, ein weiteres Gipfeltreffen 1967 abzuhalten und die Außenminister mit der Untersuchung der politischen Zusammenarbeit zu beauftragen. Der Gipfel und die anschließenden vergeblichen Versuche, die Niederländer für eine weitere Gipfelkonferenz zu gewinnen, führten aber allen Beteiligten vor Augen, dass die politische Zusammenarbeit ohne gleichzeitige Fortschritte in der Beitrittsfrage nicht zu organisieren war. Kiesinger verlegte sich in der Folgezeit darauf, nur noch rhetorisch an den Beginn eines „solidarischen weltpolitischen Verhaltens" der Sechs zu appellieren. Erst nach dem Soames-Gespräch de Gaulles im Februar 1969 und im folgenden Wahlkampf entdeckte Kiesinger das Thema erneut für sich und setzte sich auch in seiner praktischen Politik wieder für das Leitmotiv seiner Europapolitik ein.

Trotz dieser insgesamt schwierigen Situation in der EWG, die auch auf die Gesamtentwicklung der europäischen Einigung ausstrahlte, gelangen in der Regierungszeit der Großen Koalition einige Erfolge für die europäische Integration. So erreichte man zunächst die Fusion der Exekutiven der Europäischen Gemeinschaften. Der Fusionsvertrag war bereits 1965 ausgehandelt worden, nur die Personalfrage Hallstein war noch ungeklärt. Hier war die Große Koalition bereit, einen deutsch-französischen Streitpunkt, den ihr die Regierung Erhard hinterlassen hatte, im französischen Sinne zu lösen. Den bisherigen EWG-Kommissionspräsidenten Walter Hallstein auf den Posten des Präsidenten der zusammengelegten Kommission zu berufen, schien der Bundesregierung nicht allzu wichtig. In der Großen Koalition sah man die europäischen Institutionen nicht als Wert an sich, sondern maß ihnen eher instrumentellen Charakter im Kontext der eigenen Interessenpolitik zu. Neben einem Signal des Entgegenkommens an Frankreich verband die Bundesregierung hohe Erwartungen mit der Fusion der Exekutiven, denn sie sollte die Ausarbeitung einer einheitlichen Energiepolitik erleichtern und eine Fusion der Gemeinschaftsverträge vorbereiten. Insbesondere das Wirtschaftsministerium erhoffte sich von dem Zusammenführen der Gemeinschaften aber auch eine Festigung des bisher erreichten Integrationsstandes, damit die wirtschaftspolitischen Errungenschaften der Integration durch die zu erwartenden Beitritte nicht gefährdet würden. Allerdings scheiterte die Bundesregierung mit dem Versuch einer Verschmelzung der drei Gemeinschaften kläglich. Den Beneluxländern, Italien und der EWG-Kommission war eine Fusion der Gemeinschaften suspekt, denn man befürchtete zum einen eine Schmälerung der Kompetenzen der Gemeinschaftsinstitutionen und zum anderen eine Verzögerung der potenziellen Beitritte durch langwierige Verschmelzungsverhandlungen. Aus Einsicht in die Interessenlage der anderen Länder rückte die Verschmelzung der Gemeinschaften ab Oktober 1968 für die Bundesregierung daher ins zweite Glied. Da auch die Ausarbeitung einer gemeinsamen Energiepolitik nur schleppend vorankam, konnte die Große Koalition die mit der Fusion der Exekutiven verknüpften Ziele nicht erreichen. Aus Sicht der Bundesregierung dürfte sich die Opferung Hallsteins also kaum gelohnt haben.

Als großen Erfolg wertete die Bundesregierung den Abschluss der Kennedy-Runde des GATT im Juni 1967. Die Anfänge der 1964 begonnenen Kennedy-Runde lagen bereits im US-amerikanischen Trade Expansion Act von 1962. In den Verhandlungen wurden die sechs EWG-Länder von der EWG-Kommission vertreten, die ihre Verhandlungsrichtlinien vom Ministerrat erhielt und sich eng mit dem so genannten 111er-Ausschuss der leitenden handelspolitischen Beamten der Mitgliedsländer abstimmte. Die Bundesregierung agierte in den Verhandlungen und bei der Positionssuche in der EWG kompromissbereit und vorsichtig – sicherlich auch aufgrund des Drucks der USA, des engsten sicherheitspolitischen Verbündeten der Bundesrepublik. Die Regierung Johnson ließ es sich nicht nehmen, die Bundesregierung mit dem beängstigenden Hinweis auf isolationistische Tendenzen in den USA auf Linie zu bringen. Durch die konstruktive Rolle der Bundesrepublik bei der Entscheidungsfindung in der EWG gelang ein für die Bundesrepublik vorteilhafter Abschluss im gewerblichen Bereich, wohingegen man einmal mehr im Agrarsektor nachgeben musste. Um den Verhandlungsabschluss nicht zu gefährden, stimmte die Bundesregierung letztlich einer aus ökonomischen Gründen lange abgelehnten Nahrungsmittelhilfe zu, die von den Amerikanern durchgesetzt worden war, um ihr Getreide in der EWG besser absetzen zu können.

Auch das Inkrafttreten der Zollunion zum 1. Juli 1968 beruhte auf bereits vor dem Regierungsantritt der Großen Koalition gefällten Entscheidungen. Als der Termin von französischer Seite aufgrund der langwierigen Verhandlungen der Agrarminister über die wichtigen Marktordnungen für Milch und Rinder in Frage gestellt wurde, zeigte sich Landwirtschaftsminister Höcherl kompromissbereit und verzichtete auf die Durchsetzung zentraler deutscher Forderungen für diese Marktordnungen. Dafür wurde er in der Bundesregierung anschließend scharf kritisiert. Die Ressorts fühlten ihre Interessen nicht ausreichend berücksichtigt und übersahen dabei offensichtlich den Gesamtzusammenhang der Entscheidung. Im Grunde resultierte die Verärgerung der Ministerien aus der mangelnden Koordinierung der deutschen Verhandlungsstrategie, die Höcherl lange Zeit verzögert hatte, um in Brüssel freie Hand zu behalten. Deutlich wurde aber auch, wie anfällig die Bundesrepublik in der Agrarpolitik war. Mit ihrer überteuerten Preisstruktur und als weltweit agierender Agrarimporteur stand die Bundesrepublik in Brüssel oftmals isoliert da. Die Konzipierung der GAP als Präferenzzone für EWG-Agrarprodukte traf die Bundesrepublik in zweifacher Hinsicht. Zum einen hatte sie eine Umlenkung der traditionellen agrarischen Handelsströme der Bundesrepublik zur Folge. Zum anderen musste die Bundesregierung, um die heimische Bauernlobby nicht zu verärgern, in Brüssel immer auf die Festlegung relativ hoher gemeinsamer Agrarpreise drängen, was natürlich eine Produktionssteigerung in den anderen EWG-Ländern verursachte, deren Agrarprodukte jetzt wesentlich mehr Erlös brachten und dazu noch einer Absatzgarantie unterlagen. Für die Bundesrepublik, den prozentual größten Beitragszahler an den EAGFL, hatte diese

Entwicklung eine rapide steigende finanzielle Belastung zur Folge. In der ersten Hälfte der 1960er Jahre hatte man die für die Bundesrepublik unvorteilhafte Entwicklung der GAP noch akzeptiert, da man die Gesamtrichtung der EWG unterstützte. Gegen Ende der 1960er Jahre, als die Weiterentwicklung der EG stagnierte und nicht mehr erkennbar war, in welche Richtung sich die EG bewegen würde, war auch die Bundesregierung immer weniger bereit, ihre agrarpolitischen Interessen der Gemeinschaftsentwicklung unterzuordnen.

Wie deutlich die EG Ende der 1960er Jahre stagnierte, zeigt sich paradoxerweise auch an den drei größten europapolitischen Erfolgen in der Regierungszeit der Großen Koalition, der Fusion der Exekutiven, dem Abschluss der Kennedy-Runde des GATT und dem Erreichen der Zollunion. In allen drei Bereichen wurden Entwicklungen zu Ende geführt, die bereits einige Jahre vorher eingeleitet worden waren. Es gelang somit nur, alte Beschlüsse abzuarbeiten; neue Politikfelder konnten in diesem Zeitraum für die Integration kaum erschlossen werden. Die EWG zehrte also Ende der 1960er Jahre zunehmend von ihrer Substanz. Das zeigte sich auch, als die Bundesregierung vergeblich versuchte, nach dem Inkrafttreten der Zollunion ein neues zugkräftiges Leitmotiv für die Europapolitik der Bundesrepublik publikumswirksam herauszustellen. Zu sehr dominierten mittlerweile die alltäglichen Detailverhandlungen; große Ziele waren aufgrund der blockierten Beitrittsfrage nicht mehr realisierbar. Allen Beteiligten wurde somit zwischen 1966 und 1969 zunehmend klar, dass der Schlüssel zur Weiterentwicklung der EWG in der Lösung der Beitrittsfrage lag.

Auch der Einmarsch der Warschauer-Pakt-Staaten in die CSSR zur Niederschlagung des „Prager Frühlings" im August 1968 änderte die verfahrene Gesamtsituation nicht. Obwohl man in der Bundesregierung reflexartig nach einer Verstärkung der westeuropäischen Einigung rief, offenbarten interne Analysen, dass die Interessenlage auf europäischer Ebene so stark divergierte, dass eine groß angelegte „relance européenne" der Bundesregierung von vornherein aussichtslos schien. Zudem hätte eine solche Europaoffensive als Reaktion auf die Entwicklungen in Osteuropa die europäische Einigung erneut als Mittel des Ost-West-Konflikts desavouiert. Das widersprach dem Ziel des Auswärtigen Amts, die europäische Einigung aus dem Kontext des Ost-West-Konflikts herauszulösen, um eine spätere Annäherung Ost- und Westeuropas mit Hilfe der Europäischen Gemeinschaften zu ermöglichen.

Weniger vorsichtig agierte der belgische Außenminister Harmel im Oktober 1968. Harmel versuchte, mit einer ehrgeizigen Initiative über die WEU eine stärkere politische Zusammenarbeit der interessierten Länder herbeizuführen. Aus Sicht der Beneluxländer hatte die WEU den Vorteil, dass England dort bereits Mitglied war. Im Auswärtigen Amt sah man durchaus die Chance, die WEU zu stärken, versuchte jedoch von vornherein Frankreich mit ins Boot zu holen. Dagegen waren die Beneluxländer, Italien und Großbritannien bereit, auch ohne Frankreich voranzugehen. Die Bundesregierung ließ sich unter zunehmender Ungeduld mit der intransigenten französischen Europapolitik begrenzt auf die Manöver der anderen Fünf ein, sicherlich auch um diese unter Kontrolle zu halten. Dann musste sie aber erkennen, dass jede Vermittlung aussichtslos war, als Frankreich ab Februar 1969 in der WEU die bereits EWG-erprobte „Politik des leeren Stuhls" betrieb. Damit schwand auch das Interesse der Bundesregierung an einem Ausbau der politischen Zusammenarbeit in der WEU, der ohne den engsten europäischen Verbündeten Frankreich für die Bundesregierung wertlos blieb.

Nachdem man so immer wieder versucht hatte, Konstellationen und neue Organisationen auf europäischer Ebene, die gegen Frankreich gerichtet waren, zu verhindern, war die Enttäuschung in der Bundesregierung groß, als man aus britischem Munde erfahren musste, dass de Gaulle Anfang Februar 1969 den Briten ein geheimes Gesprächsangebot über die Zukunft Europas unterbreitet hatte. Offensichtlich lag ein Grund für diesen überraschenden Schachzug de Gaulles in dessen zunehmender Enttäuschung über die Entwicklung des deutsch-französischen Verhältnisses. Rhetorisch wurde zwar die deutsch-französische Freundschaft nach wie vor besonders betont, und in der Regierungszeit der Großen Koalition wurde auch der Konsultationsmechanismus ausgebaut; im Konkreten leistete sich die Bundesregierung aus Sicht Frankreichs jedoch mehrere Affronts. So warf de Gaulle der Bundesregierung vor, in der CSSR übermäßig aktiv gewesen zu sein und damit die sowjetische Reaktion provoziert zu haben. Demütigend für Frankreich war außerdem der Verlauf der Bonner Währungskonferenz im November 1968, auf der sich die Bundesrepublik als dominante Wirtschaftsmacht Europas gerierte. Hinzu kamen die durch den Einspruch des Wirtschaftsministeriums gescheiterte Übernahme der Gelsenkirchener Bergwerks AG durch die Compagnie Française des Pétroles und die deutsch-britisch-niederländische Kooperation beim Bau einer Gasultrazentrifuge. Zusammengenommen dürfte die Enttäuschung de Gaulles über die Entwicklung der deutsch-französischen Beziehungen recht groß gewesen sein. Das Gleiche galt aber umgekehrt auch für die Große Koalition, die sich die Verbesserung der deutsch-französischen Beziehungen auf die Fahnen geschrieben hatte. Hatte man zunächst gehofft, ein gestärktes deutsch-französisches Verhältnis in den Dienst der europäischen Einigung stellen zu können, so zeigte sich mit der Zeit, dass die deutschen und französischen Interessen kaum auf einen Nenner zu bringen waren. Vor einer Konfrontation mit Frankreich schreckte die Bundesregierung trotz parlamentarischen Drucks jedoch zurück, denn damit hätte man eine der außenpolitischen Legitimationsgrundlagen der Großen Koalition zerstört – das Verhältnis zu Frankreich wieder zu reparieren. So blieb der Großen Koalition nur noch die Hoffnung auf ein baldiges Ende der Amtszeit de Gaulles und eine flexiblere Politik seines Nachfolgers, welche die festgefahrene Situation auf westeuropäischer Ebene auflockern sollte.

Durch de Gaulles langfristige Vision eines „europäischen Europas" herausgefordert, die er sowohl dem britischen Botschafter in dem geheimen Gespräch vom Februar 1969 als auch Bundeskanzler Kiesinger auf dem deutsch-französischen Gipfeltreffen im März 1969 ausführlich darlegte, musste auch die Bundesregierung ihre zukünftige Europapolitik überdenken. Eines wurde dabei besonders deutlich: Die EWG stellte für die Bundesregierung die entscheidende Basis für die weitere Entwicklung der europäischen Einigung dar. Der Ausbau der EWG zur Wirtschaftsunion und ihre Erweiterung sollte ihre Attraktivität für den Osten erhöhen und langfristig eine Kooperation mit Osteuropa auf der Basis wirtschaftlicher Interessen einleiten. In diesen Zusammenhang wurde auch die Wiedervereinigung eingebettet, die man nun im europäischen Kontext angehen wollte. Hier spielten, vor allem aus Sicht des Auswärtigen Amts, auch die kleineren Länder und die Neutralen eine wichtige Rolle, denn sie konnten eine gesamteuropäische Verständigung erleichtern. Aus diesem Grund versuchte man auf deren europapolitische Anliegen immer wieder Rücksicht zu nehmen.

Gerade in der Frage, welche Rolle der EG bei der langfristig angelegten Lösung der deutschen Frage im Rahmen einer „gesamteuropäischen Friedensordnung" zukommen sollte, erscheint die Haltung innerhalb der Großen Koalition jedoch widersprüchlich. Vor allem Kiesingers Einsatz für den Ausbau der EWG zur politischen Union mit einer gemeinsamen Außen- und Verteidigungspolitik hätte die osteuropäische Sicht auf die EWG als politisches Instrument des Kalten Krieges bestätigt und damit eine zukünftige wirtschaftliche Kooperation mit der EWG wahrscheinlich verhindert. Über solche Widersprüche sah Kiesinger in Zeiten des Wahlkampfs und unter der offensichtlichen Furcht vor einem amerikanischen Truppenrückzug aus Westeuropa hinweg.

Wenn man die EWG als Ausgangsbasis für alle weiteren Entwicklungen ansah, musste man auch alles dafür tun, die EWG zu erhalten, und diese Leistung muss man der Großen Koalition konzedieren. Alle Versuche einer zerstörerischen Frontbildung gegen Frankreich in der EWG wurden von der Großen Koalition konsequent abgeblockt. Insofern kann man Hildebrand zustimmen, dass die Regierung Kiesinger/Brandt „Schlimmeres verhütet"[1] habe. Gleichzeitig könnte man der Großen Koalition aber auch vorwerfen, für Frankreich die Scherben aufgekehrt zu haben. De Gaulle konnte seine harte Haltung, vor allem in der Beitrittsfrage, nur aufrechterhalten in dem Wissen, dass in entscheidenden Situationen die Bundesrepublik einen Bruch der EWG oder einen Aufbau neuer Organisationen ohne Frankreich verhindern würde. Insofern hat die Politik der Bundesregierung die Haltung de Gaulles nicht unwesentlich beeinflusst.

Die Krisenvermeidungsstrategie der Bundesregierung in der EWG war aber nicht nur dem deutsch-französischen Verhältnis und der Bedeutung der EWG für die weitere gesamteuropäische Entwicklung geschuldet, sondern war auch ganz entscheidend innenpolitisch motiviert. Wegen der politischen Radikalisierung der Bundesrepublik durch die APO am linken und die NPD am rechten Rand versuchte die Bundesregierung, die europäische Perspektive offen zu halten, denn in der Großen Koalition führte man die Erfolge der Radikalen unter anderem auf die Enttäuschungen über die festgefahrene Position der Bundesrepublik im internationalen Gefüge, also das schwierige Verhältnis zu den wichtigsten Verbündeten und die Krise der NATO, zurück. Ein Auseinanderbrechen der EWG hätte dieses Gefühl noch verstärkt und musste daher um jeden Preis vermieden werden.

Diese Positionen der Großen Koalition wurden in einem komplizierten interministeriellen Aushandlungsprozess abgestimmt. In der Entscheidungsfindung ist eine klare Kontinuität zur Regierung Erhard zu erkennen. Zentrales Steuerungsorgan der bundesrepublikanischen EWG-Politik war und blieb seit 1963 der „Staatssekretärausschuss für Europafragen". Unter Erhard hatte der Ausschuss seine Rolle ausbauen können, denn der EWG-Skeptiker Erhard war froh gewesen, das Kabinett von dem „Agrarquatsch"[2] zu entlasten. Auch personell wurde im Staatssekretärausschuss 1966 die Kontinuität gewahrt. Die Bedeutung des Ausschusses lag vor allem in seiner Rolle als „Clearing-Stelle" der Ressortinteressen und in der Operationalisierung der deutschen Europapolitik. Die europapolitischen Leitlinien bekam er zum Teil vom Kabinett vorgegeben, war aber gleichzeitig auch selbst, wenn er vom Kabinett beauftragt wurde, für die Ausarbeitung einer kohärenten deutschen Europapolitik zuständig. Dass Brandt in seiner Zeit als Außenminister die hohe Bedeutung des Ausschusses für die Bundesregierung erkannt hatte, zeigte sich nach seinem Machtantritt als Bundeskanzler. In einer seiner ersten Amtshandlungen wertete Brandt die Rolle des Bundeskanzleramts im Staatssekretärausschuss auf. Statt einen Ministerialdirektor als Beobachter zu den Ausschusssitzungen zu entsenden, wie es bisher Usus war,

---

1 Hildebrand, Große Koalition, S. 318.

2 BaK, Kleine Erwerbung 927 (Hüttebräuker), Bd. 3.

nahm die europapolitisch engagierte neue Parlamentarische Staatssekretärin des Bundeskanzleramts Katharina Focke als vollwertiges Ausschussmitglied an den Sitzungen teil. Trotzdem gelang es dem Ausschuss nicht, die EWG-Politik der Bundesrepublik Deutschland in den Ost-West-Kontext einzubetten, so dass Brandt 1973 ein Europakabinett unter seiner Leitung einsetzte.[3]

Kiesinger hatte sich offensichtlich gescheut, die Rolle des Bundeskanzleramts im Staatssekretärausschuss zu stärken. Sein durchaus starkes europapolitisches Engagement zielte aber auch weniger auf die Detailverhandlungen in Brüssel als auf die langfristige Entwicklung der europäischen Einigung. Vor allem lagen Kiesinger die deutsch-französischen Beziehungen am Herzen. Als sich auf diesem Gebiet nach einem hoffnungsvollen Beginn zunehmend Desillusionierung breit machte, hatte der konfliktscheue Kiesinger nicht den Willen und die Kraft, dem von ihm bewunderten de Gaulle die Stirn zu bieten. Stattdessen flüchtete Kiesinger, angetrieben vom Unmut zahlreicher Parlamentarier der Regierungsfraktionen über die erfolglose Frankreichpolitik, in eine eher symbolische Politik, die zwar europapolitisches Engagement vorspiegelte, aber keine Aussicht auf Erfolg hatte. Kiesingers Einsatz auf europapolitischem Gebiet war zudem stark geprägt von seiner langfristigen Vision eines politisch-militärisch starken Europas, wohingegen Brandt ganz auf die EWG als Verständigungsinstrument nach Osteuropa abzielte. Daraus ergaben sich immer wieder Spannungen zwischen den beiden. Vor allem die Erweiterungsfrage betrachteten sie aus unterschiedlichen Blickwinkeln. Brandt schien sie für seine Politik unerlässlich. Kiesinger war sie lästig, denn er befürchtete, dass Großbritannien an einer politischen Zusammenarbeit nicht interessiert war. Im Alltagsgeschäft waren sich Kiesinger und Brandt jedoch einig: Das Verhältnis zu Frankreich durfte keinen Schaden nehmen, und eine Krise in der EWG galt es zu verhindern.

Auch Schiller und Strauß versuchten immer wieder, die Europapolitik zu beeinflussen, auch wenn ihre beiden Ministerien vorwiegend im Staatssekretärausschuss und in den wichtigen Detailverhandlungen ihre Hauptrolle spielten. Auffallend sind die Initiativen von Wirtschaftsminister Schiller und seinem umtriebigen Staatssekretär von Dohnanyi, die mehrere Male versuchten, die Bundesregierung zu einer offensiveren Europapolitik zu drängen. Die ambitionierten Vorschläge des Wirtschaftsministeriums, die darauf zielten, die Beitrittsgesuche ad acta zu legen und zunächst eine politische Zusammenarbeit mit Großbritannien zu organisieren, wurden jedoch im Auswärtigen Amt und im Bundeskanzleramt abgeblockt. Dort teilte man die Prämisse des Wirtschaftsministeriums, dass Frankreich einen britischen Beitritt aus wirtschaftlichen Gründen ablehne, nicht. Zudem fürchtete man die Reaktion der anderen Länder, bei denen nicht der Eindruck einer neuen deutschen Großmachtpolitik entstehen sollte.

Eine eher unbedeutende Rolle in der Entscheidungsfindung spielte der „Kreßbronner Kreis", der Koalitionsausschuss der Bundesregierung. Er befasste sich hauptsächlich mit innen- und deutschlandpolitischen Themen; die Europapolitik kam dort nur am Rande vor. Die Rolle des Parlaments blieb vor allem auf die Beitrittsfrage beschränkt. Beide Regierungsfraktionen versuchten immer wieder, allerdings ohne Erfolg, die Bundesregierung zu einer härteren Haltung gegenüber de Gaulle zu drängen.

Nach den Bundestagswahlen im September 1969 wurde die Große Koalition von der sozialliberalen Koalition unter Kanzler Brandt abgelöst, die bereits im Dezember 1969 mit

---

[3] Germond/Türk, Staatssekretärausschuss, S. 81.

den weitreichenden Beschlüssen der Haager Gipfelkonferenz einen ersten europapolitischen Erfolg vorweisen konnte. Die in der Forschung vertretene Meinung, dass sie nur die „Ernte einzufahren" brauchte[4], geht aber offensichtlich an den Tatsachen vorbei. Der Erfolg der Haager Gipfelkonferenz vom Dezember 1969, auf der unter anderem die Eröffnung der Beitrittsverhandlungen, der Eintritt der EWG in die Endphase, die Ausarbeitung einer Wirtschafts- und Währungsunion und die Prüfung der Politischen Zusammenarbeit beschlossen wurden, hing nicht nur mit den Leistungen der Großen Koalition zusammen. Aufgrund der Vorarbeiten in der Großen Koalition lagen die europäischen Probleme für die neue Koalition zwar klar auf dem Tisch. Brandt profitierte als Bundeskanzler auch von den Vorbereitungen für die Verhandlungsrunde am Ende des Jahres, die noch in seiner Zeit als Außenminister begonnen wurden. Die endgültige deutsche Taktik für die Gipfelkonferenz wurde jedoch erst nach der Bundestagswahl, zunächst im Staatssekretärausschuss und dann auf einer interministeriellen Besprechung unter Vorsitz des neuen Staatssekretärs im Bundeskanzleramt Egon Bahr, im Oktober und November 1969 erarbeitet.[5]

Gleichzeitig war der Regierungswechsel für den Erfolg der Haager Gipfelkonferenz gerade in der zentralen Beitrittsfrage noch in einem weiteren Punkt entscheidend. Brandt hatte in den letzten Monaten seiner Außenministerzeit nie einen Hehl aus seiner Präferenz für eine Lösung der Beitrittsfrage gemacht. Als Brandt die Regierungsgeschäfte übernahm, ging die französische Regierung daher selbstverständlich davon aus, dass der Druck der Bundesregierung zur Lösung der Beitrittsproblematik steigen werde. Bahr notierte nach einem Gespräch mit Botschafter Seydoux vom 8. Oktober 1969 für den noch amtierenden Außenminister Brandt, die französische Haltung sei von der „Erwartung eines starken deutschen Drucks auf den Beitritt Englands bestimmt"[6]. Botschafter Seydoux habe ausgeführt, dass „ein Kanzler Brandt viel stärker in diese Richtung [d. h. auf einen Beitritt, H. T.] drängen werde als der gegenwärtige deutsche Regierungschef. Man kalkuliere das ein [...]."[7] Für Bahr erschien Frankreich in der Europapolitik „gegenwärtig unsicher, abwartend und kompromißgeneigt"[8]. Der Vertraute Brandts empfahl, diese Situation auszunutzen.

Hier wurde deutlich, wie stark der Regierungswechsel die französische Position und damit auch den Verlauf der Haager Gipfelkonferenz beeinflusste. Die Kontinuitäten in der Europapolitik der Bundesrepublik von der Großen Koalition zur sozialliberalen Koalition sind damit nuancierter zu beurteilen. Die neue Regierung profitierte einerseits von den bereits unter der Großen Koalition geleisteten Vorarbeiten. Die Position der Bundesregierung in der EWG und vor allem gegenüber Frankreich verbesserte sich jedoch durch den Regierungswechsel entscheidend und erleichterte damit den erfolgreichen Verlauf der Haager Gipfelkonferenz.

Die Bundesregierung der Großen Koalition wollte die europäische Einigung in allen Bereichen parallel weiterführen, und hatte damit in Teilen auch Erfolg. Nach der Fusion der Exekutiven, dem Abschluss der Kennedy-Runde des GATT und dem Inkrafttreten der Zollunion trat man bei der Weiterentwicklung der Gemeinschaften aufgrund der in Brüssel

[4] Schmoeckel/Kaiser, Vergessene Regierung, S. 229 f.

[5] Germond/Türk, Staatssekretärausschuss, S. 75–78; Hiepel, Hague Summit, S. 75–77.

[6] Aufzeichnung des Ministerialdirektors Bahr, 9. 10. 1969, AAPD 1969, Dok. 310, S. 1103–1106, hier S. 1103. Vgl. Hiepel, Hague Summit, S. 71.

[7] Aufzeichnung des Ministerialdirektors Bahr, 9. 10. 1969, AAPD 1969, Dok. 310, S. 1103–1106, hier S. 1104.

[8] Ebd.

vorherrschenden unüberbrückbaren Differenzen in der Beitrittsfrage jedoch auf der Stelle. Die Bundesregierung versuchte in dieser Situation ein Auseinanderbrechen der Gemeinschaft zu verhindern, indem sie mit ihren Vorschlägen anstrebte, möglichst alle Seiten zufriedenzustellen. Darin spiegelte sich nicht nur das Grundanliegen der Großen Koalition wider, die Europäischen Gemeinschaften als Ausgangsbasis für die weitere europäische Einigung zu erhalten, sondern auch die außen-, deutschland- und sicherheitspolitische Lage der Bundesrepublik, welche die Regierung der Großen Koalition immer wieder zwang, die Anliegen der westlichen Partnerländer in ihre Position einzubeziehen. Dieser Versuch, ohne klare Prioritätensetzung möglichst allen Seiten etwas zu bieten, hatte aber auch interne Gründe. So ließ die interministerielle Entscheidungsstruktur die Europapolitik der Bundesregierung oftmals zu einer Ansammlung einzelner Ressortwünsche anschwellen, wie sich besonders bei den programmatischen Reden der Regierungsmitglieder beziehungsweise den Initiativen der Bundesregierung in Brüssel zeigte.

Selbst nach dem Rücktritt de Gaulles im April 1969 gelang es nicht, mehr als den Erhalt des Bestehenden zu erreichen. Dazu hätte es einer klaren Prioritätensetzung auf die Erweiterungsfrage bedurft, zu der sich die Große Koalition kurz vor der Bundestagswahl nicht mehr durchringen konnte. Dieser fehlende Entscheidungswille resultierte aus der besonderen Regierungssituation: Die Europapolitik der Großen Koalition war tendenziell vom Gegensatz zweier europapolitischer Konzeptionen innerhalb der Bundesregierung gekennzeichnet, die zwar selten in Reinform, aber in mehr oder weniger starken Ausprägungen vertreten wurden und sich immer wieder Bahn brachen. Auf der einen Seite stand die vom Bundeskanzleramt und weiten Teilen der CDU/CSU propagierte und seltsam rückwärtsgewandt anmutende „Politik der Stärke" Westeuropas. Diese Politik war noch am Leitbild aus der Gründungsphase der Gemeinschaften orientiert, dem „Endziel Politische Union" mit einer gemeinsamen Außen- und Verteidigungspolitik. Graduelle Unterschiede innerhalb dieser Konzeption betrafen vor allem die Einschätzung der zukünftigen Rolle Großbritanniens innerhalb der EG sowie den Umgang mit der französischen Europapolitik. Da es in dieser Konzeption um die Rückgewinnung machtpolitischen Einflusses für die Bundesrepublik mit Hilfe der europäischen Einigung ging, war man dort sehr stark auf die großen westeuropäischen Länder Frankreich, Italien und Großbritannien fixiert. Für die Belange der kleineren westeuropäischen Länder interessierte man sich nur am Rande und brachte für deren Positionen teilweise kein Verständnis auf.

Auf der anderen Seite stand die eher von Brandt und Teilen des Auswärtigen Amts sowie der SPD unterstützte Politik der „Verständigung durch Erweiterung". Diese Vision sah einen erweiterten und mit den anderen westeuropäischen Ländern inklusive den Neutralen verbundenen großen westeuropäischen Markt vor. Er sollte auf wirtschaftlicher Zusammenarbeit basieren und mit möglichst wenig politischem Ballast befrachtet sein. Dieser große, von seinem Nimbus als Instrument des Kalten Kriegs befreite Gemeinsame Markt sollte durch seine wirtschaftliche Attraktivität eine wirtschaftlich-technologische Zusammenarbeit zwischen West- und Osteuropa ermöglichen und damit die Blockgrenzen auf dem Weg zu einer „gesamteuropäischen Friedensordnung" überwinden helfen. Dieser Konzeption entsprach, dass die auf den Beschlüssen der Haager Gipfelkonferenz aufbauende Europäische Politische Zusammenarbeit (EPZ), die ab 1970 organisiert wurde, außerhalb des institutionellen Rahmens der EG angesiedelt wurde.

Diese langfristigen europapolitischen Zielvorstellungen existierten in der Großen Koalition nebeneinander. Die im Auswärtigen Amt erarbeiteten Papiere wurden zwar innerhalb des Ministeriums erörtert, verschwanden anschließend aber wieder in der Schublade. Weder im Kabinett noch im „Kreßbronner Kreis“ wurden die auf lange Sicht angestrebten Ziele diskutiert. Selbst das ambitionierte Projekt eines außenpolitischen Kolloquiums der Bundesregierung im Mai 1968 wurde nicht genutzt, um europapolitische Ziele und Strategien der Bundesregierung zu erarbeiten. Dem Staatssekretärausschuss für Europafragen gelang es zwar von Fall zu Fall, die Position der Bundesregierung für die Brüsseler Verhandlungen zu bestimmen; ohne Kabinettsauftrag konnte aber auch auf dieser Ebene kein umfassendes Konzept ausgearbeitet werden. Erst gegen Ende der Großen Koalition beauftragte das Kabinett den Staatssekretärausschuss mit der Erarbeitung einer Strategie für die Verhandlungen zum Jahresende 1969. Diese immerhin kurz- bis mittelfristige Planung der deutschen Europapolitik kam für die Große Koalition jedoch eindeutig zu spät – die Vorlage gelangte nicht mehr ins Kabinett. Die langfristigen europapolitischen Ziele wurden in der Großen Koalition somit nie offen debattiert. Stattdessen betonten die zentralen Akteure immer wieder, dass man auf europäischer Ebene pragmatisch weiterkommen wollte. Dieser Pragmatismus erwies sich für die Brüsseler Detailverhandlungen auch als ausreichend, langfristige Weichenstellungen ließen sich damit jedoch nicht erreichen.

Abkürzungsverzeichnis

AA	Auswärtiges Amt
AAPD	Akten zur Auswärtigen Politik der Bundesrepublik Deutschland
ACDP	Archiv für Christlich-Demokratische Politik
AdsD	Archiv der sozialen Demokratie der Friedrich-Ebert-Stiftung
afp	agence france-presse
APO	Außerparlamentarische Opposition
ASP	American Selling Price System
BaK	Bundesarchiv Koblenz
BDI	Bundesverband der Deutschen Industrie e.V.
BMF	Bundesministerium der Finanzen
BML	Bundesministerium für Ernährung, Landwirtschaft und Forsten
BMwF	Bundesministerium für wissenschaftliche Forschung
BMWi	Bundesministerium für Wirtschaft
BRD	Bundesrepublik Deutschland
BT	Bundestag
CDU	Christlich-Demokratische Union
CFP	Compagnie Française des Pétroles
CSSR	Tschechoslowakische Sozialistische Republik
CSU	Christlich-Soziale Union
DBV	Deutscher Bauernverband e.V.
DDR	Deutsche Demokratische Republik
dpa	Deutsche Presse-Agentur
EA	Europa-Archiv
EAGFL	Europäischer Ausrichtungs- und Garantiefonds für die Landwirtschaft
EFTA	European Free Trade Association
EG	Europäische Gemeinschaften
EGKS	Europäische Gemeinschaft für Kohle und Stahl
EP	Europäisches Parlament
EPZ	Europäische Politische Zusammenarbeit
EURATOM	Europäische Atomgemeinschaft
EWG	Europäische Wirtschaftsgemeinschaft
EWG-V	Vertrag zur Gründung der Europäischen Wirtschaftsgemeinschaft
FAZ	Frankfurter Allgemeine Zeitung
FDP	Freie Demokratische Partei
FRUS	Foreign Relations of the United States

GAP	Gemeinsame Agrarpolitik
GATT	General Agreement on Tariffs and Trade
GBAG	Gelsenkirchener Bergwerks AG
GZT	Gemeinsamer Zolltarif
H.	Heft
HZ	Historische Zeitschrift
IMAG	Interministerielle Arbeitsgruppe EG-Großbritannien
IWF	Internationaler Währungsfonds
JEIH	Journal of European Integration History
NATO	North Atlantic Treaty Organization
Nl	Nachlass
NPD	Nationaldemokratische Partei Deutschlands
NZZ	Neue Zürcher Zeitung
o. D.	ohne Datum
o. O.	ohne Ort
PAAA	Politisches Archiv des Auswärtigen Amts
PV	Parteivorstand
RE	Rechnungseinheit
SPD	Sozialdemokratische Partei Deutschlands
SPÖ	Sozialistische Partei Österreichs
StS	Staatssekretär
TEA	Trade Expansion Act of 1962
UdSSR	Union der sozialistischen Sowjetrepubliken
UN	United Nations
USA	United States of America
VfZ	Vierteljahrshefte für Zeitgeschichte
VLR I	Vortragender Legationsrat I. Klasse
vwd	Vereinigte Wirtschaftsdienste
WBA	Willy-Brandt-Archiv im Archiv der sozialen Demokratie der Friedrich-Ebert-Stiftung
WEU	Western European Union
ZDF	Zweites Deutsches Fernsehen

Quellen- und Literaturverzeichnis

1. Unveröffentlichte Quellen

Archiv der christlich-demokratischen Politik, St. Augustin (ACDP)

Depositum Hans von der Groeben (I-659)
Nachlass Kurt Georg Kiesinger (I-226)
Nachlass Rolf Lahr (I-407)
Nachlass Fritz Neef (I-283)

Archiv der sozialen Demokratie, Bonn (AdsD)

Depositum Helmut Schmidt
Nachlass Gerhard Jahn

Willy-Brandt-Archiv im Archiv der sozialen Demokratie, Bonn (AdsD, WBA)

Bestand Außenminister
Bestand Publizistische Äußerungen

Bundesarchiv, Koblenz (BaK)

Bestand Bundeskanzleramt (B136)
Bestand Bundesministerium für Wirtschaft (B102)
Depositum Rainer Barzel (N1371)
Depositum Fritz Hellwig (N1359)
Nachlass Herbert Blankenhorn (N1351)
Nachlass Karl Carstens (N1337)
Nachlass Günther Diehl (N1453)
Nachlass Karl Theodor Freiherr von und zu Guttenberg (N1397)
Nachlass Walter Hallstein (N1266)
Nachlass Hermann Höcherl (N1407)
Kleine Erwerbung Hüttebräuker (927-3)

Politisches Archiv des Auswärtigen Amts, Berlin (PAAA)

Bestand Ministerbüro (B1)
Bestand Büro Staatssekretäre (B2)
Bestand Referat IA1 „Europäische politische Integration" (B21)
Bestand Referat IA2 „Europäische Gemeinschaften" (B20-200)
Bestand Referat IA3 „Länderreferat Frankreich, Benelux, Italien" (B24)
Bestand Referat IIIA2 „Grundsatzfragen internationaler wirtschaftlicher Zusammenarbeit, Europäische Handels- und Agrarpolitik, GATT" (B53-200)
Bestand „Akten zur Auswärtigen Politik der Bundesrepublik Deutschland" (B150)
Bestand Planungsstab (B9)
Bestand B130-Offen
Nachlass Sigismund Freiherr von Braun
Nachlass Georg Ferdinand Duckwitz
Nachlass Carl Friedrich Ophüls

2. Gedruckte Quellen

Quelleneditionen, Dokumente und Periodika

ABC der Europa-Verträge und -Vereinbarungen, hrsg. von Joachim Voß, München 1964.
Akten zur Auswärtigen Politik der Bundesrepublik Deutschland (AAPD) 1966–1969, hrsg. vom Institut für Zeitgeschichte im Auftrag des Auswärtigen Amts, München 1997–2000.
Amtsblatt der Europäischen Gemeinschaften.
Außenpolitik der Bundesrepublik Deutschland. Dokumente von 1949 bis 1994, hrsg. vom Auswärtigen Amt, Köln 1995.
Brandt, Willy: Außenpolitik, Deutschlandpolitik, Europapolitik. Grundsätzliche Erklärungen während des ersten Jahres im Auswärtigen Amt, Berlin 1968.
Ders.: Friedenspolitik in Europa, Frankfurt a. M. 1968.
Ders.: Reden und Interviews 1968–1969, Bonn 1969.
Ders.: Ein Volk der guten Nachbarn. Außen- und Deutschlandpolitik 1966–1974, bearbeitet von Frank Fischer, Bonn 2005 (= Willy Brandt, Berliner Ausgabe, Bd. 6).
Bulletin des Presse- und Informationsamtes der Bundesregierung 1966–1969, Bonn 1966–1969.
Bulletin der EWG, 1966–1969, Brüssel 1966–1969.
Bulletin der EG.
Bundesanzeiger, hrsg. vom Bundesminister der Justiz.
Dokumentation der Europäischen Integration 1961–1963 unter Berücksichtigung der Bestrebungen für eine „Atlantische Partnerschaft", hrsg. von Heinrich Siegler, Bonn u. a. 1964.
Dokumente zur Deutschlandpolitik, V. Reihe, Bd. 2/1968, 2. Halbband (1. 7.–31. 12. 1968), hrsg. vom Bundesministerium des Inneren, Frankfurt a. M. 1987.
Europagesetze I, München 1964.
Europa-Archiv 1966–1970.
Foreign Relations of the United States (FRUS) 1964–68, Vol. VIII: International Monetary and Trade Policy, Washington 1998.
Kiesinger, Kurt Georg: Endziel Politische Union, in: Die Europäische Gemeinschaft, H. 6 (1969), S. 7.
Ders.: Die Große Koalition 1966–1969. Reden und Erklärungen des Bundeskanzlers, hrsg. von Dieter Oberndörfer, Stuttgart 1979.
Ders.: Grundprobleme der deutschen Politik, in: Politisch-Soziale Korrespondenz 18 (1969), H. 10, S. 4 f.
Ders.: Reden und Interviews 1968, hrsg. vom Presse- und Informationsamt der Bundesregierung, Bonn [1969].
Ders.: Stationen, 1949–1969, Tübingen 1969.
Kommission der EGKS, der EWG und der EURATOM (Hrsg.): Erster Gesamtbericht über die Tätigkeit der Gemeinschaften 1967, Brüssel/Luxemburg 1968.
Kommission der EGKS, der EWG und der EURATOM (Hrsg.): Zweiter Gesamtbericht über die Tätigkeit der Gemeinschaften 1968, Brüssel/Luxemburg 1969.
Kommission der EGKS, der EWG und der EURATOM (Hrsg.): Dritter Gesamtbericht über die Tätigkeit der Gemeinschaften 1969, Brüssel/Luxemburg 1970.
Kommission der EWG (Hrsg.): Zehnter Gesamtbericht über die Tätigkeit der Gemeinschaft vom 1. April 1966 bis 31. März 1967, Brüssel/Luxemburg 1967.
Noelle, Elisabeth/Neumann, Erich Peter (Hrsg.): Jahrbuch der öffentlichen Meinung 1965–1967, Allensbach/Bonn 1967.
Dies. (Hrsg.): Jahrbuch der öffentlichen Meinung 1968–1973, Allensbach/Bonn 1974.
Der Spiegel 1966–1969.
Die SPD-Fraktion im Deutschen Bundestag, Sitzungsprotokolle 1961–1966, zweiter Halbband, 73.–167. Sitzung 1964–1966, bearbeitet von Heinrich Potthoff, Düsseldorf 1993 (= Quellen zur Geschichte des Parlamentarismus und der politischen Parteien, Vierte Reihe, Bd. 8/III).
Strauß, Franz Josef: Entwurf für Europa, Stuttgart 1966.
Umfassende Darstellung der deutschen EWG-Politik unter besonderer Berücksichtigung der Agrarpolitik, in: Agra-Europe Nr. 40 vom 30. 9. 1969, Sonderbeilage.
Verhandlungen des Deutschen Bundestages. Stenographische Berichte, 5. Wahlperiode (1965–1969), Bonn 1966–1969.
Die Welt 1966–1969.

Memoiren

Bahr, Egon: Zu meiner Zeit, München ²1996.
Blankenhorn, Herbert: Verständnis und Verständigung. Blätter eines politischen Tagebuchs 1949 bis 1979, Frankfurt a. M./Berlin/Wien 1980.
Brandt, Willy: Begegnungen und Einsichten. Die Jahre 1960–1975, Hamburg 1976.
Brown, George: In my way. The political memoirs of Lord George Brown, London 1971.
Carstens, Karl: Erinnerungen und Erfahrungen, hrsg. von Kai von Jena und Reinhard Schmoeckel, Boppard am Rhein 1993.
Diehl, Günter: Zwischen Politik und Presse: Bonner Erinnerungen 1949–1969, Frankfurt a. M. 1994.
Emminger, Otmar: D-Mark, Dollar, Währungskrisen. Erinnerungen eines ehemaligen Bundesbankpräsidenten, Stuttgart 1986.
Frank, Paul: Entschlüsselte Botschaft: ein Diplomat macht Inventur, Stuttgart 1981.
Gerstenmaier, Eugen: Streit und Friede hat seine Zeit. Ein Lebensbericht, Frankfurt a. M. 1981.
Groeben, Hans von der: Deutschland und Europa in einem unruhigen Jahrhundert. Erlebnisse und Betrachtungen von Hans von der Groeben, Baden-Baden 1995.
Guttenberg, Karl Theodor Freiherr zu: Fußnoten, Stuttgart 1972.
Kiesinger, Kurt Georg: Dunkle und helle Jahre. Erinnerungen 1904–1958, hrsg. von Reinhard Schmoeckel, Stuttgart 1989.
Ders.: So war es, 5 Teile, in: Bild am Sonntag vom 18. 11.–15. 12. 1974.
Kreisky, Bruno: Im Strom der Politik. Erfahrungen eines Europäers, Berlin 1988.
Lahr, Rolf: Zeuge von Fall und Aufstieg. Private Briefe 1934–1974, Hamburg 1981.
Monnet, Jean: Mémoirs, Paris 1976.
Murville, Maurice Couve de: Außenpolitik 1958–1969, München 1973.
Peyrefitte, Alain: C'était de Gaulle, Bd. 3: „Tout le monde a besoin d'une France qui marche", Paris 2000.
Rovan, Joseph: Erinnerungen eines Franzosen, der einmal Deutscher war, München/Wien 2000.
Schütz, Klaus: Logenplatz und Schleudersitz: Erinnerungen, Berlin/Frankfurt a. M. 1992.
Seydoux, François: Botschafter in Deutschland. Meine zweite Mission 1965 bis 1970, Frankfurt a. M. 1978.
Wickert, Erwin: Die glücklichen Augen. Geschichten aus meinem Leben, Stuttgart/München 2001.
Wilson, Harold: Die Staatsmaschine. Erinnerungen des britischen Premiers 1964–1970, Wien u. a. 1972.

3. Monographien, Sammelbände und Aufsätze

Badel, Laurence/Jeannesson, Stanislas/Ludlow, N. Piers (Hrsg.): Les administrations nationales et la construction européenne. Une approche historique (1919–1975), Bruxelles 2005.
Bange, Oliver: The EEC Crisis of 1963. Adenauer, de Gaulle, Kennedy and Macmillan in Conflict, Basingstoke 2000.
Ders.: Kiesingers Ost- und Deutschlandpolitik von 1966–1969, in: Günter Buchstab/Philipp Gassert/Peter Thaddäus Lang (Hrsg.): Kurt Georg Kiesinger 1904–1988. Von Ebingen ins Kanzleramt, Freiburg u. a. 2005, S. 455–498.
Bauer, Johannes: Die deutsch-französischen Beziehungen 1963–1969. Aspekte der Entwicklung nach Abschluss des Vertrages vom 22. Januar 1963, Diss., Bonn 1980.
Baumann, Ansbert: Kurt Georg Kiesinger – Ein Freund Frankreichs?, in: Historisch-Politische Mitteilungen 10 (2003), S. 225–253.
Begegnungen mit Kurt Georg Kiesinger. Festgabe zum 80. Geburtstag, hrsg. von Dieter Oberndörfer, Stuttgart 1984.
Behrendt, Günther: Das Bundeskanzleramt, Frankfurt a. M./Bonn 1967 (= Ämter und Organisationen der Bundesrepublik Deutschland, Bd. 7).
Bellers, Jürgen: Außenwirtschaftspolitik der Bundesrepublik Deutschland 1949–1989 (= Studien zur Politikwissenschaft: Abteilung C, Außenwirtschaftspolitik, Bd. 2).
Berg, Fritz: Englands Beitritt zu den Europäischen Gemeinschaften, in: Außenpolitik 18 (1967), S. 517–524.
Bischoff, Detlef: Die außenpolitische Konzeption der CSU und ihre Durchsetzung in der Großen Koalition 1966–1969, Diss., Berlin 1972.

Bitsch, Marie-Thérèse: La création de la commission unique: Réforme téchnique ou affirmation d'une identité européenne?, in: Dies./Wilfried Loth/Raymond Poidevin (Hrsg.): Institutions européennes et identités européennes, Bruxelles 1998, S. 327–342.

Dies.: Le sommet de La Haye. L'initiative française, ses finalités et ses limites, in: JEIH 9 (2003), H. 2, S. 83–99.

Dies./Loth, Wilfried/Poidevin, Raymond (Hrsg.): Institutions européennes et identités européennes, Bruxelles 1998.

Böhmer, Katharina: Die Bundesrepublik Deutschland und das zweite britische Beitrittsgesuch zur Europäischen Wirtschaftsgemeinschaft 1966–1967, unveröffentlichte Magisterarbeit an der Humboldt-Universität zu Berlin, 2003.

Dies.: 'We too mean business': Germany and the Second British Application to the EEC, 1966–67, in: Oliver J. Daddow (Ed.): Harold Wilson and European Integration. Britain's Second Application to join the EEC, London/Portland 2003, S. 211–226.

Booz, Rüdiger Marco: „Hallsteinzeit". Deutsche Außenpolitik 1955–1972, Bonn 1995.

Bossuat, Gérard: Drei Wege nach dem Gipfel von Den Haag. Monnet, Brandt, Pompidou und das Europa der 70er Jahre, in: Andreas Wilkens (Hrsg.): Interessen verbinden. Jean Monnet und die europäische Integration der Bundesrepublik Deutschland, Bonn 1999 (= Pariser Historische Studien, Bd. 50), S. 353–386.

Bouvier, Beatrix W.: Zwischen Godesberg und Großer Koalition. Der Weg der SPD in die Regierungsverantwortung: Außen-, Sicherheits- und Deutschlandpolitische Umorientierung und gesellschaftliche Öffnung der SPD 1960–66, Bonn 1992.

Braunmühl, Claudia von: Kalter Krieg und friedliche Koexistenz. Die Außenpolitik der SPD in der Großen Koalition, Frankfurt a. M. 1973.

Brunn, Gerhard: Die Europäische Einigung von 1945 bis heute, Lizenzausgabe für die Bundeszentrale für politische Bildung, Bonn 2004.

Buchstab, Günter/Gassert, Philipp/Lang, Peter Thaddäus (Hrsg.): Kurt Georg Kiesinger 1904–1988. Von Ebingen ins Kanzleramt, Freiburg u. a. 2005.

Bührer, Werner: Abschied von der Supranationalität. Deutsche Europapolitik und europäische Integration 1958 bis 1972, in: Axel Schildt/Detlef Siegfried/Karl Christian Lammers (Hrsg.): Dynamische Zeiten. Die 60er Jahre in den beiden deutschen Gesellschaften, Hamburg 2000 (= Hamburger Beiträge zur Sozial- und Zeitgeschichte: Darstellungen, Bd. 37), S. 248–272.

Clemens, Gabriele: „Zwischen allen Stühlen". Ludwig Erhards Europa-Initiative vom November 1964, in: Nation und Europa. Studien zum internationalen Staatensystem im 19. und 20. Jahrhundert. Festschrift für Peter Krüger, hrsg. von Gabriele Clemens, Stuttgart 2001, S. 171–192.

Conze, Eckart: Hegemonie durch Integration? Die amerikanische Europapolitik und ihre Herausforderung durch de Gaulle, in: VfZ 43 (1995), S. 297–340.

Ders.: Staatsräson und nationale Interessen: Die „Atlantiker-Gaullisten"-Debatte in der westdeutschen Politik- und Gesellschaftsgeschichte der 1960er Jahre, in: Ursula Lehmkuhl et al. (Hrsg.): Deutschland, Großbritannien, Amerika. Politik, Gesellschaft und Internationale Geschichte im 20. Jahrhundert, Festschrift für Gustav Schmidt zum 65. Geburtstag, Stuttgart 2003, S. 197–226.

Conze, Vanessa: Das Europa der Deutschen. Ideen von Europa in Deutschland zwischen Reichstradition und Westorientierung (1920–1970), München 2005 (= Studien zur Zeitgeschichte, Bd. 69).

Coombes, David: Politics and Bureaucracy. A Portrait of the Commission of the E.E.C., London 1970.

Daddow, Oliver J. (Ed.): Harold Wilson and European Integration. Britain's Second Application to join the EEC, London/Portland 2003.

Defrance, Corinne/Pfeil, Ulrich (Hrsg.): Der Élysée-Vertrag und die deutsch-französischen Beziehungen 1945 – 1963 – 2003, München 2005.

Dransfeld, Gabriele: Die Rolle der Westeuropäischen Union (WEU) im europäischen Integrationsprozess, Diss., München 1974.

Dujardin, Vincent: Pierre Harmel, Bruxelles 2004.

Echtler, Ulrich: Einfluß und Macht in der Politik. Der beamtete Staatssekretär, München 1973.

Eibl, Franz: Politik der Bewegung: Gerhard Schröder als Außenminister 1961–1966, München 2001 (= Studien zur Zeitgeschichte, Bd. 60).

Emminger, Otmar: Die währungspolitischen Ergebnisse der Konferenz von Rio de Janeiro, in: EA 23 (1967), S. 803–814.

Evans, John W.: The Kennedy Round in American Trade Policy. The Twilight of the GATT?, Cambridge/Mass. 1971.

Fischer, Per: Vertrauen für das neue Deutschland – Kurt Georg Kiesinger als Abgeordneter im Europarat, in: Begegnungen mit Kurt Georg Kiesinger. Festgabe zum 80. Geburtstag, hrsg. von Dieter Oberndörfer, Stuttgart 1984, S. 158–163.

Fontaine, Pascal: Le Comité d'Action pour les États-Unis d'Europe de Jean Monnet, Lausanne 1974.

Gassert, Philipp: Personalities and the Politics of European Integration: Kurt Georg Kiesinger and the Departure of Walter Hallstein, 1966/67, in: Wilfried Loth (Ed.): Crises and Compromises: The European Project 1963–1969, Baden-Baden/Bruxelles 2001 (= Veröffentlichungen der Historiker-Verbindungsgruppe bei der Kommission der Europäischen Gemeinschaften, Bd. 8), S. 265–284.

Ders.: „Wir müssen bewahren, was wir geschaffen haben, auch über eine kritische Zeit hinweg" – Kurt Georg Kiesinger, Frankreich und das Europäische Projekt, in: Mareike König/Matthias Schultz (Hrsg.): Die Bundesrepublik Deutschland und die europäische Einigung 1949–2000. Politische Akteure, gesellschaftliche Kräfte und internationale Erfahrungen. Festschrift für Wolf D. Gruner zum 60. Geburtstag, Wiesbaden 2004, S. 147–166.

Germond, Carine: Les projets d'Union politique de l'année 1964, in: Wilfried Loth (Ed.): Crises and Compromises: The European Project 1963–1969, Baden-Baden/Bruxelles 2001 (= Veröffentlichungen der Historiker-Verbindungsgruppe bei der Kommission der Europäischen Gemeinschaften, Bd. 8), S. 109–130.

Dies./Türk, Henning: Der Staatssekretärausschuss für Europafragen und die Gestaltung der deutschen Europapolitik 1963–1969, in: Zeitschrift für Staats- und Europawissenschaften 2 (2004), H. 1, S. 56–81.

Gniss, Daniela: Der Politiker Eugen Gerstenmaier 1906–1986. Eine Biographie, Düsseldorf 2005.

Haase, Christian (Ed.): Debating Foreign Affairs. The Public and British Foreign Policy since 1867, Berlin/Wien 2003.

Hänsch, Klaus: Die Entwicklung der Europäischen Gemeinschaften, in: Die Internationale Politik 1966/1967, S. 153–204.

Hallstein, Walter/Schlochauer, Hans-Jürgen (Hrsg.): Zur Integration Europas. Festschrift für Carl Friedrich Ophüls aus Anlass seines siebzigsten Geburtstags, Karlsruhe 1965.

Heuser, Beate: The European Dream of Franz Josef Strauß, in: JEIH 4 (1998), H. 1, S. 75–103.

Hiepel, Claudia: In search of the Greatest Common Denominator. Germany and the Hague Summit Conference 1969, in: JEIH 9 (2003), H. 2, S. 63–81.

Dies.: Le ministère ouest-allemand des Affaires étrangères et l'integration européenne, des origines à 1974, in: Laurence Badel/Stanislas Jeannesson/N. Piers Ludlow (Hrsg.): Les administrations nationales et la construction européenne. Une approche historique (1919–1975), Bruxelles 2005, S. 239–258.

Hildebrand, Klaus: Von Erhard zur Großen Koalition 1963–1969, Stuttgart 1984 (= Geschichte der Bundesrepublik Deutschland, Bd. 4).

Ders.: Der provisorische Staat und das ewige Frankreich. Die deutsch-französischen Beziehungen 1963–1969, in: HZ 240 (1985), S. 283–311.

Ders.: Willy Brandt, Charles de Gaulle und „la grande Europe", in: HZ 279 (2004), S. 387–408.

Ders.: Willy Brandt, General de Gaulle und „la Grande Europe", in: Horst Möller/Maurice Vaïsse (Hrsg.): Willy Brandt und Frankreich, München 2005 (= Schriftenreihe der Vierteljahrshefte für Zeitgeschichte, Sondernummer), S. 115–120.

Hüners-Pohl, Gisela: Einführung einer gemeinsamen Handelspolitik der EWG-Mitgliedstaaten gegenüber den sozialistischen Staaten Osteuropas, Diss., Berlin 1975.

Husson, Edouard: Willy Brandt et Jean Monnet, in: Horst Möller/Maurice Vaïsse (Hrsg.): Willy Brandt und Frankreich, München 2005 (= Schriftenreihe der Vierteljahrshefte für Zeitgeschichte, Sondernummer), S. 215–229.

Jaenicke, Günther: Die Supranationalität der Europäischen Gemeinschaften, in: Walter Hallstein/Hans-Jürgen Schlochauer (Hrsg.): Zur Integration Europas. Festschrift für Carl Friedrich Ophüls aus Anlass seines siebzigsten Geburtstags, Karlsruhe 1965, S. 85–106.

Kluge, Ulrich: Vierzig Jahre Agrarpolitik in der Bundesrepublik Deutschland, Bd. 2, Hamburg/Berlin 1989 (= Berichte über Landwirtschaft, Sonderheft, Bd. 202).

Knipping, Franz: Rom, 25. März 1957. Die Einigung Europas, München 2004.

Ders./Schönwald, Matthias (Hrsg.): Aufbruch zum Europa der zweiten Generation. Die europäische Einigung 1969–1984, Trier 2004.

Kodolitsch, Paul von: Die Ostpolitik der Großen Koalition und die sozialistischen Staaten, Diss., Berlin 1974.

König, Mareike/Schultz, Matthias: Die Bundesrepublik und die europäische Einigung: Trends und Kontroversen der Integrationshistoriographie, in: Dies. (Hrsg.): Die Bundesrepublik Deutschland und die europäische Einigung 1949–2000. Politische Akteure, gesellschaftliche Kräfte und internationale Erfahrungen. Festschrift für Wolf D. Gruner zum 60. Geburtstag, Wiesbaden 2004, S. 15–36.

Dies. (Hrsg.) Die Bundesrepublik Deutschland und die europäische Einigung 1949–2000. Politische Akteure, gesellschaftliche Kräfte und internationale Erfahrungen. Festschrift für Wolf D. Gruner zum 60. Geburtstag, Wiesbaden 2004.

Koopmann, Martin: Das schwierige Bündnis. Die deutsch-französischen Beziehungen und die Außenpolitik der Bundesrepublik Deutschland 1958–1965, Baden-Baden 2000.

Kramer, Esther: Europäisches oder atlantisches Europa? Kontinuität und Wandel in den Verhandlungen über eine politische Union 1958–1970, Baden-Baden 2003.

Kreile, Michael: Osthandel und Ostpolitik, Baden-Baden 1978.

Kroegel, Dirk: Einen Anfang finden! Kurt Georg Kiesinger in der Außen- und Deutschlandpolitik der Großen Koalition, München 1997 (= Studien zur Zeitgeschichte, Bd. 52).

Lahr, Rolf: Für und wider das handelspolitische Arrangement EWG-Großbritannien, in: EA 24 (1969), S. 81–88.

Lappenküper, Ulrich: Auswärtige Angelegenheiten: Auf dem Weg zu einer gleichgerichteten Haltung in Fragen gemeinsamen Interesses?, in: Corinne Defrance/Ulrich Pfeil (Hrsg.): Der Élysée-Vertrag und die deutsch-französischen Beziehungen 1945 – 1963 – 2003, München 2005, S. 101–125.

Ders.: Den Bau des „europäischen Hauses" vollenden. Die Europapolitik Ludwig Erhards (1963–1966), in: Historisch-Politische Mitteilungen 7 (2000), S. 239–267.

Ders.: „Ein Europa der Freien und Gleichen". La politique européenne de Ludwig Erhard (1963–1966), in: Wilfried Loth (Ed.): Crises and Compromises: The European Project 1963–1969, Baden-Baden/Bruxelles 2001 (= Veröffentlichungen der Historiker-Verbindungsgruppe bei der Kommission der Europäischen Gemeinschaften, Bd. 8), S. 65–91.

Ders.: „Ich bin wirklich ein guter Europäer". Ludwig Erhards Europapolitik 1949–1966, in: Francia 18 (1991), S. 85–121.

Lauring Knudsen, Ann-Christina: Creating the Common Agricultural Policy. Story of Cereals Prices, in: Wilfried Loth (Ed.): Crises and Compromises: The European Project 1963–1969, Baden-Baden/Bruxelles 2001 (= Veröffentlichungen der Historiker-Verbindungsgruppe bei der Kommission der Europäischen Gemeinschaften, Bd. 8), S. 131–154.

Lehmkuhl, Ursula et al. (Hrsg.): Deutschland, Großbritannien, Amerika. Politik, Gesellschaft und Internationale Geschichte im 20. Jahrhundert, Festschrift für Gustav Schmidt zum 65. Geburtstag, Stuttgart 2003.

Leupold, Bernd: „Weder anglophil noch anglophob": Großbritannien im politischen Denken Konrad Adenauers. Ein Beitrag zur Geschichte der deutsch-britischen Beziehungen, Frankfurt a. M. u. a. 1997 (= Europäische Hochschulschriften, Reihe 3: Geschichte und ihre Hilfswissenschaften, Bd. 754).

Loch, Theo M.: Ausgangspositionen für die europäische Gipfelkonferenz in Den Haag, in: EA 24 (1969), S. 711–716.

Loth, Wilfried (Ed.): Crises and Compromises: The European Project 1963–1969, Baden-Baden/Bruxelles 2001 (= Veröffentlichungen der Historiker-Verbindungsgruppe bei der Kommission der Europäischen Gemeinschaften, Bd. 8).

Ders./Picht, Robert (Hrsg.): De Gaulle, Deutschland und Europa, Opladen 1991.

Ders. (Hrsg.): Europäische Gesellschaft. Grundlagen und Perspektiven, Wiesbaden 2005.

Ders.: Geschichte Frankreichs im 20. Jahrhundert, aktualisierte Ausgabe, Frankfurt a. M. 1995.

Ders. (Ed.): La gouvernance supranationale dans la construction européenne, Bruxelles 2005.

Ders.: Hallstein und de Gaulle: Die verhängnisvolle Konfrontation, in: Ders./William Wallace/Wolfgang Wessels (Hrsg.): Walter Hallstein – Der vergessene Europäer?, Bonn 1995 (= Europäische Schriften des Instituts für Europäische Politik, Bd. 73), S. 171–188.

Ders./William Wallace/Wolfgang Wessels (Hrsg.): Walter Hallstein – Der vergessene Europäer?, Bonn 1995 (= Europäische Schriften des Instituts für Europäische Politik, Bd. 73).

Lucas, Hans-Dieter: Europa vom Atlantik bis zum Ural? Europapolitik und Europadenken im Frankreich der Ära de Gaulle (1958–1969), Bonn/Berlin 1992 (= Pariser Historische Studien, Bd. 35).

Ludlow, N. Piers: Dealing with Britain: the Six and the first UK application to the EEC, Cambridge u. a. 1997 (= Cambridge studies in international relations, Vol. 56).

Ders.: The Eclipse of the Extremes. Demythologising the Luxembourg Compromise, in: Wilfried Loth (Ed.): Crisis and Compromises: The European Project 1963–1969, Baden-Baden/Bruxelles 2001 (= Veröffentlichungen der Historiker-Verbindungsgruppe bei der Kommission der Europäischen Gemeinschaften, Bd. 8), S. 247–264.
Ders.: The Making of the CAP: Towards a Historical Analysis of the EU's First Major Policy, in: Contemporary European History 14 (2005), S. 347–371.
Ders.: A Short-Term Defeat: The Community Institutions and the Second British Application to Join the EEC, in: Oliver J. Daddow (Ed.): Harold Wilson and European Integration. Britain's Second Application to join the EEC, London/Portland 2003, S. 135–150.
Ders.: Decision-Making in the 1960s EEC. Three Case-Studies, in: Wilfried Loth (Ed.): La gouvernance supranationale dans la construction européenne, Bruxelles 2005, S. 115–134.
Marcowitz, Reiner: Option für Paris? Unionsparteien, SPD und Charles de Gaulle 1958–1969, München 1996 (= Studien zur Zeitgeschichte, Bd. 49).
Masala, Carlo: Die Bundesrepublik Deutschland, Italien und der Beitritt Großbritanniens zur EWG, in: Zeitgeschichte 25 (1998), S. 46–68.
Ders.: Italia und Germania. Die deutsch-italienischen Beziehungen 1963–1969, Vierow ²1997 (= Kölner Studien zur Internationalen Politik, Bd. 7).
Merseburger, Peter: Willy Brandt 1913–1992. Visionär und Realist, Stuttgart/München 2002.
Möller, Horst/Vaïsse, Maurice (Hrsg.): Willy Brandt und Frankreich, München 2005 (= Schriftenreihe der Vierteljahrshefte für Zeitgeschichte, Sondernummer).
Müller-Brandeck-Bocquet, Gisela et al. (Hrsg.): Deutsche Europapolitik von Konrad Adenauer bis Gerhard Schröder, Opladen 2002.
Müller-Roschach, Herbert: Die deutsche Europapolitik 1949–1977, Bonn 1980.
Nation und Europa. Studien zum internationalen Staatensystem im 19. und 20. Jahrhundert. Festschrift für Peter Krüger, hrsg. von Gabriele Clemens, Stuttgart 2001.
Neebe, Reinhard: Weichenstellung für die Globalisierung. Deutsche Weltmarktpolitik, Europa und Amerika in der Ära Ludwig Erhard, Köln u. a. 2004.
Neuss, Beate: Europa mit der linken Hand? Die deutschen Personalentscheidungen für die Kommission der Europäischen Gemeinschaften, München 1988.
Oetinger, Bolko von: Die Bedeutung des westlichen Systems für die Außenpolitik der Großen Koalition unter besonderer Berücksichtigung der drei Westmächte, Diss., Berlin 1972.
Oppelland, Torsten: Gerhard Schröder (1910–1989). Politik zwischen Staat, Partei und Konfession, Düsseldorf 2002 (= Forschungen und Quellen zur Zeitgeschichte, Bd. 39)
Panek, Hans-Thomas: Die Währungskrisen vom November 1968 bis Mai 1971 im politischen Prozeß der Bundesrepublik Deutschland, Köln 1977 (= Institut für Wirtschaftspolitik an der Universität zu Köln, Untersuchungen, Bd. 41).
Paterson, William E.: The SPD and the European Integration, Glasgow 1974.
Philippe, Hartmut: 'The Germans hold the key': Britain's Second Application to the European Economic Community and the Hope for German Help, 1966–67, in: Christian Haase (Ed.): Debating Foreign Affairs. The Public and British Foreign Policy since 1867, Berlin/Wien 2003, S. 153–182.
Pine, Melissa: British Personal Diplomacy and Public Policy: The Soames Affair, in: JEIH 10 (2004), H. 2, S. 59–76.
Predöhl, Andreas: Probleme und Phasen der Kennedy-Runde, Hamburg 1966.
Rücker, Kathrin: Willy Brandt, Georges Pompidou et le sommet de La Haye en 1969, in: Horst Möller/Maurice Vaïsse (Hrsg.): Willy Brandt und Frankreich, München 2005 (= Schriftenreihe der Vierteljahrshefte für Zeitgeschichte, Sondernummer), S. 181–197.
Schellhaaß, Uta: Internationale Währungsprobleme, in: Die Internationale Politik 1966/1967, S. 426–463.
Schenk, Catherine: Sterling, International Monetary Reform and Britain's Applications to Join the European Economic Community in the 1960s, in: Contemporary European History 11 (2002), S. 345–369.
Schildt, Axel/Siegfried, Detlef/Lammers, Karl Christian (Hrsg.): Dynamische Zeiten. Die 60er Jahre in den beiden deutschen Gesellschaften, Hamburg 2000 (= Hamburger Beiträge zur Sozial- und Zeitgeschichte: Darstellungen, Bd. 37).
Schmidt, Heide-Irene: „The Embarrassment of Strength“: Die deutsche Position im „International Monetary System“ 1958–1966, in: Ursula Lehmkuhl et al. (Hrsg.): Deutschland, Großbritannien, Amerika. Politik, Gesellschaft und Internationale Geschichte im 20. Jahrhundert, Festschrift für Gustav Schmidt zum 65. Geburtstag, Stuttgart 2003, S. 155–195.

Schmoeckel, Reinhard/Kaiser, Bruno: Die vergessene Regierung. Die große Koalition 1966 bis 1969 und ihre langfristigen Wirkungen, Bonn 1991.

Schneider, Andrea H.: Die Kunst des Kompromisses: Helmut Schmidt und die Große Koalition 1966–1969, Paderborn u. a. 1999.

Schönhoven, Klaus: Wendejahre. Die Sozialdemokratie in der Zeit der Großen Koalition 1966–1969, Bonn 2004 (= Die deutsche Sozialdemokratie nach 1945, Bd. 2).

Schrafstetter, Susanne/Twigge, Stephen: Spinning into Europe: Britain, West Germany and the Netherlands – Uranium Enrichment and the Development of the Gas Centrifuge 1964–1970, in: Contemporary European History 11 (2002), S. 253–272.

Schukraft, Corina: Die Anfänge westdeutscher Europapolitik in den 50er und 60er Jahren: Weichenstellungen unter Konrad Adenauer und Bewahrung des Status quo unter seinen Nachfolgern Ludwig Erhard und Kurt Georg Kiesinger, in: Gisela Müller-Brandeck-Bocquet et al. (Hrsg.): Deutsche Europapolitik von Konrad Adenauer bis Gerhard Schröder, Opladen 2002, S. 9–62.

Schultz, Matthias: Integration durch eine europäische Atomstreitmacht? Nuklearambitionen und die deutsche Europainitiative vom Herbst 1964, in: VfZ 53 (2005), S. 275–313.

Schwarz, Hans-Peter: Adenauer: Der Staatsmann, 1952–1967, Stuttgart 1991.

Ders. (Hrsg.): Adenauer und Frankreich. Die deutsch-französischen Beziehungen 1958 bis 1969, Bonn 1985 (= Rhöndorfer Gespräche, Bd. 7).

Ders.: Die europäische Integration als Aufgabe der Zeitgeschichtsforschung, in: VfZ 31 (1983), S. 555–572.

Ders.: Die Regierung Kiesinger und die Krise in der CSSR 1968, in: VfZ 47 (1999), S. 160–186.

Soell, Hartmut: Helmut Schmidt. 1918–1969: Vernunft und Leidenschaft, München 2003.

Sommerfelt, Christian: The Nordic Delegation in the Kennedy-Round Tariff Negotiations in GATT, Hamburg 1970 (= Schriftenreihe zur Europäischen Integration, Bd. 5).

Steinkühler, Manfred: Der deutsch-französische Vertrag von 1963. Entstehung, diplomatische Anwendung und politische Bedeutung in den Jahren von 1958 bis 1969, Berlin 2002 (= Zeitgeschichtliche Forschungen, Bd. 14).

Stempel, Otto Baron von: Die Fusion der Organe der Europäischen Gemeinschaften, in: Walter Hallstein/Hans-Jürgen Schlochauer (Hrsg.): Zur Integration Europas. Festschrift für Carl Friedrich Ophüls aus Anlass seines siebzigsten Geburtstags, Karlsruhe 1965, S. 229–241.

Storz, Henning: Außenpolitik als Gesellschaftspolitik. Die außenpolitische Konzeption der CDU mit besonderer Berücksichtigung der Zeit der Großen Koalition 1966–1969, Diss., Berlin 1973.

Szatkowski, Tim Christian: Karl Carstens in der Außen- und Deutschlandpolitik der sechziger und siebziger Jahre, in: Historisch-Politische Mitteilungen 12 (2005), S. 203–231.

Taschler, Daniela: Vor neuen Herausforderungen. Die außen- und deutschlandpolitische Debatte in der CDU/CSU-Bundestagsfraktion während der Großen Koalition (1966–1969), Düsseldorf 2001 (= Beiträge zur Geschichte des Parlamentarismus und der politischen Parteien, Bd. 132).

Thiemeyer, Guido: Vom „Pool Vert" zur Europäischen Wirtschaftsgemeinschaft. Europäische Integration, Kalter Krieg und die Anfänge der Gemeinsamen Europäischen Agrarpolitik 1950–1957, München 1999 (= Studien zur Internationalen Geschichte, Bd. 6).

Tracy, Michael: Government and Agriculture in Western Europe 1880–1988, New York u. a. ³1989.

Türk, Henning: Kurt Georg Kiesingers Kerneuropakonzept – War der Bundeskanzler der Großen Koalition seiner Zeit voraus?, in: Wilfried Loth (Hrsg.): Europäische Gesellschaft. Grundlagen und Perspektiven, Wiesbaden 2005, S. 230–244.

Ders.: „To Face de Gaulle as a Community" – The Role of the Federal Republic of Germany during the Empty Chair Crises, in: Helen Wallace et al. (Eds.): Visions, Votes and Vetoes. The Empty Chair Crisis and the Luxembourg Compromise Forty Years On, Bruxelles 2006, S. 113–127.

Ungerer, Horst: A concise history of European monetary integration: From EPU to EMU, Westport/Connecticut 1997.

Vaïsse, Maurice: La grandeur. Politique étrangère du général de Gaulle 1958–1969, Paris 1998.

Wallace, Helen et al. (Eds.): Visions, Votes and Vetoes. The Empty Chair Crisis and the Luxembourg Compromise Forty Years On, Bruxelles 2006.

Welter, Norbert: Die Kennedy-Runde, in: Die Internationale Politik 1966/67, S. 405–425.

Wilkens, Andreas: L'Europe en suspens. Willy Brandt et l'orientation de la politique européenne de l'Allemagne féderale 1966–1969, in: Wilfried Loth (Ed.): Crises and Compromises: The European Project 1963–1969, Baden-Baden/Bruxelles 2001 (= Veröffentlichungen der Historiker-Verbindungsgruppe bei der Kommission der Europäischen Gemeinschaften, Bd. 8), S. 323–343.

Ders. (Hrsg.): Interessen verbinden. Jean Monnet und die europäische Integration der Bundesrepublik Deutschland, Bonn 1999 (= Pariser Historische Studien, Bd. 50).

Ders.: Der Werner-Plan. Währung, Politik und Europa 1968–1971, in: Franz Knipping/Matthias Schönwald (Hrsg.): Aufbruch zum Europa der zweiten Generation. Die europäische Einigung 1969–1984, Trier 2004, S. 217–244.

Ders.: Willy Brandt und die europäische Einigung, in: Mareike König/Matthias Schultz (Hrsg.): Die Bundesrepublik Deutschland und die europäische Einigung 1949–2000. Politische Akteure, gesellschaftliche Kräfte und internationale Erfahrungen. Festschrift für Wolf D. Gruner zum 60. Geburtstag, Wiesbaden 2004, S. 167–184.

Wirz, Ulrich: Karl Theodor von und zu Guttenberg und das Zustandekommen der Großen Koalition, Grub am Forst 1997 (= Oberfränkische Köpfe, Bd. 4).

Wörmann, Claudia: Der Osthandel der Bundesrepublik Deutschland. Politische Rahmenbedingungen und ökonomische Bedeutung, Frankfurt/New York 1982.

Woyke, Wichard: Erfolg durch Integration. Die Europapolitik der Benelux-Staaten von 1947 bis 1969, Bochum 1985.

Young, John W.: Technological Cooperation in Wilson's Strategy for EEC Entry, in: Oliver J. Daddow (Ed.): Harold Wilson and European Integration. Britain's Second Application to join the EEC, London/Portland 2003, S. 95–114.

Zimmermann, Hubert: Money and Security. Troops and Monetary Policy in Germany's Relations to the United Kingdom and the U.S., 1950–71, Cambridge 2002.

Personenregister

Adenauer, Konrad 12, 17f., 31, 70, *71, 73, 116, 153*, 211, 217, 229
Ahlers, Conrad 73, *193*, 221
Aiken, Frank *194*
Albertz, Heinrich *125*
Alphand, Hervé *87*, 202
Arndt, Klaus Dieter 197
Arnold, Hans *109*, 184
d'Aumale, Christian Comte *26*, 121

Bahr, Egon *27*, 31, 60, 130, 238
Barkman, Carl Dietrich 89
Barzel, Rainer 11, 13, 18, 21, 24, 218
Baunsgaard, Hilmar *150*
Beaumarchais, Jacques Delarüe Caron de 179–181
Berg, Fritz 100
Blank, Theodor 20
Blankenhorn, Herbert 11, 64, 66–69, 126, 129, 190, 195
Blumenthal, W. Michael 51
Bock, Hans *194*
Boegner, Jean-Marc 59, 103, 202
Böker, Alexander 177
Brand, Peter-Wilhelm 21
Brandt, Willy 9, 11–15, 21–25, 29–33, 37–42, 44f., 49, 59–61, 63–68, 70–74, 76–80, 82, 84, 86–88, 90, 94, 106, 108–110, 117–119, 121, *125*, 126–128, 130–132, 134f., 138, 140–142, 150f., 155, 159, 163, 166–172, 175–179, 181–183, *184*, 185, 188, 191–193, *194*, 195, 197–199, 203, 212–215, 217–218, 220–223, 229, 232, 236–239
Braun, Sigismund Freiherr von 11, 156, 176, 181, 183, 190, 197f., 202, 204, 210
Brown, George 63–68, 70, 78, 87, 90, 126, 130f., 136
Brunet, Jean-Pierre 39, 41, *97*, 100, 107, *112*, 137, 141, 143, 148, 171f.

Carstens, Karl 11, 19–21, 73, 137f., 151f., 164, 166, *174*, 175, 198, 212
Chaban-Delmas, Jacques 221
Chalfont, Lord Alun Gwynne-Jones 118, 122, 131, 157
Churchill, Winston 188
Couve de Murville, Maurice 26, 39–42, 59, 61, 74, 77, 80f., 83, 87f., 120–122, 124, 126, 133, 135, 138–142, 154, 169, 191, 195, 198, 201

Davignon, Étienne Vicomte 177, 180
Debré, Michel 120, 169–172, 176–179, 182f., 191, 196, 198f.
Diehl, Günter 109f., 129, 158f.
Dohnanyi, Klaus von 147, 149, 163–165, *194*, 203f., 218, 223, 237
Duckwitz, Georg Ferdinand *117*, 125, 136, 140, 179, 184–186, *194, 219*

Edwards, Stewart L. 58
Emminger, Otmar *195*
Erhard, Ludwig 17f., 22, 32, 43f., 46, 48, 50, 58, 93, 145, 193, 231f., 236
Erlander, Tage F. 209, 214
Everling, Ulrich 101f., 105, 223

Fanfani, Amintore 38, *64*, 79, *85*, 86–88, 127, 131, 156
Faure, Egdar 151
Fequant, Albert 183
Focke, Katharina 237
Fouchet, Christian *19*
Frank, Paul 58, 86, 110, *112*, 124, 128f., 159, 177, 179f., 182f., 203f., 215f., 220
Franke, Egon *221*

Gaudet, Michel 104–106
Gaulle, Charles de 12–14, 17f., *19*, 22, 24, 26, 28, 34f., 37–40, 42f., 45, 59–67, 69, 71f., 75–77, 79–83, 85, 87–89, 91–95, 111, 114–116, *117*, 118–121, 124, 127, 130, 134, *135*, 149, 153–155, 157, *159*, 161, 163, 165, 167, 186, 188f., 191–195, 197–207, 209–211, 214, 219, 229, 231f., 235–237, 239
Gerstenmaier, Eugen 18, 24
Goodpaster, Andrew J. 220
Grégoire, Pierre 86, 103, 127
Grewe, Wilhelm 118
Groeben, Hans von der 11, 37, 42, 90, 101, 114, *130, 132*, 140, 217, 223
Grund, Walter 102, 151, 164, 223f.
Guttenberg, Karl Theodor Freiherr von und zu 11, 25, 71f., 74f., 77, 89f., 92, 94, 114, 116f., 120f., 129f., 170, 175, 198

Haferkamp, Wilhelm *37*, 43, 101, 140
Hallstein, Walter 11, 14, 18f., 34–45, 57, 82, 88, 93, 111, 124, 217, 232f.
Hardenberg, Hans Graf von 54

Harkort, Günther 51, 140, 174, *194*, 203, 211–213, 215 f., 223
Harmel, Pierre 41, 80, 84–86, 127, 131, 139, 172, 177, 179 f., 182 f., 185, 234
Harthog, Abraham Frans *109*
Hase, Karl-Günther von 92
Heinrich, Egon 217
Hellwig, Fritz 11, 37–39, 43, 101, 140
Herbst, Axel 203
Herter, Christian A. 50
Herwarth von Bittenfeld, Hans Heinrich 131, 154, 182
Hijzen, Theodorus 52
Höcherl, Hermann 24, 55, 146 f., 149–152, 160, 233
Humphrey, Hubert H. 56
Hüttebräuker, Rudolf 11, 32, 146 f.

Ittersum, Gerhard E. Baron von 156
Iweins d'Eeckhoutte, Maurice 186

Jahn, Gerhard *159*, 180, 217
Jalink, Paul Wilhelm 118
Jentsch, Rudolf 102
Johnson, Lyndon B. 50, 233
Jong, Piet Josef Sietse de 91
Jorrisen, Hermann C. 118

Kennedy, John F. 45
Kiesinger, Kurt Georg 11–15, 18 f., 21–28, 37, 39–45, 49, 56, 59–64, 66–68, 70–75, 77–85, 89–91, 93 f., 104, 109, 111 f., 115, 117–124, 127–130, 132, 135, 137 f., 140, 142, 151, 153 f., 158–160, 162–165, 167, 170 f., 181, 185–187, 189–193, 195, 197–202, 206, 209–211, 213–215, 217–222, *223*, 224 f., 229, 232, 235–237
Kissinger, Henry 219
Klaiber, Manfred 69, 83, 87, 117, *121*, 134
Knieper, Werner 66, 73
Knoke, Karl Hermann 43, 69, 79, 83, 89, 134, 155 f.
Kossygin, Alexej N. 64
Koster, Henri Johan de 103, 107, 155
Kreisky, Bruno 214

Lahr, Rolf 11, 20 f., 31 f., 34, 35, 38–43, 49, 51, 59–61, 69, 71 f., 88, 92, *97*, 100–104, 107 f., 110, 114, *117*, 118, 123, 131, 135, 137, 139, 141, *142*, 143, 147–149, 155 f., 159, 163 f., 166, 169, 171 f., 174, 181, 185, *194*, 203, *223*
Leprette, Jacques 158
Leusse, Bruno de 77, 198
Lilienfeld, Georg von 118
Limbourg, Peter 60, 63
Lipkowski, Jean de 181, 185, 202
Loridan, Walter 193
Luciolli, Mario *42*
Luns, Joseph 39, 59, 69, 81, 85, 92, 127, 156, 172, 183 f.

Mansholt, Sicco 106
McGhee, George 46, *140*
Medici, Giuseppe 167, 177, 181
Meulen, Joseph van der 103
Meyer, Klaus 163, 171, 175
Meyer-Lindenberg, Hermann 40 f., 76 f., 154–156
Möller, Alex 21, *221*
Monnet, Jean *90*, *119*, 120, *194*
Moro, Aldo 90 f., 154
Much, Walter 105

Nazelle, Comte Xavier Marie du Cauzé de 149
Neef, Fritz 32, 53 f., 58, 72, *97*, 100, 102, *112*, 113 f., 147, 223
Nixon, Richard 218–220

Oncken, Dirk *219*
Ophüls, Carl Friedrich 99–101, 104–108, 125
Osterheld, Horst 104, 116, 166

Pompei, Gian Franco 154
Pompidou, Georges 26, 80 f., 120, 149, 215, 221
Praß, Johannes 166

Ranitz, Johann Anton de 69, 79, 134, 156
Rapacki, Adam 64
Rasner, Will 21
Rey, Jean 43, 46, 52, 55, 57, 93, 101 f., 104, 139
Roberts, Frank 59, 64–66, *122*, 130 f., 158
Röhrig, Georg 80
Rovan, Joseph *77*, *120*, 130
Rusk, Dean D. 50, 173

Sachs, Hans-Georg 59, 139, 151 f., 155, 202
Sato, Eisako 211
Schaetzel, J. Robert *140*
Schiller, Karl 21, 23 f., 33, 39, 97–104, 112–114, 122, 145, *146*, 151, 164, 166, 194–197, 225, 237
Schmidt, Helmut 11, 13, 21 f., 66, 119, 193, *220*
Schmücker, Kurt 25, 36
Schöllhorn, Johann Baptist 147, 195
Schröder, Gerhard 17 f., 20, 22, 24, 29, 36, 38, 43 f., 49 f., 58, 93
Schumann, Maurice 110, 215
Schütz, Klaus 31, 38 f., 42, 64 f., 67, 86, 117, *125*
Seydoux, François 38, 68, 77, 85 f., 116, 120, 123 f., 137 f., 140, 149, 153, 175, 187, 195–197, 209, 238

Soames, Christopher 188–190, 207
Spangenberg, Dietrich 65
Staden, Berndt von 107, 176 f., 215
Stempel, Otto Baron von 97
Stewart, Michael 64, 142, 178, 181, 185 f.
Strauß, Franz Josef 18, 21–24, 67, 140, 145, 196, 220, 224 f., 237

Thomas, Stephan G. *26*, 121

Vanden Boeynants, Paul 91 f.

Wehner, Herbert 12, 21–24, 66, *194*
Werner, Pierre 91 f.
Westrick, Ludger 73
Wickert, Erwin *68*, 198
Wilson, Harold 57–61, 63–71, 84, 115, 121 f., 124, *126*, *129*, 186, 189, *190*, 191, 195, 200, 206, 214, 220
Wischnewski, Hans-Jürgen 217
Wyndham White, Eric 53

Zagari, Mario 103